中国农垦书丛

我的农场　我的家园

农业农村部农垦局
中国农垦经济研究会　编

中国农业出版社

北　京

图书在版编目（CIP）数据

我的农场　我的家园 / 农业农村部农垦局，中国农
垦经济研究会编 . -- 北京：中国农业出版社，2024. 10（2025.7 重印）
（中国农垦书丛）
ISBN 978-7-109-32017-8

Ⅰ.①我… Ⅱ.①农… ②中… Ⅲ.①农垦－农业经
济－经济发展－中国－文集　Ⅳ.①F324.1-53

中国国家版本馆 CIP 数据核字（2024）第 110045 号

中国农业出版社出版

地址：北京市朝阳区麦子店街 18 号楼
邮编：100125
策划编辑：王庆宁
责任编辑：赵世元　文字编辑：李海锋
版式设计：王　晨　责任校对：吴丽婷
印刷：北京通州皇家印刷厂
版次：2024 年 10 月第 1 版
印次：2025 年 7 月北京第 2 次印刷
发行：新华书店北京发行所
开本：700mm×1000mm　1/16
印张：29
字数：460 千字
定价：158.00 元

编写委员会

编委会主任：左常升　陈忠毅
编委会副主任：王润雷　王　生
编委会委员：明　星　刘琢琬　钟　鑫

本书编写组

主　　　编：成德波　胡从九
副　主　编：张　韧　王盼盼
编写人员：卫晋瑶　胡晓彤　高　地
　　　　　季　刚　吴文磊　陈可馨
　　　　　马晨雨　刘佩佩　魏　娜

　　农垦是在特定历史条件下为承担国家使命而建立的，经过80多年的艰苦创业，建设了一批现代化的国有农场和重要农产品生产基地，形成了组织化程度高、规模化特征突出、产业体系健全的独特优势，锤炼出"艰苦奋斗、勇于开拓"的农垦精神，为保障国家粮食安全、支援国家建设、维护边疆稳定作出了重大贡献。目前农垦有遍布大江南北的国有农场1787个，农垦企业3000多家，土地5亿多亩，其中耕地1亿多亩，人口1400多万，资产超万亿，成为中国特色农业经济体系的重要组成部分和推进中国特色新型农业现代化的重要力量。

　　曾经的戈壁已是瓜果飘香，曾经的沼泽已是良田万顷，曾经的"地窝子""马架子""茅棚子"化作广厦千万间，星罗棋布的农垦小镇就是一幅幅"现代农业、幸福农工、美丽农场"的宜居宜业和美画卷。抚今追昔，我们永远不会忘记那些为农垦事业奉献智慧才干的知识青年、科技工作者，那些为农垦事业"献了青春献终身、献了终身献子孙"的农垦老兵……没有他们的无畏无私、默默坚守，就不会有新时代农垦的壮丽辉煌。

　　农垦人来自五湖四海，白手起家，在长期的开发建设中，

逐步发展成为以农业为基础、相对独立的区域性社会经济组织，培育出由屯垦文化、红色文化、军旅文化、移民文化、知青文化、边疆文化等多元文化融合而成的农垦文化，形成了"艰苦奋斗、勇于开拓"的农垦精神，激励农垦人砥砺前行，在戈壁高原、荒山野岭、沼泽滩涂……一代代农垦人用战天斗地的勇气，豪情万丈的激情，把梦想变为现实，又在现实中构筑起新的梦想。

几代农垦人在肩负国家使命的同时，积极推进美好家园建设，涌现了无数可歌可泣的人物，留下了无数感人至深的故事。为留住创业记忆，传播农垦文化，在农业农村部农垦局的指导下，在中国农垦经济发展中心的支持下，中国农垦经济研究会组织开展了"我的农场　我的家园"征文活动，旨在通过记叙农垦家园建设新成就、场风场貌新气象、和美幸福新风采，凝聚推动宜居宜业和美农场建设的力量。活动得到了农垦系统内外的积极响应，收到了大量来稿，作者基于亲身经历，从独特的角度讲述了他们曾经的故事、变化的家园和美好的梦想。也许，他们的农场家园还远称不上富丽豪华，他们的故事看起来不那么惊天动地，甚至有些琐碎日常，但正是这些平凡的农场、小小的故事，展现出农垦事业从无到有、从小到大，逐步发展成为国有农业经济骨干和代表的奋斗历程；一个个故事，承载着农垦的历史，铭刻着农垦的记忆，凝结着农垦的情怀，构成了农垦开发建设宏伟历

程中的一个个细小而弥足珍贵的缩影。

　　我们把优秀征文汇编成书，与读者分享。希望读者能够从中汲取营养，感悟农垦事业的缘起和发挥的重要作用；希望广大农垦人从中汲取前辈们的精神力量，初心不改，在新时代续写农垦改革发展的新辉煌，为加快建设农业强国、推进农业农村现代化贡献自己的力量。

　　　　　　　　　　　　　　　　　　　　　　　编　者

目录

我的农场　我的故事

我的农场　我的记忆

我的农场　我的家园

红五月变化喜人心

北大荒集团黑龙江红五月农场　郗　军

　　1962 年，我出生在九三农管局红五月农场第六生产队，是土生土长的第二代北大荒人。我于 2022 年 9 月光荣退休，现任红五月农场有限公司关工委常务副主任。算起来，我已经在关心下一代的岗位上工作了六个春秋。我目睹了红五月农场"城镇美了、文化热了、旅游火了"日新月异的变化。这份喜人的变化离不开家乡父老辛勤的努力和艰苦的付出，更离不开党的十八大以来政府制定出台的一系列好办法、好政策、好举措。

1956 年红五月农场建场时场部的面貌

城镇美了

斗转星移，光阴似箭。转眼间，离开农场乔迁到农垦九三分公司新居已有六个年头了。现在每次回到农场老家，看见一幢幢建造新颖别致的楼房，一盏盏造型美观、明亮耀眼的路灯，一排排枝繁叶茂、栽植整齐的绿化树带，还有那宽敞平坦的柏油马路和路旁姹紫嫣红、争奇斗艳的各种花卉，都让我倍感欣慰和亲切，流连忘返。

我清楚地记得，十年前农场的路灯造型简单，很不美观。为了节省电费，每天晚上隔一个亮一个，只有逢年过节时才全部亮起，风一刮，灯杆摇摇晃晃的。2016 年以来，农场实施了亮化工程，把场部一马路、二马路的路灯全部更新换代，其造型和亮度可以和大都市的华灯媲美了。农场还在水上公园的周围安装了五颜六色的射灯，照在水面上非常漂亮。农场对中心文化广场进行了升级改造，修建了露天舞台，安装了电子大屏幕和灯光、音响设备。广场健身区的周围安装了几十套健身器材，还修建了两个标准的篮球场。每天晚上，到文化广场健身娱乐的职工群众络绎不绝。

十年前，场部家属区的支干道路全是砂石路，刮风天，路上尘土飞扬；下雨天，道路泥泞难行。有一年夏天，我在朋友家吃完晚饭，回家的时候，天已漆黑，刚下过大雨。由于没开路灯，我把排水沟当成了马路，一脚下去掉进了水沟里，浑身上下全是泥水，我从沟里爬出来时已经成了"落汤鸡"。为了方便职工群众出行，2019 年农场对家属区 10.1 公里的 52 条街道全部进行了硬化，用石头和水泥砌上路边沟，还在人员密集的场所修建了两个高标准卫生间。近几年，农场用绿植和鲜花装扮小城镇，在一马路、二马路两侧更新栽植了绿化和美化的糖槭和花楸等，在外环路两侧和空地修建了绿色长廊和绿色"城堡"，在街道两侧、文化广场、办公区周围栽植花卉 10 万余株，让美丽的鲜花香满城镇。

十年来，农场全力打造"生态城镇"，突出"绿化、香化、亮化、净化、美化"主基调，对场部的住宅区、办公区、文化娱乐区、农机具停放区、晒场区、养殖区以及街道进行了科学规划，农场实现了布局合理、生态环保、城镇文明。职工群众感受到了"耕耘在广袤的沃野上，生活在现代化城镇里"

的幸福和快乐。现在我可以自豪地说："红五月农场小城镇已经实实在在美了起来。"

文化热了

来到山清水秀的红五月农场，明显感受到这里浓厚的企业文化、社区文化、广场文化氛围。文化已经成为红五月人追求的时尚，成为红五月人建功新时代、奋进新征程的精神食粮。

2022年6月，我来到红五月农场南阳河书画院，映入眼帘的是一幅幅精美高雅的书画作品。以"花开富贵""祖国万岁""光辉历程""喜迎二十大"等为主题的精品书画，让我目不暇接，如痴如醉。在书画院学习书法绘画的有五六十岁的大妈，还有十几岁的小学生。他们在退休美术教师李刚的辅导下，泼墨挥毫，尽情抒怀。李刚老师介绍说，每天都有二三十人到书画院学习书法和绘画创作技能，他们的很多作品在分公司、农场、北大荒集团和黑龙江省展出并获奖。有十几个孩子经过书画院学习培训考上了鲁迅美术学院、天津美术学院等名牌艺术院校。九三分公司关工委还组织11个农场关工委的同志到南阳河书画院参观学习，借鉴其艺术育人的经验。

近几年，红五月农场以"激情红五月，魅力南阳河"为文化发展理念，常年开展全民健身运动和文艺交流活动。在农闲时节和重点节庆日，农场经常举办职工拔河比赛、职工篮球比赛、乒乓球比赛、职工徒步比赛、广场文化演出、歌咏比赛、演讲和诵读比赛、书法绘画展览、健身舞表演、征文等丰富多彩的活动，满足群众文化和生活的需求，让群众在各种活动中增强集体荣誉感，凝聚起建功北大荒的磅礴力量。

为了让职工群众的文化活动热起来、红起来、活起来，父老乡亲们根据自身的特长和优势，自愿组合，成立了篮球协会、乒乓球协会、羽毛球协会、舞蹈协会、大秧歌协会、健身舞协会、书法绘画协会、作家协会等组织。在春、夏、秋三个季节，每天晚饭后，职工群众纷纷来到中心文化广场跳健身舞、扭秧歌、唱歌、跑步、打篮球……热闹非凡。

在文化活动中，表现最为突出的是"夕阳红五老艺术团"。这个团队80%的人都是退休的女同志。每年他们都要编排一些富有新时代气息的舞蹈、音乐快板等节目。节目排练成熟后，他们不但在本地演出，有时还到外地展现风采，深受大众的欢迎和喜爱。

旅游火了

十年前，农场只有一个南阳河水上公园，到农场观光旅游的人寥寥无几。一些农场人在农闲时节只能到海南、云南、四川、广东、江苏、浙江等地的旅游景区游览。近几年，农场党委秉持"绿水青山就是金山银山"的理念，大力发展农文旅融合的旅游产业，下决心让旅游业火起来。

农场根据自身的优势，依托丰富的自然资源，积极打造红色旅游文化，开发特色旅游产业。先后修建了南阳河水上公园、林苗花卉七彩园、知青驿站和"勿忘我"主题庄园等旅游景区和景点，用实景、实物和墙画展现抗击日寇的英雄故事、南阳河美丽的传说、开发建设北大荒的感人事迹、知识青年屯垦戍边的火红场面和冯百兴烈士扑救山火的英勇事迹，让游客特别是青少年在观光游览的同时，汲取"红色基因"营养，接受革命传统教育。

2020年，农场新建的"勿忘我"主题庄园，整合了农业观光带、南阳河水上公园、林苗花卉基地等资源，让游客能够观赏万亩大豆摇铃、玉米拔节、高粱火红的壮美，尽情享受花卉、林苗的妩媚和绿水青山的风韵。"勿忘我"主题庄园已成为人们眼中的"绿色田园"和"室外桃园"，是孩子们休闲度假的"幸福乐园"，是青年人谈情说爱的"爱心伊甸园"，还是职工群众茶余饭后的"温馨家园"。暑假期间，许多外地的家长带着孩子来红五月农场欣赏独特壮美的大农业风光和天然美景。据统计，三年来，到红五月农场观光旅游的已经超过10万人次。

华丽转身奔小康

内蒙古大兴安岭东方红农牧场　江黎明

我的家乡在大兴安岭东方红农牧场分公司六队，其前身是呼伦贝尔市鄂伦春自治旗大杨树区青年点，1975 年被东方红农场接管后改名为东方红农场六队。六队现有耕地 6017 亩，职工 25 人，常住户 40 户。沿甘河河谷而建的六队黑土肥沃，植被茂盛，不仅养育了一代代的六队人，见证了老一辈农垦人开荒拓土的光辉历史，还培养了农垦人坚韧不拔、吃苦耐劳的精神，时刻影响着六队的父老乡亲，引领他们在致富奔小康的道路上不断前行。

此时走在六队的街道上，翠绿的垂柳在榆树墙的陪伴下整齐地矗立在道路两旁，红墙蓝瓦的大砖房，干净整齐的院落，锃光瓦亮的门窗，娇艳欲滴的花朵，悠然自得的行人，无不彰显着六队人的幸福生活。然而在 1968 年，六队是另一番景象。由于地少人多，地理位置偏远，交通闭塞，致富项目也少，六队一度成为全场的贫困连队，低保户占全队的 50% 以上。连脊的草土房，出门穿水靴的泥巴路，最大只有 18 马力的小四轮就是六队当年的真实写照。我的爷爷作为建设六队的首任副队长，指挥过更见证过六队人为了开垦荒原建设家园而做出的决心和努力。他曾对我说："孩子，你看咱们连队房屋虽然破旧，道路虽然泥泞，但环境却很整洁，家家户户的窗台上更是鲜花常开，这说明六队人人穷志不穷，过日子的精气神很足，贫穷不会让咱们屈服，反而会激发咱们想过好日子的决心和信心，我坚信六队老百姓早晚有一天会富起来，摘掉贫穷的帽子。"

2015 年，六队借助国家扶持政策，道路通了；农场出台各项扶持政策，项目有了。等待了多年的"东风"终于来了，职工群众迈开步、闯新路、要致富，纷纷寻找适合自己的致富项目，坐上了脱贫致富的快车。仿佛一夜之间，致富项目如雨后春笋般涌现。2019年，六队迎来了华丽的转身，全队42户，有农牧结合户11户、农机结合户9户、农商结合户5户、小作坊1户，形成了"家家有项目、户户搞创收"的良好局面。六队全年总收入648万元，户均收入超15万元，用事实向大家证明，六队土地虽然少，条件虽然差，但一样能致富。印证了那句从建队就一直写在六队办公室墙上的口号："只要精神不滑坡，办法总比困难多"。

如今，再看这些勤劳的创业人，都取得了不小的成就。29岁的韩涛外出学习后，成功转变了传统的粗放养殖模式，他从"放羊倌"成了连队里有名的"韩百万"；另外也别小看43岁的韩庆军，机械代耕，年年收入30万；还有30岁的王锡鹏，在青创会的扶持下走上了海外代购＋实体店的创收之路，成为月收入轻松过万的90后；62岁的江茂华烧制的纯粮小烧，一个月也有4000多元的销售收入；更有75岁的杨兴山老人，赶着25头黄牛稳步走在小康路上，年纯收入达15万元。在六队这样的典型还有很多。

经历20多年的努力，六队人富起来了。全队42户，拥有轿车37台，购买楼房25套，价值百万以上的农机具7台（套），门市房4栋。六队的青年人不啃老，中年人致富带头跑，老年人创收路上碎步捣，三代人齐头并进奔小康。

如今的六队，队风和谐，产业兴旺，俨然一副社会主义新农垦该有的模样。如今的六队，掀开了多元化发展的新篇章，舍饲育肥引领新路，机械轰鸣走向前方，商业兴旺效益良好，纯粮小烧醉人心肠，再看我们这些勤劳的六队人：蓬勃，向上，续写绿水青山的华章；开拓，创新，铸就富民兴垦的梦想。

大潮滂滂　奋楫破浪

黑龙江同江市浓江学校　李美英

秀色多蕴于险峰之顶，瑰宝必藏于艰险之地。我的家乡建三江，便是这样一个地方。

曾几何时，我的家乡让人谈之色变：荆棘丛生，风雪肆虐，野兽成群，荒蛮凶险，让无数人惧怕而不敢涉足，它的野性让沉寂的沼泽飞扬跋扈。孤狼于黑夜哀嚎，遍野是原始的诡谲与暗险，冷酷的风雪凛冽而又喧嚣，压抑着千年的冻土迟迟不敢发酵。在那历尽沧桑的岁月里，无人会对这里抱有希望，然而大道如砥，行者无疆，总有这样一群人，怀揣着信仰，高举着火把，用自己的微光与同行者连成一片。于是，微光连着微光，汇聚成信仰的火种，将北大荒恒久的黑暗瞬间点亮。那璀璨的镰刀、锤子如春日的惊雷撕裂了北大荒亘古的绝望，那偾张的脉搏如铿锵的战鼓击退了北大荒原始的嚣张，那铮铮的铁骨如雄鹰翱翔振翅在北大荒的原野之上，那骄傲又奔涌的血液，将北大荒这片冻土焐热，让西伯利亚呼啸的劲风不再带来绝望，让铺天盖地的白雪从此有了笑的模样。

一项项工程的奠基，一个个新技术的引进，先辈们清醒认识历史方位，精准把握发展大势，找准行动坐标，锚定前进方向。现代化大农业、生态化新种植、卫星定位导航、秸秆碎混还田……太多太多令人赞叹的创举是书写在三江大地上的新篇章。一望无际、碧波万顷的"万亩大地号"收获现场，让人流连忘返，赞叹不已。是啊，巨变，从祖国把这里作为战略基地、把农业作为战略产业发展起来时就已徐徐展开，而今半个多世纪过去了，机械化、信息化、智能化发展成为家乡新的代名词。不断推进水田标准化改造，彻底解决了土地资源浪费、费工、费时、费力、费水、费钱的六大难题；同步完成了标准格田替代一般格田，黑土保护、绿色农业等多个现代化大农业发展基础建设；无人机车自动导航定位在水稻田里进行耢雪散墒作业，水稻生产实现耕地、整地、播种、植保、收获等全程机械化；通过智慧农业大数据应用服务平台形成的卫星影像和多光谱无人机影像，农业科技人员可以实时观看全场农作物的长势，再通过连接种植户地里的监控及平台大数据分析，科学指导种植户进行田间病虫害、叶龄诊断、水肥管理等工作。通过大数据及先进信息技术的加持，对设施、装备、机械等远程控制和自主决策，可实现"无人农场"全天候、全空间、全过程无人作业，覆盖耕种管收各个环节。

筚路蓝缕，以启山林。先辈们一边戍守边疆，一边开垦沼塘荒地，终是让北大荒这块瑰宝大放光芒。如今的北大荒早已成为先辈们不敢想象的模样，也成为垦区儿女最坚实的城墙。如果你不相信，那就亲自来体验一番吧，听听农场的万物鸣啼，看看这里的四季轮转，闻一闻万亩稻花的甜香，尝一尝野味十足的特色菜，你一定会爱上这里。

"捏把黑土冒油花，插双筷子也发芽"。嫩苗破土的声音你可能听不到，但天鹅的低吟浅唱却会在每年春天如约而至。鹅黄嘴，曼妙腿，天鹅啁啾在如水晶镜般的晒水池上，娇嫩的苗与苍翠的树成为最好的背景，生态化新种植与机械化大作业的轰鸣声成为悠扬的主旋律，在这座广袤的舞台上，每个音符都动人心魄。一年之计在于春，这里的春天不仅有农垦人对新一年的期待，更有许许多多对一家老小的承诺，在春日的乐曲中，他们每个人都是主唱，唱的是对美好生活的向往。

在这里，你会看到高楼林立，绿树成荫，也会看到一座座小房子，它惬意地坐落在田间地头，涂着油亮的迷彩，吐着袅袅的炊烟，那浓烈的烟雾偶尔会熏跑看家护院的小黑狗，惊散觅食的小鸡仔与大白鹅。发丝花白的老人会坐在田埂上轻抚着摇曳生姿的稻苗，硬朗的身躯那时也会笑弯了腰。摇晃着肥嫩身躯的孩童会用胖嘟嘟的小手掬着水，呵呵笑着洒向优哉捕鱼的鸭子，嘎嘎的声音瞬间汇成一首交响曲，听得让人心花怒放。

"晨兴理荒秽，带月荷锄归。"这里的每个人都是不吝惜汗水的，科学种植、优种精培让农垦人不会像五柳先生一样"草盛豆苗稀"，喷洒农药的无人机在碧蓝的天空中留下曼妙倩影，阡陌田埂点缀在入眼翠绿的大地上，那五彩斑斓的稻田画诉说着农垦人永远跟党走的决心，那迎风飘扬的红旗永远伫立在垦区的街道，更飘扬在农垦人的心头。

黑黝黝的土地是农垦人的摇篮，机械的轰鸣是农垦人的鼓点，林立的高楼记录了农垦人幸福的希望，美味的餐桌承载着农垦人的安康。"北大荒的沧桑巨变了不起"是国家对垦区人最好的嘉奖。"中国饭碗""黑土粮仓"，我的家乡正在全力打造全国乃至全世界具有影响力的三江平原水稻高质量发展引领区、高端智能农机装备产业集聚区、国家现代化数字化大农业样板区、寒地黑土农业可持续发展示范区，给农业现代化插上科技的翅膀，当好维护国家粮食安全的"压舱石"，引领现代化大农业高质量发展，为全国农业现代化发展提供样板和标杆。

没有哪一粒稻米，不需要辛勤的汗水。我的家乡，我的农场，她拥有"咬定青山不放松"的定力，她拥有"踏石留印、抓铁有痕"的劲头，她珍惜时代提供的所有机遇和舞台，她更珍惜祖国母亲的重托与厚爱，她的巨变绝不会止步于此，她的未来分外值得期待！

20 世纪 70 年代，女知青在露天晒场上清选豆种

黄花在，牛羊就在

内蒙古谢尔塔拉农牧场　姜春利

"谢尔塔拉"为蒙古语，意为黄色草原，引申为金色草原。顾名思义，这里盛产黄花菜（金针菜）。每到 6 月中旬，草甸子上一片金黄，黄花盛开。

我 18 岁就来到谢尔塔拉种牛场，成为一名挤奶工，后来担任奶牛一组组长。每天凌晨 4 点起床，那时没有电，我们手拎提灯走进奶牛舍，开始一天的工作。业余时间，我和工友们还要到海拉尔河边扛柳条盖房子，和大泥抹房子，非常辛苦。上班时整天忙于工作，每到 6 月份只是看别人家采黄花菜，自己哪有时间去采！

退休了，心血来潮，想到金色草原上溜达溜达，享受蓝天白云大自然的恩惠，顺便采点黄花菜回来。产黄花菜的地方要路过东大沟，距场部约 30 里，有一半的路程是土路，骑自行车太累，等骑到地方就没劲采了。有人出招说："干脆跟司机商量商量，雇面包车去，左邻右舍凑 7 个人就行，每人拿 30 元车费。"司机同意了。第二天早上 6 时许，我们带足了干粮和水，如约出发。

面包车爬过两道梁，很快就来到谢尔塔拉草原机械化实验站（二队），好一派草原风光，首先映入眼帘的是一条荡漾着粼粼波光的输水渠，清澈的渠水顺着山坡走势由南朝北缓缓流淌，这是谢尔塔拉农牧场的水利命脉，是 1979 年学习河南林县人民引海拉尔河水上山而建的，被誉为呼伦贝尔草原上的"红旗渠"，它让 20 多万亩耕地变成了旱涝保收的丰产田。我们看到路两旁的紫花苜蓿地里矗立着一台台各种型号的喷灌机，不停地旋转着喷头，像群龙戏水般喷吐着甘霖，那腾空起落的晶莹细雨，在阳光照射下，映出一道道五彩缤纷的彩虹。

同车人问我："老姜，你在奶牛组工作过，说说三河牛品种是怎么形成的。"

这可难不倒我。三河牛是我国自主培育的优良乳肉兼用品种。1955 年，呼伦贝尔农牧场管理局刚建国营农牧场时，从苏侨手中购买了一部分奶牛，如后贝加尔牛、西门塔尔牛及当地蒙古牛等，通过多品种杂交，经几代农垦人及畜牧兽医技术人员选育改良而成的，分布在呼伦贝尔三河一带。经过 30 多年的努力该品种基本形成。1986 年，农牧渔业部组织专家教授，委托内蒙古自治区科委、农委等部门以谢尔塔拉种牛场和哈克的三河牛为核心牛群，经过长达 3 个年头的初审、中审、终审鉴定验收，各项指标均符合国家标准，被内蒙古自治区政府正式命名为"内蒙古三河牛"。

三河牛早就闻名遐迩，周围农村牧区老百姓都愿意买谢尔塔拉的牛。谢尔塔拉的三河牛产奶多，乳脂率高。值得骄傲的是，1959 年谢尔塔拉种牛场派代表参加了内蒙古自治区和全国先进集体代表会议，受到自治区和国务院的表彰。模范挤奶工田洪来、哈德海光荣地出席了全国群英会，受到党和国家领导人的接见，周恩来总理把亲笔题写的"谢尔塔拉牧场三河牛育种工作取得显著成绩"的奖状亲手交到田洪来、哈德海手中。

车轮急转，越过山坡，很快来到五队，碧绿的草地上跑满了肥壮的牛羊。空中的百灵鸟在振翅高唱，我们好奇地把头探出窗外，几只白天鹅从空中掠过，俯冲到似银白色玉带的小溪里……

不经意间，车已跃上山岗，映入眼帘的是一片片绿油油的小麦和油菜地，再往南走，穿过地边的防护林，就是一望无际的草甸子，山坡上、山沟里全长满了黄花菜。

找个花繁的地方停车，环顾四周，金色草原花盛开，金喇叭透着黑点丝状花蕊，散发着迷人的清香。我们一边采黄花，一边欣赏大自然的美景，那一丛丛、一排排满山遍野的黄花，好似给谢尔塔拉草原铺了一层硕大无边的金毯。那一串串金色透绿小棒槌似的蓓蕾，上面必有一大串金蝴蝶似的花朵，散发着阵阵幽香；绿色条状叶子在阳光照射下，青翠欲滴，还有那万绿丛中一点点红，百合花和金喇叭状黄花交相辉映，微风拂过，沁人心脾。我用手机拍下了这精彩的大自然美景和值得回忆的瞬间……

黄花，在谢尔塔拉草原上摇曳出一行行的诗。黄花菜是一种多年生草本植物，原名萱草，古名忘忧。其花蕾，味鲜质嫩，营养丰富，含有丰富的花粉、糖和蛋白质等，黄花菜和肉熘炒味道鲜美，口感好，还可做炖菜、煲汤、腌制咸菜……同时，黄花菜还可入药。市场上卖的大都是人工种植的，而谢尔塔拉草原上长的都是野生的，纯天然的。

这满山遍野的黄花，它不用人工栽培，高不过 1 米，可有着又长又韧的根，零下 40 多摄氏度严寒冻不死，30 多摄氏度的酷暑依然生机勃勃。它与一块块雄浑壮阔的绿洲辉映，渲染出了一道道奔腾豪放的金色风景线。在多旱、水土流失和牲畜超载的谢尔塔拉草原，它是生命的守护者，曾与这里的父老乡亲们同守贫瘠，共同抵御风沙、干旱和虫害。

黄花的茎秆叶，是谢尔塔拉牧民赖以生存的命根子。每到打草季节，成百上千亩的黄花夹杂着其他牧草，这就是最好的收获。牧业职工按时割晒、搂垛、打捆，将它变成饲喂牛羊的好饲草。今年打草机收割了黄花，来年春暖花开时，新生的枝叶会更加繁茂，更加鲜嫩，花也更加动人。我赞美黄花，因为黄花寄托着农垦人的希望。黄花在，牛羊就在。

可喜的是，今天的谢尔塔拉草原东半部还保留一块黄花盛开的净土，这是老祖宗给我们留下的宝贵的生态资源，我们要始终不渝地坚持生态优先、绿色发展的理念，保护好黄花这块绿色净土，愿谢尔塔拉草原青春永驻，黄花常盛！

手表变奏曲

黑龙江省八五二农场　陶孝民

人到花甲，很多往事会在岁月的流逝中悄然隐没。但手表的记忆，却深深留在我记忆中历久弥新。

20世纪60—70年代，人们对手表的追捧度可不得了。我居住的生产队有120余户人家，哪家大人手腕上戴块闪闪发亮的手表，全队大人小孩都羡慕不已。谁家要是买块手表，不用隔天，喜讯就会像春风一样，吹遍了生产队，连手表的价钱、产地、牌子，在哪买的都能说得有鼻子有眼。那时年轻人结婚，手表是男方迎娶新娘必备的礼品。有的未婚男青年相亲，会特意借块手表戴在手上，以此抬高自己的身价。这种种现象足以说明那个年代，手表在人们心中的位置。

我对手表的记忆，是5岁左右。那年夏天，我和二姐去妈妈做饲养员工作的畜牧排玩。路上，二姐不经意间，发现路边草丛中有个发光的东西。她走近细看，是块崭新的手表。二姐连忙拾起，攥在手中，捂在怀里，我俩一溜小跑，来到妈妈工作的猪舍，兴奋地将手表交给妈妈。正忙于工作的妈妈看到我俩气喘吁吁的样子和手表，惊异地问道："咋回事，哪里来的手表？"二姐上气不接下气，断断续续地向妈妈还原了捡表的经过。妈妈听完后，二话没说，拉起我俩，找到畜牧排长，说明情况后，便领着我俩来到生产队办公室，将手表交给队领导。年幼的二姐为此受到生产队的表彰，并奖励一套《毛泽东选集》。妈妈也被生产队领导在全队职工大会上公开表扬。我从二姐捡手表上交，生产队能大张旗鼓地奖励二姐和表扬妈妈，知道了手表的珍贵。手表是本队岳姓职工丢失的，那天，他匆忙去分场办事，路上不慎将新买的手表丢失。当时并没发现，到分场后，才发现手表丢失，具体在哪丢失的，他也说不清楚。当时，我家没有手表，如果妈妈不将手表交公，悄悄隐藏起来，外人是不会知晓的。可妈妈为人做事的品行决定了她不会那么做。

我家第一块手表，大概是 1972 年买的。那时家庭人口多，父母的收入也低。平时，逢年过节，孝顺的父母，还要给我在老家的奶奶和外婆寄钱，家里的生活，是相当拮据的。1968 年前后，城市知识青年下乡来到生产队，他们的到来，犹如一股清风，吹进沉寂、贫瘠的生产队，也给空旷、落后的生产队，带来了大城市的文明和文化。知青当中，很多人都戴着手表，让老职工们非常向往。老职工们省吃俭用，勤俭过日子，积攒资金买手表。争强好胜的父母不甘落后，也跃跃欲试买手表，原本回老家的计划也为节省资金买手表而取消了。可那时物资匮乏，连白砂糖、肥皂等生活日用品都要凭票供应，更何况紧俏的手表了。它不是有钱就随时随地能买到的，要先在生产队商店报名排号，分场一年能给生产队一两个表号就不错了。父亲等不及，就托上海知青劳水土回家探亲时买手表。之所以托这位知青买手表，是因他下乡来到生产队时，同父亲在一个农工排工作，两人相处得非常好。另一个原因是当时最时尚的手表，就是"上海"牌手表，价格 120 元一块。爸爸琢磨，在上海买当地生产的手表应该容易些。劳水土提前给上海哥哥写信说明情况，他哥哥起早贪黑在商场排队，终于在劳水土过年回上海探亲时，买到了手表。手表到我家后，成为宝贝，由妈妈保管。手表戴在妈妈手上，需要每天上弦，况且妈妈每天做饭，需要掌握时间。妈妈非常爱惜这块手表，忙里偷闲，不定期地用手绢蘸上生产队自酿的高度白酒，清理表盘缝隙和表链中的污垢。干活时，用手绢将手表包裹起来戴在手上，防止汗渍侵蚀手表，同时避免划伤手表。平时，手表是不允许我们姐弟碰的，更不允许我们戴，只有爸爸去分场、总场开劳模会，或到战友家聚会，才有机会戴上这块手表。晚上睡觉，妈妈会将手表摘下放在枕边。这时，我会趁机和妈妈商议，听听手表的响声。妈妈允许后，我拿着手表欣赏片刻，放在耳边，瞪大眼睛，仔细倾听手表里发出的滴答滴答声，它宛如美妙的催眠曲，着实是一种享受。

读小学三年级的时候，开始使用钢笔，我也高兴地第一次"戴"上了手表。因喜欢和渴望手表，同学们便用钢笔在手腕上画上手表，以此满足喜爱之情。我也模仿同学，在左右手腕上，各画了一块手表。尽管是假的，但"戴"在手腕上，如同真手表，心里美滋滋的。晚上睡觉时，都舍不得洗掉。

　　第一次真正戴手表，是高中临毕业的时候。我对妈妈谎称："毕业考试需要掌握时间。"妈妈边鼓励我好好考试，边毫不犹豫地将手表交给我。那几天，我戴着手表风光无限，穿着长袖衣衫，也要故意把衣袖挽起来，将手表显露在大庭广众之下。其实，考试戴不戴手表，对于我来讲，真的不重要。我真实的想法是，临近毕业，要好的同学要在一起照相留影，照片上能留下我戴手表的身姿，该多有风采，该是多么美好的回忆，于是便欺骗了妈妈。

　　1979 年，沐浴着改革开放的春风，我高中毕业了。参加工作不久后，同爸爸一起工作的四川知青罗世友回家探亲，爸爸便托他给我买了一块"上海"牌手表。不久，罗世友探亲归来，没买到"上海"牌手表，却买回一块新型的电子手表，连同发票、说明书一起送到我家。手表价格比上海手表还贵 20元，产地是成都手表厂。表的外观同其他手表一样，时针、分针、秒针都有，如果不说是电子表，你是看不出来的。只是表带不是钢链的，而是黑色牛皮的。手表不用上弦，而且比其他手表还多了一项功能——显示日历和星期。这款手表运行得非常精准，我时常在朋友们面前显摆手表的精准。当广播里要提示北京时间时，我会提前高傲地抬起手腕和表对照。众目睽睽之下，随着最后一响的嘀音，分针秒针精准指向 12 点的位置，真是分秒不差。这块时髦、精准的手表，哥们、朋友、工友们都很艳羡，我也很爱惜。遗憾的是两年后夏日的一天傍晚，我到篮球场上打篮球，将表摘下放进兜里。打完篮球，又到发电用的循环水出口处洗澡，待回到家里，才发现手表丢失了。皎洁的月光下，我拿着手电筒，火急火燎地跑到篮球场和洗澡的地方，仔细寻找，但无功而返。为此，我闷闷不乐好多天，心里总想着那块丢失的手表。父母并没有责怪我，而是安慰道："丢了就丢了，又不是故意丢的。别上火，再买一块就是了。"几天后，我骑着自行车，到总场商店买手表。走进商店，物品琳琅满目，柜台里摆放着好几种牌子的手表。我精心挑选了一款"上海"牌手表，心里思忖：短短几年时间，买手表就不用票了，也不用排队了，社会进步得真快呀！这块手表伴随着我度过了恋爱、结婚、生女等许多人生重要时光。

　　岁月匆匆，表针在岁月的表盘上不停地旋转，转眼间几十年过去了，国家已发生了天翻地覆的变化，农场随着国家一起发展，百姓的生活水平也日新月异。昔日"棒打狍子瓢舀鱼，野鸡飞到饭锅里"的北大荒，变成今天的

"耕作在广袤的田野，居住在现代化城镇"的北大仓。农场职工衣食住行无忧，手表在人们心里，早已不是稀罕物了，想要购买手表，可在实体店选购，也可在网上购买，而且样式新颖、品牌多样、功能齐全，价格有高有低，产地既有国内也有国外，可以根据个人的喜好和经济实力选购。前不久，女儿在网上给我和妻子分别购买了颜色不同的电话手表，这种手表属多功能手表，科技含量高，价格还不贵，既有电话和手表功能，还有计步，测血压，监测睡眠、心率和血氧等功能。戴在手上，使用起来真是方便，既能看时间，还能接打电话，掌握每天走路的步数，而且还有随身保健的作用。看着新款的电话手表，回想起过去买手表、戴手表的岁月，真是让人感慨万千。

家　园

1958 年 1 月 24 日，党中央、中央军委发出《关于动员十万转业官兵参加生产建设》的指示，要求转业官兵去开发北大荒，屯垦戍边。

一列列军用火车在佳木斯火车站停靠，一队队年轻的军人从闷罐车厢里跳下，告别战场，再次出发，挺进荒原，开始了把北大荒建成北大仓的战斗！

我的姥爷就是其中的一员，从此，广袤的三江平原就成了我们的家园。

按照当时的叫法，姥爷是在师部工作，妈妈中学毕业赶上了轰轰烈烈的知青上山下乡运动，听从号召去连队锻炼。妈妈 16 岁到连队，从学做农活开始到食堂做炊事员再到成为一名幼儿教师，虽吃过不少苦，偷偷流过不少眼泪，但骨子里好强的她，从来没有和姥爷、姥姥提起过半个苦字。

知女莫如父，姥爷看在眼里，疼在心里。

"秋英在连队锻炼了吃苦耐劳的好品质，是你们兄妹四人中的好榜样，值得你们好好学习……"他总是这样对姨妈和舅舅们讲。

我出生在妈妈所在的连队，第三师十九团三营十七连。记忆中的连队很小，大人们仅靠步行就可以走到另一个连队。低矮稀疏的房屋，把天空映衬得出奇的大。

连队是真的小，几十户人家，谁家晚饭吃了红烧肉不用等到天亮大家就都知道了。冬天也着实冷，这寒冷使天地间的许多事物呈现出与本质相反的特性，原本柔软的坚硬无比，原本刚硬的脆弱易折。为了抵御冬天的寒冷，妈妈总是把屋子烤得暖暖的。冬天农闲，爸爸每天都会去朋友家玩，但绝不会错过做饭的时间回来为我们做饭。我的故乡地处苦寒之地，冬季漫长，寸草不生，30 多年前的物流更不能与现在相比，所以吃不到新鲜的绿色蔬菜，我们食用的都是易于储藏的白菜、土豆、萝卜，还有一些在夏天时晒制的干菜。但食用最多的，还是土豆和白菜，所以，在许多故乡人的童年记忆里，冬天的菜品不过就是土豆丝、土豆片、土豆块、白菜炒土豆、土豆炒白菜。食材虽单调，但在善庖厨的爸爸手里，每一顿都有惊喜都是美味，蒸、炒、煮、熘、腌、拌、烩……拔丝土豆、醋熘白菜、酸辣土豆丝、木耳炒白菜、凉拌土豆丝、炝拌白菜、红烧土豆块、糖醋土豆块……那时没有网络，也少见烹饪的书籍，相较现在的餐馆遍地，那时"下馆子"是一件奢侈且不常有的事情。怎么吃，怎么做，都要靠自己用心琢磨，在如何用简单的食材充分调动起家人吃饭兴趣这件事上，爸爸从来不偷懒，永远有创意。

　　所以，即便那个在北方连队里的家很小，生活还很清简，但记忆中的时光总是溢满温暖、美味。

　　小时候，我大部分时间跟着姥姥姥爷一起生活。姥爷是一个闲不下来的人，退休后的爱好除了和老伙伴们打门球就是开荒种地。

　　姥爷家有前后两个花园，除此之外他还在厂区里找了两块三角形的荒地开辟成了菜地。春天一到，最先种上的是菠菜、生菜，之后种水萝卜、黄瓜、辣椒、豆角、柿子、茄子。当然，种得最多的永远是辣椒。这辣椒是姥爷的心头好，是他念念不忘的南方，也是他的乡愁。地里不光是种菜，还有果树和花。樱桃树和李子树种在北院里，花种在边边角角和人行砖道的两边，有串红、格桑花、地瓜花。到了花开的时候，蜜蜂和蝴蝶就热闹了起来，加上院子里红的绿的黄的粉的色彩，直到现在，即便看过许多高楼别墅，依然觉得那才是最美的家园。

　　小时候总觉得姥爷实在不用那么辛苦去耕种，因为等到夏天我们的菜园丰收了，蔬菜瓜果的价格也非常便宜了，而到了秋天，人们储备白菜土豆的季节，白菜土豆的价格也非常低。可姥爷姥姥是从苦难岁月中走过来的人，节省又节俭，见不得土地荒置，所以，哪怕是他病重去世那年，也没有让菜地荒废。后来，妈妈接管了这片菜地，春种秋收，辛勤耕耘。前年的 9 月，我回去看望他们，恰好碰上收获黑豆。妈妈把成熟的豆秆从地里连根拔起，我负责把每株上的豆荚摘下，并剥出豆子。虽然只是几平方米的菜地，但是我们仅收获就用去了两天的时间。那年因为气候原因，影响了豆子的生长，收成只有五斤左右。从春天播种、施肥、除草、浇水到秋天的收获，我总是劝她，年纪大了，就别执着这个院子了，可她依旧固执地重复着姥爷的春种秋收。

这个菜园所承载的珍惜土地、勤俭持家的教育意义是远远超越其经济价值的，姥爷的开辟，妈妈的继承，两代人几十年的言传身教，是家族传承的一笔宝贵的精神财富。

大学毕业后我选择在昆明安家，后又入职云南农垦集团，虽然垦区精神产生于不同的历史背景，但"艰苦""开拓""奋斗"是垦区精神的基本内涵和底色，在云南农垦的大家庭中，依然能够感受到"天下农垦是一家"的深厚感情。

出于对"家园"的执念，我也刻意地购置了一处有院子的房子，虽然土地有限，但精耕细作，也栽了几棵果树和一些喜爱的花朵，还种了一小片东北特有的姑娘果。每每结束一天的繁忙工作，我都会在小院里待上一会儿，腾出一些时间洒水、修枝、除草。小院里总有花开，也有果熟，虽然与姥爷和妈妈经营的菜园从样式、规模以及栽种的作物都有着非常大的差异，但我总是能在照料植物的过程中感受到家园的温暖、舒适；总会想起姥爷晚饭后背起手去菜地散步的情景，神清气爽、心满意足。

春天在清风的牵引中翩跹而至，小院的植物也在我们一家三口的精心照料下日渐葱茏。"原本山川，极命草木。"我时刻提醒自己，回归本源，不忘初心。一辈人有一辈人的使命，一代人有一代人的生活，步履不停，带着姥爷的传承，听党话、感党恩、跟党走，珍惜土地，勤俭持家，无论走到哪里，都能够靠自己的双手创造幸福家园。

农场职工家庭掠影

清晨听鸟

新疆生产建设兵团一四二团　张　继

清晨，我站在阳台上，楼下的柳树叶子上晶莹的晨露像一双双清澈的眼睛，笑迎着黎明的曙光。柳树的枝头金丝雀高声鸣唱，声音清脆悦耳，像一首甜美的歌，让我睡意全无。窗外清新的空气，扑面而来，又让我神清气爽。眼前的绿色在晨曦里格外清新，像在我眼前打开一幅自然温润、生机勃勃的风景画。

楼下这片绿色的树林是小区初建时栽种的，有白蜡、杨树、柳树、榆树和海棠树，郁郁葱葱如绿色的云朵，飘浮在地上。茂密的树林里不知什么候成了鸟儿的天堂。先是一群小麻雀来这里安家，很快几只金丝雀也发现了这个好地方，把鸟巢筑在柳树高处的树杈上，每天早出晚归出没于树林中。那天，还有两只长尾巴的喜鹊，在榆树的枝头叽叽、喳喳地欢唱，把喜悦的心情从我的窗口送了进来。

我居住在新疆生产建设兵团第八师一四二团，居民小区是按照兵团小城镇建设的标准设计，精致的园林绿化凸显了兵团的特色，绿色的树是主色调，花草绚丽的色彩又让绿意更浓了。居民楼中间的空地、道路两边都种上特色的风景树。树下的草坪、花园和四周的花木墙，与林间的小亭一道，组成一幅完美的园林风景画。

每逢炎热的夏日，我都会静坐树荫下古色古香的小亭石桌前，任凭凉爽的风拂过发间。听着树上悦耳的鸟鸣，悠闲地品着茶，让幽幽的茶香浸透肺腑，仿佛置身在美妙的天堂里。或手捧一本喜欢的书，徜徉在知识的海洋中，仿佛时间也凝固了，深深地沉醉其中。或凝视着美丽的蝴蝶在花丛中起起落落，撒下一缕缕花香，传递一丝丝柔情，让甜甜的香气浸润心田。偶尔，一两声清脆的鸟鸣打破四周的宁静，思绪又被唤回到鸟语花香的世界里。

然而，我听父亲说，这些美景过去是不敢想象的。20 世纪 50 年代初，他们来这里开荒建场时，被眼前的荒芜惊呆了。到处都是一片片寸草不生的盐碱滩，让人心生悲凉。唯有远处几棵野生的胡杨树在风中摇曳，让他们仿佛看到了一丝希望。老团长走路腰板挺直，他身穿着军装，大声说道："同志们，这里就是咱们的家了。"说完就指挥大家挖地窝子、垦荒、修路、植树。那几棵胡杨树就是他们的榜样，这群豪情万丈的军垦人立下誓言：要把脚下这片荒原变成良田万顷的绿洲。

坚定的信念是他们战胜困难的法宝，绿色的希望根植在他们的心中，盐碱、干旱、风沙挡不住他们前行的脚步。至今在团场还传颂着老连长种树的故事。为了战胜风沙必须先种树。可是，在干旱盐碱的地里种树谈何容易，必须选耐旱耐盐碱的树种，通过实地试种，他们发现沙枣树的成活率高。于是，团场从外地购买来沙枣树苗，连队分到了一百棵，老连长像得了宝贝似的小心翼翼地拉回去。在水渠边选了一块地当苗圃，由专人管理。每天老连长都会去苗圃转转，望着绿油油的树苗，脸上的皱纹笑开了花。可是有一天，细心的老连长发现有几棵小树苗的叶子发黄了，立即请来团场的林业技术员，才知是浇水多了造成的。老连长这才长出一口气放心了。后来这些沙枣树苗移种到了公路两边，都长成了大树。

那时，北风时常裹挟黄沙刮得天昏地暗，仿佛世界的末日到了。人们躲在地窝子里听到了大地的颤抖声，"轰隆轰隆"的声音震耳欲聋。也不知过了多久，风声渐渐小了，天也慢慢亮了，人们才爬出地窝子。每次"沙尘暴"过后，老连长沙哑的声音便会响起："大家快集合，去林床里补种树苗。"这时人们顾不上洗把脸，只是拍拍衣服上的黄沙，便拿起铁锹奔向连队四周的林带。一场"沙尘暴"把林床里的树，吹得东倒西歪，有些小树被拦腰折断，有些被连根拔起，真是惨不忍睹。老连长心疼地摸摸这棵，看看那棵，像抚摸自己的孩子。他摇着头痛心地说："可恶的沙尘暴想让咱们屈服，大家能答应吗？""不能！不能！"人们齐声答道。"我们补齐这些树苗，让它知道咱们的厉害。"老连长坚定地大声说道。就这样一次次在与盐碱、干旱和风沙的搏斗中，他们种活的树越来越多，这些树又在他们的精心呵护下长成了一棵棵大树，成了团场防风固沙的"排头兵"。

　　转眼几十年过去了，往日团场恶劣的生态环境得到有效治理。田野上已是绿树成荫、农田连片。我父亲额头上的头发也和天山雪峰上的白雪一样白了。他搂着小孙子坐在自家的屋前，听着树上悦耳的鸟鸣，心中欣慰极了。

　　近几年，团场发生了翻天覆地的变化，一栋栋新楼拔地而起，一个个设施完备的居民小区陆续建成。一座团场新镇崛起在准噶尔盆地的南缘。这里的团场人告别土坯房、砖瓦房，住上了电、气、暖、水配套完善的楼房。这让我父亲开心地笑了，因为他们当年"楼上楼下、电灯电话"的梦想实现了。这可是他们萦绕在心头几十年，也为之奋斗了几十年的梦想啊！

　　窗外悦耳的鸟鸣回荡在耳畔，像一首动听的歌，赞美着父辈们的无私奉献精神。那些久远年代感人故事必将激励我们迎着初升的太阳去开创更加灿烂的明天。

连队往事的点滴回忆

新疆生产建设兵团四团　张万成

我儿时生活在新疆生产建设兵团第一师四团十八连，那是一个与吉尔吉斯斯坦相邻的边境团场连队，距离团部42公里。在那里我有许多难以忘怀的往事，记忆最深的有童年吃过的野菜、豆腐皮，还有上学期间抄书的经历。

如果说过去吃野菜更多是生活所迫，现在兴起的食野菜之风，则更多是为了尝新尝鲜，正如汪曾祺所说，过去，吃野菜是为了度荒，如今，吃野菜是为了尝新。

马齿苋长得最好的地方是麦地和林带。别小瞧其貌不扬、矮矮的马齿苋，它的生命力异常惊人，是所有野菜中最顽强的。你若用锄头将它铲离泥土，哪怕只有一丝断根，即使在烈日下暴晒一两天，只要再沾到少许湿土或水，它仍可成活。菜地里如果发现马齿苋，你得赶紧清除，否则"星星之火，可以燎原"，它生长的速度是相当快的。为此，人们将其归入"赖地草"的范畴，这个绰号赐予它是有道理的。

马齿苋外表不太好看，甚至有些丑陋。它匍匐着，散散落落有些不规则，茎略带暗紫色，叶呈楔状矩圆形或倒卵形。因紧贴泥土，咋看都有些灰头土脸。但它不挑剔生存环境，坡地、田里、路边、沟畔等皆可生长，且抗旱耐涝。这种生存能力，让人颇为感慨。

马齿苋的食法各地有异，五湖四海的人有不同的吃法。我们这的山东人喜欢水煮后剁碎揉入面内，烙饼或蒸馎馎。东北人则炒肉丝或用开水烫后蘸鸡蛋酱吃，更喜欢用它做汤或蒸包子。

许多人仅仅喜欢它的独特风味，殊不知马齿苋是野菜，更是药材。据《本草纲目》介绍，它的作用不小：可缓解疮疡肿毒，如胃肠溃疡、痔疮肿痛、睾丸炎、阴道炎、关节炎、痢疾和肠炎等。其清热解毒的作用，令人刮目相看。

过去不起眼的野菜成为主角，往日的主角却成为陪衬。主配角调换，野菜竟可以被吃出来不同的花样，这在过去野菜用于充饥的年代，是无论如何也都想象不到的吧。

除了野菜，豆腐渣也是令人难忘的食物。连队为改善职工伙食，自己做豆腐。做豆腐的是一位四川籍的女职工，姓罗，很能干。连队每月给每位职工发一公斤豆腐票，凭票领取豆腐，豆腐渣不要钱，谁要就分谁一些。豆腐渣是石磨磨的，经过过滤，豆皮比较粗。20世纪70年代，我们十几岁，正是长身体的时候，家里就把豆腐渣当成"宝贝"。

那时，不要钱的豆腐渣就成了我们的佳肴。母亲除了用白菜叶煮豆腐渣外，还把蒸熟的洋芋捣烂掺在炒熟的豆腐渣里，做成一个个圆圆的薄饼子，放在高粱秆做的帘子上置于向阳处晾晒起来。晾干了，孩子、大人出来进去拿一个，咔嚓咔嚓地咬。那薄薄又脆脆的豆腐渣洋芋饼子又酥又面，真是人间美味！人们都把这豆腐渣饼子叫作"脆薄饼"。

有一次，一位上海知青来我家，碰巧我家在吃豆腐渣，他吃了后赞不绝口，还给我们讲了一个传说。

传说诗圣杜甫有一次被朋友请去吃饭，朋友巧妙地用两只鸡蛋、青菜、豆腐渣做了三菜一汤。菜肴端上桌后，杜甫一看便高兴地笑了，感叹朋友的好手艺，随即还吟了一首诗，就是那首脍炙人口的《绝句》：

两个黄鹂鸣翠柳，

一行白鹭上青天。

窗含西岭千秋雪，

门泊东吴万里船。

朋友听了杜甫的诗连连称赞，不过他称赞的是杜甫四句诗绘声绘色地写出了窗外的景物，岂不知杜甫这首诗每一句都一语双关，不但吟诵出了窗外景物，还生动地描绘了酒桌上的菜肴：

"两个黄鹂鸣翠柳"——在青菜上放着两个鸡蛋黄。

"一行白鹭上青天"——菜叶上放一行用蛋白做的薄片。

"窗含西岭千秋雪"——炒豆腐渣佐以姜蒜。

"门泊东吴万里船"——清汤上漂着两片生姜片。

上学时老师讲杜甫那首《绝句》,实在绝妙,上海知青讲的也许不是原样,故事也有些牵强,大有可能是后人杜撰的。不过,在古代"豆腐渣"可以待客上宴席应该是真实不虚的……

没经历过贫穷的年代,你无法想象豆腐渣是多么好的东西!我至今还怀念我们吃过的豆腐渣。

每次看到妻子用豆浆机打豆浆,我都说一声,豆腐渣我吃。倒不是爱吃,实在是难忘那味儿,禁不住要吃。豆浆机打出来的豆腐渣过细,不如过去石磨磨的豆皮大。

但是,面对让我垂涎三尺的豆腐渣,如今的孩子却无论如何也吃不下去。我曾想过:这不是"忘本"吗?心里不由得暗暗自责:不爱吃那碗豆腐渣事小,忘记过去的苦日子就有一种负罪感……

读到"成由勤俭破由奢"之类祖辈父辈流传下来的人生格言,就想起吃豆腐渣的事,教育孩子不要"忘本"。

50 岁以上的团场人,不少都有借书抄书的经历。1978 年,我上高中,当时可以说还是一片文化荒漠,特别是生活在天山深处的我们。每每发现一本好书,都争相传看。由于限期归还,经常通宵达旦,人歇书不歇,有的书甚至在几个人之间辗转流传,翻看得破乱不堪。就这样,《艳阳天》《高老头》《三侠五义》《七星剑》等作品,成了我当时难得的精神食粮。

书是要还的,有时难舍书上的好词好句好段落,就抄下来慢慢欣赏。记得当时我高一放假,一个星期天,一位同学神秘地告诉我,他借到一本唐诗,明天就还,问我要不要看一晚上。我说行,拿来一看,真是一本破书,前后几页都残缺了。翻开一看,是一本《唐诗三百首》,还是繁体字。我草草读了一下,大喜过望,想到明天要还,干脆抄一遍。当晚没睡,抄到天亮,把书上所有的诗全部抄完,这才按期归还了那本破书。抄了这本书,满足了我当时的一个渴望,我又有属于自己的书了。自那以后,我又陆续将宋词等古典诗词也抄录其中。

从此,这个手抄本就成了我的宝贝,我经常拿着它面对戈壁诵读。每有会意与疑难,则和同学交流。兴发于大江东去,流连于晓风残月,自不觉山中寂寞。在那文化荒漠年代里,它为我注入的精神甘泉与养分,至今犹在我身上流动。

宋濂《送东阳马生序》中就回忆自己的抄书往事："余幼时即嗜学。家贫，无从致书以观，每假借于藏书之家，手自笔录，计日以还。天大寒，砚冰坚，手指不可屈伸，弗之怠。录毕走送之，不敢稍逾约。"这种精神足以感动无数后人。

再以后，书店里古典文学读本逐渐多了起来，各种中外名著也纷纷出版。好书不再短缺，从此再也不用抄书。

今天，出版业空前发达，在线阅读更加方便。有时也买书，却买得多、读得慢，书柜中多数书没有看完，甚至有的书买了多年，也只看了几页，真是"书非借不能读也"。阅读供求，已出现另一种失衡，而阅读的冲动，也远不如当年抄书的岁月。

我离故乡越来越远

北大荒集团黑龙江浓江农场　王　飞

　　一条微信提示音打断了我听课的思绪，翻看手机，原来是五常老家六叔发来的。他说这次市里二中招聘体育老师，特别需要排球专业的，学校校长也认识我，特别相中我。如果我同意，可以先调回来，慢慢再把媳妇调回来，这次绝对是个好机会。看到信息之后，我先是激动，激动在于终于有机会回到家乡工作。后是沉默，我回去了，媳妇和孩子怎么办？难道要两地分居吗？我没有立即给六叔回消息，在写作班下课之后才回电话。我告诉六叔，这件事先让我考虑考虑，毕竟快四十岁了，不敢折腾了，虽说心里很想换一个工作环境，但毕竟已到不惑之年。

　　六叔在听到我说考虑一下之后，沉默了好久，他慢吞吞地挤出一句话："小飞呀，这次可真是一个好机会！"挂断电话之后，我坐在已经下课的教室里，脑海浮现出老家五常的模样。父亲兄弟七个，七叔在十七岁时生病死了，大伯在前几年得癌症去世了。父亲排行老三，六叔是目前兄弟几个中最小的一个，也是对我最好的叔叔。小时候，六叔经常带我一起放牛和牧马。那时我还小，骑不上马，六叔就把我抱起放在马背上。六叔怕我从马背上掉下来，他就牵着马扶着我，我们要走很远的山路到水草肥美的草甸子上牧马。牧马也不是一个轻巧的活，把马放到草甸子上之后，你需要随时观察马的动向，它们经常趁着主人不注意，偷偷钻进苞米地或者黄豆地里吃庄稼。我若发现了，就会跑上前去驱赶它们。可个别长着一双"势利眼"的马看着我娇小的身体，根本不当回事，瞥了我一眼之后，还在那"噗噗噗"地吃个不停。这时六叔就会在远处甩起长鞭，吆喝一声，那匹"势利眼"马一听六叔的鞭声，就一溜烟地跑回草甸子里，假装什么事情都没有发生一样，继续啃青草。我问六叔，它们为啥不怕我，六叔说这些马奸猾着呢，平时干活没少挨鞭子。

跟六叔牧马的时间很长，一直到初中毕业。中考结束后，父亲又给家里添了两匹马，说是给家里增加点劳动力。我心想这是给我准备的。在老家像我这样大的孩子，多数中学毕业之后就不念书了，条件好点的买个拖拉机，盖个砖瓦房就结婚了；条件不好的，像我这样的就是买几头母牲口，靠繁殖赚钱。我猜出了父亲的心思，父亲却猜不到我能考上高中。当我接到高中录取通知书时，父亲先是一愣，心里想着孩子怎么能考上高中呢？老王家上下几代也没有能念高中的，就连村里也没有上高中的啊！看着录取通知书，父亲已经慌了神儿了，不知所措的样子，就像我牵着好几匹马找不到草甸子一样。父亲后来找到在五常市高级中学教书的姑奶奶，经过姑奶奶的"把脉问诊"，父亲才知道我应该继续念书，在家牧马就耽误啦！父亲问姑奶奶念高中的费用，姑奶奶说念高中这三年得需要三四万块钱，让父亲准备张罗钱。三四万在那个年代可不是小数目，再者家里刚刚买来两匹马，积蓄本来就不多，上学的费用让父亲为难了。他一头张罗学费，一头让六叔做我的工作。父亲知道六叔和我关系最好，就让六叔套话来。六叔是本分的农民，不会说啥话，就直来直去地问我，小飞呀，你愿意上学，还是愿意牧马啊？我说愿意上学，不愿意牧马。六叔说上学可得好好上啊，上高中可得花很多钱啊！我"嗯"了一声，心里根本不知道这是父亲让六叔说的。

三年之后，我考入佳木斯大学，在升学宴上，六叔喝醉了，他拉着我的手说："小飞呀，你能上大学，我比你爸都高兴，以后大学毕业了，要回五常上班，让你六叔和六婶都借借光。"六叔那天很高兴，平日少言寡语的，那天却说了很多很多。

想到这里，我忽然发现，六叔听到我说再考虑考虑，一定是伤心了。他托亲戚朋友帮我联系工作，而得到的却是我的迟疑。大学毕业之后，我先到勤得利农场学校，在那里当中学体育老师。大学四年花光了家里所有积蓄，我不想再向家里伸手要一分钱。但刚刚上班需要花钱的地方也很多，再者说刚开始工资就只有一千多块钱，再加上人情往来的，根本不够花。正好那时候学校有食堂，我就跟学生一起，一日三餐在食堂吃饭，一天只需要交伙食费十块钱。赶上周末学生放假，学校领导还会在食堂给我们改善伙食，做些鸡鱼之类的肉菜，通常周末改善伙食时，食堂是不收费的。

　　我在勤得利农场工作五年之后，在那里成家了。2014年1月8日，我的儿子出生，在他呱呱坠地的一刹那，我意识到自己已经不是可以随意挥霍青春的小伙子，而是需要担当，需要承担起生活重任的男人。可就在第三天，孩子发高烧，在病房里哭闹不止，媳妇刚刚剖宫产还不能下地，母亲抱着哭闹的孩子不知如何是好。我找来医生，给孩子做各项检查，但由于医疗水平有限，她根本没有见过这样的症状，于是让我带着孩子赶快到佳木斯医院。我和母亲两个人护理媳妇，我们走了，她怎么办？她还不能下地，谁来照顾我这个刚刚剖宫产的媳妇啊？可我看着孩子不断上升的体温，我不能再犹豫。坚强的媳妇让我和母亲带着孩子赶快打车去佳木斯，她说她能照顾自己，她自己能回家。

　　我顾不了那么多，迅速找到出租车直奔佳木斯。在车上我给同事打电话。让他们想办法到医院把我媳妇接回家，别让她自己回去，她还不能下床呢！同事们安慰我，让我放心带孩子去看病。这时勤得利学校的陈江利校长给我打来电话，他告诉我，放心带孩子走，他马上派车到同江医院，把我媳妇接回去。他让我放心，说到医院之后，缺钱一定告诉他，一定要把孩子治好了。媳妇被接回家，听同事说，因为她不能下床，他们用学生桌椅改装成一个担架，轮换好几个人才抬上六楼的。我到了佳木斯医院之后，因为孩子病情严重，佳木斯医院建议送到哈尔滨医院，我又打车到哈尔滨医大一院。到那里办完住院手续已经凌晨两点多了。庆幸的是经过18天住院治疗，孩子康复出院了。当我抱着孩子走到楼道单元门前时，看到了早已等待在那儿的领导和同事，他们放了一大串鞭炮，像在庆祝一位远征的战士凯旋一样。我回到家才知道，媳妇坐月子期间，学校安排了专人值班，每天都有两位女老师护理和陪伴她。当我打开冰箱时，看到了满满的猪蹄、鸡蛋、鱼子酱和阿胶等一些滋补品，媳妇说这都是学校老师送来的，有些人她都叫不上名字，但她知道是学校老师。

　　这些回忆串联起我迟疑回老家工作的答案，六叔不知道我在这里发生的一切。他可能还记得我上大学时的那句承诺，但六叔不会想借我什么光，他更多的应该是想让那个曾经跟着他一起牧马的侄子，回到他的身边工作，毕竟六叔年纪大了，又膝下无子，他应该是把我当成他的儿子啦。我不想告诉六叔我迟疑的原因，我怕他伤心，怕他认为我忘本。可这里的一切已经让我成为这里的一分子。父母已经跟我在农场定居 14 年，他们已经习惯在农场的生活。我们给父母买了一套房子，恰好是楼上楼下，一家五口人其乐融融地生活在一起。

这里虽然不是生我养我的地方，但我在这里工作已有 14 年，已经深深爱上这里，爱上这里的人，爱上这里的一切。

就在回农场的路上，我看着道路两旁一望无际的稻田，心情豁然开朗，不再犹豫，我决定给六叔回复信息，告诉六叔，我决定不回五常老家发展，决定继续在农场工作生活。虽然这里没有城市的繁华，但这里的人就像黑土地一样，有着宽广的胸怀。就在刚刚，我收拾东西时，看到箱子底下的户口簿，翻开孩子那一页，"浓江农垦社区"那六个字特别醒目，我意识到，原来我已经把根深深扎在这片土地上了，看着他健康成长，我发现一切都是幸福的。

一曲秧歌舞出美好新生活

北大荒集团黑龙江克山农场　李婷婷

傍晚六点整，文化公园的音箱里传来欢快的秧歌曲，歌曲一响，就像吹响了"集合号"，秧歌队的队员们从四面八方聚集到公园的广场上。我婆婆向来动作麻利，眼见她放下碗筷，以最快的速度穿上秧歌服，拿起手绢、扇子，立刻赶赴她的"战场"。

婆婆今年 60 岁，退休多年，她爱好文艺，能歌善舞，平日最喜欢的就是扭秧歌。对于这个爱好，我们全家都很支持，婆婆血糖有些偏高，多运动有好处，而且自从扭起了大秧歌，她每天心情愉快，皮肤变好了，身材苗条了，看起来年轻了好几岁呢。去年，农场同时成立了 3 支秧歌舞蹈队，各队队长纷纷向婆婆抛出"橄榄枝"，三番五次地给她发微信、打电话邀请她加入自己的队伍。婆婆考虑再三，最后加入了社区阳光艺术团秧歌队，这场争抢大战才就此落幕。

我和儿子是婆婆的铁杆粉丝，每天都在公园看婆婆扭秧歌。婆婆刚加入秧歌队的时候，因为扭得很好，从队伍末尾直接调到了第一排，我便好奇地打听，刚跳咋就这么像样呢？婆婆会心地笑了，给我讲起了她辉煌的秧歌"战绩"。

1979 年，婆婆刚参加工作，是农场科研站育种组职工，也是单位的文艺骨干。那时每个单位都组建了秧歌队，逢年过节时，农场都会组织表演或比赛。婆婆说，那时候可不比现在，没有成套的秧歌服，更没有最新款的手绢、扇子。当时一有比赛，大家就扯下家里的花被单，用一根布条束上腰，基本的行头就算有了。头上戴的花，也是自己用铁丝、彩纸扎出来的，可谓造型各异，图的就是一个高兴乐呵。看到婆婆讲述时快乐的表情，再想着丰收时节大家欢歌笑语的场景，我立即被婆婆的喜悦感染了。婆婆扭了一年又一年，跳了一曲又一曲，连着十年，每次比赛都能捧个大奖回来。

去年7月，婆婆所在的秧歌队在离家不远的九井镇比赛，这可是秧歌队第一次参赛，也是婆婆时隔多年再一次冲上"战场"，她紧张极了。婆婆和她的队友们顶着炎炎烈日，反复练习，汗珠顺着脸颊往下淌，不变的是脸上阳光灿烂的笑容，用她们的话说，"咱得展现出农场人的精气神"。功夫不负有心人，婆婆和队员们再一次展现了饱满的精神状态和风采魅力，比赛结束捧着大奖回来了。

回想起婆婆刚退休的时候，一下子从忙碌变得清闲，身体和心理都难以接受，整天不是说腰疼就是喊腿疼，一副病恹恹的样子。自从加入了秧歌队，她腰不酸腿不疼，变得身轻体健，皮肤都因为每天运动变得白里透红。最近，婆婆又有了新身份——领舞，每天上午八点，准时领着大家扭秧歌。婆婆扭的秧歌，动作复杂，变化多，我虽说有健美操的功底，但跟跳了几回也败下阵来。婆婆说，这是秧歌舞，和过去的扭秧歌不一样，难度大，是东北大秧歌和民族舞的结合，动作美观大方，身体的各个部位都能得到充分锻炼，一支曲舞下来，可谓是酣畅舒爽、大汗淋漓啊！每当舞曲结束，队员们都是一副意犹未尽的模样，这"瘾头"是真大。

婆婆是个热心肠，和队里的姐妹们相处得特别好，也是队里的主心骨、定盘星。遇到哪个姐妹脸色不好，她就会前去问问情况，是身体不舒服，还是家里遇到啥烦心事？但凡能帮一把，婆婆绝无二话。都说清官难断家务事，但在婆婆这儿都不算是难题。有一次，婆婆听说队里一个姐姐和儿媳闹了矛盾，她先是和姐姐推心置腹聊了半天，把自己多年来和儿媳相处的成功经验传授给她，又马不停蹄地跑去守在她儿媳下班的路上，边走边聊，说了很多儿媳并不知道的事情，在我婆婆苦口婆心劝说下，这娘俩总算是和好了。遇到谁家的农活干不过来，婆婆也会放下自家的活，先给别人帮忙。像这样的事情还有很多，风里雨里，忙忙碌碌，婆婆的付出大家都看在眼里、记在心里。农场大事小情，每次招募志愿者，婆婆都是第一个报名参加，她戴着小红帽，穿着红马甲，在广场上为大家忙里忙外，浑身都散发着动人的光彩。

现如今，婆婆和公公退休多年，每月领着退休金，身体康健。我和爱人在农场工作，在各自的工作岗位坚守付出；孩子在农场小学就读，勤奋好学、阳光活泼。我们一家都是婆婆的后援团，家人的支持，让婆婆扭秧歌没有后顾之忧，每天都准时准点参加锻炼。

傍晚时分，广场上可爱的孩童散学归来放纸鸢、扔飞机、玩滑板，追逐嬉戏；凉亭里老人们围坐在一起唠家常、打扑克，不时为一张牌争得面红耳赤。"唱起了那个秧歌来，咱们赞美新生活哟呵"，舞曲响起，婆婆和她的队友们伴随着音乐尽情舞动着彩扇、手绢向我们走来。一曲秧歌舞，舞出了农场人的精气神，舞出了新时代的美好新生活。

家乡的农场渠

宁夏灵武市水务局　崔殿龙

我的家乡有一条大渠，因创建国营灵武农场而开，故名农场渠。整个农场的土地都依靠它灌溉，它是我们农场的生命之渠。它就像每个人身上的血管，通向手指，通向脚底，将黄河水引向农场的每一寸土地，让田野上的禾苗茁壮成长，让果园里的瓜果甘甜适口，让猪羊膘肥体壮……

记得小时候，每到炎热夏季，农场渠便成了农场人的戏水乐园，五六岁的小孩、十七八岁的半大小子、拖家带口的大人，都不约而同来到渠边。大一点会游泳的孩子在没过头顶的深水里玩耍，或仰泳、或扎猛子、或狗刨。不会游泳的，则在半米深的渠边瞎扑腾过过瘾。玩累了，躺在农场渠边细软的沙地上晒晒太阳，待养足了精神，又潇洒跳入渠水中嬉戏。

到了秋天，稻田里不需要灌溉，农场渠的水也就少了，渠里随处可见一群一群的鱼儿游荡。这时也是我们捉鱼的季节，运气好时，会捉上些大鲤鱼和鲫鱼拿回家清炖或油炸，味道鲜美极了。

冬天来了，农场渠又成了我们的滑冰场。喜欢滑冰的我，总是期待冰天雪地的时节。尽管在这冰冷的天气里，脸冻得通红，手冻得裂开口子，但我依然喜欢雪花飞舞带来的快乐，喜欢滑冰带来的幸福感。

长大后，我有幸成为一名水利工作者，也渐渐知道了家乡这条农场渠的来历。

农场渠是秦渠唯一的支渠。1950年，为解决农场的灌溉用水并向天水渠（梧桐树渠）供水，宁夏省政府决定扩整秦渠，增大水量，在秦渠郭家桥处建闸分水，新开农场渠。由于它是为西北地区第一个国营农场——国营灵武农场输水灌溉，因此被称为"第一农场渠"。

　　第一农场渠由宁夏省水利局于 1950 年勘测设计。渠口起自秦渠郭家桥，向北行经新华桥、灵武农场、梧桐树史家壕，最后到梧桐树北滩入西沟，全长 31.6 公里。作为新型渠道，这条渠走向合理，渠线顺直，冲淤平衡，渠系建筑物齐全，工程质量好，保障农场灌溉面积稳定，粮食产量逐年上升。后来，农场渠堤上陆续栽植了白杨树，大家在农场渠两侧渠堤上骑车、行走，常来常往也就形成了小路。这两条小路和渠堤上的白杨树在 20 世纪 70 至 80 年代成了灵武农场一道亮丽的风景线。人们骑上自行车出远门时，就会骑行在这些白杨树下。夏天，渠边的白杨树可以遮挡阳光暴晒；冬天，白杨树又可以抵挡凛冽寒风。

　　1985 年开始，由于天牛肆虐危害，这些一人抱不过来的大杨树也逐渐被砍伐掉，渠边陆续种植起刺槐、臭椿、新疆杨等。

　　现在，社会经济发展迅速，农场渠渠道断面也由土渠变成水泥板砌护渠，流速更加舒畅，架设其上的桥，也由以前木桥、小桥变成钢筋混凝土大桥，农场通往外界的土路也变成沥青路，农场渠堤上的小路也逐渐在人们视野中消失，渠边的树少了，草也少了，但在农场渠里玩水、嬉戏、捉鱼的情景却魂牵梦萦，令我心潮起伏。

　　渠水悠悠，生生不息。

农场老家的新河塘

湖北省潜江市人民法院　彭振林

清明节前一天，和妻子回老家总口农场为已故父母坟上"插青"后，信步来到儿时的那个新河塘边。新河塘里河水清澈，微微荡着涟漪，河塘边绿草如茵，坡上开满了金黄的油菜花。

看到这久违的河塘，看到这崭新的变化，儿时在新河塘边玩耍的一幕幕情景又清晰地浮现在我的眼前。

我的老家是总口农场雷台分场下面的一个生产队，四周分布着大小不一、有深有浅的河塘，仅我们居住的塆子周围，除了新河塘，还有几个叫不出名的小河塘，站在高处远远望去，它们宛如一颗颗镶嵌在大地上的碧玉明珠，熠熠生辉。

新河塘像个蚌壳，不大。印象中的新河塘从没有出现过波涛汹涌、惊涛骇浪的野性和气魄，一向仅有的只是风平浪静、静若处子。偶尔微风吹过时，河塘水面波光粼粼，特别耀眼。

听老人们讲，新河塘起初并没有名字，它是一条自然形成的河塘。河塘周围住着一些人家，饮水洗菜、养鸡喂猪、浆洗衣物，都离不开这塘河水，于是人们都亲切地叫它"新河塘"。

我最早的记忆，是小时候跟着母亲到河塘边的埠头上洗衣服。母亲把衣服泡在河塘水里，然后捞起，抹上肥皂搓揉，拧成麻花状放在不知从哪儿弄来的几块青石上，一棒槌又一棒槌地捶打衣服，"啪啪啪"的声音，传到很远很远。有时我帮母亲给衣服拧水，那时候力气小，每次拧水时都随着衣服打转，感觉自己也被拧成了麻花。等到长大一些，这片河塘便成了我们的乐园。

春天，新河塘岸上垂柳依依，细长的柳条垂落到水中，有鸟雀在垂柳上欢快地叽叽喳喳。我常常在春日的河边放牛，骑在凹形的牛背上，两腿夹着牛肚，一边欣赏牛儿悠闲地啃食岸边鲜嫩的青草，一边看高远深邃的蓝天倒映水中的情形。从牛背上下来后，我更喜欢玩打水漂。拾一些废瓦片，弯腰用力朝水面甩去，让它们在平静的水面上像飞镖一样飙开一串串涟漪，飙得越远我就越有自豪感。

到了夏天，新河塘就成了我们男孩子的天堂。开始我不会游泳，就在河埠头前的浅水处抓住埠头边缘的木桩，伏在水面上用两腿在水中不停地上下踢打，这叫学狗刨。接着是学踩水，就是不游动的时候能依靠四肢有节律地向下摆动，保证上半身不沉入水中，达到双手举过头顶而仅靠双腿摆动就能浮在水面上的效果。紧跟着就可以学习变换各种姿势游泳，如仰游、侧游和俯身游等。

学会游泳后，我常常一人到新河塘中玩水。很多时候我都仰面躺在水面上，看蔚蓝的天空游动着一丝闲云，还有蜻蜓在身旁环绕，树上蝉儿在欢快歌唱。忽然有鱼儿亲吻着我的脚趾，痒痒的，特别舒服。不一会我翻身一个猛子扎进水里，像凫水的鸭子，或潜或游，自由自在，快乐无限。

秋天的新河塘又是一番别样的情景。凉爽的秋风吹来，明镜般的水面漾起浅浅的波纹。岸边的树叶轻轻飘落，仿若蝴蝶翩翩起舞。落入水中的叶子，像小小的船儿轻轻晃动。早秋的庄稼已经开始成熟，在那个饥饿的童年，有时我们会跑到地里刨几个红薯，在水中洗净，连皮带肉一起咀嚼，原汁原味地吞进缺少营养的肚子里。

冬天来了，新河塘荷叶枯槁，岸边柳枝光秃。河塘里显得有些寂寞，河面上常常结了一层冰。太阳出来时候，把结冰的河面映照得明晃晃的，像玻璃一样发光。临近年关，队里都会用抽水机抽干河塘里的水，捉鱼挖藕清理塘底淤泥。莲藕一般是谁挖谁得，那些大的鱼都被捞上岸集中起来，按每家劳力人口分配，其余的小鱼小虾则被留在河塘里继续生长。还有那些在裸露塘泥上爬行的河蚌和田螺则被人们丢弃在一边，是死是活就看它们的造化了。

不过，新河塘里其他能吃的水生植物也不少，除了莲藕，还有菱角、莲蓬、"鸡头米"（芡实）。菱角是野生的，比较小，两只角很尖，稍不注意就会刺破手和嘴。生吃要采嫩一些的，老的煮熟了好吃。"鸡头米"外表刺很多，不太好采，但我们把土布袋裹在手上在水里采摘，弄上岸就好办了。莲蓬是莲藕生长过程中结的果实，这个比较好采。我们家里都有一个大椭圆形盆，叫"腰盆子"。坐在上面一手划盆一手拨开荷叶，寻找成熟的莲蓬摘下。莲子肉香甜脆嫩，让人满口生津。

当然，新河塘最大的功效在于灌溉。从我记事时起，它那一河塘的清流滋养着周围田地庄稼的生长，也承载着乡亲们对丰收的殷切期盼。

不知是哪一年，一条新的人工河渠五支渠从我们家门前流过，而排放不便、死水一潭的新河塘从此便被冷落下来。于是，周围人家开始全部搬迁到五支渠南北两边。从此，新河塘这个伴随着我走过童年和少年，孕育并饱含着我年少快乐和自豪的河塘，便与它周围的人家彻底分开了。

后来，随着我的外出求学，从此便阔别了家乡的新河塘。大学毕业那年，我回到家里又一次来到了新河塘边。当我再看到它时，几乎完全认不出它先前的模样。椭圆形的河面已快干涸，黑黝黝的河床里遍布着乱七八糟的垃圾。剩下的河水浑浊发黑，如同废弃的机油一般。一阵风刮过，一股刺鼻的腥臭味扑面而来。"新河塘怎么成这个样子了？"听到我有些自言自语的问话，随行的儿时同伴大海解释说，这几年新河塘周围搞起了养猪场，木板加工厂，污水废水都排进这条河塘里了。再加上村里大部分青壮年都外出打工了，只剩老人和孩子，河塘也没有人去主动管理，自然就成这个样子了……听大海说完，我俩都陷入了沉默之中。

2017年底，我再次回到农场老家，发现队里面貌大变样了。房前屋后干净整洁，新修的水泥马路四通八达。看到这番情景，我又想到了儿时的新河塘。于是，我来到新河塘。正在新河塘里带着人清淤的大海发现了我，赶紧从河塘里爬了上来。大海告诉我："家乡现在正推行'河长制'，全面清理垃圾淤泥，广泛栽花种草，大力打造幸福宜居环境。新河塘周围污染环境的养猪场和木板加工厂都被叫停了，新河塘也马上要同前面的人工河渠接通了，不会再是死水一潭，而且还会得到美化呢。"

大海还告诉我，农场为响应省里和市里的号召，确立了持续做好生态修复、环境保护和绿色发展的战略目标，把农场的水环境治理作为重中之重，依据不同的水资源和生态特点，着力打造水清、渠畅、岸绿、景美的农场。

　　说这话时，大海的脸上写满了骄傲。而从大海骄傲的脸上，我看到了美丽农场的崭新画卷。

　　新河塘，承载着我童年美好回忆的河塘，依然驻守在农场老家，守望着家乡这块田地，滋润着这片沃土，它永远在我心中流淌！

百年大台山　千年果树史

辽宁葫芦岛农垦集团　李文喜

　　葫芦岛市大台山果树农场素有"百年果园"之称，源于民国初年绥中县地方乡绅智庆云、智庆生、毕渭桥等人在大台山建立绥中县第一个果园——"大台山果林公司"，又称"启华农园"，由此开创了绥中县百年果业发展史。

　　包括大台山在内的辽西地区自古就是梨果的主产区，据《新唐书·渤海传》载："果有丸都之李，乐游之梨"，乐游即辽西渤海湾一带。可见最早在一千多年前的唐代辽西地区即有梨树栽植，并名扬于天下。另据《旧五代史》载"后晋开运四年（947年），亡国皇帝石重贵等一行三百余人被契丹人遣送关外，至榆关沙塞之地，略无供给，每至宿顿，无非路次，一行乏食，宫女、从官但采木实野蔬，以救饥弊。又行七八日至锦州"。少帝石重贵及随从几百人路过包括绥中在内的辽西地区，在乏食饥饿的情况下，靠采食果实和野菜活命，说明当时辽西地区依然盛产水果，可以使几百人充饥。

　　在元明时期大台山地区就以生产腊梨而名闻天下，大台山当时因此获名腊梨山。日本著名汉医学家丹波元简（1755—1810年）著作《医胶·卷中》载："盖腊梨者，腊月之梨，所谓冻梨也。"冻梨一般是由白梨、安梨、花盖梨等东北地方古老品种冰冻而成。古代的东北地区由于食品匮乏，加上没有水果保鲜技术和贮藏条件，所以冻梨一直是中国北方冬季能吃到的唯一水果。农场内至今还在生长结果的五百年以上的老梨树正是当年腊梨山下的腊梨树之一。场区内的两株老梨树，一株树高约16米，树干最大直径0.80米，周长2.47米；一株树高约18米，树干最大直径1.42米，周长达4.45米。据本地百岁老人回忆，传说大台山周边曾有许多这样的老梨树，后来由于人口繁衍和屯落扩大，很多老梨树都先后被居民砍掉，现在仅存这两棵了。经过相关专家考证现存两棵老梨树中最大树龄在五百年以上。

明初大台山地区不但盛产腊梨，作为辽东戍边重地，还在腊梨山下设腊梨堡，以百户之职率一百余名戍边将士及家属驻防。

2015 年 12 月，在大台山南麓出土的"明故骠骑将军刘公墓志铭"石碑，不但证实了大台山古名腊梨山的不争事实，而且解开了发生在腊梨山下一场悲壮的"腊梨山之战"。明代嘉靖三十一年（1552 年）四月十五日，几百明军在腊梨山下抗击入侵的两万蒙古骑兵，三百多明军将士战死在腊梨山下。这些明军将士虽败犹荣，参战将士战后全部得到了朝廷的嘉奖。墓志主人骠骑将军刘公亦于前一日迎敌战死后与其战友共同安葬于腊梨山下。后来康熙时期的火器制造家戴梓登上大台山时，看到这些战死明军将士的坟丘时发出"白骨何年战，黄云终古愁"的感慨。

据《朝天录》载："万历三十八年（1610 年）七月初六日，朝鲜使臣过中后所（今绥中镇），宿沙河店（今沙河镇）。地最近胡（蒙古人），北望奇峰叠见耸空者，皆胡山也，始吃青梨。"可见四百年前的腊梨山地区已经遍野梨树，这些腊梨成为本地特产，过往客商使臣途经沙河驿站住宿也会品尝腊梨山的美食。

进入清代，作为关外满族的龙兴之地，大台山继续演绎着千年梨文化，从乐游之梨到腊梨山之梨，从腊梨山之梨逐渐向绥中西北黄家、大王庙及明水等地区，乃至建昌南部和尚房子、养马甸子等地区发展蔓延，这些梨果汇集到绥中车站，转运至东北各地，形成了清代物产丰富的"拉不败的中后所（今绥中）"。

民国初年，先辈智庆云等人在大台山首创果园，在原有梨树的基础上大量栽植苹果，开创了绥中地区果树产业发展的先河，带动了绥中地区水果栽植，各个以梨和苹果为主的果园如雨后春笋般在绥中大地上出现。至今，绥中县年产水果 7.5 亿斤。绥中地理商标"绥中白梨"更是闻名于世，香飘海外。创建于 1949 年 2 月的大台山果树农场如今发展成为辽西较大的果树农场之一，不但继承了百年果园产业，而且延续了千年果树文化。

春到王凤台　花香怡人醉

辽宁省前所果树农场　夏心杰

在辽宁西部的山海间，有一个既充满传奇色彩而又十分美丽的地方，它叫葫芦岛市前所果树农场，当地人一直习惯称之为王凤台果树农场。似乎唯有这样的称呼，才能抒发出农垦人心中对农场的祝福和自己是王凤台人的自豪。

王凤台的名称源自一个古老的传说。相传早年间，这里迁来了几户逃荒的王姓人家。为了改变生活的苦难，王氏先人经常跪拜天地，企盼上天保佑。在一次次凝望中，天降祥瑞：天空的云台上龙王遨游，行云施雨；小屯西南方的凤山上仙凤展翅，布下果树行行。就因为这样一个美好的传说，龙尾凤脚山下的无名屯落有了一个美好的寓意，这是一个龙王遨游、凤凰飞翔的地方，人们称之为王凤台。

岁月悠悠，道不尽的沧海桑田。使小山村发生历史性巨变的是辽西省政府于1953年在这里成立的前所果树农场。经过三代农垦人的不懈努力，昔日的小山村已成为国有大型农场，被誉为"亚洲第一大果园"。近年来，农场立足生态资源，积极发展休闲旅游，使农场成为国家AAA景区。

每年四月中旬至五月上旬，是王凤台的花季。在这段时间里，70万株不同类别、品种的果树会依次绽放生命的色彩。首先迎春开放的是杏花，花蕾吐蕊时间短，呈怒放状，给人以迎风呐喊之感。继之开放的是梨花，白中透绿的梨花呈现的是玉骨冰心的娇媚。微风吹过，抖动的花枝如亭亭玉立的少女那嫣然的甜笑。未待梨花谢，桃花、李子花又竞相争奇斗妍。桃花呈丹霞色，娇媚嫣润，色艳欲滴；李子花呈雪白状，花朵小密度大，丛丛簇簇，一时桃红李白各呈异彩。最后绽放的是苹果花。苹果花花瓣肥厚，白色中带有丝丝红线。苹果花的开放是随气温的变化而变化的。气温低时，花瓣会轻轻合拢，护住花房中的花蕊；气温高时，花瓣又呈开放状，给人以欲笑还羞的感觉。其实那是苹果花在期待蜜蜂的到访。因为蜜蜂只在气温较高时，才会采蜜授粉。各类果树花期错落，颜色各异，五彩缤纷，千姿百态。人在花中行，如在画中游。不同的角度，不同的视野，花海似山水、似丹青，似一幅立体、动态的画卷。如若行进在沟谷中，人就如一叶小舟飘荡在浪底，四面八方的花潮犹如彩波闪烁的海浪，让人如浴花海，整个身心也随花儿怒放；如若行至山梁远眺，异彩纷呈的花朵又化作五彩的细浪，让人产生化蝶般的梦幻感。

花开有先后，花谢各有时。果花虽在展现美丽之后，都希望呈现生命的色彩，向世间证明价值所在。但大自然是微妙的，果树上的花都会有一部分花朵带着花开花谢终是空的遗憾，而更多的同类不等落英缤纷，花房中已孕育出豆粒大小的果胎……

花海固然美丽，比花海更动人的是那些在花丛中忙碌的姑娘们。为了使果花有较高的坐果率，她们正在养蜂授粉、酿造生活的甜美！

在花海里漫步，赏花、踏青、听鸟儿啼鸣，是何等的心旷神怡！嗅缕缕直透肺腑的芬芳和草叶的清香，心底好像经过了春雨的洗涤，是何等的神清气爽！若能顺便再挖些山野菜，自然另有一番惬意！

王凤台的花季所展现的不仅仅是花海香涛，还有农场劳动者的开心美颜……

爷爷带我第一次下馆子

河北省汉沽农场　李志友

这是一个久远的故事，也成为我怀旧时经常向子孙们述说的往事。

60年的风霜雨雪，抹去了我许多儿时的记忆，但是，跟爷爷第一次"下馆子"时的情景却历久弥新，仿佛就在眼前。

唐山大地震以前，汉沽农场归属天津管辖。我们二分场距芦台镇只有两公里，因此，赶集上店一般都去芦台。当时芦台镇仅有两条狭窄的街道，几排破烂的泥土房，分正街和南街。一个大镇仅有两家国营饭店，正街的中心位置是"芦台一饭店"，南街有个集贸市场，路口就是"芦台二饭店"。街头巷尾还有几家临时摊位，有的炸油条油饼，有的酱猪头下水，还有两家卖羊杂的商贩。那满街飘着的油香味酱香味，甭说馋得孩童们要流口水，就连当时清肠寡肚的大男人也会咽吐沫。

我的家在分场的农村。孩童们经常相约到一起，打着闹着到芦台去"闻香味儿"。那时的口袋里没钱，到镇上闻一闻"香味"就是相当大的享受和满足。

仲秋的一天，爷爷要到芦台赶集，执意要带着我，并承诺要给我买好吃的，既然这样，哪有不去的道理呢！爷爷顺便挑上两麻袋玉米轴，要到集市上换几块零花钱。当时天气已经转凉，镇里的居民都有生火盆的习惯，玉米轴可是上等的燃料，不但燃烧的时间长，而且不会冒黑烟，因此很受居民的欢迎。两大麻袋"商品"不一会就出了手。爷爷挺高兴，他的口袋里有了钱，腰板子好像挺直了许多。他微笑着拉起我的手说道："二友，咱爷俩到饭馆吃顿饭"。我一听，眼睛立刻亮了起来，这是做梦都不敢想的大好事呀！乐得屁颠屁颠的，赶紧说："行！行！"我紧踩着爷爷的脚跟，迈进了"国营二饭店"

的大门。

说真的，活了十年还是第一次看到饭店里是啥模样。三间房的大厅里，摆着几张光秃秃的八仙桌子，四条腿的木板凳足有半人高，长长的一条可以坐四个人。桌子上的小壶，好像是装酱油醋的，黑乎乎的家常筷子插在塑料笼子里。厨师和服务员大婶都系着白围裙，戴着白套袖。地面虽然是泥土的，但打扫得还很干净。中午时分了，店里已有几个零散的食客，有的在吃饭，有的在喝着小酒。厨房里不断地传出叮叮当当的切菜声和盆碗相碰的撞击声。

记不清爷爷要了一盘什么菜了，反正是有肉的炒菜，不是青椒炒肉就是茄子炒肉，还要了两大碗喷香的白米饭。平时吃腻了糠饽饽或野菜饽饽的我，真比过大年还高兴呀。香喷喷的米饭嚼也不嚼，一个劲地往嘴里扒拉，一大盘子肉菜不到一袋烟的工夫就见了底。爷爷一边嘱咐我"吃慢点"，一边小心翼翼地端起盘子把里面的汤水喝干净。末了，还把粘到盘子沿上的几粒肉末用舌头舔到了嘴里。这些细节我至今仍然历历在目，终生难忘。

谁知道会乐极生悲出事了！就在我们爷孙俩刚刚过了个"大年"，高兴的劲头还没有消失的时候，意外却发生了。

服务员大妈过来结账时，爷爷把刚刚赚到的几块钱递过去说："够不够？"因为当时粮食是统购统销，在饭馆吃饭是需要粮票的，光给钱可不好使。爷爷是纯粹的农村老汉，也是第一次下馆子，他哪里知道这些规矩呢？

黑胖胖的大婶可不管这些，她开始要收八两全国粮票，爷爷对粮票一说虽有耳闻，但一个庄稼地的农民哪里能有粮票呢。后来，胖大婶又退让了一步说没有全国粮票有河北省粮票也行，但爷爷身上除了卖玉米轴赚来的几块钱，确实一无所有。几句话过后，操着天津口音的胖大婶就出口伤人了，说什么"你没有粮票吃的嘛饭？""满脑袋高粱花子也来下馆子"。在一边吃饭的食客也你一言我一语地说着风凉话。

别看爷爷拙嘴笨舌，但火暴脾气却一点就着。他知道自己地位低下，但仍受不了别人的羞辱和奚落，他"啪"的一声把饭碗一磕，说道："没有粮票吃饭犯法吗？""种庄稼的就不能下馆子吗？""要粮票没有，要命有一条"。就这样，爷爷和结算的胖大婶你一言，我一语地争论起来。

吵闹声中，从一间小屋子里出来一位干部模样的人。只见他戴的帽子挺新，穿着也很干净。他把爷爷拉到一旁，问爷爷是哪个村的，又问认识不认识李某某，就这样一下子竟然柳暗花明，他还和爷爷叙起了"老表"。他说："你们村的志和是我表弟呀！"说着他从口袋里掏出粮票交给胖大婶，说是先给老表垫上。爷爷忙着给他又是拱手作揖，又是点头哈腰，"以后老表缺啥农村的鲜鱼水菜什么的，你只管说话。"

这顿大餐吃的，还好遇上了贵人解围，我们爷孙俩才算下了台阶。三步并做两步，一溜小跑似的逃离了饭店，我不知爷爷当时是怎样的心情，尴尬和难堪的阴影埋在我幼小的心底至今都挥之不去。

唐山大地震以后，芦台镇很快在地震的废墟中崛起，如同凤凰涅槃。再看今日的芦台，高楼大厦鳞次栉比，街道交通八方纵横。名目繁多的小区，热闹繁华的商业街，招商引资的农贸市场，多得已数不胜数。连我这个老芦台走到街区深处，也常常会迷失方向，不问路竟然走不出"误区"。尤其那些像雨后春笋般冒出来的宾馆、酒楼、饭店、食府之类，三步一家，五步一处，满大街遍地都是，不计其数，满汉全席、南北大餐、特色餐饮、风味小吃等应有尽有。大到万元一桌的高档消费，小到百八十元一家人就能大饱口福。星期天，节假日，招待宾朋亲友进饭店下馆子，已经成了很多人非常自然的消费习惯。

每当迎宾小姐向我投来甜蜜笑脸的时候，每当我品味着美酒佳酿，大快朵颐的时候，每当我挺着胸膛和亲朋争抢着结算买单的时候，时常会想起和爷爷第一次下馆子时的情景。真的忘不了，忘不了那个极度贫困的时期，忘不了不知让多少人难堪、尴尬和无奈的票证时代。

五次换电视　生活步步高

河北省汉沽农场　李志友

第一次买电视，是 20 世纪 80 年代初。那时的农场，电视还是稀罕物，一个家属区也没几家有电视的。那时的工资很低，每月只有 40 多块，买一台小屏幕的黑白电视也要花三四百元呢！这个数目一家人不吃不喝也要攒上一年。这些还不算，那年头是人尽皆知的"票证时代"，光有钱可不好用，还必须有相关票证，买自行车要票，缝纫机要票，买鱼肉蛋奶等食品更要票，过年了，想买几块冻豆腐吃，也要有市民供应票。钱和票同时具备了，才可以买到急需的食品或工业品。

我家买的第一台电视机是"飞跃"牌。我记得清清楚楚，这是上海无线电十八厂的名牌，非常难买，没有硬关系想都别想。本家一位叔叔在场部百货大楼当经理，向他央求了几个月才买成。一路上，我用自行车推着电视机，生怕骑车在半路发生不测。包装箱用绳子左捆右绑，步行五六公里才到家。一台九英寸的黑白电视就像磁铁一样，一下子把左邻右舍的大人孩子们吸引过来。屋子里坐着的、站着的，七言八语热闹非凡，无不流露出惊奇或羡慕的眼神。

那时电视机需要室外天线，否则就收不到图像。将四五条手指粗的铝合金管，均匀地固定在一个架子上，然后，用一根七八米高的木棍或钢管架在顶端，导线与电视机连接起来，才可以接收到电视信号。如果天线的方向不对，图像就会不清晰，还会产生唰唰、哗哗的噪声干扰，或者图像变形出现雪花状。这时，就要有人到室外转动天线的方向，另有一个人留在屋子里指挥："转！转！再转！"一直到图像比较清晰了，才会立刻告知"好了！好了！"因为一个电视频道一个方向，如果要改换频道，就要改换室外天线方向。一个晚上不知要转动几次天线方向呢。尽管这样，一家人仍乐此不疲，尤其是四五岁的儿子，痴迷于看电视，没过几个月就可以自己开关或换台，一看电视剧就把睡觉忘了。

第二次买电视，已是在80年代末，这次换的是"北京"牌。也是黑白电视，仍然需要凭票供应。爱人的舅舅在县里任税务局长，说话办事挺有魄力，我与这舅舅没见过面，就找另一位关系较近的舅舅，哥哥跟弟弟说话就方便多了。"北京"牌电视从计划购买，到搬回家中，大概也用了五六个月。这个"北京"牌，是天津无线电厂的产品，当时也是知名品牌，图像比"飞跃"牌电视好了许多，收看的节目也多了。当然到室外转动天线的次数也多了。更重要的是，这次的"北京"牌，是十八英寸的，屏幕比"飞跃"的整整大了一倍！眼睛舒服多了，心中也快乐多了。

第三次买电视，是在1996年底。这次是"飞利浦"。花了将近两千元，这电视牌子也很响亮，没关系是买不到的。这台显像管大屁股的"飞利浦"，足有三四十斤。是拜托厂长找到石油部的领导，从北京背回来的。32寸的"飞利浦"比"北京"牌的屏幕大了许多，黑白电视也换成彩色的了。尽管屏幕大了图像有色彩了，但左邻右舍的孩子们却不以为奇了，来串门的少了蹭着看电视的更少了，此时，电视机在我们农场已经普及了。

第四次买电视，是21世纪初了。这时的"大屁股"电视机已经不吃香了，液晶智能的平板电视慢慢统领了市场。看电视再也不用室外天线了，有的家庭安装了大锅，有的安装小锅，这就叫卫星天线。而一般家庭都用上了闭路电视，也叫有线电视。这时，已经把原来"转动"的室外天线取代了。闭路电视图像更清晰，选择的电视频道也更多。还有一点显著的进步，那就是无论开关电视，还是选择电视频道，无须用手去操作，或坐到沙发上或躺在被窝里，用遥控器就可以搞定。这时，买电视也不用票证了，总场百货大楼各种品牌的电视机都有，随便选择。这次，我家买的是青岛产"海信"牌电视。46英寸平板液晶很是漂亮！稳稳地挂到墙上，看起来特别舒服。据说，海信电视是青岛无线电二厂的王牌产品，它不但图像清晰，色彩也很逼真，如见其人，如临其境。这台电视机看的时间最长，收看的节目最多，它陪伴我们走过了十几个年头。

第五次买电视，是在今年初。海信电视出问题了，维修师傅说屏幕坏了，修理不如买个新的。姑娘慷慨地说：别修了，扔了算了。我在网上给你们买新的，如今的电视特便宜。她这话刚说过一两天，我的手机就显示出一个陌生号码，一问，原来是华为智慧屏物流师傅打来的。不到 30 分钟，65 英寸的彩电就送到家了。问："啥时可以来安装。"答："很快！"您就注意接听客服的电话吧。

送货的人刚走一会，我的手机又响了，华为客服说："我们师傅正在您小区附近安装，半小时后就能到您家。"就这样，一台崭新的华为电视，很快就播出新闻节目了。事实上，它不但能看电视，还能和手机、平板等连接，轻松实现高清视频通话、上网浏览和游戏娱乐等功能，大大超越了当年电视机的功能。

第五台电视机，姑娘在网上下单、配送、安装、三个环节只用了两天时间。如今工作节奏就这么快，服务质量就这么好，生活幸福指数就这么高！

五次换电视，生活步步高！小小电视，见证了我们农垦职工生活的不断提高，也见证了祖国的发展与进步。

磨时光以墨　还农垦以色彩

江西省九江市庐山综合垦殖场　刘　璐

每一张照片都凝刻着"独特记忆"，每一个人内心都搭建有"美丽花园"。我曾把庐山农垦三代人的时光留影同框呈现，结果如同一张全家福，找到了家的感觉、爱的温暖。

这里有开垦者的留影

有一次，我在整理农场老旧资料时，在一堆尘封已久的照片中偶然发现了这样一张老式的黑白照片：三个年轻人手握长枪整齐地站在河堤旁，他们目光坚毅望向远方，身后是浩渺的湖水。

我被照片深深吸引住了，心想原来场里职工还配枪站岗吗？发生了什么事？带着满心的疑问与好奇，我开始查阅历史资料，走访老一辈的职工。

原来庐山垦殖场的青山分场是个国营水产养殖场，是在党开发山区、建设山区的号召下，1958 年由大批干部上山下乡兴办起来的，并逐步发展成了一家农、林、牧、副、渔多种经营的综合性农业企业。20 世纪 70 年代，青山垦殖场外湖捕捞水面达 40000 亩，得天独厚的自然环境加之职工们的辛劳付出，给场里带来了丰厚的回报。

1970 年，青山垦殖场成立水上民兵连，来自场里的广大民兵和群众展开了一场战天斗地改造山河的运动。青山垦殖场地处滨湖丘陵地带，是一个河滩多、耕地少的地方，由于三面临水的地理位置特点，青山垦殖场常年遭受洪涝侵害，为了解决自然灾害对人们生产生活的影响，修复大坝迫在眉睫。1978 年，谷山湖坝、冬湖坝、青山大板桥坝修复建设工作拉开帷幕，青山场民兵连则自然成了修坝的主力军。为了尽快修缮大坝，几百人一起日夜奋战，没地方住，就在荒坡上搭席棚，顶上铺油毛毡，一个挨着一个睡。而在当时，民兵组织不仅是劳动组织还是军事组织，民兵们一边要修大坝，一边还要在湖畔站岗放哨，条件十分艰苦。那个年代并没有现在各种各样的运输机器，所以修复大坝基本都是靠人力搬一块块石头，垒一抔抔土，实在累了，领头的就喊起那劳动号子，大家心往一处想，劲往一处使，斗志昂扬！一时间"修大坝，保家园"的口号响彻云霄。前后历经四年的奋战，三个大坝全部修固完成。

80 年代初，青山场年生产鲜鱼 220 万斤，农产品 161 万斤，油脂 12 万斤，在那个物资匮乏的年代，青山垦殖场却基本实现了自给。

这里有兴垦者的留影

一张父亲抗洪抢险回家把我高高举起的照片，也让我想起了一些往事。

1998 年暴发的特大洪水，九江告急，长江最高水位达 23.02 米，创历史新高。青山垦殖场大板桥坝溃决，职工房屋浸水、倒塌，农田被淹，全场受灾损失达 118 万元！

那一年我 9 岁，在我的记忆里夏天的雨似乎一直没停歇过。那天，爷爷正带着我在家里看电视，这时爸爸妈妈急匆匆地从外面跑了进来，我正好奇他们怎么回来这么早，还未等我开口，爸爸边喘着粗气边对爷爷说："爸，青山场大板桥坝溃坝了，场里临时组织我们赶去支援，回来跟您打声招呼，可能一时半会回不来了。"爷爷是老一辈农垦人，对青山场溃坝这个消息似乎并不意外，忙说："那你们赶紧去，家里放心，要注意安全呐。"爸爸低头看向我说："在家要听爷爷奶奶的话，别乱跑，知道吗？"说罢，撑起雨伞，带着妈妈跑出了家门。看着他们渐渐消失在雨中的身影，爷爷摇摇头，感叹地说道："唉，这鬼天气害人呐，青山场那个坝将来也是个麻烦事。"

那一年，庐山综合垦殖场和其他分场共捐款 13200 元，购买大米 10000 斤送往青山垦殖场救灾。

家园毁了，我们就重建！勇毅坚强的农垦人从不惧怕困难。在此之后的十余年时间里，人们用勤劳的双手开辟了另一番天地。2007 年新农村建设在场里全面铺开，共修建村内主干道 5355 米，入户便道 3651 米，修排水沟 1755 米，新农村建设惠及全场 335 户，1230 人。拆旧房、建新房，场容场貌焕然一新；修公交停车场，建休闲广场，人们的生活蒸蒸日上。

新农村建设让原本泥泞难行的土路变成了脚下平坦的水泥路，让原本深受血吸虫病困扰的人们喝上了干净卫生的自来水，家家户户改掉了旱厕，建起了水冲式卫生厕所。为了丰富居民的业余文化生活，场里还新建了两座农家书屋。如今，家家户户的日子越过越红火，住着小洋楼，开着小汽车，大爷大妈欢快地跳着广场舞，每个人的脸上都洋溢着幸福的微笑，也正是这些笑容印证着场里正发生的翻天覆地的变化！

这里有强垦者的留影

2015 年我到农场从事宣传工作，有幸经历见证并记录了农场改革发展的"高光时刻"，农场的发展里有我们的故事，我们的成长里也有农场的故事。

这些年青山垦殖场最是热闹，大板桥堤坝旁，挖掘机、推土机的轰鸣声震耳欲聋，重型卡车来回穿梭荡起滚滚烟尘，开挖鱼池、平整路面、轧钢筋、倒水泥，工程现场一片忙碌火热的景象。一座由钢筋水泥浇筑的大坝横卧在青山湖与精养鱼池中间，守护着身后的"水上家园"，几代农垦人的梦想成真。

"十三五"国有贫困农场扶贫项目，建设和发展了青山垦殖场绿色健康水产养殖基地。青山垦殖场绿色健康水产养殖基地项目落成后，不仅涵养了水源，周边居民的生活环境也得到了进一步改善，彻底解决了多年来每逢汛期人们就要上坝护坝的困扰。项目的实施还为场里解决了 120 名居民的就业问题，真正为青山场的经济社会可持续发展和民生安全用水提供了有力保障，使得人们望得见山、看得见水、记得住乡愁，铭记着党的恩情。

虽说"靠山吃山，靠水吃水"，祖祖辈辈生长在鄱阳湖之滨的人们却并没有以牺牲生态环境为代价寻求致富路。青山垦殖场积极配合鄱阳湖禁捕退捕工作，2020 年 3 月，青山农垦人的护"鄱"行动正式展开。

"绿水青山就是金山银山"白底红字的展示牌伫立在青山垦殖场的山坡上，在阳光的照耀下熠熠生光。青山垦殖场利用得天独厚的自然资源和地理优势变山水财富为经济财富，在发展中保护，在保护中发展，实现了百姓富、生态美的有机统一，奏响了农业强、农场美、农工富的新时代主旋律。

雪 中 作

内蒙古格尼河农牧场　徐明光

雪在北方，尤其是在冬天不算什么稀罕物。下雪好像只是区分季节的标志，只要落雪，就意味着将要步入寒冷的冬季。水瘦山寒，四野洁白，村落也变成童话般的世界。

生活在呼伦贝尔，就是生活在雪乡。见到雪，也司空见惯。因此，我对下雪没有太多在意。雪，也许是在诗人或画家眼中，才有灵动的美丽。

那年初冬农闲时，我和工友小赵等"赶鸭子上架"，承接了给农场四队焊排水沟防护网的活。四队是率先改造和建设的生产队之一，都说四队建设得好，一直没有机会去"参观"，这次来这里干活，也算是亲临现场参观了。

乘车下了国道，首先映入眼帘的是一条宽阔的水泥路，它横贯村庄东西，路两侧安置着太阳能路灯，一直排列进村子，像两列仪仗兵，挺立身姿迎接远来的朋友。顺着水泥路前行，左侧新建的丰垦广场，是给职工休闲娱乐的地方，与广场相邻的是文化技术学校兼队部。走进村子，放眼望去，统一的蓝色彩钢房顶，塑钢窗户，院内彩钢隔离墙，停车棚，院外是白色的院墙，统一的花式铁大门，用两个字可以概括四队——靓丽。统一的房屋和院墙，让我有一种错觉，好像看到众多的"多胞胎"，要不是住在这里，根本分不清谁家是谁家。我这个想法还真得到了印证，有一天干活时，我们队还真有人找不到要去的人家了。接下来的几天，我忙碌着切料、焊接，和工友们一忙就是一上午，一忙又是一下午，我们几个人的脸都不同程度地被电焊热量所灼伤。中午吃饭，就是到生产队职工开的小超市买一大碗面，加几根火腿肠。好在超市老板很热情，不但给烧开水，还给腾出地方，安放桌子，让我们中午有个吃饭休息的地方。

防护网以每日 80 米至 100 米的速度向前推进。第八天傍晚时分，我们担心的事终于发生了，雪花，洋洋洒洒从天空落下，先期到达的雪花落地很快就融化变成水，路面开始湿滑，铁料也有些湿滑。随着雪越下越大，白色覆盖了一切，大地都变得朦朦胧胧。老米说这天气适合喝酒，小赵也附和着，对面的两位老电焊工则低着头忙着手中的活，焊条与铁碰撞出的火花闪烁，钢筋、角铁铺就出的一条安全防护网不断延伸。说起外来的这两位老电焊工，一位 55 岁，一位 59 岁。59 岁的还戴着助听器，真让人佩服和感动。因为我负责切铁料，每次切好后，那位 59 岁的电焊工都会走过来，弯下腰自己拿铁料……

冷风习习，我们穿的棉大衣表面被雪水浸湿，鞋底都能感觉到丝丝寒意。路边的路灯依次亮起，借助路灯的光，能清晰看到纷纷扬扬、漫天飘飞的雪花，像是有无数只白色的精灵在路灯的映衬下飞舞。老米说："看现在的水泥路，和原来比变化真大。"放眼望去，水泥路上安静得很，一直可以无障碍地望过去，除了我们几个工人依然在雪中忙碌，再也看不到什么人在活动。路灯勾勒出小村的轮廓，除了时不时传来狗吠的声音，还真有种置身在童话世界中的感觉。再望向我们这些天的成果，排水沟上的防护网从村西面一直延伸到村庄的最东头，一种成就感从心底升起。

忆往昔，从开荒前辈住的地窖子、窝棚，到茅草屋，再到泥土房屋，又到砖石结构，现如今崭新的队容队貌，是几代人拼搏奋斗、众多干部职工加班加点辛勤劳动的成果。多少人在这里留下奋进的足迹和辛劳的汗水。也许没人知道他们从哪里来，叫什么名字，就像鸟儿飞过天空，没有留下任何痕迹，但他们的青春奉献在此，建设的美好家园在此……

我生活的家乡，数字化、信息化、机械化进程不断提速。黑土地上的奋进者在这里一代代守望，蓬勃向上，赓续绵延。

一次雪中劳作，与雪共舞，别有一番韵味，感慨万千。

可克达拉变了模样

新疆生产建设兵团第四师　李沛立

这里是可克达拉，我可爱的家乡。

1959年，八一电影制片厂为了拍摄一部反映新疆兵团屯垦戍边生活的大型彩色纪录片，来到了新疆兵团农四师六十四团。在这个被哈萨克族牧民誉为可克达拉（意为"绿色的原野"）的草原上，著名导演张加毅和年仅21岁的年轻作曲家田歌在拍摄过程中，被眼前如诗如画的景色深深陶醉，情不自禁地创作了传唱半个多世纪的《草原之夜》。这首歌1990年被联合国教科文组织正式命名为"世界著名东方小夜曲"，歌中唱道"等到那千里雪消融，等到那草原上送来春风，可克达拉改变了模样……"

2015年3月18日，国务院批准了兵团四师在可克达拉建市，2015年4月12日，新疆兵团第八座城市—四师可克达拉市挂牌成立。8年多来，26万四师人牢记使命同心勠力，历经3000个日日夜夜，在昔日的盐碱地上建起了一座独具魅力的兵团新城。

绿水青山就是金山银山，建设初期的可克达拉确定了"以绿荫城，以水润城，以文化城，以产兴城"的建城理念，加快建设绿点、绿线、绿网、绿面相融互促的高效绿地系统，制定了"三年有模样，五年大变样"的宏伟蓝图。五年间，四师举全师之力，集全师之智，聚全师之财，对可克达拉建设精心设计，高端规划，紧密结合山、水、路、人、文物等诸多元素，高标准完善城市基础设施及相应配套设施，真正做到了"林在城中，城在林中，房在园中，人在景中"的立体生态效果。在城市建设中，借助伊犁河穿城而过的优势，可克达拉打造出了水文化的独特内涵，呈现出"城依水、水抱绿、绿环城、水城一体、城水共生"的独特风景，真正让市民看得见山水，听得见乡音，记得住乡愁，留得下家乡的点点滴滴。

每当金秋十月，当我们行走在可克达拉宽阔的街道上，道路两旁绿草如茵，繁花似海，宛如穿行在美丽的画卷中。可克达拉，以它独有的魅力焕发着蓬勃的青春活力，成为更多的人想来，来了不想走的理想之地。这座活力绽放的军垦新城，"五年大变样"的目标已如期实现，可克达拉"中亚湿岛，交响夏都"的知名度和美誉得到了全面提升，更是以其不同凡响的规划、气质独特的建设和动力十足的发展后劲，吸引着各方人才、客商、企业纷纷前来扎根、投资和创业。

距"五年大变样"又过去了三年。三年来，可克达拉百尺竿头更进一步，将生态文明建设作为提升城市品位、改善居住环境、促进产城融合的重要举措。师市持续加大山、水、林、田、湖、草、沙一体化保护和系统治理，推进生态优先、绿色发展，深入打好污染防治攻坚战，严守生态保护红线所取得的成果。目前，可克达拉市主城区绿化已达 1.92 万亩，绿化覆盖率更是达到了 50％。城因河而灵动，河因城市而美丽。依托伊犁河而建造的 3 条穿城而过的综合水系，打造出可克达拉水文化的独特内涵。

八年来，可克达拉积极建设"文化旅游之城、生态康养之城、智慧数字之城、绿色低碳之城"，如今城区植被繁多，林木丰茂，为鸟类及各种动物提供了良好生活环境，实现了人与自然和谐共生，生物多样性日益凸显。据不完全统计，随着生态环境持续改善，可克达拉现有各类野生鸟类 140 多种。尤其是被业界称为天鹅中"贵族"的疣鼻天鹅，在可克达拉市栖息的数量逐年增多，目前已近百只。2022 年，第四师可克达拉市天鹅保护案例脱颖而出，入围国家 2022 生物多样性优秀案例，成为新疆兵团首个、也是唯一一个获此荣誉的师市。

良好的生态环境、完善的基础设施吸引众多游客前来观光旅游，并吸引众多有识之士来这里投资兴业，促进了旅游产业及经济社会全面发展。

为进一步推进各项事业的全面发展，可克达拉最新提出，要打好开放牌、特色牌、生态牌、共享牌，聚力打造"兵团对外开放先行区、兵团特色产业集聚区、兵团文旅产业引领区、兵团新型城镇化示范区"，高质量推进现代化建设。毋庸置疑，建设一座生态之城将是高质量发展的底色和强劲支撑。

可克达拉，我荣幸是你的一员，见证了你八年蓬勃发展的历程和焕然一新的模样。

家乡吹来春天的风

黑龙江省红色边疆农场　尤东明

在逶迤的兴安岭东麓，旖旎的黑龙江岸边，有一座被万亩良田簇拥着的小城。这就是我的家乡，建设得像花园一样美丽的红色边疆农场。它像一颗明珠，镶嵌在美丽富饶的兴安脚下，黑水岸边。这颗明珠，历经黑龙江水经年累月的浸润洗濯，如今变得愈加光芒璀璨。

我生活的小连队，也坐落在黑龙江的岸边。连队里曾经的几十栋泥草房、青砖房和红砖房子被几条纵横交错的街和路有规律地排成几行，又分成几块。那几条街和路，像连队的骨骼，支撑着我们连队。我生在这里，长在这里，我的所有以往，大多都在这片青山秀水和春种秋收的忙碌之间，也都隐匿在这平平淡淡、按部就班的日出日落以及维系我生命的一日三餐和袅袅炊烟中。

在我的家乡，最先感知春意的应该是大山里的兴安杜鹃花，它用它那独特的红艳氤氲着兴安岭的每一座峰峦和每一条山壑。此外就是黑龙江，它会在浩荡的春风里奋力冲破桎梏了自己一个冬天的坚冰，又不遗余力地驮着那些嶙峋怪异的冰山，无所畏惧，勇往直前地向下游冲去。这时，成群的鸿雁也排着整齐的队伍，一路欢歌，奔回她们的第二故乡。然后就在布谷鸟的一片啼鸣声中，黑土地开始沸腾了，接下来就是蓬勃生长在黑土地上的秧苗，在北大荒的和风里欢快地探出小脑袋……

对于我们连队来说，春天来了，连队一旁的那条小河就醒了，我的耳边便又夜以继日地响起那首欢快的歌谣：我思念故乡的小河，还有河边吱吱唱歌的水磨……但这条小河很瘦很小，小到它根本就没有推动水磨的力气，所以河边上就少了那座吱吱唱歌的水磨，它只能惭愧地从一座用木头杆子架起来的桥下溜走，然后又委屈地扑进母亲黑龙江的怀抱里。

小河发源于茫茫的兴安岭，一路蜿蜒地流过来。它会在傍晚阳光的余晖中闪着粼粼的金光，它还能在朗朗的月色下结出一层洁白的银光，可当你用手去捧它的时候，这些水做的金子银子就碎了，然后这细碎的金子和银子，就会顺着你的手指缝流回到小河里，与它的兄弟姐妹重逢在一起，又欢快地在水面上荡漾起来。小河的两边，是大片的草甸子，草甸子里边布满了塔头墩子，在塔头墩子的缝隙中，有一条弯弯曲曲的小路，从河边一直通到连队里。这条小路，是队里的人们踩出来的，他们喜欢在傍晚时分来河边洗去那辛勤劳作了一天后留在身上的汗渍和劳累，顺便来看一下挡在河中的鱼亮子里的收获，如果亮子里的鱼多了，那么今天晚上的饭桌上，就一定会丰盛很多。

小河流水、岸上人家、开满鲜花的草甸子和遍布在草甸子里吃草的牛羊以及飞翔在天空中的鸟儿、舞动在蕊头上的马莲，构成了一幅极其优美的乡村画卷，而这幅多彩的画卷，又在不停地变幻着：昨天的紫靛蓝谢幕了，今天的百合红又登场了；昨天在草甸子上吃草的是八九只羊，今天变成了一群；昨天的老牛是一头昂扬的腱子牛，今天又多了一对母子，安然地卧在草地上，舐犊情深地窃窃私语着；昨天的岸边上是几间低矮破旧的茅草房，今天变成了一排红墙铁瓦的新砖房。

如今，小河被修成了一条笔直的干渠，这干渠又连接着小河岸边上横七竖八的几条沟渠，两边宽广的草甸子，则变成了水波荡漾的稻田。

二号地地头上有棵大梨树。它有多少岁？没人答得出。老复转出身的队长曾说过，它可比你们的年岁都长呢，因为有连队的时候就有它了。当年开垦这块地的时候，它正开满了一身雪白的花，负责勘查垦荒设计的技术员刻意留下它，开荒的拖拉机手也没舍得动它，所以，它就一直长到现在。

她的叶子绿了又黄，生了又落。她安静地守望着身边这一块土地，目睹着一年四季在这块土地上发生的悲欢离合，春生秋灭。

伴着轰轰的拖拉机声，它开花、结果，又伴着这轰轰的机器声，它的果儿落了，身上的叶子也随风飘走了。庄稼在它开花时播种，在它落果时收获。梨树下的庄稼，年复一年，不同的是，今年是大豆，明年换成了玉米。

它身边的这块土地平平整整，土质黑黝黝的，用老队长的话说，这黑土肥沃得很呢，就是插根筷子，也能发芽。这块地，足有两百公顷，非常适合大型农机具作业。

梨树上的果实，有鸡蛋黄般大小了。淘气的孩子们爬上树去摘一个，咬一口，透心地酸，便不再有人去摘了。但前院的嫂子怀了老二，就想吃口酸东西，这可乐坏了哥，哥不由分说跑去大梨树下，打回来半篮子青涩的梨蛋子，嫂子一口气啃了好几个，还贪婪地连核带籽一起吞下肚去，酸得在场的人直流口水，哥实在看不下去，烧锅添水又加了一大把白糖，把那酸梨蛋子煮熟了给嫂子吃，可结果嫂子还是生了个闺女。嫂子就埋怨哥，好好的梨，非得加糖煮熟，哥就说嫂子，狗咬吕洞宾，不识好人心。

大梨树被放倒了。为啥？队里的大马力机车安装了先进的无人驾驶作业系统。这个系统精准、高速、高效，特别适合大面积的农田作业，但条件是农田周边必须没有"障碍物"。

所以，大梨树被放倒了。倒是欢喜了晒场的更夫老彭，一搂粗的几节树身子，加上枝枝杈杈，足足拉回一车，留着冬天打更的屋子烧火用。

老彭50多岁，已经在晒场干了20多年的更夫了，他是跟他的转业兵老爹来农场的。他没啥文化，先前在队里开拖拉机，后来队里晒场的老更夫退休了，队里就安排他去晒场打更。在队里，若说起晒场的古往今来，他最有话说了，从晒场水泥晒面上的几条排水沟，几间库房的角角落落，到晒场配电盘上的几个电源开关，几口电闸上压的保险片型号，他都能如数家珍，娓娓道来，熟悉得像自己的左手和右手。

"那时的晒场，仅有一间用来盛种子和肥料的库房，两小片水泥晒面也龟裂残缺着，每到夏天，参差的晒面裂缝里便长满了青青的稗子草。两台可怜的扬场机，只能摆在破旧的晒场上任凭风吹雨淋。那时候种小麦，产量不高。"老彭回忆着他刚进晒场打更时的情景说。

"都说藏粮于地、藏粮于技，这可不是随便说说的！农场的科技投入加强了，机械化程度高了，粮食产量连年提高。眼见地里产下的粮食冒了高，这原有的库房和晒面就不够用了，于是，晒场上就又多了两座库房，还更新扩大了水泥晒面的面积。"老彭乐呵呵地说。

"不是说要用咱自己的碗来装自己的粮食吗？这碗小了，怎么装得下？这不，前年农场又增加投资，盖了一栋新库房，今年又新增扩建了一部分晒面。这回，地里收回多少粮食咱也不怕了。"老彭喜形于色地说。

　　"再说，咱农场打从开荒建点的时候就种大豆。前些年还是咱们国家的大豆主要生产基地呢。那年月，咱种的大豆，为国家挣回来不少外汇呢。"老彭在说这番话时，脸上不自觉地流露出自豪的神情来……

六合水土六合情

湖北省六合垸农场　郑　娟

"床前明月光，疑是地上霜。举头望明月，低头思故乡。"这首诗总是让我心潮澎湃，想念起了自己的家乡。

六合垸，一个美丽而普通的农场，一个好听又好记的地名，这就是我家乡的名字。

我是"80后"，生在六合，长在六合，我的太爷爷、太奶奶、曾爷爷、曾奶奶和爷爷奶奶祖祖辈辈都是六合人。在 20 世纪 50 年代，我们家的祖宅曾经开过私塾学堂，是六合垸农场启蒙教育的发源地。我的父亲是一名中学教师，母亲是砖瓦厂的工人，因此，砖瓦厂是我童年的记忆。40 多年过去了，至今，我依稀记得砖瓦厂的那个很高很长、直冲云霄的大烟囱，依稀记得生产车间的模样，依稀记得瓦车间的生产工艺流程，推土机把土推成一堆，工人用铁锹把土抛到传送带，传送带把土运到瓦机头，机器把土整合成瓦的模型，然后，一块块泥瓦从传送带出来，工人们把一块块瓦用人力板车拖到户外晾晒，晒成瓦坯。依稀记得小时候坐在李伯伯的推土机上，看着李伯伯熟练地操作驾驶杆，时起时伏，时进时退，时上时下。有时候，我在推土机上睡着了，但坐推土机上下起伏的感觉，总是让我在睡梦中露出甜美的微笑。

昔日的砖瓦厂如今已经被改造成一片美丽的湖泊，每当我踏上那片土地，总能唤起我童年的记忆，总是让我回忆起小时候在砖瓦厂坐推土机的感觉，给我带来了童年的快乐，成长中的美好回忆。六合砖瓦厂，这里充满了我的成长足印。

"春风送暖遍地香，万顷田园起金浪"，用这样的诗句来概括春天的六合垸是最恰当不过的了。每到春暖花开的季节，田间地头，漫山遍野的油菜花烂漫盛开，举目望去，是一片金色的海洋。

望着田野里彼此起伏的油菜花，我的心也随之荡漾着，油菜花开得那样奔放，它虽然平凡，但却拥有无限的精彩。徜徉在油菜花丛中，那浓浓的菜花香味，夹杂着馨香的泥土气息，沁人心脾，甜蜜的往事轻轻滑过心底，触动我的心弦。

油菜花，她的黄是春天最彻底的奢华，是春天最朴实的底衬，是春天最理想的代言，她唤醒了春天，融化了阳光。

"止渴润喉齿牙香，垂涎三尺喜新尝"，用这样的诗句来概括六合垸林业队的梨园是最恰当不过的了。在一个个不浮不躁的夏季，它为我们带来绿色的希望，更带来丰收的喜悦。我们怀揣着喜悦的心情，走进梨园，采摘梨子，收获快乐。

步入梨园，放眼望去，连片的梨树郁郁葱葱，一个个沉甸甸的青花梨挂满枝头，长势喜人，微风吹过，飘来阵阵清香，令人垂涎欲滴。果农们穿梭在梨园里，忙着采摘、分拣青花梨，到处洋溢着丰收的喜悦。

"珍珠玛瑙挂枝头，馨溢田园满意秋"，用这样的诗句来概括六合垸万新队前的葡萄园是最恰当不过的了。每到葡萄成熟的季节，一串串晶莹剔透的葡萄垂挂在藤条上，亮的像珍珠，艳的似玛瑙，绿的如翡翠，红的若宝石；小的，则小巧玲珑，令人垂涎三尺。

葡萄架下，五光十色，紫葡萄、白葡萄、绿葡萄，长得又圆又大，晶莹剔透，宛如一串串耀眼的明珠。摘下一串葡萄，挑一颗大的放在嘴里，哎呀，脆嫩甘甜，又甜又酸，真可谓是"百味人生苦其短，人生百味品酸甜"。

"河田虾池网密布，鱼虾肥美稻叶香"，用这样的诗句，来概括六合垸农场的小龙虾养殖是最恰当不过的了。龙虾，肉嫩味美，营养丰富，是民众喜爱的特色美食。

江汉平原是鱼米之乡，降水丰沛，土壤肥沃，四季分明。村村有主导产业，户户有致富门路。小龙虾养殖是江汉平原的富农产业之一，据了解，六合垸农场小龙虾养殖面积达 30000 亩，占耕地面积的 95%，农场以"生态为本，绿色发展"的理念，加强新型农业经营主体培育，主推"虾稻轮作"和"虾稻共作"的生产模式，形成了以产、学、研、养、售于一体的小龙虾养殖格局，发展农民专业合作组织，提高龙虾产量，提升养殖技术，促进虾稻产业双优化发展。

"人间芳菲三月天，七彩云霞落此间"，用这样的诗句来概括六合垸农场的樱花谷是最恰当不过的了。近年来，六合垸农场以习近平总书记"绿水青山就是金山银山"的重要理念为指引，打造了以生态文明为特色的樱花谷景点。

六合垸樱花谷总占地面积8.2万平方米，其中绿地面积6.1万平方米，谢家湖占地约2万平方米。现有江户彼岸樱、染井吉野、晚樱、阳光樱、华中樱等品种樱花树4000余株，樱花连片种植规模在荆州市位居前列。

白天的樱花谷，惠风和畅，万紫千红，花香弥漫；傍晚的樱花谷，樱灯璀璨，美若仙境，令人心旷神怡，尽享惬意。

美丽的六合垸农场，春天百花齐放，夏天瓜果飘香，秋天果实累累，冬天大雪纷飞，我爱六合的春夏秋冬，我爱六合的一年四季。

潺潺河水，农家小院，宽阔的马路，万顷的良田，清廉的党员，淳朴的民风，繁荣的经济，迅捷畅通的网络，丰实的菜篮子和米袋子……这就是中国社会主义新农村的真实写照。

鸟恋旧林，鱼思故渊，在每个人的心里，都有一方魂牵梦绕的土地，得意时想到它，失意时想到它，随时随地想到它，无论时间与空间经过怎样的磨合，都不会使这种感情褪色，这便是乡土情。

这情扎根于心底，没错，从我出生的那一刻起，便与乡土结下了不解之缘，这里是我永远的快乐老家，乡土的景，乡土的情，早已融化为我生命的血肉，不可分割，这情就像春蚕作茧，将我紧紧地拥在其中，温暖如春，轻松安逸。

一方水土养一方人，一方水土孕一生情，我的一生，便是情归六合。

路

江苏省岗埠农场　赵学莲

1990 年出生的我，是地地道道的岗埠农场人，长大的地方现在叫作岗埠生产区，我们平时都叫岗埠庄，即岗埠农场建场时场部所在地。这里有个小岭，据说海拔只有 13 米左右，但是到底有多高，也没有科学测量过，岭上南北方向有一道路，将岗埠庄分成两部分，东边的叫东岗埠，西边的叫西岗埠。

小岭往东有一条主路，我们家住在主路的北边，距离小岭最高处约 200米，门前这条路，在我的记忆中，有着举足轻重的分量。

由于学校在西岗埠，从幼儿园开始，我们也称得上"越岭"求学了。那时候，父母忙着农活，没有接送孩子上学的习惯，从幼儿园开始，只有第一天是由父母领到学校的，之后就会让大一点的孩子带着一起上学。小岭虽然不高，但是当时我们小，不明白真正爬山是什么感觉，背着沉重的书包，腰微弯，走得很吃力，认为爬山应该就是这样。每当走得气喘吁吁的时候，我们就会很羡慕大人，因为他们走起来看上去并不费力气。现在我长大了，带着儿子回家，牵着儿子往岭上走的时候，他也喊着"好累、好累……"对于我来说已经如履平地了，也许这就是成长，当我的角色从孩子变成母亲，这条路在我的眼里也随着变化着，那个在小时候看起来"陡峭"的上坡，已经成了眼里的小土坡。

虽然门前的路对于我们上学是一种小小的"挑战"，但是这种天然形成的下坡路，成了我们学骑自行车的绝佳场所，从高高的坡上，骑着自行车冲下来，那种被风包裹着的感觉很恣意，是我们枯燥的童年时光中一种难忘的娱乐方式。现在的孩子很难感受到这种快乐，虽然路还在这，甚至修上了水泥路，但是对孩子粗放的培养方式已经成为过去，那种家长不管孩子疯闹的时代已经画上句号了。像我儿子回到老家，不管路上有没有车，我爸妈都不敢放任他像我小时候那样骑车，就算是骑自行车，我爸也是在后面扶着跟着小跑，不敢有一刻放手，一直在提醒他小心点、慢点，生怕他摔着、碰着。

以前没有水泥路的时候，一到下雨天路面就会变得泥泞不堪，同时泥土特别黏，就算穿着雨靴，外面也会包裹上厚厚的黏土，加上是上坡，去学校上学变得异常艰难，到了学校，能感觉到小腿肚特别酸。雨下得特别大的时候，路面特别容易打滑，记得每到下雨天，我都会摔倒好几次，有几次因为回家换衣服上学都迟到了，所以每到下雨天，我都会提前起床上学。可能多数人喜欢夏季的雨天，因为就算是下雨，影响也是小一点；但我特别喜欢冬季的雨天或者雪天，尽管路面还是泥泞，温度低的时候，早上去上学，路面已经被冻住，由于车辙印和脚印的关系，冻住的路面高低不平，踩上去咔咔作响，特别好玩；但是到了中午放学的时刻，就不行了，太阳出来了，冰融化了，路面又是黏糊糊、水汪汪的。

上初中的时候，我们要去包庄的中学上学，全程大约 7 公里，骑自行车大约需要半个小时，一个星期回家一次。这条路是我记忆中第二深刻的一条路，在我们村庄后面 1.5 公里处有一条河，名为淮沭新河，这条路在河的南岸，是当时我们村通往包庄最近的一条路，当时在我眼中，这条路很宽，差不多是我家门前小路的两倍宽，而且是石子铺成的。每个星期天下午，我们村一同去上学的同学都会带着一周换洗衣服和伙食费，搭伴骑车往包庄赶。当时一边骑车一边聊天、说笑，也不觉得累，不知不觉就到了学校。不过也有难以忍受的时刻，当有汽车、卡车通过的时候，扬起的尘土分分钟能让你窒息，每当看到有车辆行驶过来时，目视车尾后面跟着的尘土，仿佛一条黄土色的瀑布，我们都会不约而同地停下，拉起外套把头包住，尽管这样，头发丝里也会落入一些沙子，到学校后第一件事就是去洗澡、洗头；有的同学自嘲道："汽车一个油门，我们两壶开水。"这还不是最惨的，最惨的就是在夏天，当你迎风使劲蹬着自行车的时候，一辆又一辆各种机动车疾驰而过，那种感觉，现在想起都会令人无法呼吸，心情莫名地暴躁。在我初二的时候，这条尘土满天飞的沙路修成了一条水泥路，虽然还是有些许尘土，但是对比之前已经好了太多。待我考上县城高中后，我就很少骑车在这条路上奔波了。现在，随着乡村振兴战略的推进，城乡建设重新规划，这条路已经没有了，但是我对它的记忆永远无法抹去，我仿佛看见，落日的余晖照耀在一群学子的背影上，他们正骑着车追赶着希望。

大学毕业后，回到家乡工作已经十年了。在这十年间，随着乡村振兴战略的不断深入，农场发生了很多变化，通向居民点的大路小径都修成了水泥路，主干道都铺成柏油路，规划出停车位、人行横道。田间大多数都修了水泥路，农业机械在路上行驶的时候再也不会出现我小时候的那种情况。

农垦精神薪火相传

内蒙古公主陵牧场 周艳丽

　　我对农垦的了解，小时候是从父母的忙碌中理解的，那时候我认为每家大人都这样。大一点了，是从父母的聊天中得知的，他俩都是农垦职工，要参加集体劳动，不干活就没有工资。真正理解农垦，是长大后从父母那一代农垦人身上体现的"艰苦奋斗，勇于开拓"的农垦精神感悟出来的。

　　父亲勤劳、能干、忠厚、善良，他把在艰苦环境中积累和沉淀的精神力量转化为农垦人艰苦奋斗的坚毅品质。当年，父亲被分在养牛队里上班，他和牧点里所有工人一样，每天重复着放牧、打草、挤牛奶的活计。虽然每个人都能积极主动完成任务，可每件事情又都是粗枝大叶，看到浪费的东西，父亲说，不管哪个年代都离不开勤俭节约，要想改变现状，只有自己率先垂范，以身作则，做出样子来才能有说服力。于是父亲每天第一个到牧点，勤恳而仔细地工作着。慢慢地，牛圈里干爽了，牛草料精细搭配比例更加合理了，洒落在地上的草料越来越少了。每个人放牧，牛不吃饱绝不回来，边放牛还边捡树枝，带回来烧开水喝，大家围坐在一起说收获谈打算，艰苦环境下的和谐氛围凝聚着那一代人的力量。父亲还说，那时候都是人工打草，用的大镰刀，属他的刀柄最长，就是为了能打到更多的草。我问，多打草多得钱？他告诉我，那时候不讲这个，就是想着带头多干点，每个人都多干点，积累起来，力量就大了。他又说，提高牛奶的产量和质量可是一门学问，不光在奶牛饲养上需要精细，还要培养挤奶工熟练的挤奶技术和驯服奶牛的本领，避免操作不当引起奶牛的炎症和安全隐患。事情看似很小，细节非常重要，直接影响牛场的整体效益。提到挤牛奶，他就激动不已，原来在牧点不远有个小村子，没几户人家，有一天，一位年轻的妈妈抱着刚满月的孩子来到了牧点，遇到父亲说明来意，孩子没有奶水，饿得直哭，想要点牛奶给孩子喝，父亲装好一壶牛奶，送给了这位妈妈，并告诉她，从明天开始，放牛的时候顺路给她带过去。这位妈妈哭着说："不用，我没有钱买"，父亲说："不用想那么多，是我买给孩子的"。就这样，父亲连续送了好长时间，直到他们一家搬走。时隔20多年，这位妈妈不远千里领着年轻帅气的小伙子来到家里感谢父亲当年的帮助。

母亲平凡、无私、质朴、实干，她把自己对农垦事业的热爱和对信仰的不懈追求转化为勇于开拓的力量源泉。在母亲身上体现的农垦精神直到现在都在深深地影响着我。这位有着40多年党龄的老党员，在平凡的岗位上，用她的一言一行伴我成长。记忆中母亲是妇女班长，脏活累活她抢着干，掏大粪、割黄豆、割青贮、扒苞米、拉秸秆，妈妈领着生产队妇女从没落后过男同志，同工同酬的年代，尽显巾帼风采。母亲对贫困户的关爱更感动着大家。我家邻居阿天仓是新中国成立前参军的退伍老军人，儿女小，家庭贫困，在一个寒冷的夜晚，老人家去世了，他的儿子来找母亲，进门就跪下了："谢姨，快帮帮我吧，我爸去世了，家里啥也没有，咋整啊?"母亲把他扶起来擦擦他的眼泪说："孩子，别着急，姨给你想办法"。母亲先把会缝纫活的妇女召集在我家，又借来邻居家的缝纫机，派人到合作社买来做衣服用的布。天亮了，老人穿着新衣服安心地走了。两年前，面对突如其来的新冠疫情，已经年迈的母亲在身体极度虚弱的情况下，委托我把500元钱送到疫情防控值班人员手中，鼓励大家众志成城全民防守。

我作为第二代农垦人，身上流淌着农垦人的血液，也继承了他们的责任和担当。我的儿子作为新一代农垦人，在农垦事业大发展的大潮中，同样牢记要当好兵站好岗，汛期查险情他总能冲在最前面。筑梦新征程，奋进新时代，在农垦改革的征程中，我们三代农垦人将继续传承艰苦奋斗、勇于开拓的农垦精神，带上三代农垦人的情怀，让农垦精神薪火相传。

谁不说俺家乡好

江苏省新曹农场　徐国南

"一座座青山紧相连，一朵朵白云绕山间，一片片梯田一层层绿，一阵阵歌声随风传……"车载音响里播放着奚秀兰演唱的《谁不说俺家乡好》。我的思绪伴随着这舒缓的音律，飞入我的家乡——江苏农垦新曹农场。

新曹农场位于黄海之滨的世界自然遗产盐城黄海湿地，与国家 AAAA 级景区黄海森林公园、条子泥清水湾毗邻；置身于民间传说中的董永故里和世界珍稀动物麋鹿自然保护区等自然人文景观之中的它，风景秀美、民安物阜，宛若人间仙境，令人神往。

万顷粮田稻谷飘香

1959 年，我的父母满怀屯垦戍边建设社会主义新中国的梦想，从 100 多公里外的范公堤西的鱼米之乡——东台市时堰镇老家，跟随移民大潮来到这里。

理想很丰满，现实太骨感。看着眼前人烟稀少的盐碱荒滩，美好的梦想被一下子击得粉碎。母亲曾经告诉我："刚来的那一阵子，我做梦都想搬回老家，是你父亲的一再坚持，才逐渐打消了我的念头。""我心里也有过动摇，都是身边人艰苦创业的精神，坚定了我的信心。"父亲接着说。那些挥之不去的记忆，那些激情燃烧的岁月，让年迈的父母常常会念叨起往过。

从他们的对话中，我深切地感受到他们对当初的决定并没有觉得遗憾和后悔，而是充满了自豪和骄傲。

1960 年 8 月，新曹农场正式成立。当时，全场可耕种面积仅有 9666 亩，由于土地贫瘠，只能种植大麦、油菜、棉花等相对耐盐碱的农作物，且产量低得可怜。听连队的老人讲，在那缺衣少食的年代，每人每日仅供应原粮六两三钱，我家邻居高奶奶就是因为盐蒿吃多了，得了浮肿病后去世的。

但是，农垦人的字典里没有怯懦退却，唯有勇毅前行。面对艰难困苦，"垦一代"以咬定青山不放松的毅力，发扬"艰苦奋斗、勇于开拓"的农垦精神，他们填塘修路，遇水架桥，攻克了一个又一个难题，创造了一个又一个奇迹。全场 13 条干河、49 条中沟、1036 条条沟，总长 1200 公里的河道水网，几乎全是靠他们用铁锹泥筐、铁脚板、硬肩膀干出来的。

那些场景怎能忘记？每到冬春农闲时节，农场都会组织人员围垦开荒、修建水利、平田整地、人海会战。那时青壮劳力上河工，老弱妇孺搞生产。成百上千个像我父母一样的"垦一代"，常常是三更眠五更起，披星戴月。经过他们一天天的战天斗地，农场的面貌很快就发生了明显的变化，1980 年，经过平田整地、资源整合，农场耕地面积扩大到 10 万亩，整整增长了 10 倍。

2018 年，我在盐坝分场任党总支书记，当时已 84 岁高龄的原分场副场长王世来对我说："农场每一寸土地都是我们硬生生从荒草滩、盐碱地和芦苇荡中，用手指一点点抠出来，用脚板一步步量出来的。希望你们和后来人能善待它、爱护它、用好它。"他这席话，我至今难忘，也倍感责任重大。

如今，农场坚决扛起"国之大者"国家粮食安全的责任。10 万亩耕地被打造成"田成方、林成网、渠相通、路相连、旱能灌、涝能排"的高标准农田，由农场统一经营管理。现在一年两季粮食亩产达到 1.35 吨，较建场初期增长了 10 余倍，成为江苏农垦的排头兵。如果按人均年消费原粮 400 公斤计算，我们农场每年生产的粮食足以养活 35 万人！

万亩大棚西瓜果肥汁甜

西瓜原产于非洲，因从我国西部引种而得名。据《东台市志》记载，东台西瓜有 800 多年种植历史，素有"西瓜之乡""西瓜王国"之称。新曹农场种植西瓜仅有 20 余年，虽然起步较晚，但已然成为后起之秀。

20 世纪 90 年代，农场推行"先交钱、后种田"和"少数人种多数田、多数人种少数田"的农业生产经营模式，鼓励职工从规模粮田转向高效农业。受邻近的三仓镇辐射影响，孙东分场、新联分场部分职工率先尝试种植大棚西瓜。

发小陈扣林，一个烧饼也要掰两半省着吃，人送外号"小老抠"。1981年初中毕业，他先后外出打过工、养过长毛兔……直至1996年，他由农场担保借来贴息贷款5000元，承包8亩田，跟着三仓人学种大棚西瓜，成为农场第一批瓜农，净赚1.2万元，迈入"万元户"行列。近几年，他每年种植大棚西瓜都在70亩左右，去年又赚了上百万。腰包鼓了，出手也阔绰，办事也敞亮，他购买了小汽车和货车，市区购置了别墅，女儿出嫁，陪嫁就是上百万，"小老抠"成了"老大方"。春节小聚，扣林拍着我的肩膀说："别看我们种瓜人辛苦，但收入比你们高得多，而且还比你们自由。"说得我这个农场"小白领"一下子成了个大红脸。

邻居小丁，30出头，标准的"垦三代"。大专毕业后和妻子在无锡打拼数年，因要照顾爷爷奶奶和孩子上学，2017年他回乡种植大棚西瓜。年轻人魄力大，敢想敢干，当年就承包瓜地60多亩，收入颇丰。2019年他种植的西瓜品种"全美四K"打进香港和深圳市场，并远销东南亚。

农场以优越的地理位置、独特的土壤条件、丰富的种植经验、成片的土地资源、较高的组织化程度，成为东台西瓜的主产区。"万亩大棚一片白"在东台成为一道靓丽风景，农场俨然是"西瓜王国中的王国"。

农场西瓜从果型大小、色泽外观到内在品质都适应市场需求，产品十分畅销，甜透大江南北，农场西瓜被上海、重庆、广州、南京和"苏锡常"等大中城市西瓜中介"圈粉"。农场瓜农坐在家中一个电话、一条信息或一个微信，就能把西瓜远销到各大中城市。"玉谷"牌西瓜先后荣获无公害农产品认证和绿色食品认证。

现在，农场为保证大棚西瓜可持续发展，每年规划种植面积保持在1.6万亩，租金收入近4000万元，每年外销西瓜超过10万吨。农场老领导陈国强说："大棚西瓜是新曹农场'三得利'产业，集体通过土地发包得租金、瓜农通过承包种植得效益、临时工通过辛勤劳动得报酬，甜瓜瓜变成了钱串串。"

千亩玫瑰花海姹紫嫣红

寒意褪去，春味愈浓，大地光彩重生。东台河岸的樱花、海棠竞相绽放，还有田间数千亩金色油菜花铺天盖地，错开时差的牡丹和玫瑰才萌发嫩芽。姹紫嫣红的花海吸引游人驻足观赏，成为摄影爱好者采风、拍照的"取景点"和网红的"打卡地"。

玫瑰不仅是观赏花卉，而且还能萃取纯露、精油，是农场着力打造的"一朵花"产业。

新曹农场是国内著名的天然香料生产基地，有国内香料"三分天下一分新曹"之称。农场香料公司是一家有着近50年历史，集种植、加工、销售天然香料原料和产品于一体的老场办企业。

创新谋发展，奋进赢未来。2016—2017年，香料公司成功引种大马士革玫瑰400亩，成为江苏农垦唯一的大马士革玫瑰生产企业。

大马士革玫瑰花香四溢，享誉大江南北。一到玫瑰鲜花采摘期间，厂区内一派繁忙景象，来自河南、四川、陕西等地的客商登门求购鲜花，不等鲜花归仓就直接冷藏运走，"新曹"牌大马士革玫瑰产品一上市便供不应求。

2018年，香料公司积极推进产品初加工，采用水蒸气蒸馏工艺萃取精油和提取纯露。2019年底，公司以自主生产的纯天然大马士革玫瑰精油和纯露为主要原料，联手上海一家化妆品生产企业，合作推出的"新曹"牌大马士革玫瑰系列化妆品成功打入市场，完成了从初加工到终端产品的再飞跃，进一步拉长加粗了玫瑰产业链，产品附加值成倍增长。

每年五月，大马士革玫瑰如约盛开。晨曦微露，300多名来自农场内外的采花工汇合在一起，在鸟语花香的玫瑰园里忙碌着采摘鲜花。2023年，玫瑰鲜花亩产超过550公斤，再创历史新高。

香料公司与头灶镇下舍村建立"万企联万村，共走振兴路"协作关系，下舍村为香料公司提供劳务，香料公司以实体产业帮助下舍村转移富余劳力，企地共建推动乡村振兴。采花工余长春开心地说："去年，我在香料公司做临时工，粗算收入有2.6万元。"他们再也不用背井离乡，在家门口就能打上工。

　　五月中旬，江苏公共新闻频道《新闻360》《早安江苏》栏目、东台电视台《东台新闻》栏目等专题报道了新曹农场"一朵花"玫瑰产业。"玫瑰是美丽的，我们要把美丽的事物变成美好的产业，把美好的产业变成美丽的事业。"

　　"嗨——，谁不说俺新曹农场好，瓜儿甜花儿香，粮田涌金浪，幸福的生活千年万年长。"我放声唱起即兴之歌，竟高过车载音响里的歌声，脸上不禁洋溢着灿烂的微笑。

　　歌声悠扬绵长，缓缓注入心田……

红江橙正当鲜

广东省湛江农垦集团 孙远辉

又是一年橙红时。走进湛江农垦红江农场红江橙庄园，只见一棵棵橙子树上挂满了圆润光滑、金灿灿的果实，将枝丫间塞得密密麻麻，处处呈现一派丰收喜人的"甜蜜"景象。

"橙"风破浪，红江橙"蝶变"

红江橙庄园内，果农们正忙着采摘、装筐、外运……忙得不亦乐乎，脸上洋溢着丰收的喜悦。

红江农场是红江橙的原产地，"红江"牌红江橙至今已有近50年历史，历经岁月沉淀，一路走来经历两次大起大落，几代红江人见证了其风雨历程。

这一抹"红"，让港城人甜在舌尖，记在心头。红江橙的故事应从钟家存那株"无果树"讲起——

1971年10月的一天，钟家存到果园看橙子。偶然间，他发现果实累累的连片橙林中，竟有一棵"颗粒无存"的橙子树。他打听后才发现，原来是那棵树上结的果特别好吃，所以橙子已被大家摘光了。钟家存后来在隐秘处又发现了两个橙子，他尝过后发现果然很甜，便对这棵树进行了研究。

第二年春，钟家存从那棵橙树上截取芽条进行嫁接繁殖了700多株母木，并于1973年在红江农场建设了第一代红江橙园。1976年橙园初产，就充分显示出其优良特性，钟家存也因此被称为"红江橙之父"。

自1984年以来，红江橙被摆上国宴，历年专供北京钓鱼台国宾馆，用于招待外国宾客和使节，成为炙手可热的"国宴佳果"。

漫步在橙林间，见个个丰硕养眼的红江橙结满枝头，园内的空气似乎也都因此变得芬芳而香甜。采访中得知，经过 50 年的不断培育、提纯，如今的红江橙更具有皮薄光滑、果肉橙红、肉质柔嫩、多汁化渣、甜酸适中、风味独特等特点。

凭借着近年来红江橙的品牌影响力，湛江农垦在红江橙种植核心区建设了标准化示范基地，配套建设鲜果分级加工仓储中心、产品展销厅、文化广场、观光园等设施，开设专卖店，开通电商平台，开展采摘节等活动，红江橙产业化、品牌化水平显著提升。

目前，广东农垦湛江红江橙中国特色农产品优势区总面积 13000 多亩，主要依托旗下红江农场、长山农场、东升农场、黎明农场红江橙园建设，并辐射带动农场职工和周边农户种植面积 10000 多亩，还建成一百余栋"红橙楼"。别致的"红橙楼"跟周边的红江橙园相互映衬，融为一体，每年吸引数以万计的客人前来参观游玩，也带旺了当地的饭庄、酒店等第三产业，有力推动了乡村振兴。

橙黄橘绿，尝鲜采摘正当时

"荷尽已无擎雨盖，菊残犹有傲霜枝。一年好景君须记，正是橙黄橘绿时。"诗句钩心魂，一吟口水流。时下正值红江橙收获的季节，红江橙庄园的 2500 余亩红江橙缀满枝头，到处散发着沁人心脾的香气，十分诱人。

春看菠萝夏看田，秋赏山色冬品橙。"一果二剪"一颗红江橙，随手剥开，清香四溢、汁多渣少，吃了让人根本停不下来，一阵甘甜拥抱味蕾——这便是国宴佳果、农垦优品红江橙历久弥新的诱人魅力。

采摘的过程中，发现了红江橙除了风味独特，外观也与众不同——有些表皮上有一条或细或宽的"红线"。

关于红江橙上"红线"的来历，在当地还有一个美丽的传说。据传，有一天，有仙女下到凡间，经过红江农场时，看到清澈如镜的红江河，便想享受一番美浴。就在此时，突然有路人经过，仙女便急忙飞离人间。慌忙之中，随身携带的红丝绸带飘落到了红江橙果园，挂在了红江橙上，所以红江橙也被称为"红线橙"。也有人说，其实这是红江橙脸皮薄，害羞呢。

其实，红江橙所特有的"红线"，是新会甜橙与红柑嫁接的混合体。也因为红江橙形成这条红线的概率非常的小，因此挂"红线"的红江橙是非常珍贵的。

正在园区忙碌的红江农场副总经理韦球明脸上挂着满满的喜悦，他高兴地介绍道："红江农场气候适宜，而且土壤中富含硒元素，借助这里的坡地种植，使用有机肥，经过精细化管理，红江橙产量高、含糖量高，深受广大消费者青睐，还吸引了不少市民前来采摘品尝。"

放眼望去，满山的橙树，密密麻麻结满了一颗颗圆润饱满的甜蜜果实，蔚为壮观。来到红江橙庄园，不仅可以领略生态橙乡的魅力，了解红江橙文化的前世今生，参与党建打卡、亲子活动、垂钓等，还可穿行橙林，或采摘，或品尝，或拍照留念，游客无不为眼前的美景和口中的美味所折服。

除了在红江农场采摘品尝红江橙，参观红楼，游客还可以到附近高桥红树林游玩，吸红树林"氧吧"，抓虾捕蟹，吃泥丁粥。玩累了还可以到平山岗村，寻一处民宿，仰望星空，品茶烧烤，吹乡野清风，乐享乡村慢生活。

团场的桃花

新疆生产建设兵团一四二团　张　继

　　春风送暖，北疆大地上春意盎然，在新疆石河子团场的桃林里，一棵棵桃树的枝头粉色的花朵绽放开了，如密密麻麻的花絮挤满了枝条。一朵朵桃花粉嘟嘟的花瓣舒展开，像薄薄的羽翼在微风中颤抖，惹人怜爱。千朵万朵的桃花挤在枝头，把一片片桃林染成了粉红色，又像一朵朵粉红的云雾笼罩在团场的田野上，美得让人心醉。

　　我不由想起了小时候院子里的几棵桃树。每年清明节过后，桃花便开满枝头。站在院子里像进入了一个花的海洋，满眼都是花朵，朵朵精神抖擞，笑红了脸。母亲望着桃花盛开的美景，也忍不住走到桃树下，摘上几朵放在手心，桃花映红了她的笑脸。她一改往日愁容满面的样子，脸上露出了欣喜的笑容，手捧桃花闻着芬芳的花香，闭上双眼，仿佛馥郁的花香让她闻到久违的味道。

　　母亲兴奋地凝视着树上的桃花，用手轻轻抚摸着花蕊，像爱抚自己心爱的孩子。过了许久，她抬起头笑着对我说："瞧！每一朵桃花都那么可爱，像一群挤在一起的幼童嬉笑着晒着太阳。又像清纯的少女轻轻摆动衣裙，姿态美极了。"她又说："每每春天看见热烈奔放的桃花，我仿佛看到了希望。"她的脸上充满了坚定。我理解母亲的感受，当时团场的生活艰苦，她常为我们的吃穿发愁，好在天道酬勤，在她辛勤的劳作下，家里的日子慢慢好起来了。

　　一朵朵粉色的桃花尽情地开着，仿佛要把对春天的欢喜释放出来。这些鼓足了精神绽放的花儿，在枝头吐露芬芳，争先恐后地打开心扉，露出嫩嫩的花蕊，像对春天吐露心声。我还隐隐约约听到窸窣的声响，像花朵之间轻轻的絮语，在林间如天籁般动听。于是，整个桃林热闹了，风声鸟鸣声与花儿之间的絮语，组成了一首悦耳的春天奏鸣曲，回荡在团场的田野上。

团场的桃树越来越多，每年春天都会献上一片片粉红的花海，让团场人的生活充满了希望。到了秋天树上结满了红艳艳的蟠桃，脆甜爽口多汁又给团场人带来了甜蜜的幸福。每逢此时，母亲都会摘上一大筐子桃子，让我们尽情享受甘甜的美味，也像给那些清苦的日子增添了一丝丝甜味。

诱人的蟠桃带着蜜甜成了团场的"致富桃"，果农们靠种植桃树都致富了。母亲种在院子里的桃树，花儿一年比一年开得艳，桃子也结得多。她高兴地给桃树施肥浇水，望着一颗颗小桃子在枝头坐果了，仿佛看见了又红又大的蟠桃在眼前晃动。我想起第一次见到桃子成熟的那个秋天，站在树下迫不及待地先摘一枚蟠桃咬了一口，一股甜甜的味道在齿间流动。我惊喜地对母亲说："真甜呀！"母亲听了，开心地在一旁笑着说："第一年的桃子还不太甜，到了明年和后年桃子会更甜的。让你们这些小馋猫吃个够。"

桃花开了一年又一年，团场人的生活也像芝麻开花节节高。我家院子里的桃树也像母亲说的那样，蟠桃一年比一年甜，像极了我们如今的幸福生活。每年桃花绽开引来蝶飞蜂舞，粉红的桃花映红了小院，也映红了我们的生活。

如今，团场的桃林已扩展到上万亩，春天桃花开了像粉红的云朵，左一片、右一片铺在田野上，又像一团团燃烧的火焰，燃起了团场人对美好生活的向往。桃园里一朵朵桃花扬起粉红的笑脸，依旧迎着春风在枝头喜笑颜开。又像一群花仙子在树上翩翩起舞。可是，我的母亲却再也不能站在桃树下，欣赏可爱的桃花了，这也成了我心中最大的遗憾。

"桃花芳香满大地，引得游人来赏花。"团场盛大的桃花旅游节开幕了，今年的主题是"走进春天，花开兵团"，吸引了上万游客来团场赏花畅游，瞧！一片片桃林里处处都是欢歌笑语。游人们围着粉红的桃花细细观赏，赞叹声不绝于耳，或拥着桃花定格一个个美丽的瞬间。粉红的花海里，桃花层层叠叠竞相绽放，迎着阳光敞开心扉，展示出最美的姿态，来答谢游人们的厚爱。

我的农场我的家

河南省黄泛区农场　翟国胜

　　1957年，未满两岁的我随母亲离开老家开封，来到了被家乡人称之为"南乡"的黄泛区农场，因为我的父亲在这个农场开拖拉机。从此，黄泛区农场就成了我的家。从蹒跚学步的孩童，到双鬓斑白的老翁，我在黄泛区农场已生活工作了60多年，亲眼见证了它的发展变化，我从心里热爱这块父辈们用青春热血开垦出来的热土，热爱我美丽温馨的农场。

　　初到农场，我很奇怪，为什么这里叫黄泛区农场呢？父亲回答说："因为这里是当年黄河水淹没过的地方。"我闹着要去看黄河，父亲笑了："远着呢，离这还有300多里呢。"

　　在儿时的印象中，农场面积很大，在西华、扶沟两个县的境内都有它的分场；农场的行政规格也很高，地方上的县长调到农场只能任副场长。当时我们这些农场子弟一谈起这些，一个个都眉飞色舞，很是自豪。

　　上学以后，从老师的口中我才渐渐知道了"黄泛区"的悲惨历史：1938年6月，为阻止侵华日军南下进攻，国民政府以水代兵，炸开郑州花园口黄河大堤，咆哮的黄河水一泻千里，向东南方向迅猛推进，在黄淮平原随性肆虐，最终形成了跨越豫、皖、苏三省44个县、面积达54000平方公里的"黄泛区"。黄河水持续泛滥八年之久，数百万百姓背井离乡、流离失所。1945年抗战胜利后，根据国际协定，联合国善后救济总署曾经在黄泛区开展了两年多的救济工作，但杯水车薪，成效不大。1947年11月联合国善后救济总署撤销时，一个美国人面对茫茫沙滩，怅然留下了一句"地球上又多了一块沙漠"。"百里不见炊烟起，唯有黄沙扑空城，无径荒草狐兔跑，泽国芦苇蛤蟆鸣"，这就是当年黄泛区悲惨情景的真实写照。

　　后来，在与父辈的交谈中，我进一步了解到黄泛区农场的创建过程。新中国成立后，共产党领导人民开展了轰轰烈烈的黄泛区复兴运动。1950年2月，中央成立了黄泛区复兴委员会，当时的国家财经委主任、政务院副总理陈云兼任主任；1950年3月，河南省成立了黄泛区复兴局，省主席吴芝圃兼任局长。1950年12月，周恩来总理在听取复兴局的工作汇报后，对黄泛区复兴工作非常满意，说："地多人少，农民分不完，黄泛区可以建个大农场嘛。"于是经过紧张筹备，1951年1月，在原黄泛区复兴局的基础上创建了大型机械化的黄泛区农场。一大批热血青年，听从祖国召唤，从祖国的四面八方汇聚到这块贫瘠的土地上垦荒造田，他们中间有光荣的游击队员、乡村积极分子、民兵、村干部和年轻的知识分子，我刚满20岁的父亲就是这支浩荡队伍中的一员。

　　我和母亲到父亲所在的五分场时，职工们已告别了建场初期的茅草庵和简陋的工棚，住上了兵营式的排房，一排房住十多户，一家一间房。吃水靠一眼水推车井，需两三个人像推磨一样推半天才能汲出水来。那时的黄泛区，处处是沙滩，风起沙扬，让人睁不开眼。因此，大人小孩都有一个"风镜"，一遇风沙天就戴上风镜。为了锁住风沙，职工们大规模地植树造林。有时头天挖好树坑还没来得及栽树，第二天树坑就会被风沙填平；有时风沙还能将刚栽上的树苗刮跑。为栽活一棵树，职工们常常需跑很远的路端水浇种。尽管工作条件相当艰苦，但年轻的职工们成天都是乐哈哈的，天一亮就起床开始一天的紧张工作，晚上还在昏暗的煤油灯下进行"扫盲"学习。劳动是艰苦的，但他们始终是乐观的，闲暇时还经常组织一些文体活动。虽然我的父亲没有上过学，但通过夜校扫盲，后来居然能读书看报，还学会了拉二胡，成为场里的文艺爱好者，并逐步走上了分场的领导岗位。时至今日，90多岁的他对当年的垦荒生活仍然记忆犹新，对子孙们常说的一句话就是"现在的生活来之不易，一定要珍惜啊！"

　　岁月如歌，沧桑巨变。如今的黄泛区农场，既是国家现代农业示范园区，也是河南省重要的小麦良种生产繁育基地，更是远近闻名的AAA级生态旅游区。春天，绿油油的麦田、雪白的梨花、粉红的桃花、金黄的油菜花构成了五彩斑斓的画卷。生态观光园里樱花、迎春花、玉兰花、海棠花竞相开放，农场犹如花海一般，许多游客慕名前来踏青赏花，领略田园风光。金秋时节，黄金梨、黄金瓜、苹果、珍珠西瓜、葡萄、寿桃相继成熟，游客们在无公害果园尽情采摘，实地追溯水果种植的全过程，体会收获的快乐。

走进黄泛区农场，就像进入一个巨大的森林公园，到处是参天大树，一年四季绿树成荫。漫步大街小巷，只见路两旁都是树。但细心人不难发现，每条道路上的树种又各不相同，一条路就是一道风景线，让人赏心悦目。大街小巷干净整洁，醒目的路牌向行人提示着所处的方位。住宅小区楼房大多是四五层，在绿树草坪的映衬下，显得非常整洁美观。在场部中心地带有一个集观赏、娱乐、休闲和健身等多功能于一体的大型游园，内有灯光球场、圆形广场、露天舞台等。游园里有玉兰、水杉、红叶李等风景树，也有月季、桂花、蜡梅、木槿等花木，我现在每天早晨都和几十个朋友一起在这里打太极拳，享受着诗意的生活。

农场基础设施完备、服务功能齐全。人们从家门口出发，15分钟之内就可到超市、学校、医院、银行、健身场所、文化中心。夜晚华灯齐放，人们或在广场翩翩起舞，或到文化宫观看文体比赛，或到礼堂欣赏文艺团体的演出，同城里人一样可以享受到高水平的物质文化生活，人们热情地称其为"乡村都市"。

更值得一提的是，2015年在农场老场部旧址建起的黄泛区农场场史馆，更是农场的一张"名片"，成为众多游客的"打卡地"。如今黄泛区农场场史馆已成为河南省爱国主义教育示范基地，被河南省列入"行走中原、读懂中国"主题文化线路之九"治黄史诗"的内容，被周口市列入"道德名城、魅力周口"五大旅游线路中的"红色教育游"。

从兵营式的排房到整洁的生活小区，从坑坑洼洼的土路到宽阔平坦的水泥路，从昏暗的煤油灯到明亮的电灯，从风沙蔽日到绿树成荫，从出行基本靠走到几乎家家有轿车，年届70的我一步步见证了黄泛区农场的发展变化，我为黄泛区农场的每一项成就由衷地感到高兴，为自己是一个黄泛区人而感到自豪。我曾不揣浅薄，满怀激情地填写了一首《沁园春黄泛区抒怀》："平原风光，千里香飘，万里绿妆。望三川大地，高楼林立，颍河上下，果树成行。百业兴盛，万花绽放，沧海桑田新模样。佳风景，如明珠闪烁，辉映八方。泛区曾历沧桑，恨水旱蝗汤昔逞狂。忆泽渊赤地，满目疮痍，灾民褴褛，鬻子逃荒。逐鹿中原，艰难创业，披斩荆棘铸辉煌。新世纪，喜宏图绘就，再谱华章。"

　　我的农场我的家，一个拥有诗和远方、生长鲜花和梦想的地方，愿你一天比一天更加美好！

农场第一代女拖拉机手

不知不觉爱上了你

江苏省云台农场　陈天歌

有一种情怀会在不经意间落下种子，慢慢发芽、长大，待岁月花开，于不觉中已是一片美丽。蓦然回首，原来在岁月的那一头，初心早已存在，漫长的沉淀，酿成一杯酽酽的酒，让这份情怀长长久久。

月亮在白莲花般的云朵里穿行，夏日的晚风有了一丝凉快的气息，外婆将门前青石板上的饭碗收拾干净，外公打了一桶凉水，淘了几把毛巾，把芦席抹了好几遍，我把小脸贴上去，告诉他：凉快了，凉快了。然后忙不迭地铺石台，我美美地躺下，把头枕在外婆腿上，听她和外公有一搭没一搭聊闲。

"今天带毛娃出去遛弯，麦子露黄了，一年又一年过得真快哦！""看地头成色不错，要忙啰。不过现在忙也不怕，有收割机，有晒场机，实在天不济，还有烘干机，哪像以前那年月提心吊胆的。"

外婆把我的头慢慢从腿上放下来，一下一下敲着关节，听她讲，她和外公都是云台第一代垦荒人，她年轻时三四月的天气就整秧板田，那时很穷，也舍不得买雨靴，在泡了凉水的大田里一站就是半天，整个下半身都木了。她的胳膊就是一个"活"的气象台，她生我妈妈时都40岁了，冬天在大田里翻地，竟把妈妈就生在了冰冷的田野里，这一切听起来简直不可思议。后来外婆就得了关节变形、关节炎、腰椎间盘突出等各式骨头病，但外婆是个要强的人，看别人忙得热火朝天，自己也不甘落后，一天也舍不得休息，她说先忙着，等到闲了再慢慢治，可等到老了就没办法治了。我调皮时，外婆追我的步伐总是小小的，关节还会咔咔咔咔响，每次追上我都气喘得厉害。我摸着她变形的膝关节，捏着她酸痛的胳膊，好心疼。

爸爸妈妈都在农场上班，总是加班，我吃住在外婆家。每天外公外婆聊天都是以庄稼长势开头，到感慨当今的好日子收尾，在他俩时而重复，时而新鲜的描绘中，有好多关于云台"兔子不拉屎的盐碱地""大荒田""碱蒿地""芦苇荡"等旧时光的描述，又有好多"吃穿不愁住不愁""看病不愁""马路宽敞""幸福快乐"等今天的满足。感觉农场对于他们而言曾是那么的苦，却又给了他们这么多的快乐。

月色如水，夏夜愈发凉快，外婆手里的蒲扇有一下没一下地抚着我的腔，撵着蚊虫。朦胧中，我的日子是快乐的，我喜欢田野里望不到边的庄稼，喜欢看工厂里上下班川流不息的自行车，车队大院里排列整齐的大解放车，还有好多卖小吃的"老头店"，简陋但却快乐的小广场，重复放着战争片却仍充满诱惑力的电影院。

外婆日复一日零碎的描绘，拼凑成了我童年里的云台印象，有些混乱，我对它有点爱，但不多。

大学四年不知不觉过去，我和父母声明，要把理想放在家乡以外的地方，准备自己创业。

爸爸听了我的规划，极力反对："小屁孩，你懂啥叫创业？要么继续上学，考研究生，要么回农场，现在单位房地产、生态旅游、服务业发展快着呢，正缺人。"爸爸这反应早在我意料之中，他出校门就被分配到农场，从场办工业技术员走上管理岗位，他的认知就是用自己所学建设农场才最有成就感。我搬出早就准备好的理由："外公外婆、你和妈妈把一切奉献给了农场，除了上班就是加班，这已经够了，能不能在你们的奉献中少一份儿女的力量，让我放飞自己的理想？"爸爸非常生气："你的理想就是挣钱？你的价值只能用钱的多少来衡量？"我反驳："不然呢？"

"创业艰苦"是我进入社会大学的第一课内容。每天早起跑市场，打听价格，筛选商品；注册店铺，装修店面，熟悉电商平台的每一个程序步骤，集老板、客服、推广、采购、销售于一人……我像一个滴溜转的陀螺。

一切顺风顺水，但天有不测风云，时间到了2020年底，一场疫情突如其来，把正常的轨迹打乱了，我在社区做疫情防控志愿者，听说农场要招聘，我就悄悄投了简历，直到面试时爸妈才知道。竞争激烈，我最大的优势竟是农场职工子弟，好在没人笑话我。2021年9月，我入职云台全资注册的云龙房地产开发有限公司，岗位是营销部推广。兜兜转转七年多，不管爱它还是不爱它，我终是回来了，自然归队。

时间真的好奇妙，让相识、相知、相爱一切变得那么自然，或许从我出生那天起，便将印记深深地埋在这片土地里，那就让我把梦想的种子播撒在这片浸满两代人青春和汗水的沃土上，将我的理想与农场幸福、秀美、繁荣的愿景相融，用自己特有的青春音符谱写新时代的云台赞歌吧。

半袋土豆

黑龙江省八五二农场　孙海燕

"怎么不能吃？掰去芽，一样炖着吃。"老父亲边说着边走到我面前，伸出那垦荒年代磨炼出来的骨节粗大的手掌，抓起袋子里的一个土豆，麻利地掰掉了芽……

父亲王玉海是 1958 年开发北大荒的老铁道兵，尝尽了喝凉水、吃野菜的艰苦生活。早年间土豆是家里应对挨饿的最后一道防线，每当青黄不接断粮时，父母就烀上一锅保命的"宝贝疙瘩"。

"你看，专家都说了，生了芽的土豆中含有龙葵碱，吃了会中毒，妈！必须扔掉！"儿子伸过来手机，在我面前晃动着，他知道不能顶撞姥爷，于是便眼巴巴地瞅着我，期待得到母亲的支持。

"什么专家，我吃这发芽的土豆活到 80 多了，身子骨依旧硬朗，你们这注意那小心的，还不是这儿疼那儿痒的！"还没等我张口，老父亲又发话了。

"姥爷，您别抬杠，真的不能吃啊！"儿子的脸憋得通红，目光再次投向了我，等待我一锤定音。

我看了看老父亲，又瞅了一眼儿子，为难了。讲真，我也舍不得丢下这半袋子土豆，因为我对土豆也有着特殊的感情。我小时候，东北物资匮乏，"囤秋菜"是东北人专属的"入冬仪式"，白菜、萝卜放入室外的菜窖，而土豆却是重点保护。父亲每年都要准备两大麻袋土豆，搬到屋里，珍藏在家里地中间的专属土豆窖里。

我记得外屋有个大锅灶，每天母亲做完晚饭之后，我就赶紧从菜窖里拿几个土豆扔进锅灶里，然后小心翼翼地用带着余火余温的锅底炭灰将土豆埋上。半个多小时后，再用炉钩子小心地划掉炭灰，把一个个黑不溜秋的、冒着烟儿的土豆扒拉出来。一股子略带焦糊味儿的土豆香瞬间钻进鼻孔。我咽着口水，快速抓起这黑不溜秋的家伙儿，放在地上敲一敲，然后又拿起来，吹着气去剥土豆皮。土豆很烫，可不舍得放手，只好不停地来回换手。最后实在忍不住，就一掰两半，赶紧咬一口。哇，那烧焦黄的土豆绵里带黏，黏里透香，忍不住咬下第二口、第三口。烧土豆，是那个年代孩子们的主要零食。

20世纪90年代初，我已结婚成家，为人母了，那些年东北粮食足够吃了，家里土豆窖早就填平了，冬天备好的土豆放在室外菜窖里保存，但土豆白菜萝卜依然是东北餐桌三件宝。为了让挑食的孩子吃得尽兴，我将土豆翻出了新花样，溜炒烹炸，土豆丝、土豆块、土豆泥、土豆片，样样清爽。

我喜欢土豆，还因为土豆的性格随和，它跟谁炖一锅都老老实实作辅料。排骨炖土豆、小鸡炖土豆，满盘子土豆浸渍着排骨、鸡肉的香；东北有道名菜"地三鲜"，其实就是土豆、茄子过油后炖青椒。

时光匆匆，流年似水，不知不觉中，儿子也到了成家立业的年龄。土豆早已不是家里的主要食材了，超市里各种蔬菜琳琅满目，想吃啥有啥。原来买肉挑肥的买，为了回来炼点油，炒出来的菜也香，现在挑瘦的买，买回来带肚囊子的肥肉悄悄片去扔掉，因肥肉里含有大量胆固醇，容易堵塞血管。总之，小时候为了吃饱，现在绝对是为了吃好吃得健康。

小时候家里一冬天要准备两大麻袋土豆，现在一塑料袋土豆都吃不完。可养成贮存土豆习惯的我，去年入冬前又存了一袋土豆，谁知一冬天就吃了半袋，剩下这半袋土豆，如今成了矛盾的根源。

"现在的人都忘本了，什么都扔！"老父亲的一句话吓了我一跳，"你忘了《长津湖》里的志愿军了吗？饿急眼了，能吃上土豆都成了奢望。你还记得我经常讲的你'哑巴'叔的故事吧！那可都是我亲身经历的事。"

我怎能忘记：20世纪60年代，国家连续三年困难时期。冬天，连里将全连的"救命稻草"——土豆，放在忠厚老实的独居老人"哑巴"叔家的大地窖里。哑巴叔像守护国宝一样，数九寒天，怕冻坏了土豆，还用家里仅存的麻袋和棉被盖上。后来炊事班长带人去哑巴叔家取土豆，大家推开大门一看，哑巴叔竟然饿晕在炕边。事后，大伙都对他说，饿了就吃个土豆呗，"哑巴"叔比画着说：这是公家的，是全连人的命啊！我不能乱动。

　　想到这里，我鼻子一酸，眼眶热了。这半袋子土豆不能扔，父亲会难过的。可又确实不能吃，这可怎么办呢？我陷入了两难境地。

　　"笃笃"，门口传来敲门声，我打开门一看，是对门张嫂，张嫂拎着一袋子绿莹莹的刺五加山菜，递到我手上，笑呵呵地说："给你们送点山野菜，对你父亲身体有好处。我在走廊就听到你家争吵声了，就因为这半袋发芽土豆是不？王叔，这土豆给我可以不？我家平房有块菜园子空着，我想种点土豆。土豆皮实，现在种上，到秋天咱们就有新鲜土豆吃啦！"

　　"好哇，好！"我一回头，看到父亲笑了，儿子也笑了。

　　咔嚓，我掏出手机，拍下了祖孙俩抬着半袋土豆送给张嫂这和谐幸福的一幕……

五色北大荒

北大荒集团　郭思宝

　　我在北大荒的那些农场走过，那些倔强的生命在季节里的容颜，有五种颜色——黑、绿、金黄、白、红。

北大荒之春——黑色

　　北大荒以荒而名——"天苍苍，地茫茫，一片衰草和苇塘"；也以黑而名，以神奇、美丽、富饶的黑土闻名于世。这源于其身处的特殊地理位置——小兴安岭山麓、松嫩平原和三江平原地区。这里是世界闻名的黑土带，特殊的日照、气温以及亿万年的演变，使身下的黑土地土壤肥沃，黑土层厚，充沛着原始的生命力，可谓"捏把黑土冒油花，插双筷子也发芽"。

　　黑色是北大荒春天的主色调。

　　荒火映黑土，铁犁卷泥浪。20世纪40年代中后期，一批以解放军、地方干部为主的拓荒者，让荒原露出黑色的肌肉和骨骼，展现其肥沃与壮美。他们用火犁、苏联进口拖拉机和人拉犁的方式，点燃了"粮食工厂"的星星之火。1946年春，杨清海被派筹建黑龙江省省直机关农场，他发现伪满广播电台后院有德国造的火犁，就请来曲守志当驾驶员，由拖拉机牵引五副弯钩犁，后面由5个小伙子扶犁，进行开荒。撂荒地烧后的草灰很厚，黑灰飞扬，驾驶员、扶犁的小伙子们都变成了"黑人"。1947年春，黑龙江省军区供给部部长张觉带领40多名战士，利用当时留下来的一台火犁开荒，试办农场，以供军需。1948年春，东北行政委员会通北机械农场引进的12台苏联斯特兹一纳齐拖拉机到场。农场组建3个拖拉机中队进行开荒，当年生产粮食近150万公斤，除自给外，大部分支援前线。1949年春，郝光浓带领28名伤残荣誉军人，用人拉犁的方法开荒种地。他们响应"建立巩固的东北根据地"的号召和"为迎接全国解放，组织亿万农民走集体化、机械化生产道路……创办一个粮食工厂"的指示，挺进荒原，创办了北大荒第一批机械化农场，开启了中国垦荒事业的新纪元。

北大荒的春天从火犁的轰鸣声中醒来，从中国共产党领导的拓荒者的自力更生、艰苦创业的开荒生产中醒来，从社会主义新中国的曙光中醒来。

初春的北大荒春寒料峭、乍暖还寒，但1958年的这片黑土地上却春潮涌动，十万复转军人放下钢枪，告别部队，来到北大荒。没有汽车运送，就徒步行军；没有住房，就搭草棚、马架子。正所谓"指点为营"，红旗一插就是队址，背包一放，马架子搭起来就是家。他们披荆斩棘、点火烧荒、开犁破土。原来的战斗英雄、功臣模范变成了生产能手、突击队员。他们一边开荒一边生产，机具严重不足，就人拉犁杖、人拉圆盘耙、人拉播种机，用绳子拽，喊着号子向前拖，半个往复不到，已汗透衣衫。他们用青春与汗水，在北大荒奏响了报效祖国的英雄之歌。

北大荒的春天从复转军人"向地球开战，向荒原要粮""英雄奔赴北大荒，好汉建设黑龙江"的豪情壮志中醒来，从广大城市知识青年"火炙胸前暖，风吹背后寒"的兵团生产中醒来，从百万垦荒移民的辛苦劳作中醒来，从探索中国农业发展道路上醒来。

改革开放和新时代的春风，让黑土地厚积薄发。春雪消融，南飞归来的大雁此时虽还没有捎回春雨，却带来了春的消息。北大荒的旱田地上，大马力拖拉机耕出整齐划一的黑色田垄，播种机按间距点播大豆、玉米。水田地里，搅浆平地机高标准地作业，只为水稻秧苗做厚实平整的床。清晨，人们早早来到田间地头，水田池子映着朝阳，插秧机欢快地将水稻秧苗扎进泥土。夕阳的余晖洒向一望无际的田垄，泥土下孕育着萌动与生长。北大荒以黑色的胸膛，宽广的胸怀，拥抱种子、拥抱春光。

北大荒的春天在科教兴垦、建设百亿斤商品粮基地中醒来，在"发扬北大荒精神，率先实现农业现代化"中醒来，在"发扬北大荒精神，加强垦地合作"、建设"三大一航母"（现代农业大基地、大企业、大产业，农业领域的航母）中醒来。

北大荒黑色的土地是地球演化的礼物、宝贵的资源，象征着财富。北大荒人将征服、利用，并守护好这片黑土地。

北大荒之夏——绿色

春夏之交，黑色的田野上渐渐浮现一片绿色。水稻秧苗开始返青，随着叶龄的增长，愈发苗壮。大豆、玉米的叶芽破土而出，田垄上，点点绿色镶嵌在黑色的绸缎上。它们开始不知疲倦地生长，彰显着渴望、倔强与顽强。渐渐地，这种绿色铺展开来，铺满整个夏季，为黑色的大地披上了绿色的外衣。

这时，忙碌一春的人们，暂时可以歇一歇。夏管时节，大马力机械中耕、飞机航化作业施肥，田野间弥漫科技的气息。慢慢地，大豆生长的高度没过了人的膝盖，玉米秆赶上了人的肩头，它们一排排、一队队，整齐、庄严，充满力量，像极了等待检阅的士兵仪仗队。

绿色是北大荒夏天的主色调。

北大荒的盛夏，绿色的田野充满着生机和活力，象征着希望。

北大荒人喜欢绿色，源于他们身上涌动着一种勇于开拓的精神，他们乐于拼搏进取，敢于探索创新。早在 1952 年，桦南机械农场（现曙光农场）副场长刘岑带领农业技术科研攻关小组，制定出了《松江省桦南机械农场农业技术操作规程》，这是新中国最早的农业标准。北大荒人还在 2020 年制定了 7 个主要农作物种植标准，开辟制定农作物种植环节企业标准的先河。

北大荒人喜欢绿色，源于其追求生命健康与食品安全的努力。早在 1990 年，北大荒人就在全国率先发起绿色食品生产，在全国率先开发出九三油脂大豆色拉油等 22 个绿色食品。"完达山"牌全脂甜奶粉获得首枚绿色食品证书，也是全国第二个获得绿色食品认证的产品。查哈阳农场于 1997 年被批准为中国 A 级绿色食品大米生产基地。完达山集团乳品有限公司于 2000 年被批准为中国第一个 A 级绿色食品乳品生产基地。

北大荒人喜欢绿色，源于其尊重科学的求实精神。广大科技人员在作物栽培、育种、植物保护、气象等方面穷其一生，作出了重要贡献。徐一戎、吴陆弟、梁甲农、冯紫琅、刘惕若、蔡尔诚等，他（她）们的名字，北大荒人耳熟能详。北大荒人组建的垦丰种业在国内种业企业中综合排名第二，玉米、常规水稻、大豆种子销售额行业排名第一。

北大荒人喜欢绿色，源于其追求建设美好生态家园的愿景。北大荒建有国家级生态文明示范区、生态局、生态场。建有洪河、兴凯湖、挠力河国家级自然保护区3处。保护区内水草丰茂，物种丰富，生物多样，有丹顶鹤、东方白鹳等国家一级保护动物等，兴凯赤松为兴凯湖保护区内特有物种。挠力河保护区被称为"天然生物基因库"，至今仍保持着原始风貌，是三江平原原始湿地的一个缩影。

北大荒之秋——金黄色

三江平原的田野里，大片的水稻在秋风下摇曳，籽粒渐渐膨胀，趋向饱满，穗头开始低垂；松嫩平原上，大豆的茎秆慢慢发黄、变硬，豆荚愈发丰满，圆鼓；玉米棒子从苞衣里探出身来，粒粒金黄。依从大自然的召唤，北大荒的秋天悄然走来。

此时，北大荒的田野，如同一幅油画，万顷良田流淌着金黄色，满眼的温暖和喜悦。

金黄色是北大荒秋天的主色调。

金黄色带来了丰收的喜悦，象征着奉献。正所谓"亿吨粮，千吨汗，百吨泪，十吨歌"。

其实，北大荒的秋天很短，只有两个月。而金秋十月，最是忙碌。时间似乎一下子在北大荒凝结了，你看到的、听到的都是一个景象、一个声音。人头攒动，整个身子骨总有使不完的劲儿，机械昼夜作业，都是忙的身影，为的就是颗粒归仓。

"金戈铁马"卷稻浪，建三江的秋收，要比30多年前忙碌得多。那时建三江易涝耕地多，农作物以麦豆为主，大丰收的年份粮食总产量只有80万吨左右。实施"以稻治涝"战略之后，粮食产量大幅度提升。如今，水稻总产量607.76万吨，建三江也被誉为"中国米都"。

2018年的秋天，首个"中国农民丰收节"刚过，习近平总书记到黑龙江省考察，首站就来到了建三江。在北大荒精准农业农机中心一楼大厅，当地出产的米、油、豆、奶等各类农产品摆满展台。习近平总书记走近前去，双手捧起一碗大米，意味深长地说："中国粮食，中国饭碗。"

到 2022 年，北大荒 75 年累计生产粮食超万亿斤，年生产粮食 400 多亿斤，可以满足 1.5 亿人一年的口粮供应。

金秋，北大荒人收获的是金灿灿、沉甸甸的粮食，祖国母亲也为北大荒的成长和发展而欣喜。

北大荒之冬——白色

北大荒的冬季有些漫长，广袤的田野上，秋翻作业之后的黑土地，被一层层洁白覆盖。隆冬时节，千里冰封，万里雪飘，呈现出一派银镶玉雕的冰雪世界。

卖完了粮食，忙碌了一年的人们，终于可以让劳累的身子骨儿歇一歇。他们说，歇够了才是春。

歇是歇，可不闲着。走走亲戚、会会朋友，酿造的"小烧"喝得辣嗓、够味。秋收的喜悦，延长到了冬季。这时，"科技之冬""文化下乡"在农场开始热闹起来。人们学习种田技术，讨论什么品种产量高、质量优。还有那喜闻乐见的娱乐活动，鼓舞着人们的精气神儿。

刚刚过去的这几年的冬天，却不同寻常。面对突如其来的新冠疫情，北大荒充分发挥了它"关键时刻抓得住、用得上的重要力量"的作用。2020 年 2 月，北大荒紧急调运大米 5000 吨，确保北京市大米价格稳定，紧急调运大米 1500 吨、玉米 6100 吨、豆粕 4392.4 吨千里驰援湖北。并派出 89 名医护人员增援湖北一线，11168 名志愿者投身垦区疫情防控，累计志愿服务 62 万小时。

当国家出现困难时，常常可以看到北大荒的身影。1958 年冬季，为支援首都"十大"建设，北大荒组织近万人大军开进完达山原始森林，运送木材 21 万立方米。20 世纪 60 年代，严重自然灾害袭来，农场粮食不能自给，口粮供应标准从每人每月的 22.5 公斤最后减至职工 7.25 公斤、家属 5.5 公斤，北大荒人咬紧牙关，向国家交售粮食 1.8 亿公斤，完成大豆出口任务 3000 万公斤。1960 年春夏之交，湖北、河北、山东等地麦收紧张，北大荒抽调联合收割机 200 余台，随同机组人员前赴支援。1975 年 9 月，河南省遭受特大洪水袭击，黑龙江生产建设兵团从各师团抽调拖拉机和机具前赴支援。1990 年，国家粮食缺口，北大荒启动 100 亿斤商品粮基地建设项目。2003 年，"非典"肆虐，首都粮食告急，北大荒紧急调运大米 1.5 万吨。2008 年汶川地震后，北大荒用 3 天时间加工 2460 吨优质大米，通过专列运往四川灾区。2010 年，在西南五省大旱的严峻时刻，北大荒向灾区紧急调运大米 1.05 万吨。所有这些木材、机械化作业服务、大米，都是北大荒人奉献给祖国母亲的礼物。

白色是北大荒冬天的主色调，象征着北大荒人的纯洁无瑕。

北大荒的第五种颜色——红色

红色，这是荒火的颜色，是"粮食工厂"星星之火的炽热；这是 14 万复转军人为国屯垦戍边的颜色，是 20 万支边青年建设边疆的颜色，是 10 万大专院校毕业生和 54 万城市知识青年青春的颜色；这是几代北大荒人"献了青春献终身、献了终身献子孙"的誓言。

这是北大荒精神之花的颜色，是北大荒人血管里流淌着的对党和国家的一片赤诚。70 多年来，北大荒人信仰如一，北大荒人的政治品格如一，北大荒人的优良作风如一。在他们身上，发扬着中华民族勤劳勇敢、吃苦耐劳、勤俭持家的优秀美德，继承着中国共产党及其领导的人民军队的光荣传统，传承着延安精神、南泥湾精神，融汇着"艰苦奋斗、勇于开拓"的中国农垦精神，这些优秀思想、品质、作风，相互结合、相互渗透、相互作用，结出北大荒精神的硕果，成为推动北大荒农垦事业发展的不竭动力和力量源泉。他们来自五湖四海，操着不同口音，怀着不同乡愁，却胸怀共同的追求与理想——向荒原要粮，忠诚于党、不负人民；他们有着不同的职业，身怀不同的本领，却共建一个家园——北大荒，同写一个名字——北大荒人；他们爱党、爱国、爱家，他们创业、奋斗、奉献，培育并传承着同一种精神，那就是"自力更生、艰苦创业、勇于开拓、甘于奉献"的北大荒精神。北大荒精神与生俱来就带有中国革命的红色基因，丰富了中国共产党人的精神谱系，"是民族精神和时代精神的生动写照""永远是中华民族宝贵的精神财富"。

北大荒精神跨越时空，历久弥新，在新时代、新征程上散发着耀眼的光芒。大自然赋予了北大荒与众不同的美丽景色，北大荒人为这四季的颜色赋予了不同含义，并为这些倔强的生命机体注入了别样的风采。

家乡的变化

北大荒集团黑龙江勤得利农场　陈祥欢

我的家乡在五星山脚下，那里有延绵的江岸，也有起伏的山峰；那里有恬静安逸的田园之风，也有喧闹繁华的都市之气。如果说我的家乡是一幅栩栩如生的油画，那么它缤纷绚丽的色彩则诠释着这里的生生不息。

拓　荒　者

我从未见过家乡最初的容颜，老人们说：那里曾是一片荒凉苦寒之地，荆棘丛生，沼泽遍布，风雪肆虐，人迹罕至。荒草杂树生长得又高又茂盛，沿河是齐胸高的荒草，草甸子的尽头也是河的尽头。人们穿行于草甸子中，犹如野兔在野草间奔跑。那时的家乡野兽成群，山中霸主是熊和虎，原上英雄是豺与狼。

夏季蚊虻成阵，每天爬到身上的蚊子和寄生虫要按斤来计算，夜里的蚂蚁和蛇总是惊醒正在酣睡的人们。冬季的大烟炮让人闻风丧胆，风雪肆虐，昼夜不停，呼啸的狂风夹着白茫茫的大雪宛如在空中布下白色的薄纱，让荒野中的万物都迷失方向。此时，雉不能飞，狍不能走，熊不出洞，野无虎狼。这是属于冰雪的狂欢，寒冷刺骨让想要一起狂欢的伙伴扫了兴，雪虐风饕的音乐吓退一切生灵。野兽们寂寥地等待着狂风暴雪的谢幕。就是在这样的蛮荒之地，点燃了开发建设北大荒的星星之火，这星星之火昼夜间也点燃了一个时代的崛起，掀起了历史上最为气势磅礴的荒原开发热潮。

1958年，我的家乡迎来了第一批转业官兵，由800余名转业官兵、2006名知识青年组成的建设大军，怀着保卫边疆、建设边疆的豪情壮志进入勤得利，由此揭开了向勤得利这片亘古荒原进军的序幕。

　　茫茫荒原，一眼望去是看不到尽头的原始芦苇地。先辈们白手起家，爬冰卧雪，排干沼泽，手握镰刀，肩扛铁镐，脚踩稀泥，用勤劳的双手和辛勤的汗水改变着家乡最原始的容颜。没有伙房，就露天搭灶台；没有水井，就用泡子里的水洗衣，过滤后用来烧饭、饮用；没有房屋，女青年就赤脚在冰冷的泥水里收集草，男青年搬运材料搭起草棚子、土房子。在没有任何机械协助的情况下，人力是解决一切难题的唯一方式。

　　比起夏季蚊虫的叮咬，寒冷才是拓荒者面临的首要劲敌。北大荒漫长的冬季，最低温度可以达到零下 35℃，河水成冰，简陋的草房子根本抵御不了这里的严冬，人们只有身穿毛皮大衣，头戴毛毡帽子，才能在这冰天雪地中保存一些温暖，身上留下的冻伤是先辈们最酷的勋章。每当大雪封山时，想要出行的先辈们就用双脚在雪壳子里硬生生地蹚出一条路，雪爬犁在此时就像一件中看不中用的"艺术品"。我的家乡正是因为涌进了这样一批攻坚克难的先辈，他们以遇水搭桥、逢林穿林的北大荒精神，让这片荒凉的土地上有了人气儿。

建　设　者

　　日复一日，冬去春来，这片荒野有了新的模样，黑土地终于迎来它的"高光时刻"。先辈们用一双手开动了手拉肩扛开荒的第一犁，黑土地的脊梁上不再是野草丛生，而是被种上了小麦、大豆、玉米、水稻，一株株谷物生长于天地之间，吸收日月精华，长势喜人。鸟瞰一望无际的绿波，清风的巧手用千般柔情将绿意盎然的风景变幻成金灿灿的海浪，一排排挺拔的白杨就像忠诚的哨兵守护着这方黑土地，融入这生机勃勃的画卷。金秋时节，对于这片刚刚兴起的农场来说是最热闹也是最浪漫的时光。前辈们头戴草帽，身穿布衣，望着眼前黄灿灿的麦子，粒粒饱满的大豆，觉得它们就像一颗颗珍珠般耀眼夺目。丰收的喜悦让他们在这片欣欣向荣的土地上引吭高歌。当然，他们必须与冬季赛跑，赶在大雪来临之前完成收割任务，只有这样才算得上真正的大丰收。这样的赛跑一直持续到 20 世纪 60 年代初，随着国产东方红拖拉机陆续引进，这里的农业生产才实现了半机械化作业。一台台驰骋的拖拉机在广袤无垠的黑土地上画出一条条井然有序的线条，雪白的云，蔚蓝的天，安静的稻草人，犹如一幅描绘田园风光的油画。

十几个春秋过去了，这里从一个连队只有几户人家扩大到一个连队有几十户人家；曾经的土房子变成一排排错落有致的红砖瓦房；每一户人家都有了属于自己的小院子，修理得整整齐齐的菜园子。在袅袅炊烟中，在欢声笑语中，在挥汗如雨中，中国迎来了改革开放的热潮，我的家乡也随之发生了翻天覆地的变化。家乡从单一经济模式向多元化模式发展，发电厂、大型粮油加工厂、农机修造厂、制砖厂、奶粉厂应运而生。随着农场经济的发展，修水、通电、修路等惠及民生的工程相继展开，煤油灯变成了白炽灯，寂寥漫长的夜多了广播的声音，枯燥的生活里多了一处篮球场，自来水取代了老式压水井，为人民的生活提供了便利。闭路电视的安装让这里闭塞的人民看到了中国的多彩和繁荣，泥泞的土路变成砂石路，又变成水泥路，盘踞成一条青龙，为农场的发展打下坚实基础。我的家乡从拓荒者时代艰难困苦的穷乡僻壤变成了建设者时代红红火火的繁华小镇。

传 承 者

21世纪到来了，网络的迅速发展实现了"足不出户便知天下事"的伟大壮举。我的家乡也紧跟时代的步伐将互联网融入各项工作中，场领导根据我国农业发展实情，利用互联网快速、高效接收信息的功能，结合国家储备粮食发展需要，优化土地资源配置，实现耕地可持续发展，农业由大豆为主转为水稻为主。先进的大农机成为场区最美的风景，世界一流水平的飞机航化作业在开始引领农业宏伟蓝图，无人机的投入和使用让农业插上了科技的翅膀。站在五星山的铁塔上，掀开清晨云雾的面纱，眺望线条清晰的稻田，那是勤劳的人民用春日的巧手编织成的硕大地毯。小汽车、出租车、摩托车行驶在又宽又长又平坦的柏油公路上，四通八达的交通构成了农场的血脉和骨架，推动着农场迈向更美好的明天。

家乡吸引了一批又一批大学生到来，三代人开发建设的北大荒有了传承者，这片古老的土地上再一次被注入了新的力量。为了让更多人了解家乡的发展史，重温北大荒的丰功伟绩，2012年农场场史馆建成，一张张老照片和一件件老物件就像鲜活的历史，走进场史馆你无须多言，只需要静静地看着这里的每一样物件，历史的每一个瞬间便会重现在你的眼前，它们是历史的见证者。

自媒体的出现让青年人有了宣传家乡的新途径，各大网宣平台记录着家乡发生的点滴往事，也让我的家乡被更多人看到。近年来，农场引进小龙虾养殖技术，经过几年的努力，不仅实现了本土养殖，更实现了"温室工厂化"繁育，为人们致富开辟了新道路。网络直播带货的新型销售方式，让家乡的大米有了更多市场。

网络一站式的便捷服务，改变着家乡的消费模式。想穿漂亮的衣服就去逛网店，想吃美味的食物就去点外卖，想来一场说走就走的旅程就网上约车、购票。我的家乡不再是落后幽僻的小农场，这里的熙熙攘攘像极了大城市的一隅。

农场是老一辈人打下的"江山"，也是新时代青年人需要守护的家园。我们从前辈的手中接过历史的接力棒，要做好承上启下的工作，主动扛起时代的重任，赓续红色血脉，奔向下一个百年的伟大复兴之路。

这就是养育我的家乡，它从无到有，跨越了三个时代，通过半个世纪的艰苦奋斗，四代人用热血青春造就了这辉煌伟业。

在见证中品味幸福

湖北省国营武湖农场 张 兵

当办公桌上的日历掀到 2023 年 6 月 14 日，我突然想起，在武湖工作已经整整 30 年了。

1970 年，武湖农场建场 10 周年之际，我在武湖出生。在武湖度过童年、少年时光。1992 年，从湖北大学中文系毕业后，经过一年的分配等待，我又回到生我养我的家乡工作。

我家住在武湖农场新光队联民组，隔堤相望就是长江、滠水河。记得上大学时，每次往返学校要么经过滠水河摆渡过河，要么经五通口码头渡船过江，极其不便而且也不安全。

1992 年汉施公路建成通车，公交车开到新河桥头，武湖百姓结束了过江摆渡进城的历史。2009 年天兴洲长江大桥建成通车、2017 年 21 号地铁建成通车、2019 年汉北快速路建成通车，武湖全面融入大武汉，从武湖乘车到市政府、武汉火车站、汉口火车站、武汉天河机场都不到半小时。

每次开车接送在武昌读大学的女儿，行驶在天兴洲大桥上，眺望江景，我都会想起那时过江摆渡进城上大学的情形，恍若隔世，不禁感慨：现在的孩子真幸福！

我童年里有一幅画面很难忘，就是母亲和湾里的大人们晚上在麦场打麦堆垛的情景。水牛拖着滚动的碌碡在刚收割的小麦上来回碾过，铺麦、抖草、收麦、堆垛……大家挑灯夜战，忙碌不停。

上小学、初中时，一放暑假，我就帮家里干农活，照看西瓜地、拖着板车卖西瓜、割谷插秧忙"双抢"，秋天时帮家里采棉花……

可一年忙到头，收入甚微。记得读初三时，我还穿着打补丁的衣服。

　　时空在变，1999年，武湖农场提出了"菜篮子""鱼篓子""果盘子""收票子"的"四子"工程，大力发展蔬菜、水产、瓜果、休闲旅游等产业。

　　2001年，武湖被确定为全市"一主三化"（以民营经济为主、推进农业产业化、工业化、城镇化）示范建设试点，武汉现代都市农业园落地武湖，湖北省现代农业展示中心、武汉农业科学院、武汉维尔福种苗公司、武汉林业集团、农耕年华风情园等一批项目聚集武湖。

　　2008年，中部首家国家级台湾农民创业园——黄陂台湾农民创业园核心区选址武湖。2010年，汉口北商贸物流枢纽区加快推进。2012年，武湖被确定为全省"四化同步"示范建设试点……

　　一系列的机遇叠加武湖，一系列的项目落地武湖，车流、人流、物流、信息流汇聚武湖，真金白银投向武湖。

　　我深切感受到，来武湖旅游的人越来越多、说外地口音的人越来越多、建设工地越来越多、开工仪式越来越多……

　　在一系列越来越多的政策背景下，武湖的产业发生了深刻变化。中国家俱CBD、五洲国际建材城、中国长江金属交易中心、华中企业城、中国武汉国际农机装备交易中心等一批霸气的企业名称在武湖叫响；世界最先进育苗技术、国内领先胚胎移植技术、国内顶尖的花卉培育技术在武湖得到应用；南极峰、兴新服饰生产的服装由武湖销往五洲；仟吉西饼、九州乳制品、葆春蜂王浆等农产品在武湖研发、生产；奇花异果、名贵花木、现代农业新品种在武湖展示……

　　据《广舆》记载：东汉江夏太守黄祖曾在此屯兵，阅兵习射，故名武湖，又称黄汉湖。

　　听父辈讲，武湖1960年建场时，还是一片芦苇丛生、血吸虫肆虐的荒湖野滩。来自四面八方的干部群众用肩挑、用背扛，筑堤蓄洪开荒灭螺赶走了瘟神。

　　武湖与长江为邻，地形南高北低，东高西低，地势低洼，旱涝灾害时有发生。

　　1998年，武湖战胜了百年未遇的洪水，随后积极实施"平垸行洪、移民建镇"工程，将沿江小垸内1200多户居民整体搬迁至长江干堤内，改写了武湖居民年年防水、年年怕淹的历史。

武湖始终坚持生态优先、绿色发展。站在长江岸边，放眼 82.1 平方公里的武湖，东有十平方公里的花卉苗木基地，长年绿满园，四季花果香；南有十公里自然江景，与天兴洲遥相呼应，交映生辉；西有十平方公里的绿色食品加工园，一大批绿色食品企业扎堆生产；北有十平方公里的湿地保护区，野趣横生，自然天成。四个"十"，凸显出一个独具滨江生态特色的绿色板块。

绿色是武湖最亮丽的底色。武湖被誉为"江城绿谷"，全场绿化覆盖率达到 50% 以上，人均绿地面积达到 25 平方米以上。武湖水域面积 33.67 平方公里，占总用地的 41%。通过打造治水生态链，勾勒出了一幅幅江湖相济、湖网相连、人水相依的美好画卷。

记得读小学时，我每天要步行 5 公里才能赶到学校。过年时，父母要带我到 10 公里外的武湖供销社扯块布做新衣。理个发还要到邻村的理发店去，看场电影也要步行 2 公里才能过把"眼瘾"，电视剧《霍元甲》也是几十人围坐在一台信号时好时坏的黑白电视机前断断续续看完的。

自 2005 年实施新农村建设以来，武湖 41 个自然湾被拆除，3000 多户农户喜迁新居，户均居住面积达 200 平方米，各小区公共服务设施配套完善，环境整洁，鸟语花香，满目葱茏。2000 多平方米的党员群众服务中心集劳动保障、社会救助、卫生计生、社会治安、法律服务、文化教育等便民利民功能于一体，做到了"功能全覆盖、服务全天候"。

自 2003 年以来，武湖就深入推进农场改革。如今的武湖高楼大厦林立、车水马龙、商铺鳞次栉比，拥有 1400 多家企业，人口从 4 万增加到 10 万人，税收从 1992 年的十几万元增至去年的 8 亿元。今年 3 月，武湖农场集团成立。

30 年间，我用手机、相机、无人机拍下了 10 多万张武湖发展变迁的照片、3000G 左右的视频资料，写下了 800 多万字的文字材料。30 年过去了，回望来路，我为自己能投身家乡建设而倍感自豪和幸福。

我爱家乡的那片热土

江苏省岗埠农场　窦怀志

我出生在一个叫"岗埠农场"的地方，它的名字跟周围"公社"的名字不一样，姑姑家在张湾公社，舅舅家在驼峰公社，周围还有平明、白塔、浦南等公社。老百姓同样种着地，我们住的地方为什么叫"农场"？我百思不得其解。

听父亲讲，我们这里靠近黄海，地势低洼，人少地多，解放前水灾不断，土匪横行。每年夏季麦收，都是虎口夺粮，如果水涝来临之前，不抢收完小麦，就会颗粒无收，整个麦田都会被大水淹没。梅雨季节，发大水的时候，村庄周围全是白茫茫一片，海州城的亲戚都能把船一直撑到我们家门口。因此，当地有一首顺口溜："春天一片白茫茫，夏天一片水注注，秋天不收几担粮，寒冬腊月去逃荒。"

解放后，这里进驻了一个团的人民解放军，一边守卫国门，一边开荒种地，1958年正式成立了岗埠农场。

我小时候，住的是茅草房。那时整个村庄都是一个样式的房子，盖房子也不容易，开春的时候，天气转暖，生产队请几个壮劳力，挖些泥巴，加上小麦脱粒扬下来的麦糠，兑上水糅在一起，然后用脚踩或者牵上生产队的老牛，在泥巴里来来回回转悠，再人工翻动二三遍，才能把泥巴和麦糠充分和匀。泥巴和好后，就用木头特制的模具，把泥巴放进去，塑造成长方体的土块，地方人称"土筋"，放在地上晒干后，便可以拿来砌房子，一块一块扣在一起，像砌砖一样，加上稀泥带缝，建成房子，架上房梁，盖上芦苇，再苫上一层厚厚的草，冬暖夏凉的泥草房子就建成了。人口多的人家，房子中间多砌几道墙，或者用芦苇席子直接隔开，就成了几个小房间，一家人其乐融融地在那简陋的小房子里生活，倒也不用攀比，大家都一样穷。

那时没有电，夜里都是煤油灯或者蜡烛照明，有的人家甚至连煤油、蜡烛都点不起，只好求生产队长弄点柴油点灯照明，小学生晚上写作业，常常熏得鼻窟窿眼里，全是黑漆漆的灰。

王窦小学的一排教室也是土房子，窗户上没有窗框，学生可以随便从洞口爬进爬出，这对于我们这些调皮的男孩子来说，真是得天独厚的逃学条件。只要老师安排自习，趁着老师不在教室，便可从窗户偷偷爬出，几个孩子跑出去玩个痛快，结果回家吃饭时，常常被家长责骂，甚至不让吃饭，往往会因此怀恨在心，怪老师又向家长打报告。

我们那时玩具很少，学校除了早上安排广播体操外，上体育课也就是来个拔河比赛，或者是打球、跳绳、踢毽子、做游戏。不过放了学，我们的野外活动倒是丰富多彩，不是出去掏鸟窝，就是去捉鱼摸虾、打梭、踢瓦、掼牌、打弹子、推铁环、捉迷藏。夏天游泳，打水仗，或到生产队瓜田去偷瓜，逗得看瓜老头叫骂着来追，那才是最刺激的游戏。

每当麦收的时候，天热得像下了火，树上的金蝉，吱吱地叫着，满河堤满树梢都是它的叫声，小伙伴们便将面糊涂在长杆子上去粘知了，一会工夫，便能粘上几十只，放点油盐一炸，便成了美味。妈妈们这时就会装好稀饭和饼子，叫孩子们送给抢收麦子的父亲们充饥。在机械化程度不高的20世纪60至70年代，收麦子是最苦最累的活，大多数是镰刀收割，最快的收割方式是用一种大砍刀（也叫掠），长长的刀片镶在木头架子上，一个壮劳力屁股后面拖个"弓网"，砍倒的小麦，直接摔进了后面的"弓网"里，这种收割方式是过去最快最简洁的方式，不过挺费力的，只有壮劳力才能干这种活。

收下来的小麦随后会被牛车或者马车运送到晒场上，摊开一片，然后用牛拉着石碌子轧，或者用手扶拖拉机拖着石碾轧，一群女职工在场上不停地翻，费好大工夫，才能把小麦脱粒、晒干扬净收进粮仓，然后场部派拖拉机或者马车运到粮库，交给国家统一调拨。

收完小麦，便是栽插水稻，麦茬地翻耕一遍后，灌上水，泡好地，用牛拖犁耙耕上一到两遍，用一块长条木块，人站上去，让牛拉着找平，然后开始插秧。虽然起早贪黑地干，还不时会听到田野传出一阵爽朗的笑声，或者嘹亮的劳动号子声，这就是革命乐观主义精神，在那个年代苦并快乐着。现代人一般承受不了老一辈人吃的那些苦了。马河堤南岸，1000 多亩荒地，是野兔、野鸡、黄鼠狼等野生动物的天堂，也是猎人狩猎的天堂。后来在场领导的号召下，发动群众，采取人挖、肩抬、牛耕的方法，仅用 1 年时间，就让荒地变成千亩良田。1969 年的时候，城市知识青年上山下乡，我们生产队也分来了许多知青，生产队房子不够住，就临时安排在老队长窦如香家。知青们特别有亲和力，他们有许多小人书，我时常去借来看，知青们毫不吝啬，爽快地借给我。我最喜欢小人书了，借来就如饥似渴地读，小人书的故事情节使我入了迷，只要一放学，就读小人书，有时候帮家里烧火做饭，一边烧火一边看，常常看得入了迷，火掉到手上，烧痛了自己，才知道灶膛该添柴火了。我的写作水平提高，与读小人书有很大关系。非常感谢知青们的小人书，带给我无穷的精神营养。草房的煤油灯照亮我读书的梦；土灶台的柴火灶喂养我成长的身体；家乡的老井水滋润我成长的梦。记忆的灯塔时常闪耀着儿时嬉闹的画面。

那个时候，兴修水利全是靠肩挑、人抬、车推，因为水利机械太少。农场境内的三条大河，马河、淮沭新河和鲁南河扒河疏浚的时候，全是选择在冬天，农闲时节，农场和周围公社一样，冬修水利会战全面开花，扒河的农工在河堤边搭上草棚子，修好地灶锅，吃住在河边，方便干活。经过多年的兴修水利，农场排灌站等水利设施齐全，做到了旱能浇，涝能排，农场成了旱涝保收的福地。

改革开放后，民营经济得到快速发展。农场职工除了种好自己承包的土地以外，可以多种经营，私营企业如雨后春笋般出现。农场居民积极承包土地，搞鱼塘养殖、花卉种植的越来越多，形成了种植、养殖一条龙，全面振兴了农场经济，增加了居民收入。农场大部分居民的住房从泥草房变砖瓦房，后来变成了小楼房，还有部分居民拥有了自己的独栋别墅。交通工具从牛马车到摩托车，变成了现在的小汽车。农场小镇高楼林立，广场开阔，图书馆阅览室，职工之家办得精彩纷呈。每到夜晚，广场上唱歌的、跳舞的、打球的、娱乐的，五花八门。农场四季鲜花盛开，似也在歌唱这幸福新时代！

桂丰农场　我的家乡

桂丰农场很小，小到仅有 15000 多亩土地，规模远不如一个小乡镇。桂丰农场又很大，大到横跨 3 个乡镇 20 多个行政村，共有 300 多宗地。桂丰农场，是广西农垦集团下属的三级农场公司，是我的家乡。她在我的眼中，如家一般温馨，又如家一般伟大。

20 世纪 90 年代初，刚上小学识字不多的我，在父亲的桌子上看到一本农场编印的橡胶种植书籍，里面有一张农场的山界图。我看着地图上星罗棋布地分散在六靖、清湾、石窝 3 个乡镇的 16 个队，以我当时的想象力，根本无法想象这个农场到底有多大。当时主要的交通工具就是自行车，父亲是队长，骑着自行车从清湾镇的九队到六靖镇的场部去开会，一去就是一天，有时还要过夜。

读初中时，我终于知道了从九队到场部的路程大概是 23 公里。先是从九队走 6 公里乡道到路口，然后走 17 公里县道到六靖镇。这是人们常走的路，也是我的求学之路。我听父亲说他平时开会是走捷径小路，骑着自行车在羊肠小道上跋山涉水、走村过寨，可以少走一些路程。这条小路也能在山界图中找到，但因为要跨越荒山野岭，母亲不让我走。

我的求学之路充满坎坷，6 公里未硬化的乡道需要用双脚去丈量，遇到雨天就会变得泥泞不堪。当时一双凉鞋就能陪伴我一个学期，甚至更久。如果路面实在烂得迈不动脚，我就会把凉鞋脱下来，赤脚走在那泥浆路上。后来农场为了提升工作效率，鼓励队长们骑摩托车参加会议。我至今还记得父亲第一辆摩托车的车牌号码是桂 K7495。父亲有了摩托车，会在我上学时送我到路口坐公交车；但我周末放假时间不固定，当时又没有电话可以联系父亲来接，所以还得步行回去。

因为路途遥远，如果周末只放一天假我就不回去了，到姑姑家去借住。姑姑家在农场十四队，距离场部不远，距离学校也只有几公里。姑姑家有表哥收藏的许多课外书籍，主要是金庸、古龙、卧龙生这些人的武侠小说。当时这些小说不是正统的文学作品，拿到学校还可能会被没收，但这丝毫不影响我在课外阅读。在那些借住的日子里，我以书为伴，渐渐地对写作产生了兴趣。

桂丰农场最早的产业是种植橡胶，橡胶树老化后尝试过种植柑橘、红柑橙、荔枝、龙眼、剑麻、速生桉树等，还尝试种草养牛，都未能让职工走上致富的道路。"十三五"时期，桂丰农场被认定为国家级贫困农场。但我依然热爱我的家乡，热爱我的农场。每逢春节，漂泊在外的我总是拖家带口赶回到桂丰农场这个地方，回到了农场才是回到了真正的家。

2019年，我终于回到了家乡工作。2022年底，浦清高速通车，这是广西连接粤港澳大湾区的重要陆路通道。这条高速公路与桂丰农场联系最为密切之处就是贯通了石窝、六靖、清湾三个乡镇，正好都征用了农场的土地。而巧合的是，这条路通车之后就是我上班的捷径，就像父亲当年从九队到场部去开会走的捷径一样，不同的是这捷径是真正的快车道。每当我以时速120公里经过这段路，就会想起那些求学往事，心中充满感慨，真是"一路横跨两广，天堑变通途"。我在闲暇之时也曾开车到九队去看望童年栽种的植物，往日辗转几个小时的求学之路，现在半个小时就到了。乡村早已铺设了水泥路，处处都是阳光坦途。

农场的变化也不只是通了高速，农场的职工都住进了农场场部改建的小区大院，就连农场十四队都改建成了第二小区。在我们桂丰大院居住的人们都特别热情友爱。谁家有乔迁之喜或婚嫁迎娶之类的，都是一呼百应。帮忙的人从各家赶来，或搬或扛或抬，一会儿就把满车的家具搬到新房。良辰吉日，大家开开心心地去喝喜酒，还会送上一份贺礼，但主家一律不收。农场的邻里之间更是亲如一家。我们家隔壁的凤阿姨经常分享食物给我妻子，有钓回来的鱼，老母鸡生的蛋，菜地里种的菜，果园摘回来的果子，亲手做的美食，等等。我们也投桃报李，有好吃的也会分享给凤阿姨。妻子生二胎时，天还没亮就要去医院，凤阿姨全程陪着我们在医院忙前忙后，几乎成了妻子的娘家人。

　　这就是我的农场，这就是我的家乡。因为我平时喜欢写作，桂丰农场就经常出现在我的字里行间。而无论我怎么描写，都写不尽我对家乡的眷恋，写不尽我对家乡的热爱。

稻花香里说丰年

北大荒集团巨浪牧场　张帝龙

在黑龙江松嫩平原上，有一片神奇的土地。那里本是亘古荒原，放眼望去，一望无垠的芦苇荡，随着劲风掠过，苇絮摇曳，此起彼伏，如滔天巨浪，蔚为壮观。

60多年前，随着国家开发北大荒的一声号令，一批批垦荒者前仆后继地来到这里，他们面对茫茫荒原毫无惧色，发扬南泥湾精神，创造出"自力更生、艰苦创业、勇于开拓、甘于奉献"的北大荒精神，肩扛铁锹、手把镰刀，嘴里唱着《青年垦荒队队歌》，一头扎进"巨浪"中。

他们住的是用茅草和木杆搭起的马架子窝棚，即便全身都裹成了"粽子"，但在零下40摄氏度的严寒中，依然冻得睡不着觉，第二天醒来，全身都已冻僵，衣服上、被子上结满了冰霜。他们吃的是大饼子、大碴子、大咸菜疙瘩，喝的是自己挖的井里的水，又苦又涩又咸，这还不算，那井里还会时常有癞蛤蟆、泥鳅之类的小动物混在里面，引得女同志们一阵阵尖叫。可奇怪的是，如此艰苦的条件，竟没有人喊苦，更没有人当"逃兵"，乐观、豁达、朝气蓬勃的垦荒队员们，依旧信心满满、干劲十足。

没有住的地方，他们就脱坯垒炕盖房子；没有吃的食物，他们就开荒种地打粮食；至于喝的，时间久了，大家也都习惯了，尤其女队员们更是渴劲一上来，管你什么癞蛤蟆、泥鳅，随手扒拉出去，舀起一瓢水，咕咚咕咚一饮而尽，照样喝得美滋滋。他们甚至喊出了一个响亮的口号——向地球开战，向荒原要粮！志在巨浪干，定叫巨浪变！

1960年是个重要的历史节点，这一年的3月21日，一个名叫"巨浪牧场"的国营农场诞生了。从这个"婴儿"呱呱落地的那一刻起，便注定了她的与众不同，她要用稚嫩的身躯承担起为国家供应商品粮的使命，即便是在三年困难时期期间，巨浪人同样吃不饱饭，靠挖野菜掺着糠麸做成饼子充饥的情况下，依然把生产出来的优质米粮和乳制品源源不断地输送给受灾严重、没有粮食吃的地区，以北大荒人与生俱来的家国情怀支援着全国各地。

斗转星移，沧海桑田，转眼一个甲子过去了。站在新的历史时间节点上，面对着新世纪新时代的机遇与挑战，面对着百年未有之大变局的今天，回首往昔，峥嵘岁月，曾经那个马拉人犁、盖茅草房、住泥巴屋的巨浪牧场，究竟会变成什么模样呢？带着种种疑问，我踏上了探秘之旅。

从杜尔伯特火车站下车，沿着省道行驶30公里，远远地就能看见一个路口旁竖着一块10米多高的巨型招牌，上面赫然写着7个大字——巨浪牧场欢迎您。

行到此处，便是真正到了巨浪牧场的地界。车子缓缓行驶在平整的柏油公路上，两侧茂密的丛林犹如两扇大门徐徐打开，一路走一路看，竟与外界迥然不同，眼前豁然变成另一番景象：一栋栋楼房高高耸立，一面面红旗迎风招展，广场上满是欢声笑语，花坛里尽是争奇斗艳……这哪里还是当年的牧场，分明是一座现代化的小城镇。

金秋时节，正是一年最好的时节。我站在扎龙瞭望塔上，从高处鸟瞰，更是别有一番震撼：整个牧场被郁郁葱葱的绿树林带环绕，数万亩良田鳞次栉比地排列着，这里是大豆科技园区，那里是玉米创高产试验示范区，那里还有无膜浅埋滴灌水肥一体化技术推广和应用示范带……而在牧场的西北部，则与扎龙国家级自然保护区交相环抱，9万多亩的天然草原和湿地里，孕育着数不尽的丹顶鹤、灰鹤、白鹤等13种鹤类和天鹅、大雁、鸳鸯、中华秋鸭等180多种珍禽异鸟，就连国家一级保护动物东方白鹳也年年到此安家……这一望无垠、井然有序的科技示范田和得天独厚的生态旅游景观，把小小的牧场打扮得犹如世外桃源。

来到田野里，我选了一处高坡，举目远眺，遍地金黄，处处都是一派丰收景象。那一颗颗黄澄澄的玉米棒圆润饱满，一株株沉甸甸的水稻穗乐弯了腰……

面对这天地合一、美轮美奂的丰收画面，我的第一反应就是赶紧举起相机，"咔嚓""咔嚓"地连续按下快门，感觉每个角度都是那么惊艳，每张照片都是高光瞬间。

在和种植户的攀谈中，我得知他们都是种庄稼的好把式，在育苗、插秧、田间管理等方面都有自己的看家本领，就比如正乐呵呵地向我走来的这位中年人，他叫马天宝，人称"老马"，其实年纪并不大，今年也才50出头，可是他种地技术一流，连续两年获得牧场插秧比赛的冠军，他插的秧苗又直又匀又美观，见到的人无不竖起大拇指。

而今年一口气承包了4000亩水田的种田大户冯同波，同样引起了我的注意。听大家介绍说，他今年为了秋收专门买了两台大马力收割机，而在年初春种的时候更是用上了大疆植保无人机，用他的话说"机器上手，操作简单，机械化智能化种地，效率高"。

现在的农业是"智慧农业"，从种到收都充满了科技元素，种子化肥通过"双控一服务"（即：控制生产前端统供统购，控制后端统一营销，为农业生产提供全程专业化的服务）统一调配，田间管理用上了无人机，智能感知监测，精准变量施肥，就连收获机也安装上了测产终端设备，实现作物产量实时计量、收获机位置监测、行进速度监测……

老冯一聊到自己的"坐骑"，立马眉飞色舞地介绍起来："这可是我今年重金引进的相当先进的割晒机，一边割一边晒，不仅能降低作物水分含量，还有效提高粮食的品质，效果那是杠杠的，这可是我的宝贝啊。"

我和老冯聊了很久，从过去聊到现在。从他口中多次听到"改革"二字，而每次改革都给他们带来了实实在在的质的飞跃。远的不说，就说最近这10年，巨浪牧场顺应时势、因势利导，以农垦改革为契机，结合自身实际，先是实施转变发展方式、调整经济结构的政策，由过去单一的种植玉米向种植水稻、大豆、红小豆等多种经营转变；后又积极落实"藏粮于地、藏粮于技"战略，大力开展无膜浅埋滴灌水肥一体化技术的推广和应用，使作物灌溉、施肥都更加精准，旱涝保收；同时，还邀请农垦科学院专家、八一农垦大学教授前来为本地丰富的碱性土壤"会诊"，经过多年的试验和推广，终于把贫瘠的碱性土壤改造成适宜水稻种植的弱碱良田，不仅吸引来众多的种地能手，还把本地水稻种植业发展了起来，逐渐形成远近闻名的弱碱米种植基地。自有品牌"鹳苇"牌弱碱米更是在强手如云的稻米市场闯出了名堂，使得牧场广大种植户赚得盆满钵满。

"你看看，这稻子长得多实在啊，今年肯定又是一个丰收年啊。"老冯兴奋地向我展示着手中的稻粒，"等收了庄稼、卖了粮，我就准备给我家那小儿子买个楼房、娶个媳妇了……"

都说人逢喜事精神爽。老冯越聊越兴奋，眼看已近黄昏，他还想拉着我一起回去喝两盅。我连忙推辞说还有事在身，便匆匆地与他挥手道别。

车子驶进牧场场部时，刚好是路灯亮起、音乐奏起、鼓点响起的时候，在文体中心楼前的广场上，扭秧歌的、跳广场舞的、踢毽子的、打羽毛球的，热闹非凡，不亦乐乎。

看着他们一张张灿烂的笑脸，每张笑脸都洋溢着幸福和喜悦，我不禁感慨万千：这哪里还是当年开荒垦地住茅草屋、吃糠咽菜、喝井水的小牧场？如今家家稻米如雨、户户玉米满仓，从吃得饱到吃得好，再到吃出绿色、吃出健康，家家住楼房、户户洗温泉也都成为日常。更为重要的是，他们依然没有忘记当年建场时的初心，虽然这片土地上居住的人们换了一代又一代，但他们始终牢记着先辈们为保障国家粮食安全开荒垦地的誓言，身体里始终流淌着"自力更生、艰苦创业、勇于开拓、甘于奉献"的血液，时刻把"中国人的饭碗任何时候都要牢牢端在自己手上"作为垦荒人的历史使命传承下去。

我来到门前那两棵榆树下，仿佛又看见了六十年前，巨浪牧场诞生的那天，我的祖父正在给新栽的榆树苗浇水的情景，仿佛看到了他正在对我笑，他的身后还有一群穿着垦荒服的年轻人一同对我笑，笑得是那么灿烂……

稻香深处是我家

北大荒集团八五四农场　万　娜

　　亲爱的朋友们，你们听说过八五四农场吗？八五四农场位于三江平原东部、完达山南麓，地处虎林市与宝清县交界的迎春镇。这里没有城市的喧嚣，却有恬静的美好；这里没有城市的灯火通明，却有美丽的星空和悦耳的虫鸣；这里没有林立的高楼大厦，却有一望无际的稻田和绿植的清新。八五四农场地处哈东铁路、建鸡高速与虎宝公路交汇点，距离兴凯湖机场 210 公里、距湿地机场 151 公里，四通八达。辖区总面积 1239 平方公里，耕地面积 109.7 万亩，人口近 3 万。它有耕地、森林、草原、湿地，依山傍水，冬暖夏凉。

　　说到八五四农场的美景，最具代表性的便是北山公园，北山海拔约 200 米，占地 600 亩，山上树木成荫，顽石遍布，凉亭美景，风光旖旎。夏秋时节，有很多喜欢散步、运动的人都会选择去北山溜达，有老人带着孩子，有年轻的一家三口，还有比赛登山的情侣，没有目的，没有压力，一片温馨和谐的场景。1933 年，日军侵占虎林，到处烧杀抢掠，抗联第七军三师为抵抗日军侵略，在北山脚下秘密设营。为了守护国土，抗联战士垂死抵抗，并临时用旧布缝制党旗，悬挂在北山制高点以安民心，最后因寡不敌众而死伤惨重，被迫撤离。他们的抗战精神、北山顶飘扬的党旗一直激励着这方民众顽强不屈地与日军抗争到底。

　　1956 年，在一片从来都没有人征服过的亘古荒原上，一群替国家分忧的人来到这里，他们叫北大荒人，他们战天斗地，开荒建场，奉献出全部的青春和力量，缔造了伟大的北大荒精神。

　　北山脚下就是 10 万平方米的山城广场，依山而建，设有休闲区、健身区、绿化区、球类场、音乐喷泉区，休闲长廊，十二生肖灯柱、浮雕护坡、大理石围栏等。广场正北方摆放着一台很大的液晶电视，每到黄昏，人们脸上都洋溢着笑容，纷纷来到广场消除一天的劳累。他们有的跳舞，有的打球，还有的玩滑板、学溜冰。广场的喷泉，随着音乐摇摆，水柱射到最高点散落下来，真是大珠小珠落玉盘了。飘飞的水雾，幻化成五彩，顽皮的孩子在喷泉池中相互追逐嬉戏，欢歌笑语，热闹非凡。

荷花塘在广场休闲区，春天的荷花塘水面平静，仿佛一面巨大的镜子。绿树倒映在水中，把满池的水给染绿了，仿佛那是一块无瑕的翡翠。水清澈见底，可以看清水中的小鱼、蝌蚪。那一大片碧绿的荷叶就像一幅天然织锦，覆盖在塘面上，荷叶犹如一把把撑开的雨伞，叶面上洒满了晶莹的雨水，好似一颗颗透亮的珍珠。夏天的荷花池别样美丽，在万绿丛中，点缀着粉色的荷花。有的花瓣全都展开了，有的才展开两片花瓣，有的还是个花骨朵儿，真是姿态万千，美不胜收。到了冬天，荷花池成了天然的滑冰场，成了居民冬季健身的好去处。成群结队的滑冰爱好者尽情畅滑，大家你追我赶，享受着东北冬天独有的乐趣。

夏风吹动谷连天，麦浪金波万里绵。八五四农场被国务院授予"全国粮食生产先进单位"，水稻、大豆、玉米是农场的主要农作物。经过几十年的开发建设，农场现已发展壮大成为一个集绿色农产品生产、加工、销售，贸工农一体化的大型现代化农业龙头企业，是国家重要的商品粮生产加工基地。

八五四农场还有很多土特产，都具有极高的药用和滋补功能。初到八五四农场的游客，在感受美景的同时，都会选择购买一些土特产品馈赠亲友。蜂蜜、刺五加黑木耳、人参、五味子、榛蘑、猴头菇、松子、榛子、熊胆粉都是来自青山绿水的纯天然佳品。有着"人体清道夫"与"素中之王"之称的刺五加黑木耳是闻名全国的特产之一，生产过程严格按照国家有机食品要求，生产过程也均符合国家 A 级绿色食品标准。

我的家乡，虽然没有泰山那样雄伟的峰峦，也没有香山那样美丽的枫叶，但它四季风光如画，树木苍翠，鲜花盛开，物产丰富。如果你来，你将会爱上这片稻谷的圣地，我爱我的家乡，我赞美我的家乡，更希望家乡越变越美丽，成为一颗璀璨的明珠。

灼灼闪耀的火星

广东省高州市广播电视台　谢　志

　　从千年古城高州东行约 3 公里，就到了火星农场。

　　农场坐落在一座小山包上，附近村民称这座小山包是"谷雀岭"。相传，古时候有一个神仙，外出济世行医，有一天路过此地歇脚，不慎将随身携带的谷物遗落于此，神仙走后，这里立时变成了一座小山包，它就是后来的谷雀岭。现在，谷雀岭变成了农场小城镇，成为一处幽静安然，和谐文明的宜居社区。这里繁花似锦，满园芬芳，仙气萦绕的谷雀花、流光溢彩的炮仗花、高傲火红的木棉花、苍劲秀雅的九里香，矜贵吉祥的熊猫花，红红绿绿的杜鹃花……四季飘香，轮流吐艳，盛放在红丝飘逸的星光大道，缠绕在幽深静谧的曲径回廊，点缀在安居小区的房前屋后，它的意蕴、璀璨、纯净，吸引着闻香而来的远近游人游览赏景。

　　色彩斑斓的太阳广场，绿树成荫，花香馥郁，漫步其中，让人倍觉神清气爽；弯弯的月亮湖碧水盈盈，垂柳依依，如梳织锦。在湖岸稍事停留，忽见三五娉婷女子翩翩而至，散落一串串银铃般的笑声，或对着花儿耳语，或听着鸟鸣发呆，或亭亭玉立于翠绿水蓝之间，留下婀娜多姿的倩影。对面那座马鞍岭公园，因山势形似马鞍而得名，山上亭台错落，曲径通幽，鸟语花香，空气清新。

　　变了，一切都变了，眼前景致，让我感慨万千，浮想联翩，思绪又回到了 50 年前的老场部。那时，场部的中心区在去泗水的公路边，半山处，分布着办公室、食堂、小卖部、卫生院和职工住宅等，一幢挨一幢，一间接一间，几乎是挤在一起，密不透风。那些泥墙筒瓦带凹斗的平房，据说还是 1952 年建场时苏联专家帮忙搞的。现在，仅剩半幢门口顶着圆柱的旧饭堂了，好像岁月有意留痕，让当年在这里吃过"大锅饭"的农友们有个怀旧的去处。

那时农场办公的地方是一幢平房，十几个办公室，兵团时期的司令部，就设在转角那间窄窄的房子中。风起时，办公室后面那行橡胶树沙沙作响，抖落一片片绿里泛黄的胶叶，飘飘洒洒，摇摆着农场独特的风景。因为那里有个篮球场，地带开阔，可以容纳观众，所以农场文艺宣传队就在球场边，垒石填土筑了个小舞台。

篮球场、小舞台，加上周边一些空地连起来，这里就是当年农场最大的一块娱乐空间了，尽管尘土飞扬，但集会、球赛、放电影和文艺演出等许多活动都会在这里举行。那时文化生活贫乏，好在场里有个电影队，轮流到各个生产队去放电影。碰上放电影，这里总是人头攒动，观众有职工，也有附近的村民，只是站着的人总比坐凳子的人多。片子就是《英雄儿女》《列宁在1918》等，有一次放映罗马尼亚影片《多瑙河之波》，球场上人山人海，挤得水泄不通；如果逢年过节上面来个文工团慰问演出，天光一暗就会有人扛凳子搬砖头去球场占位，那可是职工们最奢侈的文化大餐了。兵团时期的一年，广州军区战士歌舞团小分队来到农场春节慰问演出，我印象最深的节目是男子双人舞《赞歌》，随着悠扬的乐曲响起，演员翩翩起舞，将我们带进了欢乐的新春佳节。

"谷雀花开幸福来，农场旧貌换新颜"。改革开放给农场带来了翻天覆地的变化，特别是近十几年，农场多方筹措资金，启动职工"安居工程"，先后投入1亿多元，硬化、贯通了全场35个基层单位道路，高起点规划新建职工住宅楼房2400多幢。来到农业农村部"美丽乡村示范点"林峒队，只见道路整洁，新楼幢幢，湖光柳绿，曲径通幽，附近农民都说，现在胶场有钱了，变样了。走进队貌全新的山美队，映入眼帘的是绿树成荫，花木成行，楼房鳞次栉比，就像进入了城市的高档住宅区。

场部的小城镇建设更是规划精妙，建成了一个个高标准的安居小区。那掩映在苍翠绿荫之中的一排排别墅，平实而精致，自然而质朴，呈现着一种农垦风情的居家格调，让人拥有舒适、宁静、安然的感觉，许多住着高价商品房的城里人到此都羡慕不已。新落成的农贸市场，鸡鸭鱼肉、日用百货，样样齐全，极大地方便了职工的生活，加上原有的医疗和教育设施不断完善，现在，场部小城镇越来越积聚人气了，最近，农场还获得了"广东省宜居社区"的美誉。

徘徊在这洒落岁月芳华的地方，突然搜索到一抹遥远的记忆，那就是，错落分布在马鞍岭公园前面的 9 株橡胶老树。这些被移植到这里的老树，差不多与共和国同龄，老态龙钟，表皮粗糙，好像与这里幽雅美丽的景致不太协调，它既没有杨柳的婀娜多姿，也没有木棉的昂扬挺拔，它的观赏性甚至还不及旁边那些花红叶绿的凤凰树，然而，我却对这些橡胶老树情有独钟，肃然起敬，因为它昭示着农垦人"艰苦创业，勇于开拓"的伟大精神；它记载着火星农场创业者们的坚韧不拔和无私奉献，从贫穷落后走向富足安康的坎坷历程，它那亚马孙特有的铅灰色基因和乳白色芳香，永远散发着热带雨林的蓬勃生机；虽然它们流尽了"最后一滴泪"，却依然不改当年顶天立地的豪迈气概，它们每天站立在这里，就像一道融汇着沧桑与时尚的风景。

夜幕下的农场，没有城市的光怪陆离激情澎湃，却也是万家灯火和谐温馨的好地方。公园里，谈情说爱的俊男倩女徘徊在浓荫下窃窃私语，缘定今生；游泳池里，逃避喧嚣的城里人正在击水畅游玩得开心；喜欢出力流汗的健身一族，或在绿道幽径上来回奔跑，或在健身器械前扭身弄姿。最温馨最具有闲趣的风景，就是长廊里三五成群的老者，他们每晚围坐在一起，摇晃着那把早已过时的大葵扇，倾诉儿女之事，回忆过往岁月，闲说柴米油盐⋯⋯总之是海阔天空，每晚都有扯不完的话题，聊不尽的故事，说不够的幸福。

夹带着泥土芳香的风儿从橡胶林那边吹过来，令人心旷神怡，在灯火朦胧的文化广场，大妈们伴着《火星之歌》优美的旋律正在翩翩起舞，尽管是低音缭绕如华尔兹般瑰丽典雅，我依然听得出那跳动旋律里丰富的内涵——

我头上的胶灯在灼灼地闪耀。

火星农场永远灿若星辰⋯⋯

这里是最美香山农场

内蒙古扎鲁特旗香山农场　宫志艳

太阳从东边冉冉升起，晨雾也渐渐散去，村子里屋顶上飘着袅袅炊烟，放眼眺望，山上的树木郁郁葱葱，田地里小径旁溪流淙淙，草丛中开满了五彩斑斓的小花。孩童们萦绕在广场中心的欢快嬉闹声回响了整个村庄，这里有清新怡人的空气、敬老爱幼淳朴的民风、平易近人和谐的邻里、盛产绚丽的葵花，这里是内蒙古扎鲁特旗最美的香山农场！

60多年前，老一辈的农垦人在扎鲁特旗香山农场这片热土上挥洒激情，奉献青春，在平凡中铸就了伟大精彩的人生。是他们把昔日的戈壁变成了良田万顷，是他们给荒漠带来了绿色希望。1956年，内蒙古通辽市扎鲁特旗香山农场建场，历经60多年的风雨征程，在一代代农场人的不懈奋斗中，香山农场搭上了时代的高速列车，经济社会发展迅速，职工的生活逐步达到了小康水平。香山农场也在全国的农垦发展史上，写下了浓墨重彩的一笔。

香山农场在60多年的发展进程中，培育形成了自己特有的文化底蕴和企业精神，形成了有自己特点的农耕文化。2017年，香山农场农耕文化博物馆（农垦博物馆）建成，当走进农垦博物馆时，可以感受到老物件唤起的那一份乡愁，一幅幅劳作场景，诉说着那段激情燃烧的岁月。一代人有一代人的征程，一代人有一代人的担当，走得再远，也不能忘记当时的初心之路。农垦博物馆留住了那段岁月的记忆和那份浓浓的乡愁，给后代子孙留下了一份宝贵的精神财富。

2020年7月，毛泽东像章珍藏馆建成。走进珍藏馆，浓郁的红色文化扑面而来，在这里，通过观看一张张珍贵的老相片、一件件质朴的老物件，重温那段艰苦卓绝的峥嵘岁月，能深切感受到农垦人不畏艰难、无私奉献的精神。

田成方、林成网、渠相通、路相连，扎鲁特旗香山农场土地肥沃、水源充沛，5 万亩基本农田均实现高效节水灌溉，是全旗优质、高产、高效现代农业示范区，农场年粮食产量达 1.8 亿斤，产业兴旺，物产丰富，农业发展形势喜人。这里还有美丽的架子山，如果你要问我，架子山什么季节最美，我一定会说："一年四季都很美"，春季杏花如雪，夏季绿意盎然，秋来枫叶如火，冬季松柏青翠，架子山就是一幅徐徐展开的画卷。这里还有丰富的石材资源，以大黑山玄武岩为代表的石材，储量丰富，质地优良，无放射性元素和有害物质，是理想的环保型建筑装饰材料，也是风景石的最佳原料。

一方水土一方民情，一道特产一缕牵挂。生活不止诗和远方，还有农场的葵花籽、西葫芦籽、花生、果干等特色农产品，这里是美丽富裕的"葵花之乡"，这片神奇的热土，是"扎鲁特葵花籽"国家地理标志产品的起源地，打造了"草原美仁儿""天之骄籽"，"北果园香""二丫炒货"等品牌，年生产能力突破 500 万斤。

2023 年，香山农场着力推进养牛产业提速发展，推动养羊产业提质增效，促进农畜产品加工业提档升级，推动林果种植产业基地建设，扩大中草药种植规模，打造红色旅游精品路线，努力形成一二三产业融合发展的现代产业体系，奋力谱写高质量发展新篇章。

美丽幸福家园

宁夏平吉堡奶牛场　任望云

这里有智慧农业园，一座座蔬菜大棚整齐地排列着，空气中散发着瓜果蔬菜的香味；这里有智慧牧场，可爱的奶牛在牧场里尽情地撒欢，空气中飘荡着奶香味；这里有住宅小区，鳞次栉比的高楼，整洁的环境，空气中充满着幸福的味道。这里，就是我们美丽幸福的家园——宁夏平吉堡奶牛场。

智慧农业园

一座座现代化新型蔬菜大棚整齐地排列两边，棚内配套建设了智能化物联控制系统，拥有水肥一体化滴灌、土壤温度湿度养分综合检测等技术，通过实时监控系统，菜农只需按动开关，就能掌握蔬菜生长情况。这些看上去高大上的数字技术，已在平吉堡农业园区的大棚里普遍运用，悄然推进蔬菜产业高质量发展。大棚内种着不同品种的蔬菜，有芹菜、草莓、油菜、蘑菇……棚棚蔬菜长势喜人，一片绿意盎然。

这里原先是一片盐碱地，后开发成了良田，种上了麦子、水稻、玉米等。从2015年开始，这里又建设成了农业园区，一座座蔬菜大棚拔地而起，起先是普通大棚，这两年又建起了好多栋智慧蔬菜温棚。从盐碱地到良田，从良田到普通蔬菜大棚，又到智慧农业园，这里的发展变化就像一个个向上跳动的音符。

在一个风和日丽的下午，我走进了农业园区。在智慧蔬菜温棚前，我遇到了在这里种植蔬菜的刘师傅。刘师傅今年50岁，黝黑的脸膛，露出自信的笑容。他告诉我，自己承包着两个智慧蔬菜大棚，每年纯利润在10万元以上。刘师傅是搬迁户，老家在宁夏南部山区，5 年前才搬迁到平吉堡农场，靠着种植蔬菜，已经在农场的"乳香花园"小区购买了楼房，过上了城里人的生活。

"今年，我在承包的两个大棚里面种植芹菜和育苗。看市场行情，今年估计能收入 20 万元，比在老家种几亩薄地好很多……"刘师傅对我说着，不禁露出了欣喜的笑容。

"农业园区建成近 10 年，现在有普通大棚 100 多座，智慧温棚 50 座，总投资 2000 多万元，占地面积 1000 亩。同步建设育苗区、蔬菜种植区、蔬菜分拣加工区等功能区。新的产业园不仅改变了露天种植的各种弊端，更重要的是改变了菜农的观念，学会了新技术，拓展了致富路子。"农业园区区长陈洪亮说。

经济发展需要产业，产业发展需要人才。蔬菜产业，无论是种植、储运，还是销售，均离不开"智力"的支持。

"为了推进设施蔬菜产业发展，近些年，农业园区招商引资，争取项目，完善配套功能，聚力打造全链化园区，积淀了成熟的生产技术和销售渠道。"陈区长说。

园区在发展，蔬菜产业在发展，智慧农业园区的建成，让菜农的日子有了奔头。园区内建有食堂、停车场，食堂供外地观光团用餐，停车场大多停泊着菜农的私家车，菜农的日子可谓蒸蒸日上。

智慧牧场

平吉堡第六奶牛场是一家大型奶牛场，奶牛存栏 5000 多头，是智慧化牧场。智慧化牧场的"智慧"二字首先体现在奶牛饲喂上。刚出生的小奶牛被送进犊牛岛。所谓犊牛岛，就是后面的箱式牛舍和前面的围栏组成的区域。

为什么叫智慧犊牛岛呢？第六奶牛场的文场长说："智慧就智慧在一张牌子上，牌子上记载着犊牛的日龄，不同日龄的牛，它的营养需求是不一样的，智慧犊牛饲喂系统，就是通过扫描牌子上的二维码，就知道这头牛的营养需求，根据营养需要来饲喂犊牛。"

成年母牛舍也是智慧牛舍。在成年母奶牛智慧牛舍里配备了专门的营养师，营养师为不同的奶牛配制了不同的配方，饲料里添加了至少12种不同配方。然后，技术人员按照营养师的配方，计算出每头奶牛所需要的饲料数量，给饲喂人员下单子。在饲喂过程中，全程电子监控，实现精准饲喂。

智慧化牧场的智慧还体现在挤奶上。"传统奶厅只是挤奶，智慧奶厅还得回答这头奶牛是谁，产了多少牛奶，牛奶质量怎么样，以及奶牛健康状况等更全面的问题。首先确定奶牛身份，扫描耳标，识别牛脸；通过红外装备，检测奶牛的产奶量、奶温等信息；奶牛在挤奶过程中，上方的3D摄像头结合AI算法，记录着奶牛的数据，从而判断出奶牛的营养状况；红外检测仪同时也在检测着奶牛的体温，结合奶牛的身份信息，标记体温异常的个体。这样，这个智慧奶厅就同时拥有挤奶、奶质检验和监控牛体健康等多种功能。"文场长说。

平吉堡奶牛场建场已有60年的历史。起先是手工挤奶，后发展为机械化挤奶。起先以散养方式养牛，后发展为规模化养牛，现在又发展为智慧化养牛。养牛的模式在发展，职工的收入也在增加。

幸福家园

场部是平吉堡的中心地带，那里有学校，有工厂，有商铺，还有宜居的"乳香花园"小区。

走进"乳香花园"小区，面前是一条林荫小道，两边是排列整齐的住宅楼房。小区内环境优美，让人感觉心旷神怡。小区内还有文化广场，每天黄昏时候，住在小区里的居民都会在这里遛弯，他们大多是老年人，享受着晚年美好生活。华灯初上时，跳广场舞的大妈们拉开架势，随着音乐响起翩翩起舞。

在农场生活过的北京知青重返农场时，看着他们当年曾经生活过的地方，看到昔日荒凉的土地变得如此繁华，不由感叹："农场的变化真大啊！"是啊，谁说不是呢？

一日在文化广场上闲逛，我遇上了在智慧农业园区承包大棚的刘师傅，刘师傅邀我到他家做客。刘师傅住五楼，进了刘师傅家，只见地面光洁如镜，客厅里摆放着一组真皮沙发，坐在沙发上，面前是偌大的电视机。刘师傅对我说，住楼房、拥有现代化电器，这一切是以前他在老家农村时想都不敢想的，没想到在农场全都实现了。

农场在发展，农场人的生活质量在提高，每个农场人都幸福感满满，他们住上了楼房，享受着农场带来的便捷条件。走进农场，空气中飘荡着瓜果蔬菜和新鲜牛奶的味道，还有萦绕在每个职工心头幸福的味道……

这就是我们的农场，美丽幸福的家园。

黔江农场，我的第二故乡

广西黔江农场　李勇波

人生无常，心安便是归处。

2019 年毕业后，我最终选择了留在黔江农场。黔江农场土地面积约 8.8 万亩，地处广西来宾市武宣县，临近黔江黄金水道沿岸，得益于黔江的浇灌与孕育，现有甘蔗种植面积约 3.9 万亩，总产量可达 22 万吨，大旱之年平均亩产超过 5.6 吨，是黔江流域里名副其实的一颗耀眼的"蔗海明珠"。农场企业化改革以来，根据广西农垦集团赋予的打造"食品产业来宾片区龙头、食品农业带动型企业、城乡服务协同型企业"的新发展定位，黔江农场立足资源禀赋，以效益为中心，重新定位、重新评估产业发展方向，全力推进食品基地"123 工程"建设落地见效，逐步形成"产业以甘蔗为主，特色果蔬、畜牧养殖为辅，农、商、经综合运营发展"的新局面。

农场有一个"职工书屋"，闲暇之余，我最爱去书屋"淘书"，令我印象最为深刻的是《黔江农场志》，以及黔江农场 60 周年场庆之时所编撰的《黔江潮》。对我而言，黔江农场的历史，是一部燃烧青春、艰苦奋斗的史诗巨著，它让我亲历了一场农垦精神的洗礼，让我感到无比崇敬，倍感自豪。

"忆往昔峥嵘岁月稠"。1956 年，黔江两岸还是一片未被开发的荒凉之地，那些刚刚推翻"三座大山"的干部便辗转南下；那些在解放战争、抗美援朝中建立功勋的解放军战士也转业而来；他们和那些风华正茂、充满朝气、心存理想抱负、积极响应"知识青年到农村去，接受贫下中农的再教育"的知青们一起，成为第一代黔江农场人。他们在黔江农场这片热土上默默耕耘，辛勤付出，先后在十分场修建了拦洪大坝，在一分场建起了惠及周边村屯的水利电灌站，在四分场填平了满是荆棘灌丛的"草鱼塘"。就这样，他们用青春智慧和辛勤汗水在蛮荒中披荆斩棘、开垦田地，终将荒山变良田，把过去的荒原野坡建设成美丽广阔的绿色蔗海，把穷乡僻壤建成幸福温馨的美丽家园。

看今朝，无愧使命与担当。黔江农场的60多年，经历了从无到有、从小到大、从弱到强的发展历程，先后荣获"自治区文明单位""全国农业先进集体""全国模范职工之家"等30多个荣誉称号。特别是近几年来，勇于开拓的黔江人抢抓机遇，积极调整产业结构，着力转变经济发展方式，全力推进小城镇和"双高"基地建设，农场经济实力增强，核心竞争力提升，职工收入提高，生产生活条件改善。在黔江农场场部，悦江雅苑、黔糖新苑等一栋栋商住楼拔地而起，矮草房已是故事，砖瓦房已是历史，昔日低矮破旧的职工住房，变成了联排式的自建住宅群，逐渐形成职工自建住宅、安置楼小区、经济适用房小区、廉租房小区等多层面、立体化的住房保障体系，职工的住房条件得到极大改善；泥泞的小路变成了宽敞的水泥大道，新建的广场绿树成荫，鸟语花香，道路四通八达，电网、水网、公共交通与县城相连，小城镇功能日渐完善，职工群众幸福指数不断攀升……农场，翻开了崭新的一页。职工黄建明自豪地说出了自己的心里话："我种了62亩甘蔗，亩产7吨多，每年的收入7万多元。以前一家三口人挤在28平方米的泥巴墙房子里，一住就是20年，现在住的是3层楼房，并购买了一辆9万多元的小轿车，生活过得是非常滋润了。"

黔江农场生活新区

虽然我没有赶上黔江农场那开荒戍边的激情岁月，但却赶上了为其高质量发展奉献青春的年代。在这片 8 万多亩的肥沃土地上，我见证了黔江农场企业化改革的发展；目睹了同事们团结一心，兢兢业业，尽职尽责，为农场事业添砖加瓦的生动实践；更是亲身感受到了农场的温暖，领导的关爱，同事的热情……

　　天行健，君子以自强不息。2022 年，黔江农场全面超额完成广西农垦集团下达的年度目标任务，4 家子公司全部实现盈利，经营创效形势持续向好。

　　潮起海天阔，扬帆正当时，黔江农场迎来了高质量发展的春天。

那片"海"

贵州茶文化生态博物馆　王启进

在著名的中国西部茶乡湄潭，有一片让人无比向往的绿色"海洋"。这里绵延数万亩都是葱茏的茶园，万顷碧绿随着丘陵起伏跌宕，如波涛汹涌；清新的空气，浓浓的茶香，携着采茶女子眉眼间盈盈的笑意，春风十里。这里就是全国连片面积最大的茶园——中国茶海，茶园连片面积达 4.3 万亩。来过中国茶海的人都会折服于它的广阔，惊叹于它的壮观，然而鲜少有人知道它背后充满艰辛而又燃烧着激情的故事。

贵州省湄潭县是一个古老的茶区，有文字记载的产茶历史就可追溯到唐代。1939 年，为发展战时经济，出口茶叶赚取外汇购买军需物资支持前线抗战，中国现代史上第一个国家级茶叶机构——民国中央实验茶场落户湄潭，利用本地苔茶为原料，创制"湄红""湄绿"茶叶产品，通过著名的"史迪威公路"和悲壮的"驼峰航线"出口，换取抗战物资支持前线抗战，书写了一段独特而壮丽的抗日篇章。

新中国刚成立，我国急需购买先进技术设备，作为当时为数不多可用来换取外汇的农产品，茶叶被作为二类物资，又一次走到舞台中央。湄潭茶场义不容辞地承担起为国创汇的特殊历史使命。

1953 年，为响应国家增产红茶满足外销的号召，湄潭茶场进入轰轰烈烈的茶叶农垦时代，率先在县城周边许家坡、麻子坡、囤子岩一带拓荒垦殖了2000 多亩茶园。为扩大建设规模，又转战位于县城东北部 20 余公里的永兴镇断石桥一带，建设更大的茶园。

永兴这片土地面积有上万亩，人烟少，耕地少，荒山坡多，且土层深厚，属于酸性土壤，多数是被灌木覆盖的浅丘陵地带，非常适宜于大规模种茶。

1955 年 4 月，湄潭茶场派技术员牟应书任队长，从囤子岩开荒队抽调 27 名职工组建成新的开荒队，开始了永兴茶海艰难的开荒建设之路。

那时的开荒没有机械设备，全靠工人一双手。开荒实行定额制，一把镰刀用来割断灌木荒草，一把板锄用来挖断小灌木树根，一把两齿锄用来深挖荒地和个头大的疙篼（树根），每 20 个工人开荒一亩，一天挖 1000 多斤疙篼是家常便饭。灌木草丛里，荆棘丛生，蛇虫蚂蚁、野蜂、山蚊子横行。工人们挥舞着镰刀，砍向野蛮生长的荒草和荆棘丛，手指被荒草割破，鲜血直流，采片树叶将伤口包裹，扯根青藤一绕，继续战斗；山蚊子从草笼里飞出来，肆无忌惮地爬到工人们脖子上、脸上、手上叮咬，一巴掌打下去，满手星星点点的血迹，顺手在草上一抹，继续开战；有时，草丛中突然窜出一条蛇，支起身子吐着信子，胆小的吓得大叫奔逃；最怕遇到野蜂，突然"嗡嗡嗡"地从草丛里飞出来，使人防不胜防，工人们被刺得鼻青脸肿，哭笑不得。贵州的天气变化无常，有时突如其来的倾盆大雨，把大家淋成"落汤鸡"；有时又烈日炎炎，炙烤着肌肤，有人抵抗不住酷热晕倒了，被队友背到树荫下休息，剩下的继续战斗。每夺下一小片"阵地"，都要付出血的代价。

工作任务重，劳动强度大，生活条件却很差，一个星期才能打一次"牙祭"（吃肉），由于没有"油水"，每个工人每月 60 斤口粮都吃不饱。住的地方就更艰苦了，荒山野地没有房子，工人们就地取材砍了几十棵树，用几十张竹席盖顶、围墙身，用木板搭大通铺，所有人睡在一个通铺上。夜幕降临，无孔不入的山蚊子对疲惫不堪的工人发起攻击，让人无法安眠。因屋顶以竹席为盖，一遇下雨天，外面下大雨，屋里也下大雨。有次连续下了 4 天雨，工人们晚上只能打个雨伞，坐着眯一会儿，苦等天亮。晚上睡不了觉，白天还得继续干活，所有人都疲惫不堪。

尽管条件相当艰苦，但工人们仅凭一腔为国家发展茶叶事业的热情和战天斗地的干劲、冲劲，当年就完成开荒 640 亩，移栽茶苗 11 亩。1956 年，队长牟应书从安顺山京农场调来一辆二战时参与过黄坪抗战机场建设的拖拉机，并从海南购买了犁铧、犁耙，开启了贵州大规模机械化开垦茶园的历史。国产拖拉机投产后，茶场又购买了"东方红"拖拉机进行茶园开垦。一台拖拉机可悬挂一台双铧犁或两台单铧犁作业，每班工作 8 小时，开垦荒地 40 余亩，比人工开荒效率提高上千倍。至 1958 年，永兴茶园开垦面积达 4250 亩。

1960 年，湄潭茶场正式在永兴断石桥建立分场，牟应书任分场长，成立 4 个茶园生产队，建设了职工宿舍和茶叶加工厂，开始进行红茶初制。

为解决劳动力不足问题，湄潭茶场开始在全省招收初高中毕业的知识青年。一大批刚走出校园的青年男女，因为学校门口张贴的一张充满激情的招工告示，怀着对电影《刘三姐》中描述的采茶对歌浪漫生活的憧憬，积极响应党和国家"到农村去"的伟大号召，来到湄潭茶场永兴分场参与建设生产。他们中年纪最小的只有 12 岁，最大的也才 17 岁，有的来自贵阳、遵义的高干家庭，从小养尊处优，十指不沾泥；有的不顾父母反对，偷拿了家里的户口簿与同学相约而行；也有的家境困难，想为父母减轻养家负担……来到湄潭，他们拥有了一个共同的身份——湄潭茶场农工。今天与之同龄的孩子，还在父母膝下撒娇，他们却只能强忍着离家背井的孤单和对家人的思念，全身心地投入到与年龄不符的高强度劳动建设中。我们难以想象那时的他们，心中是否也为自己的选择存过一些悔意，但这些"孩子农工"，没有一个人喊苦喊累，没有一个人提出回家的要求。白天，大家咬紧牙关，和成年人一起开荒种茶、施肥除草、采茶背茶，学着"刘三姐"的样子在茶垄间载歌载舞；晚上，忍着浑身酸痛在简陋的职工宿舍里读书学习、唱歌跳舞、弹琴下棋，农闲时节还组织体育比赛、歌咏比赛等。他们凭着"艰苦奋斗，勇于开拓"的农垦精神把荒山变成了茶园，用恣意飞扬的青春把茶园变成了家园。

有了他们的加入，永兴茶海的垦荒攻坚战取得决定性胜利，到 1970 年，茶园面积已达 8000 多亩，茶叶产量占湄潭茶场总产量的 80%，使湄潭茶场跻身全国三大农垦茶场之列，并成为全国八大红茶出口基地之一。茶场出产的"黔红"产品，香高味醇，形质兼优，远销英国、美国、斯里兰卡和苏联等 10 多个国家和地区，为新中国换回大量外汇。至 1981 年，永兴分场建设有一座体系完备的大型茶叶加工厂，10 个生产队，拥有职工 1000 多人。

每年春夏茶青旺盛期，茶场都要招收一大批季节工，确保茶青按时采摘。每到这时，永兴镇上几乎所有劳动力都会到永兴分场参与采茶，在那个物质生活相对匮乏的年代，茶场发放的劳动工资让许多贫困家庭有了基本生活保障。用当地群众的话说——"一个永兴分场养活了永兴一条街"。在茶业市场化以后，周边群众纷纷效仿茶场，将自家农用地或荒山地用来种茶。随着茶园面积的不断扩大，永兴分场茶园和周边群众的新老茶园相连，形成了国内连片面积最大的茶园，被大家形象地称为"万亩茶海"。湄潭县委、县政府配套完善了观海楼、观光道、露营基地等基础设施，将其建设为"中国茶海"AAAA 景区，走茶旅融合发展的道路，每年从全国各地慕名而来的游客多达数十万。

　　站在观海楼举目四望，看得见的地方是茶，看不见的地方也是茶。这数万亩绿色海洋，因茶香四溢而风情万种，因勇气勤勉而盎然入画。在这浩瀚绿波中饮下一杯茶，喉舌环转间，似乎也多了一分浑厚与壮阔，我想这就是大家都向往茶海的原因吧。这片蓬勃铺陈的绿色海洋，曾经是湄潭茶场永兴分场 1000 多名职工及其家属，甚至永兴镇群众赖以生存的家园。如今，它还在起伏延伸，延伸为所有爱茶人士共同的精神家园，成为每个心怀希冀的人向往的诗和远方。

穿越历史的茶香

贵州省湄潭县融媒体中心　田茂瑜

茶香四溢的象山脚下，弯环如眉的湄江河畔，一处小青瓦、坡屋顶的砖木结构建筑群赫然在目。这是迄今为止中国唯一一个茶工业博物馆。博物馆建立在原国营湄潭茶场制茶工厂旧址之上，从外看古朴僻静，往里走茶香扑鼻，馆内展陈了原茶场生产场景及大量制茶机具，其中一套举世瞩目的木质红茶精制生产线，保存完好，世界罕见。窗棂间挤满阳光，悄无声息地映照在斑驳的茶几上，向来往的游客娓娓地诉说着湄潭茶场一路艰辛与成长的历史故事。

贵州农垦茶园"领头羊"

湄潭茶场的前身为1939年落户湄潭的民国中央实验茶场，是我国现代史上第一个国家级的茶叶机构。刘淦芝、李联标、朱源林、徐国桢、叶知水等现代茶叶科技的开创者，在湄江河畔推开了中国现代茶叶的第一扇大门。后中央实验茶场更名为贵州省湄潭茶场，隶属于贵州省农业厅，2010年，又从省农业厅划归湄潭县政府管理。不管历史如何变迁，管理体系如何更换，湄潭茶场始终是引领贵州茶产业发展的"火车头""领头羊"，特别在茶叶加工、出口方面作出了突出贡献。

贵州农垦茶园最先是从湄潭开启的。1953年，开垦茶园扩大生产的任务一下达，茶场工人便满怀激情投入到大生产中。从1953年到1955年3月，湄潭茶场在五马槽、屯子岩新开垦2000多亩茶园。1956年冬到1957年，又在永兴开垦6000多亩茶园，使湄潭茶场的茶园面积达到了8000多亩，成为

全省最大的农垦茶场。

为了更好地推动贵州省茶叶产业发展，1953 年至 1959 年，贵州农垦局从湄潭茶场（曾更名为贵州省湄潭桐茶实验场）派出技术人员，奔赴全省各地指导以农垦茶场为主的茶场建设，安顺地区茶场、山京农牧场、普安茶场、梵净山茶场等贵州省内 10 多个茶场如雨后春笋逐渐壮大，贵州茶园面积从 4 万余亩增加到 22 万亩，达到了历史上的一个高峰，湄潭茶场跻身全国 3 大农垦茶场之列。

贵州红茶出口"集聚地"

1940 年，中央实验茶场试制外销工夫红茶"湄红"，通过史迪威公路出口，换取战略物资，为抗日战争的胜利作出了特殊历史贡献。20 世纪 50 年代初期，红茶成为我国重要的出口物资。

1958 年，贵州红茶出口品牌"黔红"横空出世。全省红毛茶均调往湄潭茶场，统一精制加工后，以"黔红"品牌出口，远销苏联、波兰、英国和澳大利亚等 10 多个国家，湄潭茶场成为全国 8 大茶叶出口基地之一，出口创汇量占全省 1/3 以上。

1960 年，为顺应国际市场需求，湄潭茶场转产分级红茶。茶场职工开展技术革新和工具改革，以代替落后手工和半机械操作。6 个月后，一套红茶木质联装生产线运行。生产线分为上下两层，"红毛茶"运送到上层茶叶投放车间后，通过垂直茶叶输送带进入木质联装生产线精制加工，再经过斜面输送带提升到上层车间拼配包装。全过程茶叶不落地，保证了茶叶生产清洁化。联装后，每天的生产能力提高 1 倍，节约人工 14 倍，制茶周期也由 7 天缩短至 2 天。

湄潭茶场木质红茶精制生产线是我国早期的连续化、清洁化、自动化生产线，代表了 20 世纪 50 至 60 年代茶叶机械化生产最先进的水平。

贵州茶工业遗产"守护人"

自 1939 年中央实验茶场落户湄潭，已开创了多个第一：在象山开垦了全国第一个规模化种植示范茶园；在桐子坡建立贵州第一个全国茶树品种园；研制生产贵州第一款现代工夫红茶和第一款现代炒青绿茶；创建西南第一所茶叶职业学校——贵州省立湄潭实用职业学校；推出贵州出口红茶第一个品牌"黔红"……2003年，湄潭茶场改制停产，制茶工厂完成了历史使命，被闲置下来。2013年，湄潭县委、县政府将湄潭茶场制茶工厂辟为"茶工业博物馆"，木质红茶精制生产线作为镇馆之宝被整体保存了下来。

为了厚植家国情怀，彰显工匠精神，湄潭县委、县政府秉持"百年茶场再现辉煌"的目标，充分挖掘湄潭茶场的前世今生、人文精神和资源优势，在茶场原址上规划建设了黔茶记忆文化旅游综合示范区，且原样复制出口红茶木质联装精制生产线，设专馆活态展示整个生产工序。该生产线的运行，不光让游客们感叹湄潭茶场出口红茶生产工艺的科技水平，也让大家见证了老一辈制茶人为茶产业发展贡献的智慧和力量。

又是一年春好处，恰似相逢茶山翠。当春风拂过茶园，历史的齿轮继续转动，动听的制茶曲再次响彻，那一段段鲜活、生动的国家茶叶历史将再次从记忆深处唤醒，那一杯杯有故事、有味道、有内涵、有文化的湄潭茶正等您来品茗！

新曹农场　我的幸福家园

江苏省新曹农场　孙世红

清晨的阳光，照耀在新曹农场的大地上。就像一张橙黄色的玫瑰面膜，贴敷在万物的脸上，温暖而柔和，让人心生欢喜。

虽然每天都在农场如诗如画的风景里晨跑，但我却像个外乡人充满好奇和惊喜。总忍不住停下脚步，掏出手机拍拍拍。一排排高耸入云的水杉，一树树娇艳动人的海棠花，一垄垄待人采摘的红粉玫瑰，一朵朵绿荫下的油用牡丹，一座座白茫如海的西瓜大棚，一片片染黄天地的油菜花，还有风吹麦浪和稻花飘香……当真是美不胜收。难怪城里的研究生都要来我们这儿安居乐业，我更为自己年少时叛逆想离开农场而感到羞愧。

一心想逃离父母和农场

或许是穷苦怕了，我一心想逃离农场做城里人。那时一大家子挤在三间茅草房，我们姐妹五个一放学就要割猪草干农活；那时的田地盐碱化严重，高低落差大，"大雨一下一汪湖，太阳一晒冒盐霜"，每年广种薄收白忙活，连大麦粥都喝不稳当。那时的农场和职工都很穷，虽然土地面积为江苏农垦第三，但人口多，社会负担重，历史欠账多。

高中毕业后，我瞒着家人报名要去毛里求斯打工，父亲知道后把我骂得狗血喷头，母亲气得直流泪，他们百般阻拦，我最终没有去成。为了打消我外出的念头，他们帮我在农场找了一份工作，成了一名缫丝挡车工，也算是跳出农门。

这时农场已废除挣工分的"大锅饭"，实行家庭联产承包责任制，父母亲承包了50亩地，套种油菜和薄荷，我们下班后也去田里除草补苗，大热天帮割油菜熬薄荷。虽然人很辛苦，但家里经济条件也越来越好，拆了低矮茅草屋盖起亮堂的大瓦房。但我不安于现状，一边工作一边参加法律自学考试，希望有一天能去城里做个大律师。可直到我嫁人有了孩子，还有几门没通过。也许是骨子里有农场人不怕苦不认输的精神，我依然想坚持到底。

越来越红火的农场小日子

我的老公是个农场机耕队驾驶员，当时也算是个铁饭碗。可是没多久农场实施改革，解散机耕队，并给每人发了一笔遣散费，让自谋出路。那时我们刚结婚手头紧，好不容易凑钱买回一辆破旧的504大拖拉机，那晚老公激动地在梦里唱歌："我是一个兵，来自老百姓……"

从此，老公就一心扑在504身上，经过焊焊补补和刷漆装扮，拖拉机变得楚楚动人，焕然一新。到了三夏农忙，老公开着它白天运粮晚上耕田，一年下来挣的钱比工资还高。尝到甜头的我们，决定加大投资大干一场。这时正好又遇上购买农机国家补贴政策。我家先后买了554、804、904、1204等大拖拉机和农机具，几乎组成了一个机耕队，专门为农场承包大户服务，每到农忙时，我们还要找好几个驾驶员帮忙开机作业。

手头越来越宽裕，我和老公一商议，决定将居住的平顶房翻修一下。我们到农场住建科办加建屋面手续，工作人员热情地接待了我们，并告诉我们一个好消息，农场正推出新建别墅区项目，不仅价格优惠，旧房还能作价抵房款。

"真是太好了"，我和老公听了不约而同地说："有这等好事，我家第一个报名。"不到一年，我们如愿搬进白墙红瓦、窗明几净的大别墅。扣去旧房作价的3.65万元，最终我们只花了6.35万元，就拥有了上下两百多平方米的大房子，感觉像梦一样美好。

我始终没有放弃学习，在2007年拿到了自学法律大专文凭，还考了会计证，在家不远的机械厂做会计。也有朋友介绍我去城里的律师事务所上班，但看着越来越红火的小日子，我没有舍得离开。

又回到农场的怀抱

2018 年，我结束了 5 年的外拓基地工作，回到久别的农场，见到什么都倍感亲切。在这 5 年里，新曹农场发生了翻天覆地的变化。天更蓝了水更清了，河岸别墅楼房林立，亮化工程让街面焕然一新，沿路十里花海争奇斗艳。田间麦子一片绿，西瓜大棚一片白，拾边油菜一片黄。人勤地不懒，农场人惜土为金，通过轮番换茬改良土壤，大兴水利工程，经济效益连年翻番。

最让人感到骄傲的是在 2021 年和 2022 年这样的非常时期，我们农场的净利润均突破亿元大关，经济效益稳居江苏农垦第一方阵。我们农场人种出了亩产 1.25 吨的高产麦稻，大马士革玫瑰、林下养殖、油用牡丹、苗圃栽培等产业的兴起，更为农场的经济腾飞插上了翅膀。

初夏五月，又到了五百亩大马士革玫瑰盛开的季节。放眼望去，辽阔的花田无边无涯，一垄垄红绿镶嵌的玫瑰花枝间，几百个采花工一字排开，蔚为壮观，蓝天白云都成了点缀。又有谁知道？这里曾经是荒无人烟的芦苇荡盐碱地。这一朵朵娇艳芬芳的鲜花，是玫瑰中的王后，也是萃取玫瑰纯露和精油的最佳原料。据说，3000 朵玫瑰才能萃取 1 滴精油，何其珍贵。它们还引来了四面八方的客商和游人。这不，素未谋面的文友，因为读了我发表在《中国农垦》上的文章《花儿为什么这样香》，她要和朋友一起来新曹赏玫瑰、拍美照、买精油。正是这份美丽芬芳的事业，又为新曹农场的经济腾飞添上绚烂的一笔。

作为一个土生土长的新曹人，我却总觉得农场的美景看不完爱不够。虽然我家也在苏州买了一套房子，但我却不习惯城里的车水马龙、高楼大厦。往后余生，我的幸福家园，永远是新曹农场。

叶剑英元帅来南华

广东省湛江农垦局　傅学军

广东农垦南华农场是新中国最早种植橡胶的农场。1951年初，中共中央发出通知，成立华南垦殖局，任命中央华南分局第一书记叶剑英兼局长。

早在华南垦殖局成立前夕，面对西方列强的经济封锁，橡胶就引起了身经百战的叶剑英元帅的关注。1950年9月，叶剑英派人到刚刚解放的海南岛做资源调查；随后不久，他又亲自带人深入粤西北纬22度处，在三棵橡胶树前，先抬头看了看树冠，然后绕树干走了几圈。末了，他高兴地说道："这三棵橡胶树说明，从这里开始，一直往南，都可以种橡胶！"

叶剑英元帅决定再一次实地考察橡胶，是在华南垦殖局正式成立之后。华南垦殖局第一次领导办公会议相当简短，在作出领导分工安排之后，叶剑英元帅开口就问："同志们，（原产地巴西）橡胶树究竟最北能种到什么地方啊？"

这个问题，没有人回答。他知道，没有调查就没有发言权。他告诉大家，自己决定到粤西和海南岛再跑一圈，做一次更加深入的调查研究。

1951年11月，叶剑英元帅一行十多人离开广州，一路颠簸踏入粤西的雷州半岛。史料记载，雷州半岛尤其是半岛南部地区土质属酸性红壤，含火山熔岩风化物质，土层深厚且肥沃，国民党将领陈济棠，曾在这一带搞过垦殖。叶帅感慨："连军阀都想到这里做点事，说明这里适合搞垦殖。我们的事业要比他们伟大得多，将来这里一定是无边无际的橡胶林。"

雷州半岛南部的徐闻县是我国最早引种橡胶的地区之一，这其中与一个叫林育仁的人有关。

林育仁，徐闻县城北乡西塽村人，出身普通农家，11岁时上私塾，15岁便辍学务农，后到新加坡、马来西亚等地谋生。他在一家西方人经营的橡胶园里当割胶工，平生第一次认识了橡胶，也认识到橡胶的经济价值。1921年冬，他带着300多粒橡胶种子途经海南岛返回对岸的家乡。

林育仁分别斥资200银元和60银元买下了家乡附近的两块土地作为育苗和试种场所。头一年因缺乏经验，只成活了40株。但林育仁毫不气馁，等苗长到1米多，便移植在自己家族的园地里。在他的精心栽培下，胶苗苗壮成长。后来，林育仁又采下第一代母树种子进行第二次培育、育苗。再植了100多株，前后共种植橡胶17亩。

1948—1950年，林育仁又进行两次育苗，成功培育出胶苗330株，其中143株长势良好。当叶剑英元帅见到林育仁种植的橡胶树时，兴奋无比地说："有胶树存活，就说明不是禁区，粤西种胶大有可为。"

据调查，离西坭村不远的坑仔，也保存相当数量的橡胶树，其中树龄最长的有30多年，最短的也超过10年。作为叶剑英此行考察的重要一站，他一路走，一路看，一路想。这些胶园，虽然大多已荒芜失管，但那些胶树长得还挺茂盛。叶帅强调："要发展（橡胶）首先要解决种子问题，没有种子，要发展就是一句空话。"当后来"一粒胶籽，一两黄金"的口号传到叶帅的耳朵时，他斩钉截铁地说："这口号好！种子问题很重要，一定要解决种子问题，一颗都不能浪费。"

根据叶帅的思路和意见，华南垦殖局下发文件，确定当时橡胶垦殖工作的"十八字"方针：先大陆后海南，先平原后丘陵，先机垦后人力。而当时完全符合"三先"条件的，恰好就是地处湛江的雷州半岛。

为了加强第一线的战斗指挥，1952年春节前夕，华南垦殖局机关从广州搬到400多公里外的湛江。

1952年2月，也就是华南垦殖局机关刚刚从广州搬到湛江不久，叶帅一行再次考察南华农场。随后3—4月，由南京大学、武汉大学、浙江大学等数十所高校数百名师生组成的测量队汇聚湛江，其中中山大学等院校部分师生参加的测量队进入南华农场，负责对拟植胶地块进行勘查。

同年8月，林业工程第二师第五团（原属两广纵队）响应中央号召，披荆斩棘进入南华一带，先后组建26个垦殖场，4个拖拉机站。9月，又组建有6500人参加的15个垦荒点。同时，从海南岛空运的橡胶种子投放徐闻县多地育苗。11 月，从海南岛船运的橡胶苗种植于南华一带，面积约 600 亩，成为新中国最早的胶园之一。后来，各地的民工、归国华侨、南下干部、知识分子、退伍军人及其家属等陆续到达南华一带安营扎寨，开始了一场接一场的垦荒植胶战斗。

1955 年 7 月，华南垦殖局正式命名坑仔及周边地区为国营南华垦殖场，两年之后又改为国营南华农场。1986 年，叶帅逝世时，农场已拥有职工约 2 万人，开垦利用土地 8 万多亩，其中橡胶约 4 万亩，累计生产干胶 2.1 万多吨。南华农场一直是广东农垦橡胶生产最好的单位之一，多次获得国家和省部荣誉。有人说，三叶橡胶树的"叶"，亦是对叶剑英元帅的纪念，是不忘老一辈革命家对我国天然橡胶事业发展的贡献。

水杉朱湖

湖北省朱湖农场　李强俊

　　其实我是写过一次朱湖的，因为朱湖的美景，也因为朱湖"国家级湿地公园"这个响亮的名头，总觉得朱湖很美，太多可写的地方，一气呵成，写了朱湖的水，朱湖的草，朱湖的荷花，朱湖的鸟，千方玲珑半分田，还有那栈道相连的湖中岛。看荷花的季节总会想起"接天莲叶无穷碧，映日荷花别样红"这样的句子，强大的视觉冲击让你忽视了周边的存在，眼中满是无边的绿和缀绿的红。公园是美丽集中营，一个下午的时长，是不能让你从朱湖这个国家级湿地公园中抽身的，意犹未尽的你在傍晚的催促中结束了当日的行程，临走时略使小性，竟带走了几枝湖边的野荷。

　　由于工作的原因，我就住在朱湖，每次闲暇总爱沿着两边都是水杉的修长林荫道漫步，行两公里就可走到我认为的朱湖之心——湿地公园，潜意识是奔着美丽去的，但即使到公园也根本没有细品公园的美，实则顺着另一条相同的林荫杉道返回了。这样的情景多了，我才知道自己真正需要的不是终点的美景，而是每次穿行的那一条条林荫杉道。

　　水杉是在靠水的地方生长的，教科书说水杉是一种有"植物活化石"称号的稀有树种，但我总感觉这里的水杉一定代表着某种灵魂。虽然其他地方也有很多，但朱湖的水杉却是保存得最完好的。朱湖的水杉是沿着水渠和道路生长的，有水必有树，有树必丰茂，去公园的路是我常走的，整个朱湖都布满了水杉才是震撼我心灵的根源。驱车穿行在朱湖的田野，总是陪伴着水杉的身影，湖区造就了水乡，纵横交错的网状水渠构成了整个朱湖的灌溉系统，也是朱湖年年丰产的坚实后盾。有渠必有路，路与渠相依，整齐排列的水杉不可或缺地深植于两侧抚拥着坡堤，说它亭亭玉立，太过娇怜，苍伟劲拔才是每株水杉必有的样子。每株树高 20 米有余，树龄 50 年以上，一两棵孤落于水和稻田远方，应该是个历史的残存，织网般的规模唤醒了土地的激情，朱湖是真有风景。

沿着两边茂密的杉林道静静地走，阳光透过树的缝隙时不时洒下几处温柔的光影，平直的穹隆道直抵远方的宁静，有几对新人在这里取景，也许新娘认为这样的地方才有浪漫生活的甜蜜，镜头下的笑容足以见证。树顶上有很多鹭鸟的家，行人会听到它们跳动的欢鸣，扇动着翅膀是在迎接来看望它们的客人。往前走，你会看到旁边渠里静静流淌的水，水中轻盈游动的鱼，还有那成片的青中带黄的稻田，那是著名的朱湖糯米的生长地，看到了吧，水杉的存在是伴着收获的。风顺着树顶的细叶把水的气息带来了，稻禾的清新也在其中，你还是顺着走，因为这条路是走不累人的，看了一下微信，小样，又忽悠我走了一万多步，人说城里套路多，这里的树也使心眼。一点不恼，回头再走。

我认为水杉是朱湖的标志，布满朱湖的水杉如柱如旗，一定保存着某个时代的记忆。临渠的新式农村显示着水乡的风情，别致的桥头坐着几位慈祥的老人，喜悦的面容代表着晚年的怡情，交谈中的自豪说明他们是朱湖的见证；朱湖过去还真的是湖，1959 年是他们开启了朱湖的历史，首批来到了这里，朱湖除了水还是水，沼泽覆盖着丛生的灌木林，那个热血沸腾的时代是不讲回报的，一批批移民在一声号令中拖家带口来这里扎下了根。为了排去湖中的水，当年的朱湖人用双手开挖了如今纵横交叉的沟渠，沿渠修了路，在水和路的坡沿栽下了这批顽强的水杉，目的是保护当时松软泥泞的渠堤。我应该是知道了，水杉是沟渠的保护神。

如今的朱湖不再是湖，而是一片沃土，勤劳的朱湖人早已把它变成了国家粮库。迎风成长的水杉早已参天顶立，沿堤裸露的根倔强地扎进了朱湖的土地，纵横密布的水杉就像一件美丽的大衣，给朱湖注进了灵气。水杉肩并着肩壮观地排列着，似在追思当年朱湖人战天斗地的场景，迎风摇曳似在诉说朱湖人开天辟地的激情。朱湖人热爱水杉，保护着水杉，是因为他们知道那是一座丰碑，是书写的历史，是传承的精神，也是对丰收的守望。

朱湖美，美在湿地，美在水天一色，美在万鸟齐鸣，美在百花争艳，美在稻绿鱼肥，可我更爱走朱湖的杉林道，因为我找到了厚重的根，朴素伟大才是水杉的风景。狂风暴雨下的水杉顽强地护卫着朱湖，就像朱湖的人守护着水杉。

全国劳模徐仁祥

黑龙江省依安农场　杨　军

　　徐仁祥，外号"徐大抓"，依安农场土方施工队的队长。他眼睛不大，鼻梁稍高，除了两个扇风耳长得别具一格以外，貌不惊人。他1949年出生在依安农场，是一个地地道道、土生土长的北大荒人，一个胸前佩挂着闪闪发光的全国五一劳动奖章的北大荒人。

他有五项纪录

　　EX-200LC反铲挖掘机单车班效2970立方米，年作业4750小时、年单车完成土方63万立方米、机车连续作业20275小时无大修。这些使同行们难以想象、令销售商难以置信的数字，就是由徐仁祥这位普普通通的农垦职工完成的。1968年，"徐大抓"由于根红苗正，被选进机耕队当上了一名学员。他特别珍惜自己的工作岗位，每天工作之余，都围着机车转来转去，除了研究机车原理，就是拿着抹布，把机车擦得亮亮的。往后，不论是开牵引康拜因，还是摆弄E512联合收割机，他的机车总是干干净净的。

　　徐仁祥的身上始终涌动着一种不断进取和勇于创新的精神。1989年7月，农场决定任命他为挖掘机包车组长时，他犯了难，这个摆弄了20多年机车的老机务，从来没见过这样的庞然大物。这台日立牌EX-200LC型挖掘机，光一个大铲头就有1.5米高，700多公斤重，抓上一把，就是0.8立方米的土方；更让他为难的是，这台进口货使用说明书和零件目录全是外文，一个字也不认识。他没有气馁，开始拿着照片一个部件一个部件认，有时叫不准就先给他起个中国名，有的部件卸下来得用卡尺量，然后再与图表对照。这台机器光各种油管就有 70 多根，密封圈有 200 多组，其他部件更是数以千计。老徐硬是在短短半年时间里，认全了所有部件。随着他刻苦地钻研，技术越来越熟练精通，分局内的农场挖掘机出现故障，都要找老徐去修，他常常是手到"病"除，从此"徐大抓"名声远扬。

正常一个车组单班作业挖掘量不超过 1000 立方米，而他的车组最高挖掘量达 2970 立方米；一台车一年作业小时一般在 2500 小时，而他的车组最高作业小时达 4750 小时；一台同等型号的挖掘机一年挖掘量在 30 万立方米已属不易，而他的车组一年最高挖掘量突破 60 万平方米；一台车发动机工作时间 12000 小时就得大修，而他的挖掘机工作 20275 小时才进行大修；北京专门销售挖掘机的商家听说后都感到不可思议。

从 1996 年到现在，他领导的挖掘机队共完成土方 272 万立方米，创造产值 755 万元，实现利润 216 万元。他们施工队实现连续 10 年保持高效、优质、低耗的记录，工程合格率 100%。

他有八个重要动作

挖一铲土，两只手要做八个动作。包括落铲、挖掘、提升、转体、滑落、卸土等，这些动作的完成，要进行两次旋转，需要 10 秒钟。若一分钟抓 6 铲土，就要做 48 个动作，转 6 圈；一小时就要做 2880 个动作，转 360 圈。一个班次工作 11 个小时，要做 31680 个动作、转 3960 圈……这些单一枯燥的动作，挖掘机手要成年累月地重复完成着，直到大堤崛起、渠系通畅。

"徐大抓"感慨地告诉记者，搞机务 30 多年，挖掘机手是最苦最累的。这个苦，是高强度的劳动与单调的精神生活融会在一起的苦，因此特别难熬。首先是动作单一，坐在机车上驾驶员的操作工具就是两个手柄。因此，除两只手有小行程的动作外，其他部位都不动，要知道一班作业中的 3 万多个动作都是重复单一的动作，一天天、一月月、一年年转来转去。有时一个班次下来，驾驶员走下车，腿都不好使了。

再有就是景物的单一。挖掘机作业大都是在远离村屯的荒原上，这个庞然大物行走迟缓，干一个班次，有时最多只能行进 200 米，眼前除了沟就是土和泥，没有其他参照物，十几个小时都是如此，简直让人无法忍受。偶尔小树上飞来一只叽叽喳喳的小鸟，都会带来一丝欢欣。如果是夜间作业，那就更辛苦了，荒原上，幽灵般的黑暗令人窒息，远处传来的狼嚎使人毛骨悚然。"徐大抓"说，有一次他在夜班作业中，一下子抓出了个棺材中的尸骨，差点儿把他的魂都吓丢了。

他们第一台挖掘机整整使用了 10 年才更新，当时车里没有空调，驾驶员就像是在一个铁蒸笼里工作，炎炎烈日烤得车体发烫，尽管只穿着裤衩，坐在车上还汗流如雨。到夜班时，还算凉爽些，但打开的车灯引来无数的蚊虫，轰都轰不走。如果蚊子叮在脸上，操作的双手又腾不出来，只好等完成一组动作才能打一下，一个班次下来，脚下死去的蚊虫能扫出一簸箕！

这些都是极其平凡的小事，但能持之以恒又是何等的难得！在这样艰苦的环境中能忍受下来并创造业绩的人无疑都是英雄好汉！

他身兼六种岗位

当队长，施工调度指挥；当施工员，检查质量、核验土方；当材料员，运送油料，采购零件；当管理员，买菜办伙食；当修理工，一旦机车出现故障，他随叫随到，昼夜抢修；当战斗员，顶班作业，拼搏不止……六个岗位一人担任，唯有铁打的汉子才会挺立在那里，风吹雨打，岿然不动。

1993 年，"徐大抓"当上了土方施工队的队长。但这并没有给他减轻丝毫的负担，相反他的工作更加繁重了。当驾驶员不管怎么说还有个上下班时间，而当了队长就没有什么时间概念了。上班你要比别人早去，验收上个班次作业的质量，安排下个班次的工作；缺零件、少油料，你得经常往场部跑，有时着急用就得冒险穿过河套，扛着零件徒步走回来；哪个班出了事不管白天晚上、刮风下雨都要找你队长。

常年做机务工作，再加上吃饭不应时，热一顿凉一顿的，没有几个不得病的。

谈及此，"徐大抓"只是淡淡一笑，说自己是个党员，是这片黑土地哺育长大的，为了这里的乡亲们能过上好日子，吃点苦遭点罪，值了！随后用深情的目光望向远方的田野，因为那里有他心爱的挖掘机。

碧水连天映莲花

吉林省前郭灌区农垦管理局　郑春燕

　　长白山的灵气，科尔沁的辽阔，交相辉映相逢在这里；地球的脉动，大草原的心跳，携着一腔热忱汇聚在这里。莲花泡——北纬 45°11′，泛着油光的黑土地，养育着这里的父老乡亲，也让这里的莲花开得分外娇艳芬芳；东经 124°46′，无与伦比的自然坐标，不可替代的生态环境，让这里的稻米保持着绿色、生态的自然气息，声名远扬。

　　莲花泡农场，位于东北四大灌区之一的前郭灌区腹地，始建于 1982 年，是全国农垦系统第一家引进意大利菲亚特公司农业机械进行水稻生产的企业，其生产的"松莲"牌莲花大米，1990 年被农业部认定为"中国第一号绿色食品"。农场地势平坦，土质肥沃，春到万顷秧苗油绿如茵，夏来稻浪蹁跹碧光绽现，秋至金黄覆盖难掩丰收喜悦，冬达米香萦绕沁人心脾。它就像一颗璀璨的明珠镶嵌在前郭灌区的腹地，熠熠生辉。它与广袤的郭尔罗斯大草原遥遥相望，松花江水滋养着绿树环抱的良田，得天独厚的生态环境，让这里的稻米营养丰富，集色香味于一体，备受市场的青睐。

　　当春风敲开冬雪渐融的梦，种子绽芽的声音便萦绕在这肥沃的土地之上，钵中的秧苗萌动着生命的色彩，这是最暖的抚慰，也是人们最美好的希望。回首当年，农场初建之时，勤劳的人们日夜开垦，不辞辛苦为农垦事业奉献着青春。农场的土质均为草甸土，有机质含量高，加之莲花人采取秸秆还田和施用农家肥，生产出的大米营养全面、绿色无污染，颗粒饱满，光洁如玉，晶莹剔透，口味绵软，蒸煮之香沁人肺腑。"出自最佳生态环境，带来最强生命动力"，这就是莲花人的口号。莲花泡守着蓝天白云，种植着无公害大米，奉献着社会，更承载着人们心中的梦想。它将岁月连缀成绚丽多姿的星轨，从繁星点点，到星罗棋布，让"中国第一号绿色食品"走出灌区、走出吉林、走向全国。

当烈日炎炎，热浪涌动的夏季来临之时，莲碧花红，稻香四溢，流云如歌。田间水流涓涓，绿浪起伏，有和畅之美，更有天籁之音，虫鸣蛙叫，风吹莲笑，杨柳欣欣舞动。凭栏远眺豁然开朗，稻浪一碧万顷，草原一望无垠。白天骄阳下，赏千米条田，观如幻如梦如诗如画的莲花，品莲"出淤泥而不染"的高风亮节；傍晚时分，听蛙声一片，整个田野逐渐隐入夜幕，唯有晚风徐徐，带来一丝清凉与安宁。

当金黄成为季节的主色调时，张张笑脸洋溢着喜悦。秋本该是五彩斑斓，秋霜吻过的树叶，红、黄、绿，层叠不一，但在这里，金黄却占据了主角，金色的稻浪在秋风中翻滚，欢乐的笑声萦绕在天地间，金风中听得见收获的喜悦。孩子们的闹声，大人们的笑声，不时地回荡在村庄的上空。

当白雪覆盖大地，天地辉映，银装素裹。冰天雪地是东北灵秀的模样，此时，莲花泡开启了丰收的乐章，稻米加工厂灯火通明，机械的轰鸣声响彻夜空，集筛选、除尘、抛光、真空包装于一体的精加工设备正不停地运转，米香早已把乡村的炊烟味道掩盖，充盈在空气中的只有稻米的香气，那么地诱人。莲花大米先后参加了"中国绿色食品上海宣传展销会""中国绿色食品天津宣传展销会""中国哈尔滨第五届边境地方经济贸易洽谈会""吉林省第一届绿色食品节"和吉林长春农博会，并在《中国食品》杂志刊发专稿，知名度日渐提升。

今天的莲花泡，从莲花盛开的季节走来，用双手铸就明天的希望，用双肩扛起未来的辉煌；今天的莲花泡，从镰刀锤头的光芒中走来，以百灵鸟的声音，唱响丰收之歌，以机器的隆隆声吹起事业之曲；今天的莲花泡，从人居环境建设的样板中走来，街路整洁树成行，屋舍俨然灯灼亮，用美好的梦想谱写幸福人生；今天的莲花泡，从科技灌区的旗帜下走来，知识之花绽放在庭院，富足的家庭沐浴着美好的生活，中国第一号绿色食品名声远扬。

莲花人正用双手播种新的种子，用汗水浇灌新的田野，用热情点燃新的希望。

一个农垦人的故事

黑龙江省红光农场　曲益德

20 世纪 50 年代，大批复转官兵需要安置，如果都回到农村，就会造成与民争地的大问题。这时，王震将军带领 10 万复转官兵挺进了一望无垠的亘古荒原，用人拉起了开荒犁，在北大荒建起了农场群。

我是 20 世纪 60 年代末初中毕业回乡务农的，成了一个真正的北大荒的农垦人。

那时，农场机械化程度还很低，连队里只有一台苏联生产的脱谷机，不能独立行走收获，只能停在场院里吃"等食"。人们用镰刀把小麦、大豆等农作物收好，再用马车运到场院，启动脱谷机，一般配置四个壮汉，轮番给脱谷机"喂食"，稍不谨慎，喂入量稍大一些，就会把脱谷机给"噎住"。机务人员立马停车，把喂进去的东西抠出来，才能继续工作。田间就是"东方红-54"履带式拖拉机唱主角了。作业车的牵引架上固定上一根粗大的长圆木，春种的时候，就在圆木后面挂上 9 只木耱耙，配置 9 名操作手，还有点种的，覆土的，人们把这种作业叫作"犁后喘"。中耕的时候，人们再把耱耙换成木制的弯钩犁，照样是 9 只犁，9 个操作手，接着跟在机车后面继续喘。

秋天，人们都在沼泽地里割苫房草，天气比较炎热，从家里带去的水，很快喝光了。嗓子渴冒烟了，就地找一个小水坑，看着水里许多小微生物在游动，就是闭上眼睛也喝不下去，只能把手绢平铺在水面上，水慢慢地把手绢浸透，用手轻轻地做出一个小坑，然后就用嘴直接喝小坑的水。

我当时是采伐工人，在冰天雪地的日子里，由于山场距离驻地很远，中午回驻地吃饭会浪费大量时间，于是，早晨出发的时候，多带几个馒头。中午时分，点燃一大堆红松枝丫，火势特旺，人无法靠近，就把长长的小树用大斧砍出尖儿来，把冻馒头扎实，站在远处烤馒头，烤出来的馒头，模样目不忍睹，就着地上的积雪，吃下午餐。

1975 年，红光农场决定在距离场部 35 公里处新建一个生产队，我被派到那里担任新建小学的负责人。在一片荒原上建生产队，虽吃了很多苦，但趣事也很多，尽管已经是多年前的事情了，一些故事，仍然清晰地留在记忆中，难以忘怀。

给拖拉机"洗个澡"

由于新建队的条件很差，人们吃不饱，睡不好，总觉得很疲倦，特别是机务人员夜间驾车作业，格外困倦。一天，两位年轻的驾驶员驾车耙地，单调乏味的操作，时间长了，两个人都睡着了，"东方红-54"在固定油门儿的支持下，仍然往前走。突然，二人被强烈的震颤惊醒，隔着车窗往外看，发现车已经进入一个很大的水泡子，车身全部没入水中，车仍在向前。主驾驶员急忙刹车。好在两人都会游泳，砸开车门，游上了岸，跑回队部向领导汇报。第二天，队里出动了两台拖拉机，费了九牛二虎之力，才把"洗澡"的车打捞出来。两位年轻的驾驶员让领导狠狠地批评了一顿，还在全体职工大会上做了检查。事后，有人开玩笑地说："大荒片儿就是好，开着拖拉机遍地跑，困了车里睡大觉，嫌脏连人带车洗个澡。"

敲打水桶夜归人

新校舍建在居民区西面 200 米处，为了提防校舍遭到意外破坏，我每天晚上都要去学校转一转。有一天，去得晚了一些，又在办公室逗留了一会儿，才往回走。刚出办公室，狼的嘶嚎声在附近响起，我不禁打了一个寒噤，感到头皮紧缩，便马上退进屋里。情绪稳定后，我想起了狼在夜里怕声响的说法。于是，我一只手拎着水桶，一只手拿着教鞭，边走边敲。别说，这招儿真灵，不知狼是不是逃遁了，至少不再叫了。第二天，与人们说起此事，有人风趣地说："狼可不怕您的打击乐，而是混着吃喝才走的。"原来，村里的一头小猪被狼叼走了。

中秋节意外收获

1980年的中秋节，正巧学校放假，好友黄占宽等人来到我家，邀我一同去林中采集山梨。我说："都这个时候了，恐怕再多的山梨都会变成黑熊和野猪的粪便了。""走吧，保证让你采集到很多的山梨。"碍着面子，我就和他们一起走了。

这里山梨树很多，可每到一棵树下，都是光光的，连一个梨子也没有，仔细查看，清晰可见地上留着纷乱的野猪脚印，我们的确是来晚了。我们大约走了8公里，仍然一无所获，逐渐疲惫不堪，只好打道回府。走着走着，我们眼前一亮，发现脚下有一棵倒着的大树，上面长满了碗大的元蘑。再往前看，又有了新发现，不远处还有几棵这样的大树，上面同样长满了碗大的元蘑。不足一个小时，我们每人都装满了一个大塑料编织袋，高高兴兴地背着战利品，沐浴着夕阳，回到家里。

花间里，走出了我

农垦人来到了北大荒，从此千里荒原飘出了袅袅炊烟。他们以西班牙斗牛士的勇猛，征服了野狼；用宽厚的躯体顶住了西伯利亚恩赐的"大烟炮"，迎风饮着浓烈的高粱酒；用钉耙般的巨手，拔掉了千年的树根，拉断了百年的劲草，耪开了"插根筷子也发芽"的黑土地，让它长出黄澄澄的五谷。也就是那时，他们的手指伤残了，顺着指缝儿淌出了鲜红鲜红的血，滴在黑土地上，长出了一簇簇开红花的野百合。从这花间，走出了我。

十年的春风，十载的细雨，撕裂了禁锢北大荒人的铁衣。我解脱了手脚，真正地读懂了用平行线构成的黑土地。北大荒人并非手里操着蓝田猿人的工具，而是牵着神奇的"牛"，创办起一个个新型的农场。

老农垦人都知道，当年的农场是国营农场，农垦人是产业工人，月月开工资，吃供应粮，上工还发劳动保护，让农村兄弟羡慕至极，尽管生活条件极其艰苦，但留下很多很多金色的故事。有一日，国营农场变成了国有农场，昔日的产业工人变成了"老农民"，还好，耕者有其田，他们可以无偿承包一块土地，加上国家惠农政策好，小日子过得真的很滋润。后来，农场又公司化了，"老农民"种地要交租金了，像这样的变化在这片土地上不断发生着，但我坚信会越变越好。

风吹稻花香两岸

河北省汉沽管理区　李志伟

　　我是土生土长的汉沽农场人，那里有一条大河，为三河交汇之所，它那清清源流，或含蓄隽永，或奔放热情，如血液般滋养着两岸的生命。

　　诚如《我的祖国》歌中所唱，一条大河波浪宽，风吹稻花香两岸！小时候的田野全都是水稻。每到农忙时节，爸妈都要回到农场，帮老家的亲人干农活。我的印象里，老妈最不愿意干的农活是插秧。大太阳当空照，戴着草帽，后背隔着衣服都被晒到爆皮，不要说插秧要手快眼准，单是那低头弯腰一整天也足够让人吃不消了，只有那些戏水的鸟儿们最喜欢在田地上空盘旋。老爸最不喜欢的是割稻子，因为那一抄手、一弯腰、一镰刀的灵活操作是在他被割伤了手之后才掌握的。

　　那时候，种水稻主要是供家里的口粮，只有很少一部分进入市场。家乡的亲人每年都会把自家地里产出的稻米送给我们吃。从小吃惯了家乡的米，后来在外上学才发现，不是所有地方的米都叫小站稻，不是所有的大米都是那么晶莹剔透，那么香糯可口。

　　后来，由于海水倒灌，很多田地改种了耐旱作物。没有稻花再飘香，没有水禽再歌唱。"插秧""割稻子"的字眼渐渐淡出了我的词典。

　　2015年，我回农场老家，表弟带我去大河边散步观景。他指着不远的地方让我看——抬眼望去，竟然是一片绿油油的稻禾轻轻荡漾，颔首低眉，优哉游哉；隔着大路的另一边是一方绿油油的荷塘，莲叶田田、莲花亭亭，自顾自地美丽，自顾自地陶醉，又能听得蛙声一片，不知疲倦。还有鸟儿的翔集和鸣啭。田垄上的树影和青草，这大片的绿色，又把我带回了稻花飘香的童年。

表弟说，近几年，农场越来越重视环境整治，加大了治理水环境的力度。水质好了，水稻种植面积又增加了，单是大河两岸就有 1000 多亩。

真好！

我忽然想起来，对表弟说："你没包地吧？我可不会干地里活啊，帮不上忙！"表弟哈哈乐着，笑话我说："老哥，我就是真包了地也用不着你帮忙，机器就给办了。"呵呵！我对干农活的认知还停留在童年。

你看，农田规模化种植，稻麦轮作模式利用土地，有机肥施养种苗，机械化收割，品牌化销售，可持续利用土地，全方位利用水资源……这些祖辈人无法想象的方式都在现在的乡村中实现了。

曾经供给自家的稻米，如今已经远销全国，甚至开拓了国际销路，创建了自己的品牌；曾经累弯了腰的收割季，如今已被机械作业、流水作业所取代，快速高效节省了人力物力；曾经荒弃的大河两岸只有杂草，如今已铺满平整的草毯，修筑成平坦的绿道，生长着翠树繁花；曾经浑浊的大河水，如今再次焕发了生机，一路高歌，奔流不息。

再看，农场的街道平平整整，再没有了昔日的泥泞。各家各户都通上了天然气，冬季取暖再也不用烧煤生炉子了，既给自己省了事儿，又节能减排保护了环境，屋里暖了，大家伙的心里也是暖的。街心的小公园给农场娃提供了玩耍的好去处，全民健身广场舞入驻农场，晚饭后来公园跳舞，婶子大娘们个个身体硬朗，精气神足！"厕所革命"，旱厕改水厕，家家户户的卫生水平上了一个新台阶，不讲卫生的坏习惯随之减少。一个生态乡村、美丽农场正在这大河两岸崛起。

鸟儿依旧在戏水欢唱，孩子们依旧唱着稻花香的歌谣，而这大河两岸，正在这历史的和风中引吭高歌，唱响新时代农场振兴的强音！

诗意黄花

青海省贵南草业开发有限责任公司　杨丰节

　　七月，冷清、干旱的青藏高原过马营小镇迎来了难得的一场连阴雨。雨过天晴，艳阳高照，湛蓝的天空下，白云悠闲地飘来飘去，云卷云舒。山野里吹来的风，载着厚重的芬芳，弥漫在过马营小镇的每一处。一股股沁人心脾而又熟悉的芳香，这是油菜花香，经过悠悠斜风细雨的过滤，纯净而又湿润，让人不由得深吸一下，陶醉如梦里……

　　播种油菜的时候，地处高寒的牧场干旱少雨，风沙肆虐。眼望数万亩的地块，拖拉机就像行驶在大海里的小舟，似隐似现。浓浓的尘埃充斥整个拖拉机驾驶舱室，戴上口罩十分钟，孔隙便被尘埃堵得严严实实，让人连气都喘不上来。拖拉机每行驶数百米，便要停下来把拖拉机前的集尘杯取下，将积满的尘土倒掉，以保障拖拉机"呼吸顺畅"，机体不因尘埃损伤。每每下班时，拖拉机驾驶员浑身上下都覆盖着一层厚厚的土，蓝色机务服变成黄土色，黑色的眉毛、头发也是黄土色，只有双眼间或一动，看着是个活物。抠一下鼻子，出来一疙瘩泥球，张开嘴，牙缝、唇边露出黄褐的泥巴，掸一掸头发，冒出一团灰尘，拍打拍打身子，全身都冒土，仿佛是一团抖动的尘埃。

　　即便如此，从整地到播种，每一道工序都必须到位，以确保作业质量。数日后，蹲在地里，一处处小心地拨开土层，查看播下的种子是否发芽，测算发芽率。这时候，五月的雪域高原到处都是光秃秃的，运气不好又会遇上沙尘暴，狂风呼啸，沙尘漫天飞舞。一场透雨后，又过了数日，广袤的地里开始出现了点点嫩绿。

　　好不容易可以松一口气了，人们又担心油菜苗是否经得起考验，期盼着这雨热同季的日子风调雨顺，油菜苗长得苗壮，油菜花开得繁茂。"七月流火，十月纳禾稼"，汗滴禾下，耕者劳瘁。因此，种油菜颇有些作诗的味道，没有"捻断数茎须"的功夫，是作不出好诗来的，而这大面积油菜最终丰收的关键却只能依赖于天帮忙，人努力。

据说雪域高原种植小油菜已有 2000 多年的历史，是北方小油菜和南方油白菜的原产地之一。贵南牧场的前身是军马场，农业上以种植饲草料为主。据资料记载，牧场 1955 年才开始小面积试种白菜型小油菜，1960 年油菜播种面积才超过万亩。1976 年马场下放地方后，军马变民马，马价大跌，销路不畅，形成亏损，只得缩减马匹数量，1976 年、1977 年就处理马匹 7164 匹。牧场要生存发展下去，不但要发展农业，而且要以经济作物为主。1977 年，牧场调整产业结构，扩大了油菜播种面积，辅之以青稞倒茬。油菜品种以"宁交 5 号"为主栽品种，搭配有"门油"、"浩油"系列品种，开始形成较大规模的商品粮油生产。20 世纪 90 年代初，贵南牧场油菜播种面积达到 20 多万亩，完成国家下达平价粮油上交任务 650 万公斤，牧场在提高青海省粮油自给、平抑粮油物价方面作出了重大贡献。

碧云天，黄花地，长冬无夏、春秋相连是高原的一大景观，所以人们对油菜花的眷恋甚于对过年的期盼。金色的七月，油菜花盛开的季节，也是雪域高原最动人的时节。地处山坳的过马营小镇仿佛比以往多了很多人，一下子变得热闹非凡，逐花酿蜜的养蜂人从四面八方云集到这里，踏青观花的游客也慕名而来，试图从中感受高原的另一番风韵。

七月的高原，天高云淡，绿草葱葱，广袤的大地上好像铺上了一层绿绒毯。一阵轻柔的风，送来了浓郁的油菜花香。高原的油菜花是一种极普通的小花，花形和颜色也没有什么特异之处。每到七月，过马营小镇周边的滩台地里开遍了油菜花，那铺天盖地绽放着的油菜花，金灿灿、黄晶晶、颤悠悠，尽情展示着生命的壮丽与辉煌，黄得那么耀眼、那么深远、那么富有诗的意境。恰似唐朝杨万里诗云："儿童急走追黄蝶，飞入菜花无处寻。"蓝天、白云、碧草、黄花共同构成了一幅浓淡相间的风景画，油菜花在流动的光彩与背景下格外醒目，呈现出一种"画中诗，诗中画"的意境。一年一度的油菜花让人感受到了生命的精彩。

与任何一种栽种的花草相比，油菜花绝对称不上美，简单的黄色十字花瓣，展露出四长两短六个雄蕊和一枚弯如新月的雌蕊，纤弱的枝干，极普通的叶片。然而，生命之美不在于外表，而在于经历沙尘，不失其秀丽，经历风霜，不失其娇艳。油菜花不是名花贵草，是那样的朴素淡雅，天造的株形，各呈异彩。株不高而俊秀，花不艳而芬芳，天然奇姿，生机盎然。朵朵小花，无所羡亦无所妒，默默无闻，却点缀着绿茵无边的原野。旅程虽如此短暂，来去如此匆匆。但是，无愧的也正是它曾以自己的芬芳和果实留给那哺育过它的大地。正如乾隆诗中所赞美的"黄萼裳裳绿叶稠，千村欣卜榨新油。爱他生计资民用，不是闲花野草流。"

明珠耀两江　水韵鱼米乡

黑龙江省二九〇农场　郭　阳

白山孕璞玉，两江育蛟龙。这是一片神奇的土地。黑龙江自石勒喀河经额尔古纳河向东流去，天池驰下，松花江向东奔至松原后向东北而去，黑龙江与松花江交汇处向东数十里而不混，黑黄分明，是为混同奇观。在这混同奇观的西南岸便是我家三代人赖以生存的家园——黑龙江省二九〇农场。

农场在黑龙江、松花江江水冲刷滋养下，犹如一颗璀璨的明珠，镶嵌在北纬 47°28′～47°45′。历经 68 年开发建设，素有"两江明珠，水韵之都"美称的二九〇农场，先后被授予"国家级优美乡镇""黑龙江省平安农场""黑龙江省文明单位标兵"等荣誉称号。它已经在两江之畔画上了浓重的一笔，一颗璀璨的明珠正在悄然升起。截至 2022 年，二九〇农场实现粮食总产 38.82 万吨，实现粮食十九连丰，企业增加值 8.15 亿元，人均可支配收入 3.4 万元。

二九〇农场位于黑龙江、松花江交汇处的三角洲地带，北邻俄罗斯，以黑龙江主航道为国界线，东与同江市相邻，南临松花江、与绥滨县接壤，占地面积 825 平方公里。农场由中国人民解放军农建二师五团（原中国人民解放军步兵九十七师二九〇团）于 1955 年开发建设，是鹤岗市的东大门。农场辖区内辽阔的水域蕴藏着丰富的鱼类资源，现已发现的三花五罗、鲟鳇鱼等达 105 种。在星罗棋布的泡沼里，水草茂盛，悠然恬静，是野禽生活的安乐王国。这里群雁盘旋，野鸭嬉戏，江心岛屿上，丹顶鹤、白天鹅、白鹳等珍禽安然栖息，真实再现了北大荒"棒打狍子、瓢舀鱼，野鸡飞到饭锅里"的景象。多年来，二九〇农场坚决扛起保障国家粮食安全和重要农产品有效供给、更好服务国家战略需要的重大政治责任，坚持人与自然和谐共生发展方略和生态优先推动绿色发展战略，明确提出"要产量，更要质量；要生活，更要生态；要小康，更要健康；要价值，更要颜值"的绿色发展思路，通过招商引资、争取上级投资和自筹资金 100 多亿元持续建设"产、创、改、居、路、文、教、卫、保、收"十大民生工程，让广大职工群众共享改革成果。

68 年前，在这片两江交汇的亘古荒原上，农建二师五团官兵建起了总面积 5557 平方米的 32 栋泥草房，这就是建场之初二九〇农场城区的全貌。回首 68 年，农场职工群众的住房条件正一步步发生着变化。从拉合辫、苦房草、马架子到"穿靴戴帽"，从"里生外熟"到"明三暗五"，从新型楼房再到田园别墅，从遍地野草洼塘到现代化休闲广场，从尘土飞扬的砂石路到千米绿色景观大道，军犁别墅区、久居高层更是成为二九〇农场标志性建筑物。老一代垦荒人发出的"让二九〇变成北方小上海"的铮铮誓言，在一代又一代农场人的共同努力下，今天已成现实。

2020 年底，二九〇农场常住人口达到 17110 人，共建有住宅新区 18 个，别墅区 2 个，住宅楼 121 栋，建设面积为 69.26 万平方米，城镇化率达到 92%，楼房化率达到 88.36%，已建成基础设施完善、框架清晰、布局合理、环境优美、功能齐全的边陲小镇。行走在宽 50 米、长近千米的绿色观光通道上，松柏、垂柳、丁香、刺玫、花楸等绿化树木高低相间，花期错落有致，从空中俯瞰景观通道，犹如一条翡翠玉带将江畔小城装扮得分外妖娆。近年来，二九〇农场强化源头治理，打造绿色生态宜居城镇，推进简约适度、绿色低碳的绿色发展生活方式；采取固态垃圾焚烧、粪污集中处置、秸秆综合利用、发展循环经济、供热锅炉安装脱硫脱硝、空气在线监测等措施，空气环境质量优良，以往"大量生产、大量消耗、大量排放"的生产模式和消费模式得到了有效治理。

天蓝、水清、土肥、米香是二九〇农场的自然名片。拥有 76.72 万亩耕地面积的二九〇农场现已成为国家重要的商品粮基地、绿色食品原料基地、国家生态农业示范区，享有"全国产粮大场"的美誉。俯瞰二九〇，黑龙江、松花江南北交汇向东奔涌，农场境内泡泽河流纵横交错，丰盈的水资源为农场发展寒地水稻种植提供了先天优势，无污染的黑龙江水经灌区流入田间，滋润万顷良田……

明珠耀两江，水韵鱼米乡。站在这 825 平方公里的土地上放眼眺望，耕田灌渠阡陌纵横，蓝天碧水琴瑟相合，造化之美和耕种之丰的匠心独运，赋予了这片土地非凡的灵性。在这里你能感受到人与自然的和谐，上天造物的神韵，这里是你回归自然的宜居胜地。

1955 年农建二师五团战士建设第一批职工宿舍

往事不如烟

青海省贵南草业开发有限责任公司　杨丰节

青海省贵南牧场有一批来自河南省淅川县丹江岸边的移民支边人员。

南水北调　迁徙故园

我国水资源分布情况为南方丰富、北方贫乏。1953 年 2 月 19 日至 21 日，毛泽东主席视察长江，他站在"长江"号舰的甲板上，再次就南水北调这一问题询问陪同他的水利专家林一山。说起向南方"借水"之事，谈到选址，毛主席令林一山勘察，有关专家后期进行勘测研究后确定了水利工程的位置。一个规模宏大、举世罕见、牵动几代国人之心的宏伟蓝图就此诞生。1958 年 3 月，中央政治局在成都召开扩大会议，决定兴建丹江口水利枢纽工程。

淅川县地处豫、鄂、陕三省接合部，丹、淅二水穿境而过。境内山峦起伏，秀峰积翠，水资源丰富，是丹江口水库的主要库区。丹江水库南水北调中线初期工程于 1958 年动工，1973 年竣工。工程淹没淅川县 54.3 万亩土地，占总淹没面积的 48.4%。初期工程动迁移民 20.2 万人，分别安置在青海、河南、湖北三省七县市。

丹江大坝在建，淅川县城在拆，移民如何安置？往何处迁？一时间议论纷纷……正当苦于寻找对策的时候，中央北戴河会议做出了决定：动员人口密集的平原地区青年去支援边疆建设。

移民支边　备尝艰辛

1959 年，第一批 8008 名支边青年全部到达西宁后，分三队由带队的领导带往不同地点。其中第二队是来自滔河、宋湾两个公社的 2765 人，于 1959 年 3 月由李纪奎带领从西宁前往海南藏族自治州贵德县尕让乡一个叫德诺切村的青年农场和常牧乡豆后漏村的青年农场。德诺切村四面都是高山，想平一个场院都选不出地址。烧的柴火要到离队部 30 公里的灌木林里去砍，饮水要到 3 华里以外用毛驴去驮。由于没有交通工具，只能派人去离驻地 30 公里以外的白马寺粮站扛粮。由于海拔高，内地人来到这里走路都吃力，很多人有严重的高原反应。

1959 年 9 月 14 日，尕让、常牧青年农场被撤销，人员移交青海省贵南牧场。当时前往贵南牧场的还有在贵德河西青年农场工作的来自河南濮阳的 1000 多名支边青年。1960 年，淅川县组织支边青年和家属迁往青海省安家落户，这是第二批支边人员，其中前往贵南牧场的有 3630 人。两批前往贵南牧场的共计 6395 人。他们怀着美好的愿望，带着亲人的嘱托，从丹江两岸走出去，从秀美的淅川奔赴青海茫茫雪域高原落户安家。

贵南牧场地处偏远高寒牧区，海拔 3000 多米，长冬无夏，春秋相连。此处干旱少雨，风沙大，再加之交通不便，物资匮乏，又处在三年困难时期，移民支边人员的生活是极其艰苦的。供应粮食定量不断下降，连饭都吃不饱，且高原不像内地，连野菜都挖不到。尽管大家吃不饱，但开荒任务必须完成，男人每天 0.35 亩，女人每天 0.3 亩。

当时，绝大多数移民支边青年都被分配到荒无人烟的荒滩上，住在地窝子和破帐篷里。外面的风沙有多大，屋里的尘土就有多厚。有人形象地写道："夜间狐狸嗷嗷叫，狂风沙暴帐篷翻；十冬腊月天酷寒，移民开荒在草滩。"支边时发的棉袄常年不离身，很快就变成了"爆花袄"，扣子掉了，就用绳子往腰里一扎，活像一群叫花子。因气候恶劣、生活条件极端艰苦且劳动任务极其繁重，浮肿病人达 40% 左右。每提及那时，不禁使人备感心酸，潸然泪下。就是在那样艰苦的岁月里，广大移民支边青年发扬不怕苦、不怕累的革命乐观主义精神，以手工镢头为主要工具，流血流汗，为牧场开辟了大片耕地。

由于国内外形势的变化，贵南牧场于 1961 年 9 月第二次归军，名称为贵南军马场，以饲养军马、为国防建设培育军骡马为主业。归军后，虽然生活条件有所改善，但生产生活环境依然是非常艰苦的。作为马场养马和生产基地的穆格滩海拔 3000 多米，面积 197 万亩，史称"沙州"（《魏书·吐谷浑传》云"部内有黄沙，周回数百里，不生草木，因号沙州"）。穆格滩上无自然水源，更没有树，牧工生活用水和饮马依靠人工铺设的引水管道解决，自然条件十分严酷。军马是无言的战士，放养军马是一项对责任心要求很强的政治任务。就这样，很多留场的移民支边青年又从种庄稼的农工变成了放养军马的牧工，手拿马鞭，穿着厚重的放牧大衣，摸爬滚打，但是他们依然无怨无悔，唱着《毛主席的战士最听党的话》《我爱马场我爱马》等歌曲。夏天顶着烈日，唯一的阴凉就是马肚子底下；冬天穿着几十斤重的放牧大衣，脚套毡靴，即便如此，也抵挡不住零下二三十度的风雪严寒。深夜眼望无际的星空，只有靠经验和感觉才能知道马群遇到没遇到狼、是否安全。如果遇到沙尘暴和暴风雪等极端天气，那所遭遇的危险和艰难是可想而知的。就是在那种艰苦的环境下，作为军马场生力军的移民支边青年和全场职工一道风餐露宿、爬冰卧雪，为国防建设培育了大批军骡马，在贵南军马场生产高峰，军马曾达到近万匹。

扎根高原　无私奉献

淅川县移民支边人员最后留场的估计在 10％左右，也就是五六百人。因为淅川县来场移民支边人员基数大，这些人成家立业，加上"马二代"子女，在贵南牧场的职工比例中占比还是比较大的。所以，在贵南牧场就有了这个形象的说法"贵南牧场百分之六七十是河南人，河南人中百分之六七十是淅川人"。

1976 年，军马场下放地方后，军马变民马，马价大跌，形成亏损。严峻的生存挑战再次考验着作为牧场生力军的移民支边青年及其子女，经过调查研究，牧场最终确定了依靠近 30 万亩耕地资源，转型以农业为主，而且要以种植经济作物为主，以取得较好经济效益的发展方向。

　　牧场所处的自然环境十分严酷，生态脆弱，干旱、沙尘暴、雪灾等灾害频发。每年3—4月都要刮至少5次八级以上大风，穆格滩本身沙漠面积就比较大，大风常把田间地表播入的种子一起刮走，八级以上的强风甚至会卷起黄沙覆盖草原，刮得天昏地暗，给农牧业生产造成极大损失。另外，干旱、雪灾也很频繁。就是在这种环境下，广大移民支边青年与全场职工发扬"以场为家，艰苦创业"的军牧人精神，开始了新的创业。经过全场职工的不懈努力，20世纪80至90年代，牧场被原农业部授予全国"振兴农业"先进单位称号。

　　"风萧萧而异响，马寒鸣而不息"，河南省淅川县丹江岸边的支边移民留场人员及其子女历尽艰辛、顽强生存，奉献在牧场的各条战线上。他们为了支持国家建设泪别桑梓，远离故土，扎根雪域高原，"舍小家，顾大家，为国家"，以场为家，艰苦创业。他们勤勤恳恳、默默无闻地献出了青春，献出了终生，也献出了子孙。值得安慰和自豪的是，2015年3月，有识之士在丹江岸边为丹江水库16.5万名远离故土的移民建立了一座"移民丰碑"，其中也镌刻着来青海贵南牧场的第一批移民支边人员的名字。

我的农场　我的故事

见证农场的变迁

内蒙古上库力农场　徐　德

　　我的家乡上库力农场坐落在兴安岭北段西麓，位于呼伦贝尔额尔古纳河支流的根河畔。上库力是鄂温克语，"口袋"的意思。因农场东、南、北三面环山，西面较为开阔平坦，形似口袋，故得此名。

　　1956 年 3 月初，呼和达巴机耕农场（现上库力农场）成立。农场总人口 220 人，职工 134 人，其中固定职工 110 人。拥有链轨拖拉机等农机具 64 台（件），牲畜总数 782 头（匹）。当年总播种面积 7500 亩，小麦是主要农作物，单产只有 30 公斤。

　　到 2020 年末辖区总面积 163 万亩，耕地 60 万亩。农场下设 9 个生产队，9 个场直单位。全场总户数 2236 户，总人口 5965 人，在岗职工 1312 人。现代农牧业机械 1913 台（件），机械总动力 44726 千瓦，农牧业机械化综合水平达到百分之百。上库力农场历经 65 年的拼搏奋进，已经发展成了大型的现代化农垦企业。作为亲历者，让我从衣、食、住、行四个方面来讲述一下昨天和今天的故事。

衣　着

　　穿衣是生活大事。20 世纪 50 至 60 年代，国家实行计划经济，买布用布票，每人一年发二十几尺布票。冬棉夏单，我们这些淘小子，一身新衣服没穿几天，屁股、膝盖就烂了，衣服上补丁摞补丁。"老大穿新，老二穿旧，老三穿个破袄袖"。那时的"平纹""卡其""华达呢"等棉布料不结实，不如 60 年代后期的"的确良"经穿耐磨，但价格偏贵，买件衬衣需 10 多元，相当于当时一级农工 10 多天的工资！

1973 年冬，我参军入伍，领到两身"的确良"单衣，穿上这套夏装，我甭提有多高兴了。那时年轻人结婚，女方除了要手表、自行车、收音机、缝纫机作为聘礼外，还得要两套"的确良"时装，可见当时人们对"的确良"的青睐。

进入 21 世纪，人们又返璞归真了，天然的棉、麻、丝、毛等衣料又悄然时兴。"的确良"只用来加工制作军队作训服、蓝领们的工装以及学生军训的制服。

饮　食

俗话说得好："民以食为天"。1958 年，要填饱肚子可是件困难事。由于三年困难时期等原因，农场工人的口粮从每月 35 斤减少到 30 斤，家属从 28 斤减少到 25 斤，食用油每月仅 2 两，少得可怜。那时每家孩子多，少则四五个，多则七八个，大白菜、土豆是上等主食，婆婆丁、苣荬菜、苋菜等野菜作为副食。由于没有油水，小孩们都骨瘦如柴，成了"大肚子蝈蝈"，肚皮上青筋凸起。那时农作物只有小麦、大麦和燕麦，遇到好年景亩产也就 80 多公斤。到了 1962 年，农场职工生活有了改善，三餐都能吃上黑面馒头。国家惠民政策也落实到农场，每户都分有一二亩自留地，用于种植土豆、白菜等。农场还分给每户一头（匹）牛马，作为自留牲畜。

有了宽松的政策，职工家庭禽畜养殖业也活跃起来。但是，肉、蛋、奶大部分都舍不得自己吃，而是卖掉置换衣帽鞋袜、油盐酱醋等生活必需品，以及孩子的学习用品等，家里来客人桌上有盘炒鸡蛋就很有面子了。

1965 年，农场购进了 4 台磨面机，从此职工吃上了一、二、三号面粉。但 1 毛 5 分钱一斤的一号面还是比较贵的，只有年节才能吃上。大米和杂粮更是稀罕物，妇女坐月子时，凭全国粮票到国家粮店才能买到 5 斤小米。职工患病有医生证明和粮票，也能买到两三斤大米。

记得 1977 年，我从部队休假探家，带回来 20 多斤大米。全家人可乐坏了，美美地吃了一顿。但仅此一顿，其余的存放起来，等来客人和过年用。有一次来了一位本家的大爷，母亲焖了一小锅大米饭待客，主客都盛满碗，弟弟妹妹们都分得半碗，锅里剩得不多。二弟狼吞虎咽吃完半碗饭，又蹭到灶边要盛饭，父亲狠狠地瞪了他一眼，吓得他躲到门后不敢出来。

20 世纪 80 年代，经济快速发展，人民生活水平有了很大提高，粮票等各种票证逐渐被取消。1982 年，农场用白面从江苏换回几十吨大米，职工欢呼雀跃，争相购买。

进入 21 世纪，人们讲究吃饱、吃好。粮食种类应有尽有，灶上生着火，突然想吃啥马上去买都来得及。各种禽畜肉类再也不是年节特供了，就连生猛海鲜也不是稀罕物，只要舍得花钱，很快就能吃到嘴里。生活好了，人们也吃出了品位，吃出了文化。

住　房

我们家是 1939 年来上库力的老住户。当时 200 多户的屯子，仅有 19 户中国居民，大多数是苏联人。中国人有从山东、河北闯关东来到这里的，他们靠给苏联大户人家打长短工维持生计，俗称"吃劳金"。一些富裕的苏联人，居住着七八十平方米的松木垛，困难的则住着二三十平方米的杨木垛。当时我家住的是近 20 平方米的地窖子，虽然低矮昏暗，冬天却很保暖。一到夏天可就遭罪了，屋内阴暗潮湿，行李家具要经常晾晒。遇到阴雨天就更糟了，草房盖到处漏雨，苦不堪言。1962 年，第二批苏侨回国，我家买了间杨木垛仓库翻盖成住房，终于住上了木头垛房屋！到了 20 世纪80 年代又翻盖了一次，现在已经闲置多年了。

建厂初期的职工住房，只有土坯房和叉泥房。20 世纪 60 至 70 年代，建了南北 3 座两层大楼，北大楼是当年施工当年居住，是座石头墙红瓦盖的百米大楼。各生产队也都建了十几家一栋的石头趟房。1966 年建起一栋 832 平方米的职工俱乐部，是建场十周年的标志性建筑。20 世纪 90 年代中期，又时兴起俄式松木垛。铁皮盖、大玻璃窗及现代风格的室内装修，凸显出农场人的经济实力！

2007 年农场职工集资新建住宅楼，当年竣工 3 栋，72 户入住。随着国家新农村建设步伐的加快，新楼逐年建起，面积在 60～110 平方米，至 2017 年共建设 35 栋新楼，彻底改变了农垦人的住房条件。

出　行

建场初期，出行是一大难题，出门办事或是走亲访友，开"11号车"行百八十里路是家常便饭。遇急事时向苏联乡亲借一辆四轮马车或一张马爬犁，便是最快捷的出行方式了。若是去海拉尔等地，只能搭乘拉脚儿的车辆，一行十几二十几辆马车，起早贪黑3天才能到海拉尔，可见出行之难。

那时农场只有1台苏联产的汽车和6台轮式拖拉机，主要用来运输物资。大部分运输靠牛马拉的木制四轮车和爬犁，每个生产队也有几挂4匹马拉的胶轮大车。1958年以后，农场逐渐添置了国产"解放"牌汽车，但道路状况糟糕，海拉尔至额尔古纳旗三河镇300多里，路况都不太好。有的路段一到春季就泛浆，夏天雨季泥泞不堪，冬季又常常大雪封路通不了几天车，客运汽车更是难得有几个正常班次。

1974年，黑龙江农垦总局给农场调入一台嫩江产大客车，"出行难"问题才有所改善。汽车队运输车和油罐车到海拉尔运货，经常是链轨拖拉机前面开路，推土机后面护送。上库力到拉布大林20公里就得走一天，陷车是常事，防滑链、钢丝绳也是行车的必备品。

1988年，农场逐年购置装载机、推土机、自卸汽车等筑路机械，开始场部至各生产队的公路网建设。经过10多年的艰苦奋战，完善了10个生产队、115公里的砂石路网格化建设，田间道也得以修缮，彻底解决了运粮难问题。

2008年，政府投资修筑了屯内水泥路。2009年上库力至拉布大林8米宽的柏油路通车。2015年，海拉尔至根河市省级双向四车道公路全线贯通，上库力至前进村约25千米的水泥路也通了车。如今，家乡的道路四通八达，畅通无阻。

进入21世纪，职工的代步工具由20世纪90年代的摩托车，逐渐换成了小货车和小客车，仅2010年就购进私家机动车300多台，职工生活水平可见一斑。如今出趟门儿，油门一踩，百八十公里也就1个多小时。遇到节假日全家游山玩水、探亲访友更是"抬腿之劳"。

大 开 荒

湖南省西洞庭管理区　肖尚久

1955 年 10 月的一个清晨，当朝阳把它那暖人的光辉洒向大地的时候，伴随着一阵阵"嘟嘟嘟"的出工哨声，从几栋茅棚里蹦出了一群生龙活虎的小伙子。他们头戴草帽，脚穿胶底鞋，有的拿着茅镰刀，有的扛着长把刀，迅速集合起来，在队长云月生的率领下，雄赳赳、气昂昂地向那芦苇遍地、草树杂生的野外走去，正式拉开了国营西洞庭农场第二作业区五队秋季大开荒的序幕。

几天前，农场党委向全场 10 个生产队发出了大开荒的动员令。五队要在一个月的时间内，把两千亩芦苇砍光、烧光，并要把地犁转、耙碎。为了尽快完成开荒任务，队部早就做好了人力、物力上的准备。全队 100 多劳力编成了 10 个突击组。张喜桥编在第一组，组长是袁赐福。那天是大开荒的第一天，所以小伙子们显得格外精神抖擞、英气勃勃。

到开荒地点后，云队长给各突击组分配了任务，各突击组组长又把任务分给组员，每人分了一小块地。任务要求是：地里要砍光，芦苇蔸、柳树蔸不能留深了，要边砍边捆，最后还要码成垛。任务布置完毕，大家就动手砍了起来。

野地里，芦苇又深又粗，密不透风，中间不时夹着一棵杨柳树。砍了一段时间之后，人累了，就利用抽烟的空隙喘口气，烟一抽完便挥舞毛镰继续砍。

吃中饭的时候到了，饭菜是送到地里吃的。组长一喊"吃饭了"，大家马上围拢来，刀子一甩，拿起碗筷装满饭，狼吞虎咽吃了起来。虽说是寻常饭菜，大家却吃得津津有味。饭后，有一阵短暂的休息时间，人们睡的睡、坐的坐，扯白话、拉家常，各得其乐。下午，大家继续干。当晚霞把西天映得一片通红的时候，组长喊"收工了"，大家便披上衣服，拿起工具，带着几分倦意向队部走去。

就这样，一天天砍着，苦是够苦的了。当时，队部提出了"二个六"，即早上六点出工，晚上六点收工，而且每天规定了任务，完不成队员们会感到很丢人，拼死拼活也要完成。队里开展了社会主义劳动竞赛，流动红旗插到组，个人记小功。不过，这荣誉不好得，一天下来，浑身就像散了架，芦苇叶把皮肤蜇得火辣辣地痛。有时碰着一株柳树，刀子砍上去，一弹一跳，震得虎口发麻，加上冷风一吹，很多人的手背就开坼了，沁出了丝丝鲜血。

在这繁重的劳动中，也会不时产生一些意想不到的乐趣。有时，砍着砍着，突然从芦苇丛中跳出一只野兔，瞪着红红的眼睛，慌不择路地四处乱窜。这时，大家便一呼百应，挥舞着镰刀、木棒，从四面八方围追堵截，把兔子抓到手，回去改善生活。有一次，竟从里面赶出了一只山羊。不过那家伙腿杆长，还没等人们围拢来，便几蹿几跳，跑得没影了，大家只好叹息没得口福。芦苇丛中最多的是乌龟，大的有一斤多。

当芦苇快要砍完的时候，拖拉机就来犁地。要犁地，先得把芦苇垛烧掉。烧芦苇垛大家都喜欢，当橘红色的火苗冲天而起时，人们尽情地享受着"噼里啪啦"的炸裂声的乐趣，忘记了劳累。记得那天还未出工，云队长便对大家说："告诉你们一个好消息，农场给我们派来了拖拉机，从今天开始，要把砍出来的地犁完、耙碎。大家现在可以去看看。"一听说拖拉机来了，人们都像小孩子过年一样，欢蹦乱跳地向地里跑去。只见砍过荒的地里，四台拖拉机冒出一道道黑烟，"轰轰隆隆"地吼叫着，拖着锃亮的铧犁，势不可挡地开了过来。所到之处，泥坯就像波浪一样翻滚而出，柳树蔸也毫不费力地拱了出来。大家跟在后面，一边欢笑，一边议论："这铁家伙真神，犁得这么深，又这么快！"只见犁过的地里，泥块又黑又亮，肥得好像可以用手攥出油来。地犁完后，便用重耙砍。那家伙威力也很大，芦苇蔸、柳树蔸都被砍得粉碎。

岁月蹉跎，往事如烟。从张喜桥 1955 年 3 月来场，弹指间，已六十多个春秋。然而，1955 年秋季大开荒的一幕幕情景却使这位耄耋老人终生难忘。那芦苇、那大火、那劳累、那野趣……常常使他激动。因为他们第一代农垦人，当年就是凭着一股不怕苦、不怕累、勇于拼搏、勇于开拓进取的精神，艰苦创业，把一个芦苇遍地的荒原开垦成了物产富饶的鱼米之乡。尽管当年吃足了苦，但老人为自己是这开垦大军中的一员而深感自豪。

那山，那农场

辽宁首山农场　沈　军

在富庶肥沃的辽南大地上，有一座小有名气的山，叫首山。首山是千山山脉的首峰，虽不算很高，也远近闻名。既是自古以来的兵家必争之地，也是人们攀爬驻足流连的好去处。风景秀丽的首山脚下有一个国有农场，因依山而建，得名首山农场。

首山农场建于 1954 年，是辽阳唯一一家国有农场，也是辽宁 120 多家国有农场中的一员。首山农场占地不是很大，仅有 23 平方公里，职工不到 1 万人，可就是这么一个小小的农场，在 60 多年的艰苦奋斗过程中，创造了令人瞩目的业绩。首山农场属于近郊型农场，距离辽阳市中心很近，这里曾是辽阳畜牧基地和副食品生产基地，为辽阳人民和当地驻军提供优质的农副产品，在历史上有过辉煌，特别是在计划经济条件下，义不容辞地担负起辽阳农业"国家队"和"主力军"的重任。那时的农场，真令人神往；那时的农场人，也真让人羡慕。这里的人很早就吃上了在国营粮站领到的大米、白面，那时叫"细粮"。周边的村民如果想买农场生产的砖瓦，要排很长的队，或者要找"很大的官"审批。作为土生土长的农场人，那时只知道大米、白面比高粱米好吃，只知道我们这里和邻近的村落不一样，还没有对农场产生真正的感情，年龄也小，了解得也不多，直到后来成为农场的一员了，目睹并亲身经历了农场的沧桑变化之后，才真正体会到农场的韵味——那深沉的底蕴和求实奋进的精神。

在经济体制转型时期，首山农场同大多数农场一样，经历了困顿和阵痛。在计划经济条件下你搞得越好，转变为市场经济就会越慢越困难。那时的农场和农场人不但要承担改革的压力，更要承受心理上的负担。农场只有自己杀出一条路，才能绝处逢生。经过几轮刮骨疗毒和断臂求生式的体制和机制变革，农场又重新恢复了生机和活力。通过招商引资引进了几个在全省、全市都很有影响力的大企业，通过内部挖潜建起了各类经济园区和基地，通过资产重组开辟了多种经济共存的发展路子，还搞了房地产开发，建设了属于农垦人的生活小区，祖祖辈辈居住在平房里的农垦职工搬进了楼房，欢喜之情溢于言表，幸福的感觉充满周身。更为喜人的是，这里建立了全市当时唯一一所九年一贯制学校，职工子弟可以在这里安心读书，求知求学，放飞梦想。2003 年，国家出台政策，我们这里的职工全员进了社保体系，这件事在当时还没有引起太大的注意，可现在不得了，退休职工每月能拿到三四千块钱的退休金，还有这项那项的待遇，简直就是做梦也想不到和不敢想的好事。所以，现在农场退休的都怡然自乐，没退的也有奔头。退了的，每天在文化广场上要要秧歌、跳跳广场舞；没退的，安心生产，向往着退休后的美好的生活。

国家进入了新时代，首山农场的经济和民生每天都在发生着变化。这种变化是深入人心的，既承载着农场的过去，也预示着农场的未来。相信，在不久的将来，我们的国家会更加富强昌盛，我们的农场也会更加繁荣美丽。

追忆南泥湾精神

陕西南泥湾集团　刘振琴

"花篮的花儿香,听我来唱一唱,唱一呀唱,来到了南泥湾,南泥湾好地方……"一首《南泥湾》,让位于延安城 40 多公里外的南泥湾享誉大江南北。南泥湾是中国农垦、军垦的发祥地,是南泥湾精神的形成地。三五九旅进驻南泥湾开展大生产运动,为当时解放区克服严重的物资困难,粉碎敌人的封锁和夺取抗战胜利奠定了坚实的物质基础。新时期,在改革春风的号角下,勤劳的南泥湾人力求蜕变,不断革新,与时俱进。

南泥湾开垦之艰辛

三五九旅进驻之前的南泥湾,野草丛生、荆棘遍野、人迹稀少,是荒凉之地,被大家称之为"烂泥湾"。1939 年开始,日军的进攻、国民党的军事包围和经济封锁,使解放区的财政经济出现严重困难。面对困难,毛泽东同志说:"饿死呢?解散呢?还是自己动手呢?饿死是没有一个人赞成的,解散也是没有一个人赞成的,还是自己动手吧——这就是我们的回答。"1941 年的春天,在"一把锄头一支枪,生产自给保卫党中央"的口号声中,王震率领三五九旅的战士们,手握镢头,肩扛钢枪,在荆棘林中开出一条通往南泥湾的路,从绥德进驻南泥湾。初到南泥湾,面对"三个没有",即"没有住的、没有吃的、没有生产工具",三五九旅的战士们,自力更生,奋发图强,或用泥浆将砍下来的树枝和茅草糊起来搭成草棚,或打窑洞,解决了住的问题;挖野菜、打猎,甚至到百里之外扛盐、背粮,解决了吃的问题;收集旧钢铁,甚至过黄河,到黄河的东边搜集废弃的铁轨、炮弹壳来打铁,又解决了生产工具的问题。

南泥湾故事之感人

大生产运动中，南泥湾出现了数不尽的感人故事，有 15 小时持续开荒 5 亩多地的七一八团九连连长白银雪，有失去左臂不能拿起镢头、就给战士们做饭烧水的七一八团政委左齐，也有被称为"气死牛"的郝树才，正是因为有这样一群不畏困难的英勇模范，大生产运动才能取得辉煌的成就。其中，郝树才的故事最广为流传。郝树才，清涧郝家南沟人，幼年时举家逃难，流落到延长县谭石原村。1935 年参加红军，被编入红二十五军二五〇团机枪连。先后参加过榆林桥、劳山（现崂山）、直罗镇和平型关等著名战斗、战役，3 次负伤、4 次立特等功、两次被评为特等战斗英雄。1941 年，郝树才任三五九旅排长，随部队开进南泥湾。开荒初期，一般人一天仅开 1 分荒地，而他创造了 5 分的纪录。当他开荒纪录刷新到 1.5 亩时，团首长号召全团向他看齐。1943 年春，部队在甘泉清泉沟举行开荒能手比赛，郝树才创造了一天开荒 4.23 亩的全军最高纪录，震动边区，被誉为"气死牛"。1943 年，郝树才个人开荒 100 亩，秋收粗粮 20 石。他带领的排为全连模范，所在连开荒地 2000 亩，打粮 400 石，列全团之首。郝树才多次被评为劳动英雄，1943 年和 1945 年两次出席边区劳动英雄代表大会，被授予"特等劳动英雄"称号，荣获部队和政府嘉奖，毛主席和朱总司令曾亲自接见他。

南泥湾成绩之喜人

南泥湾开荒取得的成果喜人，意义重大，这主要体现在两个方面：

一是物资成果丰硕。经过三年多的奋斗，南泥湾开垦取得了丰硕的成绩。据统计，1941 年，三五九旅的战士们开荒 1.12 万亩，产粮 1200 石，蔬菜实现完全自给。到 1943 年，开荒达到 10 万多亩，产粮 12000 石，实现了"不要政府一粒米，一寸布，一文钱"的奋斗目标，做到了粮食和经费的全部自给。1944 年底，南泥湾种植面积达 26 万多亩，收获粮食 37000 石，并于当年向陕甘宁边区政府缴纳公粮 10000 石。除了开荒打粮，三五九旅还搞了很多副业，有畜牧业、运输业、被服厂、造纸厂、肥皂厂，解决了本旅生活的需要。到 1944 年，三五九旅就把荆棘遍野、荒无人烟的南泥湾变成了"处处是庄稼，遍地是牛羊"的陕北好江南。二是精神财富永恒。在南泥湾开展的大生产运动，形成了以"自力更生、艰苦奋斗"的革命精神，"调查研究、实事求是"的工作方法，"上下一致、共克时艰"的优良作风，"敢于创造、敢为人先"的进取精神为主要内容的南泥湾精神。

　　如今的南泥湾发展蓝图已绘就。几经改革，按照"农垦集团化、农场企业化"的发展思路，2019 年 12 月 12 日，"延安市南泥湾农场有限责任公司"与"延安南泥湾开发区发展（集团）有限公司"重组，成立了延安南泥湾（集团）有限责任公司，并按照"建设一个小镇、打造特色产业、带动旅游发展、实现共同富裕"的发展思路，努力把南泥湾集团建成集农垦历史纪念、红色旅游、教育培训、现代农业示范、生态农产品供应于一体的多功能现代化企业。

我与农场共成长

北京南郊农场　陈静园

北京市南郊农场成立于 1949 年，是伴随着新中国成立而发展起来的国有农场。在这片曾经是皇家猎场的土地上，一代代勤劳的南郊人年复一年，在这里播撒着辛勤和汗水，收获着丰收的喜悦和希望，把猎场变成了鱼米之乡。

2001 年 7 月，我从北京农学院园林专业毕业，来到了南郊农场下属的南郊农管中心工作。此时的南郊农管中心是一个以种植小麦、青饲玉米为主的典型农业企业。作为一个新入职的学生，"地多、钱少、人好"，是我对企业最初的印象。南郊农管是在 1998 年由旧宫、德茂、亦庄等多个农业队和数个农业服务公司合并而成的。初来乍到，让在城市里长大的我第一次兴奋地见到了近万亩的良田。在 7 月的烈日下，一望无际的玉米叶熠熠发光。然而，初来的兴奋在发工资的日子戛然而止。手里握着那几张皱巴巴的纸币，不到一千元的工资，比较同学们两三千的收入，我的心里不禁阵阵酸楚。当我逐渐了解到，农业种植是微利的行业，基层职工的平均工资只有六七百元时，我迷茫了，动摇了，觉得看不到企业的未来，自己在这里没有发展。然而，各级领导和同事对我关怀备至，他们为我提供最周到的住宿条件、购买最先进的专业设计设备、提供最充分的学习培训机会。"小陈，爱吃哪些菜，以后咱们常做""小陈，画图别老熬夜，得多休息"——让我最终选择留下来的，就是这一句句暖心的话语，就是这一份份发自肺腑的诚挚，就是这南郊农场最浓厚的人情味儿。

随着北京市绿化建设工作的不断升级和推进，农管中心也开始乘风起航，开启了奋进时代！在农管中心的区域内，2001 年旧宫地区建设了共计 1300 亩的北京市第一道绿化隔离带，2005 年在金星和西毓顺地区建设了共计 1200 余亩的北京市第二道绿化隔离带。同时，在黄亦路和五环路的两侧，也有近千亩绿化带建设工作实施完成。企业紧紧抓住绿色发展这个契机，密切结合南郊农场红色历史的浓厚底蕴，从 2005 年开始规划建设红星集体农庄都市园区。我当时作为绿化技术人员，也有幸参与了红星集体农庄的设计施工，负责对毛主席主题广场、园林休闲苗圃、四合院区域以及韶膳餐厅进行场地设计和绿化设计。在场领导班子的带领下，一个占地 1800 亩，包括有机果园、观光苗圃、韶膳餐厅、水培花卉，集果品采摘、旅游餐饮、观光休闲为一体的都市农业新园区，在一片荒芜、贫瘠的盐碱地里拔地而起，彻底改变了上粮下饲的传统农业模式。同时，企业充分利用绿化隔离带的建设指标，在南五环饮鹿池桥边的黄金地带，建设了占地 160 亩的北京五环金州物流园区。整齐的办公用房和库房、宽阔的地面停车场、专业的物流管理团队，成了全农场、全区域资产经营的样板企业。在都市农业和资产经营的共同助力下，农管中心驶入了经济发展的快车道。

2016 年，由于北京市城市功能的新定位，南郊农管辖区内数万平方米的建筑需要疏解腾退。这时，我已经成了企业领导班子的一名成员。对于疏解腾退这项工作，我也曾因为疏解工作开展的诸多困难、腾退后企业的出路等问题，产生过困惑和迷茫。然而，南郊农管上下一心，充分发挥"勇担当、善作为、敢碰硬、争一流"的精神，攻坚克难，圆满完成了疏解腾退 58 万平方米的任务指标，树立了北京市疏解腾退工作的标杆。从 2018 年开始，南郊农管通过建设占地 3 万平方米拥有高智能、专业化足球场地的旧宫体育公园，提升了资产经营的品质；通过建设占地 900 余亩的首农食品集团西毓顺公园，绿化美化了区域环境；通过"一园三区"的新规划，进一步提升了红星集体农庄都市农业品牌的美誉度。通过整治促提升的一系列工作，南郊农管经济效益屡创佳绩，职工收入节节攀升，实现了"产业优良、环境友好、职工幸福"的美好愿景。

时间的车轮滚滚不息，我在南郊这片热土上已经工作了二十几个年头。无论工作岗位、工作职务如何变化，我始终不忘自己是一名农管人，更是一名农场人。在这二十几年里，企业经历了迷茫、奋进、大发展的历程，我也从青春的懵懂逐渐历练成熟。南郊农场已经真真切切地融入了我的身体，它是我的精神支柱，我的动力源泉，热爱它、建设它、歌颂它，将是我毕生不变的信念！

我与将军同行的那几天

呼伦贝尔浩特陶海农牧场　刘国鑫　胡永红

我叫窦有恩，20岁那年，便来到浩特陶海牧场，被分配到三间房蔬菜队干活。三间房就是现在五队南面的河套边，以前那里是一个菜地，我负责给菜地浇水，用的是马拉水磨，现在那个工具已经看不到了，但是在那个年代，还算是先进的工具，比人提水省劲多了。那几年我干的活比较杂，啥活都能干，也肯干，所以领导们都愿意找我。我前前后后干过很多工作，在砖瓦厂工资最高，一个月150元左右，在那个年代算高收入。

1961年刚过完春节，领导问我："怕累不？"我说："能累死不？只要累不死我就不怕！"就这样，我开始跟着程大勇师傅，他开"解放"牌汽车，我当装卸工。装卸工很累，但很充实。在跟车的这段时间里，我认识了很多农场外地方上的朋友。就连牧管局的领导们也都认识我了，大家都知道小窦是一个干活实在的人，不仅从不惜力，责任心还特别强。

1961年6月的一个傍晚，跟往常一样，我们几个工友下班后正在宿舍闲聊，突然接到通知，务必在第二天早上五点以前到牧管局报到。我马上告诉了程大勇师傅，程师傅叮嘱我给车加满油。机油壶加满后，我又把车子的挡风玻璃擦干净，收拾稳妥后，便早早睡了。

第二天一大早，不到五点我们就到了牧管局机关大院门口。已经有几台车先到了，有哈达图农牧场的，有特泥河农牧场的，还有其他几个场的共计6台解放车和4台212吉普车。这时，副盟长、牧管局党委书记乔杰林和牧管局局长乌嫩陪着一个朴实"老农民"模样的人上了楼。我们都不知道他是谁，也不知道要干什么去，问别人也都说不知道。

吃完早饭回到办公室我就去打听了："乌局长，车到底干啥去啊？"乌嫩局长说："你打听这个干啥？"我说："要是在市里还行，要是往外走，车的油也不够啊!"乔副盟长说:"早就给你们安排好了,去油库装!"我们6台"解放"牌汽车便都去油库装上了满满的油。很快,我们就出发了,目的地是三河马场。

那时候,道路基本都是土路,特别难走,尤其是夏天刚下完雨,有很多路段都会陷车。程大勇师傅熟悉路况,我们的车便在最前面,第一站抵达的是我们浩特陶海牧场的海东队。"老农民"下车后说的第一句话就是:"这么肥沃的土地,哪有不开荒的道理?"到哈达图农牧场场部之前一直都很顺利,到了场部附近就开始陷车了。一陷车我们就得下车挖,车拉或是垫石头,能想到的办法都用上了。第一天,我们是在哈达图牧场九一分场住的,吃的是羊肉馅儿包子。饭店老板与我们也都认识,他知道我能吃,当时开玩笑地对我说:"你要是能吃20个包子,以后来我这儿吃饭不要钱。"包子有拳头大小,我一口气吃了25个,把大家都吓坏了,纷纷劝我别撑坏了肚子。年轻那会儿我的饭量还可以,25个包子虽然很饱,却也没有很撑的感觉。

第二天一大早,我们又出发了,中间在一〇五分场住了一个晚上。大家在路上一直讨论,能让副盟长和局长都陪着,那位"老农民"肯定不简单,说不定是个大官。我们眼见着他一路上都在查看地形、土质,却都猜不透他到底要干什么。我们一行人整整走了三天才到达三河马场。到三河马场后,从领导们的交谈中我们才知道,这位"老农民"竟然就是大名鼎鼎的王震将军。这下,我们的劲头更足了。接下来去苏沁农牧场,那个路更是难走得不得了。我冲在前面带领大家整整挖了一天的陷泥,车也没有过去。印象最深的就是,王震将军走过来,拍着我的肩膀说:"小伙子,今天你辛苦了!"我愣了一下,没想到王震将军这么和蔼可亲、平易近人,一点没有官架子,我挠着头皮憨憨笑道:"不辛苦!"在陷车的地方,王震将军还打趣地说道:"我们这儿的路况,比当年的南泥湾还是要好一点的。"

最后,我们费了九牛二虎之力还是没有把车拉出来,只好安排个会骑马的人赶紧到场部进行援助。场里立即给派了辆大车,这才把我们的车都拉了过去。当天下午我们赶到三河马场,又用了三天时间才回到海拉尔。与王震将军同行的这几天,我们着实体会到了王震将军心系垦区,关心百姓疾苦的情怀。每到一处,王震将军都会详细了解当地百姓吃不吃得饱、穿不穿得暖。

尽管近60年过去了,但我与王震将军同行的经历,至今难以忘怀。每当夜深人静的时候,王震将军的音容笑貌和朴实的话语,总是萦绕在我的脑海中。

格桑花开的季节

　　年轻时的你信誓旦旦要通过自己的努力走出大山，走出草原，走出父辈劳碌一生的贫瘠牧区，去大城市寻找梦想，实现抱负，可谁曾想到命运就像一个魔轮，转了一圈又再次将你带回到这里——康巴高原。我至今都还记得毕业那年，你手握父亲的电报，久久不曾说话，你告诉我，你要回去，回到昌台去，外面的世界再美，也没有奶龙湖边的昌台场通龙大草原美丽，你的根在那里，你要用你学到的知识回报养育你的昌台，你还说：格桑花是草原最美的花儿，它代表一种信念和纯洁，花开的季节，你在昌台等我。

　　为了那句承诺，我毅然决然地在我床头写下了"人往东走，心往西留"八个大字，不顾家人和朋友的反对，脱下金融白领的制服，穿上你熬夜编织的高领毛衣，背上20多斤的"马达"，匆匆地坐了4天公交奔向你，当我风尘仆仆地出现在挂着"甘孜州昌台国有农场"牌匾的大门口时，你穿着红毛衣，拿着脸盆和抹布，正在擦拭牌匾，盆掉在地上，人群一片哄笑，你全然不知，眼中闪烁着激动的光芒……

　　后来，我们结婚了，农场的同事为我们举行了盛大的婚礼，连场长的拖拉机都用上了。也是从那年开始，美丽的卓玛嫁给了隔壁挖金的王老板，帅气的大学生小张去了沿海，再后来，场部就只有老场长、会计阿姨和我们俩，你每天看着一望无际的草原和陈旧的场部设施设备叹息，工资发不出来了，为了生计我离开了昌台，离开了我们曾经驰骋打滚的草原、相拥而坐的奶龙湖，还有那匹在它背上可以看书的老马"天涯"和你，去到大城市打拼。家中很穷，但你依然将自己收拾得很干净，依旧每天将那个已经脱漆的昌台国有农场的牌匾擦得发亮，每次通电话你总是对我说，格桑花开的季节，在昌台等我。

那天，你打电话向我哭诉，老场长因为保护草场和牛群，被狼攻击，受伤了，会计阿姨出车祸去世了，昌台场要垮了。但哭过后，你接过了老场长的那根发亮的马鞭，继续擦拭那个字迹模糊的牌匾，继续在奶龙湖边的牧场坚守，你告诉我，日子会好起来的，格桑花开的季节，你在昌台等我。

2006年，我回去了，我说："跟我走吧，不用再坚守了，这里已经完全被历史淹没了，我可以养你、可以养家，我可以给你更好的生活。"但你从我的车上下来，抚摸那根代表坚守责任的马鞭，深情地凝视那个陈旧的牌匾，转过头说："你走吧，带上我们的孩子，有空来看我，我不会离开的，这里有我们共同的青春，有我们珍贵的记忆，有父辈的亲情。格桑花开的季节，我在昌台等你。"

去年，昌台场改革了，由自收自支生产单位划转为差额事业单位，由原来的单纯生产单位转变为科研试验基地，昌台牦牛也纳入国家品种资源名录，成为继甘孜藏区九龙牦牛后的第二个国家优质牦牛资源，青藏社区项目也落户昌台，白玉亚青寺日益爆红，旅游的人越来越多，昌台场终于再次焕发生机。我在昌台阿察镇上开了个民宿，你守候昌台，我守候你，因为你和昌台场在，所以通龙大草原四季都是格桑花开。

饮马竞逐新征程

甘肃省饮马农场　刘明军

　　饮马农场地处河西走廊西端，属典型的湖盆盐漠地域，生态条件虽严酷，但漫卷的风沙并没有阻挡开拓者的步伐。从 20 世纪 50 年代开始，数以万计的复转官兵、下放干部、支边青年和专业技术人员投身于饮马农场的建设。他们长年与戈壁为伍、和风沙做伴，吃窝窝头、喝盐碱水、住地窝子，凭着一腔热血和执着信念，从治理荒漠、建立生态农业系统开始，逐步发展农、工、商、建、运、服，自办科研、教育、卫生及其他社会事业。他们，就是饮马人。

　　饮马人用生命和汗水谱写着一部艰难的创业史，他们硬是从根本上改变了荒漠的模样，实现了从荒漠到绿洲的历史性跨越。

　　创业初期，饮马人克服了资金短缺、设备稀少、技术匮乏等困难，用最原始的铁锨、洋镐开挖多级明渠，铺设暗管，竖井排灌，修筑机耕路，平田整地……一步步把荒漠变成绿洲、把绿洲变成良田。

　　为了增强农业抵御自然灾害的能力，饮马人始终把加强农业基础设施建设、改善农业生产条件放在首位，从改良土壤、兴修水利、蓄养地力和引进优良农作物品种等方面入手，通过调整种植结构、推广模式化栽培、提高职工种植技术、推进科研成果转化等途径，基本上实现了农业产量从低产到高产的转变。

　　改革开放初期，饮马人按照"宜统则统，宜分则分，统分结合，以统为主"的原则，建立了"大农场套小农场"的双层经营机制。采取财务包干，推行家庭农场联产承包责任制，兴办职工家庭农场等一系列改革措施，逐步建立了优质啤酒大麦和啤酒花原料基地。农场还充分利用自身资源优势发展工业，创建了锰矿厂、铁矿厂、水泥厂、麦芽厂和啤酒花颗粒厂，开创了农、工、商综合发展的喜人局面。

饮马人坚持以经济发展为中心的同时，大力开展小城镇建设，农场面貌日新月异，不仅生活环境得到了前所未有的改观，"艰苦奋斗，勇于开拓"的农垦精神更是深入人心。饮马人共享着改革发展带来的物质成果，也浸润于传承创新中积淀的精神文化。

进入 21 世纪，饮马人因地制宜、未雨绸缪，全力以赴踏上继续改革发展之路。实行"两费自理、四到户"（家庭农场生产费和生活费自理，土地到户、农机到户、核算到户、盈亏风险责任到户）的农业生产管理模式，转变了饮马人吃"大锅饭"的思想，激发了广大职工群众的积极性、灵活性和创造性。通过种植食葵、茴香、孜然、苜蓿等经济作物，农场收入大幅度提升，饮马人陆续在城里买楼房、购小车，过上了冬天在城市生活、夏天在连队种地的幸福日子。

1960 年饮马农场挖排碱渠场景

实干才能梦想成真。进入新时代，饮马人与时俱进、蹄疾步稳。通过争取国家项目硬化机耕路，完成了所有连队通场部的柏油路工程，告别了"晴天一身土，雨天一身泥"的情形；通过"购进大农机，建设大条田，培育大产业"，实施中低产田改良改造和滴灌"水肥一体化"，全力发展"三大一化"现代农业，进一步夯实了农业发展基础；通过引进人才，发展订单农业，农资统一经营，农产品统一经营，土地统一经营，增添了企业活力，实现了经济稳步增长；通过林网建设、环境整治、美化绿化，打造了干净整洁、宜居宜业的新农场。

铭记历史，是为了不忘初心；重温历史，是为了牢记使命。60多年来，饮马人始终艰苦奋斗、顽强拼搏，极大地解放和发展了社会生产力；60多年来，饮马人始终上下求索，锐意进取，坚持走改革发展之路，促进了农场持续发展；60多年来，饮马人始终弘扬"艰苦奋斗，勇于开拓"的农垦精神，为农场发展作出了自己的不懈努力和艰辛探索。

"唯改革者进，唯创新者强，唯改革创新者胜。"今天，饮马人将努力跟上改革发展的新步伐，为饮马农场的再发展添砖加瓦；今天，饮马人定将以开辟未来的信念，通过优化产业结构布局，抢抓乡村振兴机遇，紧跟智慧农业方向，推进人才强企战略等举措，在新时代新征程上展现新担当新作为，为饮马农场的明天创造更大的辉煌。

"小礼堂"的记忆

　　这里说的"小礼堂"其实是湖北省国营中洲垸农场场部的一栋会议室。"小礼堂"始建于 20 世纪 60 年代初，砖木结构，红瓦平房，占地面积 360 平方米，是农场几十年来活动的重要场所。"小礼堂"去年被鉴定为危房，今年 3 月 22 日，拆除重建。

　　关于"小礼堂"的记忆是温馨而又深刻的。

　　1972 年，我在红卫分场读小学四年级。那时，学校时兴演京剧。我们学校初中可以演完《红灯记》全本 11 场，小学只演第一场"接应交通员"到第六场"赴宴斗鸠山"。我们演第四场"王连举叛变"，那天晚上，我们到"小礼堂"会演。我演王连举，我二弟演小伍长。我左手受伤，吊着绷带，高喊："队长阁下，我冤枉、我冤枉啊！"这时，我二弟可能想到从小没有少受我的欺负，于是，在我被拖下场时加了一句台词："打！给我狠狠地打！"一时间，这台词成为学校流行的笑谈，也成了我儿时难忘的回忆。

　　1975 年春夏之交，我在立新分场读初中一年级。作为学生代表之一，我有幸参加了总场组织的革命传统教育报告会。做报告的是特级英雄黄继光生前的连长万福来。那天下午天气比较闷热，吃过午饭，我们早早地赶到场部"小礼堂"。只见"小礼堂"门口有人把守，礼堂内已站满了人，连窗台上都趴着不少人。我们被批准挤了进去。大约下午两点钟，万连长来了。他给我们讲的是上甘岭的战斗故事，着重讲的是黄继光如何跟他争抢任务，如何机智勇敢地完成任务，如何流尽最后一滴血、用尽最后一口气扑向敌人的机枪口。我听得热血沸腾，有的同学泪水模糊了双眼。

　　随后不久，总场政治处在"小礼堂"召开了一次"学雷锋积极分子表彰大会"，我又作为立新学校的表彰对象参加了大会并在主席台做了典型发言。我讲述的是自己如何爱护公物的事迹。那是一个风雨交加的傍晚，身为生活委员，我独自一人赶到学校，将我们班级和其他年级没有挂上风钩的玻璃窗扇全部关上，有的还用砖头堵住，最后衣服淋湿，患了感冒。这件事被刚刚参加工作的张孝元老师得知，推荐给学校领导上报总场。发言完后，我突然转身，向主席台敬了一个军礼。坐在主席台上的文教科科长宋醒吾站起来带头鼓掌，我又转向观众再致军礼，全场掌声雷动。那可是一个崇尚英雄、崇尚先进的时代啊！

十年后，在"小礼堂"举行的一次全场教育工作大会上，宋醒吾同志讲到我当年发言的事迹，想借以阐明一个道理。当时，我已调政治处从事宣传报道工作，就在会议现场。我十分敬佩老领导对先进典型事迹的记忆，只是他忘了当事人就是我，而我正在台下做着会议记录，为当天的广播新闻准备素材。

如今，"小礼堂"拆了，但"小礼堂"带给我的记忆却是那样令人难以忘怀。

开荒大军来了

内蒙古格尼河农场　孙晓春

　　"向前向前向前！我们队伍向太阳……"1960年，"五一"国际劳动节刚过，从黑龙江省牡丹江市的林海雪原中，走出一队队打着红旗身着褪色军装的队伍，这些小伙子的身上还弥漫着抗日战争、解放战争、抗美援朝战争的硝烟，带着黑土地的芳香，身背4部军用电台，唱着嘹亮的军歌，在虎林火车站集结，登上军用闷罐列车。"呜——"的一声汽笛长鸣，列车向内蒙古大兴安岭深处驶去。

　　与此同时，牡丹花盛开的洛阳，也有一列货运列车，装满34台火红的第一批国产"东方红-54"拖拉机出发了。这两列火车从不同地域出发，驶向同一个目的地——内蒙古扎兰屯火车站。

　　"农垦开荒大军来了！"内蒙古阿荣旗7万农牧民奔走相告，像过年一样人人兴高采烈。旗委书记带着党政领导和群众代表到扎兰屯火车站，欢迎军垦大军的到来。他们知道军垦开荒大队的到来，将为阿荣旗开垦出更多的良田，改善农民的生活。这支农垦开荒大军是来自黑龙江省牡丹江农垦局八五六农场四分场及青山分场的142名转业官兵和198名支边青年。这支队伍是按照中央的指示来阿荣旗开荒的。

　　1959年10月28日，内蒙古自治区向党中央提出《请农垦部帮助建设呼盟垦区的报告》。11月22日，中央批复了这一报告。呼伦贝尔盟做好了欢迎农垦大军到来的准备。原农垦部部长王震于1960年6月12日发出指示："决定在呼伦贝尔盟岭南建4个农场……从牡丹江局八五六农场调出干部到阿荣旗，岭南需用的拖拉机从提前调拨给牡丹江局的600标准台中解决，在直接发扎兰屯的120标准台中分配给八五六开荒大队34台。"

在王震部长下达建设岭南 4 场的指示之前，5 月初，黑龙江省牡丹江农垦局就抽调科技人员深入阿荣旗东部进行荒原踏勘。为健全开荒组织机构，指挥全旗开荒，阿荣旗旗委组建了开荒指挥部。下设 4 个开荒大队，分赴东部 4 个人民公社开荒建点。同年 7 月 1 日，在格尼人民公社开下第一犁，11 月 1 日定名为"格尼河农场"。开荒指挥部制定了分场和生产（连）队的序列，将分设在兴安、图布新、太平庄、格尼人民公社的 4 个开荒大队改编建制为 4 个分场（营级），各分场设 4 个生产（连）队。16 个开荒小队建成 16 个生产（连）队。成立了汽车队、修配所、副业队、卫生所、供销部和加工厂。

在"边开荒、边生产、边建设、边积累、边扩大"的五边建场方针指导下，军垦人发扬了"自力更生、艰苦奋斗、多打粮食、报效祖国"的精神。克服重重困难，抓紧开荒，用 10 个月时间开荒 26 万亩，使阿荣旗耕地面积扩大了 30%。在紧张的开荒战斗中，农场涌现了大批优秀的拖拉机车组和先进个人。拖拉机坏了，军垦人就用绳拉播种机播种小麦。缺少运种子的车辆，军垦人就用 10 人架起马车，硬是把种子送到地里。

建场 60 年来，军垦人本着"农业扶持工业"的理念，开足马力，生产粮食支持国家工业化进程。主要农作物平均单产由建场初亩产 13 公斤，提高到 2014 年的亩产 475 公斤，单产增长了 36 倍。共生产粮豆 8.8 亿公斤，上交国家粮豆 7.2 亿公斤。向国家缴纳税金 2430.4 万元。农场发生了翻天覆地的变化，逐步成为农、牧、工、商、贸、服一体化的现代农垦企业。全场拥有固定资产超亿元，大中型拖拉机 63 台，收割机 135 台，小四轮拖拉机 800 台以及各种农机具 5200 台（套）。农业机械化程度达到国内先进水平。

时光荏苒，格尼河人用心血和汗水、聪明和才智让自己的家乡发生了令人欢欣鼓舞的变化。农场文化教育卫生等社会事业健康有序地发展，特别是职工生活水平大幅度提高，全场人均收入 2.5 万元，比 1960 年提高了 200 倍。吃、穿、住、行都发生了根本变化，过去职工讲究吃饱穿暖，如今追求的是吃喝注重营养健康，穿着重款式、讲时尚，低矮、潮湿、昏暗的地窖子早已成为历史的陈迹，土坯房被明亮的砖瓦房、楼房所取代，小汽车、摩托车走进家庭，彩电、影碟机、电冰箱早已成为普通职工家庭的必备。与此同时，精神文明建设也取得了丰硕成果，进入内蒙古自治区精神文明单位行列。

父亲的大红纸条

黑龙江省嫩北农场　孟　丹

父亲生前是良种场供销商店的经理，大家都亲切地叫他孟经理。在我小的时候，父亲经常去嫩江县出差：选货、进货。当时，老百姓去一趟嫩江县是非常困难的事儿，所以每次父亲去县里出差，都会有很多老百姓找他帮忙办事，而且父亲每次都会带两样"法宝"——一个打着补丁的黄色书兜和一张写满字的红色大纸条。红色的大纸条上面记着百姓找他办的事，每办完一件事，他就在记事条上打一个勾。

父亲每次去嫩江出差都会抓紧每一分钟时间，办完单位的事情，就认真地办大红纸条上的事，每次我央求他带我去好玩的地方，他都会说："老姑娘，咱们需要先把答应人家的事办好，再玩！"可是等到所有的事情办好了也就到回家的时间了！为此，我很是烦恼，最可恼的是他每次去嫩江出差前都会去只有老爷爷老奶奶那几家的家里。因为他们的子女不在身边，父亲总是会问他们，有什么事情要帮忙。每次老人们都有事！不是买药就是寄信，不是开支就是取钱。我把我的烦恼跟父亲说了，父亲听完，只是很平静地跟我说："老姑娘，我们每一个人，都应该有一颗善良的心，行善之人，如春园之草，不见其长，日有所增。人为善，福虽未至，祸已远离。"当时，我不太理解父亲话里的意思，但有一点是知道的，那就是人要拥有一颗善良的心，去多帮助别人！

后来，我长大了，有了工作，成了家，便也继承了父亲的工作作风，大学毕业后，我被聘为嫩北农场良种场的会计，一干就是12年，在这12年里，我秉承父亲的工作作风和善良的"热心肠"。我们良种场离嫩北农场50多公里，百姓来嫩北办事都是十分不方便的，几乎是"有来无回"，因为只通一趟客车。我每次从良种场到嫩北办事也会带上一张大红纸条，上面记着百姓们的信任。

记得一次我去嫩北中学，给孩子们送他们爸妈委托我带来的衣物时，发生了一件事。当我一进学校宿舍，孩子们就像小鸟见到了妈妈一样，雀跃地飞奔过来把我围住。带来的物品一一发完了，我发现小美娟黯然神伤地站在我身后。因为她家里条件不好，爸爸妈妈没有什么带给她。看到她这样，我一时不知所措，突然灵机一动，从兜里拿出五块钱说："噢！美娟，这是你爸妈让我给你的五元钱，让你买些好吃的。"小美娟听到我的话，眼泪都出来了，接过钱说了声"谢谢丹姨！"就欢快地跑了。回家后，我跟老公说了这件事儿，老公说："媳妇，你下次可以给她买一些好吃的，说是她爸妈带给她的。"我每次都这样做，直到有一天，小美娟跑到我家，一进屋就给我鞠了一躬，激动地对我说："谢谢丹姨一直对我的照顾，等我长大了，一定不会忘了丹姨的恩情！"原来她回家跟爸妈说，以后不用给她带好吃的了，家里本来就没有钱。他们这才明白，原来是我一直给买的好吃的。

我在良种场工作多年，受到了百姓们的信任和认可，许多退休的老人都会把他们的工资折子给我，密码告诉我，让我替他们取钱。这些信任也是来源于我父母榜样的力量。我心里始终记得爸爸的话："帮助别人是自己的责任，孝敬老人，更是重如泰山的任务。"

就这样，我继承了父亲的"大红纸条"，这张"大红纸条"让我明白了：代代相传的不仅是家财和地位，更应该是良好家风。好家风就是一种正能量，具有传承的力量。我们不仅要在家中延续，更要在社会中弘扬，让中华美德的种子在神州大地上开花结果，世代相传！

无边蔗海说丰收

广东省国营收获农场　林武贤

　　"收获调频广播电台，FM96.8兆赫，听众朋友，晚上好！今天是1990年8月2日，星期四……"机关大楼的大喇叭里传来熟悉悠扬的前奏曲，伴随着播音员字正腔圆的声音轻快地飘送出来，无论是机关还是生产队，有特定小音箱的单位和家庭都可以同步收听。广播站每天除了播报国内外时事新闻、佳作欣赏、养生小妙招，还有农场喜闻乐见的好人好事、生产工作者先进事迹，更有最新推出的港台歌曲，打开了大家探寻了解外面世界的窗口。

　　此时正在放暑假的我，站在机关大楼的顶层极目远眺：远处的甘蔗林和菠萝地生机勃勃、长势喜人，在夕阳的照耀下笼上了一层金晖；清澈的站堰河兀自缓缓地流淌，河畔的防风林在微风的吹拂下轻轻地摇摆；收工的人们回到家中，开始了晚餐前的忙碌，不一会儿家家户户的烟囱便升起了袅袅的炊烟，如诗如画的情景让我的思绪飞扬……

　　我们出生成长的这片红土地，地处雷州半岛，是由原生产建设兵团七师七团改制而成的广东省国营收获农场。雷州半岛，曾经被描述成"蛮荒瘴疫之地，赤地千里之乡"，经过脱下军装屯垦华南的林一师和林二师艰苦卓绝的奋斗以及父辈垦荒人持之以恒地接续开疆拓土，从我记事起，我们的家园早已遍布郁郁葱葱的橡胶林和茶油林。

　　我还在上托儿所时，农场就通上了电。我们生产队还有小学，适龄儿童个个背着小书包上学，我的哥哥姐姐也在那所学校就读。

　　学校的操场，是我们课后嬉戏玩耍的绝佳场所，不是追逐打闹就是用垒好的草垛作掩护玩捉迷藏，直到夜幕降临，妈妈们呼唤孩子们回家吃饭，大家才依依不舍地"鸣金收兵"，相约明天再战。

每当夏季来临，生产队的孩子们总会举行别开生面的游泳比赛，各家各户的男孩是参赛选手，女孩则去助威兼当观众。只听一声令下，男孩们如离弦的弓箭飞出，水库里一阵水花飞溅，大家你追我赶地游到对岸吃熟透的杨梅，我们女孩则在水库边声嘶力竭地加油呐喊，并翘首企盼他们的"战利品"。终于，游泳健将们归来了，嘴里衔着几枝杨梅，我们已经无心考究胜负，迫不及待地把红得发紫的杨梅扔进嘴里了，那股酸酸甜甜的味道啊，让人回味无穷，思念至今！

放映露天电影的三轮车开进生产队，仿佛是天大的喜事似的，大家早早地奔走相告。没等幕布拉开，人们已用小板凳占好位置；电影还没放映，大人们已经聊得如火如荼，孩子们也玩得热火朝天，大人们聊什么、电影呈现什么画面我已记不清楚，玩累的我早已倒在妈妈怀里睡着了……

后来我们家搬到了机关。父母仍然忙忙碌碌，一刻也不得闲。下班后不是开垦荒地种菜、种木薯、种番薯，就是淋水浇肥、养猪养鸡，我们课后也跟着一块劈柴、剁番薯叶、刨木薯，大家一起劳作，欢声笑语，其乐融融。直到有一天午后，学校派家庭报告书，父亲刚好在家，接过来一看，才惊讶地发现他的小女儿已经读到小学四年级了……之后，我去湛江上学，姐姐高中毕业来到农场的宣传科，当上了农场的广播员。在父母的言传身教下，她工作兢兢业业，得到了领导同事们的赞扬。

"我场滨河队职工杨海，在'为振兴农垦经济建功业'的评选过程中，被评为'青年经营管理能手'，他是我们全场职工学习的榜样……"大喇叭里响起姐姐的声音，把我飘飞的思绪拽回。

杨海，这个名字早已如雷贯耳，农场职工对他的事迹更是耳熟能详。他是广西玉林人，来农场的时候只有 18 岁，文化程度虽然不高，但他敢于开拓、锐意进取。经过不断的实践摸索，积累了大量的种植知识和经验，取得了很好的效益，是农场率先进入"万元户"行列的年轻人。1985 年，国家为了搞活农垦经济，提高经济效益，鼓励兴办职工家庭农场。他积极响应号召，瞅准机会、充满自信逐年加大承包力度。1990 年，他的家庭农场已经承包队里 150 亩土地种植甘蔗、50 亩土地种植菠萝。他与妻子起早摸黑、披星戴月，对甘蔗、菠萝的选苗、种植、除草、施肥进行一系列科学的管理，经济效益更是芝麻开花节节高。荣誉也接踵而来，广东省五一劳动奖章，全国五一劳动奖章，还作为人大代表去北京参加人大会议，代表农场职工发声，提起这无上荣光，杨海憨厚地笑了："荣誉是国家农场给的，我只是一个农场职工，只有做好自己的本分，并且把自己的种植经验传授给大家，让越来越多的职工富起来，才能对得起国家和农场的托付。"这也许就是农垦人的初心和使命吧。我敬佩他的勤劳质朴、勇于担当，立志好好学习，将来也要做一个对社会有用的人。

光阴似箭，时间一晃过去了整整30年，岁月改变了青春的容颜，却带不走我对故土深深的思念之情。当我今年再次踏上这片魂牵梦绕的红土地时，发现农场由于美丽乡村建设已经越变越美，越变越宜居：绿树掩映下，碧水湖畔，一幢幢小高层拔地而起；道路宽阔整洁，职工们出行也开上了小汽车，去县城也就是一脚油的事情；学校盖起崭新的教学大楼，教室宽敞明亮，田径场铺上了塑胶跑道；甘蔗、菠萝也采取机械化种植，既节约劳动力，又大大提升了工作效率。

再次见到仍然扎根农场的杨海，他皮肤黝黑、两鬓斑白，已近花甲之年，但仍然声音洪亮、精神矍铄。我赞叹他对农垦事业的坚守，他笑着说："哪里哪里，我年纪大了，想再大面积承包也做不来了，退休之后我就要跟随儿女去广州享享福了。我们滨河队的金希望现在真不得了，有资金和技术支持，有公司党委和生产队党支部的关心引领，他现在承包的甘蔗有300多亩呢，还住上了小别墅，开上了小汽车。只要能吃苦、肯钻研，农场也是创业的好地方，职工一样可以实现致富梦！"

夕阳西下，华灯初上，职工们或在广场上跳舞，或在球场上打球。我称赞他们懂得爱惜身体，他们个个笑呵呵地说："身体健康才是自己的靠山啊！"我不由得点头称是，既有欣慰，也有自豪。

徜徉于新修建的站堰河畔，春风轻拂，空气中流淌着新收割的蔗林独特的清香，看着职工们脸庞洋溢的笑容，就该知道今年又有一个好收成。无边蔗海，正向人们诉说着一个个关于丰收的故事……

忆　童　年

宁夏农垦灵农畜牧有限公司　俞向东

　　谁都有五光十色的童年，虽然每个人的童年都不尽相同，但回味却是相似的。往事不经意间就会在你的脑海中浮现，像云似雾，飘飘然地带给你回归故里的感觉。

　　我童年时的条件和现在真是没法比，那时是计划经济，各种商品和物资都是要用票证的，况且每家的条件都不是很好，能吃饱饭已经是很不错了。父母每天都在农田里忙，挣工分的多少影响着全家的生活质量，往往是"三月不知肉味"。我们那时小，根本就不懂得这些，感觉他们就不知道累似的，每天上班的广播一响，父母就去农田忙农活了，这时我就自由了，家圈不住我，两个姐姐管不住我，弟弟还小，我出去玩也不带他，怕他拖累我。

　　三月里，春天的风刮起来总是没完没了，柳树和白杨还在努力地顶着新芽，渠边的芦苇却是新芽出土。在这个季节，芦苇埋在土里的根茎却是白白脆脆的，甜是诱惑我的根本原因。下到渠里，拔出芦苇的根部，用小刀切成一小截一小截的，将它装进口袋，越粗的芦苇根越甜，美味通过我的"劳动"让我享受到了"幸福"。泛潮的渠土使我的花布鞋沾满了泥土，手自是不必说。回到家里，我的劳动成果是不会轻易和姐姐弟弟分享的，谁对我好，我才会给他们一小根，显得我很富有似的。

　　五月春暖花开的季节，树绿了，这时的美味便是柳树的新枝。剥去枝条的皮，嫩嫩的枝茎富含水分，自然也是妙不可言。田野里的黄黄苗，酸中带着青草的味道，拔上两口袋，算是零食，舌头都吃成绿色的了，伸出来一照镜子，自己也会吓一跳。其他的野菜，像苦苦菜、猪耳朵、艾草，我是不用去操心的，姐姐们会去挑回来，那是家里在春天的主菜，我当然吃得很香。

沙枣花开的季节，爬到树上折几枝回来，插进花瓶里，满屋飘香，这是我的功劳。还有槐花，清新而香甜，爬到树上，我的嘴就没有停止过。回到家里，染上白面，垫上纱布用蒸笼蒸熟，拌上香油，香甜可口。还有艾草，母亲和姐姐们爱吃。比起她们吃的这些，我的办法要多了，掏麻雀蛋然后烤着吃，烤雀蛋要用泥巴将雀蛋包住，放到火堆里，慢慢地烤，待到泥巴烤干时取出，将泥巴磕碎，剥去蛋壳，烤得发黄的麻雀蛋，简直是美味呀……

夏季农场菜地里的瓜果蔬菜丰收，番茄有红色的、粉色的、黄色的，又大又甜；黄瓜自是不必说，肚子吃得鼓鼓的；还有金黄色的香瓜、胳膊粗长的菜瓜，切成截放到水缸里，凉凉的、脆脆的、甜甜的，真好吃。

秋天的农场，满眼的金黄，稻谷笑弯了腰，人们的脸上洋溢着忙碌的幸福，高粱地和玉米地里的秸秆是我们这些小孩的最爱，我们每人一小捆，脸上是喜悦，甜在心里，小伙伴们边走边比着，谁的多，谁的甜，谁的嘴角被割破了。稻田最后一遍水撤了，此时的稻田鱼正是肥美时。水里的鲤鱼、鲫鱼、鲇鱼比起大渠里的鱼好抓了不少，水浅鱼多。鲫鱼身上泛着黑色，鲤鱼尾巴则是红色的，只顾着高兴抓鱼了，衣服和脸上的泥巴比起收获，都不算什么了。

深秋时节，农田里光秃秃的，冬水已经淌过，田埂边结着冰，农忙完的人们闲适了许多，晒场上堆满了秋收的"成果"，小山似的。大堆大堆的稻草，堆在晒场上，成了我们玩耍的好去处，约上小伙伴，我们在稻草堆上翻筋斗、捉迷藏，玩得自是欢快尽兴，欢声笑语使我们忘记了寒冷。那时田里种的黄豆，割了回来，是成堆码放在场上的，堆得比家里住的房子还高，从垛上拽上带秆的黄豆，跑到渠沟里，点着火，噼里啪啦响完后，我们争着抢着，用手在火堆里刨捡豆子吃，虽然有些已经烧焦了，我们的嘴巴也吃黑了，但烧黄豆真的很好吃，比家里用铁锅炒得好吃。

冬天总是显得那么漫长，那时的冬天好像比现在的冬天冷。场部放电影的三轮车是我们这些小孩最期盼的，每当看到放电影的三轮开到队上时，我们都会欢呼雀跃、奔走相告，早早吃完晚饭，提上小凳子就跑到小广场去抢地方，欢快的气氛难掩心中的喜悦。大人们提着火炉，带着孩子，看电影时嗑着瓜子，笑声、电影的对白融合在一起，响彻整个小广场。电影也不知什么时候演完的，而我则是被爸爸抱回去的。

　　冬季的农场，雪后白茫茫一片，约上小伙伴，打个雪仗、堆个雪人，用玉米换点米花糖、赢子弹壳、赢烟盒、弹玻璃球、在冰面上打陀螺、跳马架、火柴枪、打弹弓、砍四角。这些游戏，在我们小的时候，谁都会玩，而且都很有趣，现在的小孩，他们是没有玩过的。

　　有时我也会给我儿子讲自己小时候的故事，讲我小时候的调皮、讲我小时候的生活，他用迷茫的眼睛看着我，觉得好像是真的，又好像是传奇。现在的生活会发生如此日新月异的变化，放在当时，我也不会相信。农场经历了从计划经济到市场经济，从大集体到联产承包责任制，再到现在的土地承包经营等一系列改制，农场职工的生活也发生了翻天覆地的变化：从以前的"三月不知肉味"，天天白菜加土豆变成了现在一年四季新鲜水果、蔬菜不断，鸡鸭鱼肉随便吃；以前的铁牛拖拉机、蚂蚱腿手扶变成了现在到处跑的小轿车；土坯房换成了单元楼，宽敞亮丽的广场上，和着欢快的音乐，大妈们脸上洋溢着对明天生活更加美好的期盼。我是农垦的第三代，儿子是幸福成长的第四代，我始终相信，我们的生活，会一代比一代强，农场的明天会一天比一天好。

喜看家乡新变化

甘肃黄羊河集团　齐德海

我的家乡在甘肃黄羊河农场，地处河西走廊东端、腾格里沙漠南缘的古凉州绿洲农业腹地，是一个人杰地灵、绿树成荫、美丽富饶的地方。

改革开放40多年来，家乡面貌发生了翻天覆地的变化。现在的家乡，是一片片平整肥沃的大条田，一幢幢拔地而起的职工住宅楼，一排排葱茏翠绿的农田防护林，一条条宽阔平坦的柏油马路……眼前的变化勾起我对往事的回忆。

20世纪60年代，我家住在黄羊河农场三连，当时连队一年四季风沙肆虐，生态环境恶劣，土地条件差，经济收入低，职工住的都是一排排兵营式土坯房，家里没有像样的家具，更没有交通工具。

小时候，我每天早晨五点起床和三连的同学们徒步行走7公里，到场部职工子弟中学上学，中午放学不回家，书包里带有两个干馒头，算是一顿中午饭。

记得有一年冬季，三连职工排练的文艺节目在场部演出，其中有一句台词"三连是个中心站，大路小路通四方"，这句台词给我留下了深刻印象，至今仍记忆犹新。

那时候，三连到场部的道路全是坑坑洼洼的石头路，大路小路虽通四方，却没有一条像样的路，每逢下雨天，道路泥泞不堪，尤其到了冬季，冰天雪地，天寒地冻，出行十分不便。

为解决人畜饮水困难问题，三连在营区南面建有一个大涝坝，职工下班后家家户户到涝坝里挑水吃，冬季涝坝里蓄水结成厚厚的冰层无法取水，职工就拿着钢钎砸冰块，用水桶挑回家等融化后再吃。

每到星期天和寒暑假期，我和三连的同学们都会到林带里捡拾被风刮下来的干树枝，背回家烧火做饭用，厨房里烟熏火燎，眼睛都睁不开，生产生活条件非常艰苦。

以前的三连，职工卫生习惯差，垃圾到处扔，现在连队生活区都建有垃圾池，垃圾不乱倒了，连队环境面貌焕然一新。

变化最大的是人的思想，以前职工不太注意礼貌礼节，我常能听到一些粗话、脏话，有时邻里之间谁家的鸡丢了或为一点琐碎小事吵架的现象时有发生。现在很少听到了，取而代之的是各种文明用语。

三连属河水灌区，改革开放前农业生产是排、班集体种植管理，共有三个农业排、一个机务排和一个畜牧排，农业排负责农作物播种、施肥、灌水、锄草、田间管理，机务排负责农作物耕种收机械作业，畜牧排负责牛羊马猪鸡畜禽养殖。

冬季，农业排将畜牧排积攒的农家肥，用四驾马车拉运到田间改良土壤。种植的农作物以小麦、商品玉米为主，夏粮小麦占70%，秋粮玉米占30%。

1978年改革开放，家乡抢抓政策机遇，积极争取项目投资，加快场区道路、农田水利、生态环境等基础设施建设，在三连率先实行农业班组承包责任制，加大经营管理力度，各类农作物产量及经济效益显著提升。

1983年家乡进一步深化经济体制改革，实行家庭农场联产承包责任制，生产生活费用自理，自主经营，自负盈亏，同时积极向地方政府申请地下水权，三连新打机井6眼，成为旱涝保收的井灌区，改善了农业灌溉条件，连队当年即实现扭亏为盈。

时光飞逝，2021年，三连和其他连队一样，宽敞平坦的柏油马路已修到了家门口，通过灭渠平埂，小田块已全部整合成500~1000亩的大条田，并配套现代化高效节水滴灌设施，农田已实现高效节水技术全覆盖。

家乡坚持"生态优先，绿色发展"的理念，以"植树造林、造福后代"为宗旨，致力于压沙造田、植树造林，历时60多年建设，在戈壁荒滩上建成"三纵八横"生态防护林网体系，集中连片开发建成高效林业区、节水农业区和封沙育林区三个生态功能区，防护林网总面积2.42万亩，森林覆盖率达23.7%，为职工生产生活和现代农业发展营造了良好的环境条件。

家乡农业生产连续40多年盈利，经济效益和职工收入大幅度增长，职工住上了宽敞漂亮的别墅式二层小洋楼，饮用的是干净的自来水，时尚家具家电、小轿车等现代化家庭用品已普及，职工子女上学有私家小轿车接送，幸福指数显著提升，享受着和城里人一样的幸福生活。

家乡人以百折不挠、敢为人先的精神，艰苦创业，顽强拼搏，把昔日的戈壁荒滩，建成林路田宅综合配套、林茂粮丰、瓜果飘香的戈壁绿洲。

东门坳那三株橡胶树

广东省高州市广播电视台　谢　志

残存在岁月深处的 3 株橡胶树，在森林茂密的高州东门坳守望了 34 年，终于等来了新中国最明媚的那一缕光芒。

1951 年 11 月，时任中共华南分局第一书记兼华南垦殖局局长的叶剑英，率领专家组一行数人，跋山涉水，历尽艰辛，从广东雷州半岛一路北上奔赴高州实地考察，终于寻觅到传说中的那 3 株橡胶树。专家们仰望着胶树上稀疏泛黄的叶子，抚摸着那印满亚马孙铅灰色的树皮，兴奋不已。在北纬 21.9 度区域，仍有巴西三叶橡胶树，这是中国植胶史上最有价值的发现！

1917 年，华侨李贵廉先生从新加坡带回 200 多株橡胶苗，交给广东省茂名农校当时的校长吴柳轩，吴校长带领师生们将幼小的橡胶苗种植在农校附近的东门坳植物园。后因时世纷乱，无暇顾及，到解放时仅存活 3 株，这是当时生存在南粤大地纬度最高的橡胶树！

橡胶树，它是世间罕见的轻轻碰一下就会"流泪"的树，它的"眼泪"是白色的，就像母乳一样洁白晶莹，滋养生命，所以人们称它为胶乳。橡胶几乎无处不在，大到国防工业，小到日常生活，都离不开它。天然橡胶与钢铁、石油、煤炭并称为四大工业原料。新中国成立之初，美国及其西方盟国对我国实施经济封锁和全面禁运，断绝了新中国的橡胶来源。没有橡胶，飞机上不了天，汽车也跑不动，经济建设将陷入困局，怎么办？于是，便有了中苏植胶 800 万亩的秘密合作协议。

三叶橡胶树，原生于巴西热带雨林，喜热畏寒，外国专家曾经断言，北纬 17 度以北是"植胶禁区"。在幅员辽阔的中国，橡胶树究竟最北能种到什么地方？没有人知道。1951 年秋，从千年古城高州传出振奋人心的消息，意味着从东门坳往南都可以种植橡胶树。如果梦想成真，中国的宜胶地带，至少可以从北纬17度线往北延伸5个纬度，总面积就是6万多平方公里，可垦橡胶园在900万亩以上，其政治意义和经济价值将无法估量！

当年搞橡胶，比打仗还要雷厉风行，从军队调来两万多人，组建特种林业工程第一师、第二师和独立团，同时招募了20多万民工、归国华侨和大中专院校师生，组成了浩浩荡荡的垦殖大军，在千里南疆，开梯田，挖胶穴，种胶树，比当年陕北的大生产运动还要波澜壮阔。考虑到海南岛与大陆隔着一道琼州海峡，一旦有战事容易被封锁，所以将垦荒植胶的重点首先放在了高雷地区（即现在广东省的湛江和茂名地区）。

此时，东南亚各个橡胶种植国，谁也不敢得罪美国，他们发布命令，不准橡胶种子出境，违者重罪。没有种子，要发展橡胶就是一句空话。种子在哪里？就在海南的老胶园。进驻海南的林一师将"一粒种子，一两黄金"的口号写入了"红头文件"，霎时间，橡胶种子珍贵异常，部队派人进驻胶园，昼夜蹲守，一听到有种子落地的炸裂声，马上循迹捡拾；为了保证种子质量，及时育苗，还协调海空军保驾护航，抢运种子。

与此同时，东南亚许多国家的爱国侨民、侨商也伸出援手，冒着被杀头的危险，暗度陈仓，偷运胶籽及种苗回国，为发展祖国橡胶事业出钱出力。悠悠岁月，历尽艰辛，失败与成功相伴，辛酸与血泪紧随，在热带地区的雨林、边陲、海关，演绎出几多刀光谍影，传奇故事……

美国及其盟国的经济封锁，并没让中国发展橡胶的步伐放慢，他们连做梦都不曾料到，七八年后，垦殖大军就将北纬21.9度植胶区，变成了胶香千里的绿色海洋，创造了橡胶树越过北纬17度线生存的神话。在苏联单方面撕毁"合作协议"撤走专家的时候，中国大面积新生代橡胶树，骄傲地流出了第一滴胶乳，让曾经封锁我们的西方国家目瞪口呆，几乎窒息！

来到"美丽乡村示范点"广东省火星农场林垌队，只见道路整洁，新楼幢幢。在文化长廊旁边，我看见一块红字碑刻，庄重地记载着全国农垦及广东省劳动模范邱沛新的事迹。当年的老邱，被人们誉为"种胶铁人"，他吃住在林段里，辛勤抚管胶树，首创每株年增粗10厘米以上的优异成绩，还出席了全国农业科学实验会议，受到周总理的亲切接见。

多少默默奉献的农垦儿女，他们没有惊天动地的壮举，更没有知名度，他们就像割胶路旁的山稔花，默默地开放，默默地散发着清香……

当年的东门坳早已被夷为平地，那 3 株橡胶树也不复存在了，但在突破北纬 17 度的豪迈进程中，它是垦殖大军的定向罗盘和指路明灯，它的守候、坚毅和功绩，已被载入中国植胶史册。

一个平凡的农垦人

湖南省西洞庭管理区　章剑国

我父亲章春成，1924 年出生于湖南省长沙市韭菜园，童年与少年都在战乱中度过，解放前夕才在南县定居下来。1950 年应征入伍（抗美援朝），1953 年复员到大通湖农场，1955 年作为农垦骨干调来西洞庭农场，为了心爱的农垦事业，献上了自己的一辈子。父亲战天斗地、围湖造田的故事很多，但我印象最深的，还是如下三则故事。

锹把立得稳，种田为根本

记得 1969 年冬季，初中毕业的我，因为没有得到单位（三分场六队）推荐而无法继续深造。听到这个消息的母亲很气愤，很着急。于是怒气冲冲找到父亲，要父亲赶紧找队里领导评评理："孩子学习成绩好，表现又不差，为什么不能上高中？"面对心急如焚的母亲，父亲则是一脸淡然："不上高中就不上高中呗，你不知道'锹把立得稳，种田为根本'这句话吗？"

为了这件事，母亲跟父亲连续吵了好多天，父亲始终没去找领导。文静柔弱的母亲只好自己去找领导，领导走到哪里，母亲就跟到哪里，虽说尽了好话，讲尽了道理，吵粗了脖子，闹哑了嗓子，但我还是没能读上高中。

当时我也很不高兴，甚至还有些怨恨。怨单位不予推荐，怨领导办事不公，恨父亲不为我出头，恨父亲不帮我争取。事后我才知道，单位和领导都很冤枉，因为当时条件就那个样子，教学规模只有那么大，全场 100 多个初中毕业生，只有一个高中班，只能招收 50 多名学生，一个单位不到一个名额，一个萝卜一个坑，我去了别人就去不了，况且我在同年级的学生中年龄最小，优先让年龄大点的孩子升学，听起来也不能说完全没有道理。

至于父亲的态度，后来也算理解了。父亲并不是反对我上学，只是父亲把种地看得比升学更为重要、更为神圣。父亲生在解放前，长在解放前，一直过着颠沛流离、居无定所的生活，成年之后全靠给人打长工做短工维持生计。父亲认为之所以会这样，是因为没有自己的土地。如果有块自己的土地，生活肯定安稳很多，现在有了农场这块肥田沃土，总得有人继续耕种继续管理吧。父亲和他们那一辈农垦人，对自己用青春和血汗开垦出来的这片土地，那是看得特别珍贵特别神圣的，其爱恋程度也是特别深沉特别偏执的！

力气用不尽，井水挑不干

那是 1970 年春天，刚满 15 岁的我已经失学，还没有来得及过寒假，就随父亲下地干活了。父亲是生产组组长，有的也叫班长，手下有 30 多个男女劳动力，管理着 800 多亩生产面积。

当时的机械化程度很低，几乎还是以刀耕火种为主，一年到头没有几天可以休息。"抓晴天，抢阴天，麻风细雨是好天"，说的就是只要不是暴风雨暴风雪，那就不能休息。每天劳作时间一般都在 10 个小时以上，"双抢"（抢收早稻，抢插晚稻）时期那就更长，有时 16 个小时，甚至 20 个小时。天不亮就出工，天黑后才收工，早中晚三餐饭都是在田间地头吃。那时觉得若能在田埂上躺一会，就是莫大的幸福。

想这样的机会，倒也真的来了这样的机会。记得那年"双抢"之后，副班长安排我们几个年轻人到水田打药，并且交代，任务就是这片水田（大概 70 多亩），打完了就可收工。按照正常进度，大概天黑之后还要加班。但是为了早点收工，几个小伙伴也算拼命了，给喷雾器加气的时候，吃奶的劲都用上了，红肿了双手也顾不得疼痛；给禾苗喷药的时候，在那高一脚低一脚的水田里，几乎都是小跑，浑身上下没有一根干纱，从头到脚全是汗水泥水和药水。我那时人最小，跑起来也最慢，但我一直坚持着。

下午四点多，任务完成了，伙伴们洗脚上岸准备收工。副班长来了，他说："这么早收工影响不好，你们可以原地休息半小时，然后做点别的事情。"打药的都是几个年轻气盛的小伙子，哪里会管这些，背起药筒子转身就走了。

我的动作稍微慢点，收拾好了没走多远，就被刚刚散会的父亲强行拦了下来。父亲说："作为农垦人，你要记住一句话，那就是'力气用不尽，井水挑不干'，力气就像井中水，去了还会有来的"。当时虽然很不服气，但在以后的人生道路上，这句话对我的影响和帮助还是很大的。

无论做什么，都要不服输

2003 年清明，父亲走完了他的一生，我们全家都很悲痛。含泪清点父亲遗物时，发现除了一些陈旧过时的衣物外，还有一些奖状证书。这是父亲最为看重的东西，这里的每一张奖状，每一本证书，都是父亲血汗的结晶，都是父亲奉献的见证。

就说那张"红旗组长"奖状吧，没有几把刷子，那是无法到手的。说起这张奖状，父亲讲得最多的是"无论做什么，都要不服输"。父亲说，就是因为不服输，他才得到了领导的认可、组员的尊重。他刚到三分场六队任组长时，组里有几个小伙子很不服气。父亲没有用组长的权威去压服他们，而是用自己的行动去征服他们。

父亲到任后，立即着手技术比武，用牛、育种、插秧、割稻……只要是农活，全都列入比武范围。多轮比试下来，组员们不得不佩服父亲的优秀与专业。特别是插秧，父亲不仅插得匀、插得直，而且插得好、插得快，看父亲插秧，真的是种享受。一般劳动力，自己扯秧自己插，一天能插 1 亩左右，父亲自己扯秧自己插，一天能插 5 亩左右，你说别人敢不佩服？育种也是父亲的一大强项。父亲育的种，从没烧过包，出苗率达 100%，当时那种条件，达到这一效果，确实很不容易。

父亲在管理方面也很有特色。一是身先士卒，自己做出榜样，组员自然紧随。二是知人善任，谁适合做什么事，就安排做什么事。三是做事严谨，在父亲组里做事，基本上都没有打空转身的机会。四是重视激励，在组员的转正、提薪、提职等方面，总是积极推荐、据理力争。这样一来，全体组员都很齐心，无论干什么，只要一声喊，大家争着上。无论是"双抢"还是秋收，他们都能冲在前头。因此，他们多次成为"红旗组"的组员，父亲也多次成为"红旗组"的组长。

　　父亲的一生，是平凡的一生，也是奋斗的一生，他的毕生精力都献给了心爱的农垦事业。他那"以农为本""乐于奉献""不肯服输"的精神，仍然是农垦精神的重要组成部分，仍然是值得传承和弘扬的宝贵精神。

收藏农垦梦正圆

湖南省西洞庭管理区　肖尚久

　　文物收藏，是一件颇为雅致的事情。既要有灵心慧眼，又须耐得住寂寞，更要具备扎实的鉴赏功底，因而不是一般人做得了的。文物收藏种类繁多，包罗万象，精品纷呈。在这争奇斗艳的百花园中，西洞庭一中文艺平老师的农垦文化收藏自成一体，别具风采，犹如一枝幽香袭人的兰花，吸引着人们前来观赏、品味。

　　艺平同志在教学之余，曾涉猎过古瓷等文物收藏。1994年4月的一天，他和往常一样，到场部一家旧书摊淘宝。挑挑拣拣，不经意间翻到了西洞庭商店1967年度的粮油收购证，某分场农业生产队的工资花名册和食堂餐票。正要随手丢弃，突然灵机一动，这些东西都是见证西洞庭历史的实物，如果把它们收藏起来，既可让后人了解西洞庭的历史，又能表达对第一代农垦人的怀念，也是对人们进行农垦精神教育的生动教材。更重要的是，目前省内还没有人搞农垦文物收藏，自己抢占先机，前途大有作为，真是一举多得，善莫大焉。回家后，他制定了详细的计划，并取了一个响亮而又大气的名字——收藏西洞庭。

　　就这样，从那时起，日复一日，年复一年，二十几年来，西洞庭及周边乡镇30多家废品收购站成了他的"宝库"。每逢盛夏，废品堆里蚊虫叮咬，臭气熏天，他便戴上口罩、手套，不厌其烦地将废品袋翻个遍。可经常是不来不放心，来了又失望。废品站的老板换了一个又一个，留下的只有这个独行者的身影。

　　曾记得，多少回，他骑自行车，走家串户，足迹遍布西洞庭的各个角落。他的行动，得到了农垦人的认可与支持。1996年6月，原农场职中的郑校长在搬家前给他打电话，说有些资料要他去拿。等赶去一看，只有书和报纸了，其余的都卖了，他找到废品站，硬是从 10 多吨重的旧书堆里翻出了 1974 年农场印发给下乡知青的慰问信、常德地区上山下乡知识青年积极分子代表大会的出席证及奖状、知青返城信函及审批手续等资料。1968—1972 年，先后有长沙、湘潭、常德、津市等地区 4000 多名知青来西洞庭插队落户。他们在这里劳动、学习、生活，留下了永远难忘的青春岁月，而这些实物就是那段历史的真实见证。

原二分场一队的曾老，将 1955 年来场的工作证无偿给了他，并说："小文，你搞这个事很有教育意义。你要给钱，我就不给你了。"原农场商业站的王老将 1955 年冬修工程中的奖品无偿给了他。三分场的谢老，将 1956 年以来的证书、奖状转让了几张给他。一分场的喻老，转让了部分农具。人民医院的李姨，不但把珍藏的东西交给了他，还多次帮助电话联系寻找实物。像这样的事例还有很多。他知道，这是老职工们的一份信任和期待。他暗下决心，一定要把这件事做出成绩来。

在收藏过程中，有时为了一件藏品，人找人、人托人，多次电话商量，多次上门求购，费时一年，最后才用重金购得。

此外，为了扩大收藏范围，他又开辟了网上寻宝。10 多年来，他先后从网上购得 1955 年农场第十生产队餐票、1964 年农场开具的结婚证、1966 年的农场就餐证等。这些纸纸片片的收购价，有的几十元，有的几百元，多的上千元，他都会毫不犹豫地全部收购。曾记得，2010 年 5 月的一天，他在网上看到了一张 1958 年的西洞庭农场拖拉机手训练班的结业证书。在与店主联系的同时却被江苏徐州的一家证书博物馆拍走。他想，西洞庭的有限藏品决不能流落他乡。在接下来的两年中，他多次与那位馆长电话沟通，说自己是西洞庭人，只收本地藏品。精诚所至，金石为开。馆长最终同意艺平用 1 张 1951 年的结婚证和 1 张 1953 年的毕业证进行交换，并在来信中写道："我实在不想给您，但见您不放弃的精神甚佩，甚佩……"

就这样，日积月累，他的私人藏品越来越丰富，内容包括农具、证书、票证、图片、文书资料、家庭生活用品等，这些都是见证西洞庭建场以来几十年间政治、经济、社会事业发展变化的实物，他也为此陆陆续续投入了几十万元。

搞收藏，得有展室和储藏间。他便将家里的三室二厅利用起来。妻子也毫无怨言，经常帮他对实物进行洗、刷、晒，作防霉、防腐处理，与丈夫一起分享着收藏的快乐。一中领导也为他腾出场地陈设大型文物。

功夫不负有心人。艺平同志的事业引起了重视。农场老领导为他题词，上级领导来西洞庭视察之余，参观了他的家庭博物展，纷纷赞不绝口。2014年，他参加了"西洞庭故事百姓讲"。2015年8月，为庆祝西洞庭（农场）管理区成立60周年，区管委拨款筹建西洞庭管理区农垦博物馆。10月，博物馆正式成立，他被任命为馆长。

2016年7月，湖南省文物局同意设立"西洞庭农垦博物馆"。他的家庭农垦文物收藏终于有了美好的归宿。这家省内首座农垦博物馆位于祝丰镇望城路与电力路交会处，展室面积200多平方米。藏品丰富、布局合理、设施齐备、气氛肃静温馨。2015年11月，博物馆正式接待各方来客。各级领导来了，纷纷夸赞、题词、留影，以示肯定、支持和鼓励；建场时的老职工们来了，在马灯陈列柜前，他们感叹不已。当年每间寝室挂一盏马灯，每晚的小组汇报，以及学习、记录，写挑战、应战书和家信，都在马灯下完成。马灯还是晚上打"突击"的收工信号灯……下放的知青们来了，在一台打稻机前，他们热泪盈眶：年轻小伙子和姑娘们踩打稻机时你追我赶的忙碌场景又呈现在眼前……

省内外、市内外、区内外的参观者络绎不绝。一张张图片，一件件实物，勾起了人们对昔日的回忆。人们在赞叹西洞庭巨变的同时，深感幸福生活来之不易，也纷纷盛赞农博馆的成立意义非凡。截至2020年底，博物馆已累计接待9780余人。

2015年11月，艺平同志被评为"感动西洞庭十大人物"之一。2017年12月，被评为"湖南收藏家"。西洞庭农垦博物馆也先后被确定为常德市社会科学普及基地、常德市中小学生研学实践教育基地和西洞庭管理区未成年人思想品德教育基地。

搬　家

江苏省金象传动设备公司　吕焕刚

　　在盐城响水黄海农场生活的那些年里，我们搬了9次家。

　　父亲属于"救火型"干部，一会儿调到总场，一会儿下派到分场、连队，平均两、三年搬一次家。刚与同学熟悉就要告别，恋恋不舍地做一些总结和了断，急急地来，匆匆地去，竟没时间在心田里长熟一段青涩浪漫的故事。

　　场部设在大有镇上，有学校、医院、自来水，还有一条老街。这街南到中山河，北到老场部，约二里路。北有部队院子和礼堂，南有一座老水塔，因这些地方经常演戏放电影，是令我无比向往的地方。在这条街上，我用一分钱买过糖豆，二分钱买过火柴，五分钱买过鸡蛋。也在这条街上，看过父亲他们一群人戴着高帽，挂着牌子，被更多的一群人游街，喊"打倒"和"铲除"。

　　从场部搬到连队，就像从城里搬到了乡下。

　　连队里盐碱地多，土黄色上白迹斑驳。河水咸涩，挑一缸水要打一块明矾，我一直怀疑，我后来的笨拙是跟喝了太多的明矾水有关。看一场电影像过年，上学要跑到十里外。庄稼长不好，芦苇却很茂盛。芦苇房前屋后见缝插针，挤挤挨挨，田头地尾大路边，密密麻麻。甚至几百亩地上啥也不长，只长芦苇。那阵势，那场面，好像芦苇才是真正的主人。以致多年后总想起这样的画面：连绵的芦花淹着房的一半，屋就浮在灰白的絮海中。烟囱冒着斜斜的炊烟，连队五六排房像甲午海战中一艘艘疾驶的舰船。我斜挎着黄书包，在漫天芦花混沌中，劈开一条回家的路，狠拍一下屁股，小马驹一样颠颠地跑。

　　家好像很远，追也追不上……

　　我记得最早的家，屋有走廊，下雨的时候，我们也能走羊窝、抓石子、打花牌……更多的时候我们喜欢在走廊上伸出光脚丫，体味雨的清凉和酥麻的新奇，打不湿身上的衣服，也不会被父母责骂。屋后有成片高大的洋槐树，上有尖刺无数，白花万朵，香飘飘，甜津津，我们是小心翼翼飞也飞不动的馋嘴蜜蜂。还有一片孩子眼里的湖，望不到边……搬家的时候，母亲蓬乱着头发，大声指挥，跑前跑后，什么都想带走，一把笤帚，一个空油瓶，甚至一块腌咸菜的压缸石。二姐抱着她代步的小板凳，一步一挪一回头。我只管我的狸花猫，母亲说，它年龄比我还大，冬天它给我暖被窝，平时四肢一抓套在脖子上当围脖，或是当机枪、当玩具使。我用麻袋装了它，扎紧口，吊在车梁上。一路上它惊吓得尿失禁，叫声尖锐、凄厉、绵长。我们都默不作声。突然大姐带着哭腔讲，还有一只芦花鸡昨晚没来得及带上。我们安慰她一阵，又都不说话。我们都扒着车尾向同一个地方看。望我们熟悉的老屋、树、湖急速地摇晃着远离，渐渐变小变无。

　　天黑时，我们到了新家，我放了猫，它却箭一样地跑走了。我学龄前那段美好懵懂的日子，随着老狸猫的走失，就再也没回来。

　　这是我有记忆以来的第一次搬家，它让我早早地体会到了分离分别的失落和不舍，好像什么东西丢了，再也找不回来。还有对新家新生活的向往和些许期盼，失望和向往，隐痛伤感和未知不安绞缠混生难以诉说。这种感觉如影随形长肉长骨地长在了我的一生里。

　　上二年级的初夏，天像是被捅破了，一连漏了六天。庄稼全隐身做了水草，麦子在田里发了芽，麦粒原地站着就匆匆走完了自己的一生。大人们在田头站成一群忧郁的树。孩子们不管这些，新奇兴奋得像群初试暖水的鸭子，逮鱼捞虾偷偷游泳，忙得不亦乐乎。我们拎着鱼叉，在学校的操场上追猎舰队一样逃跑的鱼群。在泥滑的平地上，一个冲刺，滑出十几米远，寻找滑雪的快感。我们凭记忆沿芦苇标识蹚水去上学，教室里也全是水，竟有同学在课桌底下捉泥鳅。中午放学，我们一群玩水到半路。忽见小哥迎面急急赶来，说是不要回家了，我家房子快塌了，我们家已搬到连队的牛棚里啦。我拽着小哥蹚水去牛棚，远远就看见母亲和几个哥哥姐姐扛着、背着、抱着被褥……我们像个牧民一样伴着青草和畜棚的特有气味与牛马住了十多天。

　　那年，由于水涝成灾，麦子发芽，我们吃了一年咖啡色的面饼，那饼竟然有点甜。

那时我就很奇怪，父亲是分场里最大的官，我们却住不上一间好房子；分鱼每次都是最后拿，仅剩下小的；过年挤不上去镇里的车，就只能到牛棚烧大锅水洗澡……当我满载生活阅历、看尽世相，渐渐走近父亲他们那个年龄时，才慢慢地感觉到，父辈们是那样的纯净纯粹、光芒四射。

我亲历的最后一次搬家，是在一个秋末。

站在疾驶的拖拉机上，我陡地增高两米，便看到一幅奇异的景象：在北风的劲吹下，芦苇夹道欢舞，鞠躬挥手，欢拥欲前，喧嚣而热烈，殷勤而执着。我则纵马前行，君临天下，检视"草民"的忠诚。灰白的芦花一直铺陈到天边，起伏波涌，滚滚向前。一队南飞的大雁缓缓从头顶滑过，鸣叫出天地的高远。太阳西坠，呈橘黄色，圆溜溜的，像我早年间推丢的一个铁环，正一漾一漾地向下，坠进芦花深处。那里也许就是我的新家了。若干年后，我乘飞机在千米高空，透过舷窗平视远方的云层，连绵无际，波涌慢行，似曾相识。天上人间便有了灵光一闪的契合，原来我农场的家一直不在凡间，有家便是天堂。

原先，只要一家 8 口人在一起，也不觉得什么，渐渐地，搬一次家，丢一个姐，再搬一次家，掉了一个哥，父母像个刀耕火种的先人，很随意地把我们种在了农场各个角落，没为子女谋一个进城的指标。到了父亲离休，再搬回总场，仅剩二老了。他们守着偌大一个院落，盼着下一次的亲情团聚。

父亲离休搬回总场不到两年突然脑出血去世。大哥跑前跑后，执意要灵车从总场到分场再到连队绕一圈。兄弟姐妹再次聚齐了，再送父亲最后一程，我们都默不作声，像每次搬家一样。大哥依偎在父亲身旁，一路提醒：我爷，过桥了、到分场了、到连队了……在父亲被推进炉膛的那一刻，大哥撕心裂肺地爆了一声：我爷，对不起啊，我没能送你回老家啊……

我未出生前，家还搬过 4 次。如此说来，父亲平均不到三年调动一个单位。农场初创，百废待兴，换一个地方，就像调训一匹生马，开垦一块新土地。父亲劳神费力，驾驭熟了，侍弄顺手了，再交给下一任。他始终面临着不可预测的新挑战，一如战场上冲锋号吹起，接受命令不迟疑，生死度外冲在前。如今，母亲也去世了，我们把二老并葬在一起，守在连队的芦花深处，沐浴着冬日的暖阳，他们再也不用搬家了。

　　进城和结婚几十年了，我总觉得家还在农场，每年过年回农场就像候鸟飞回温暖的本能。现在我回农场，总觉得住得不踏实，父母走了，老屋没了，我成了农场的客人，客气之余生了几分落寞和凄清。但只要一回到城里，隔了距离，又热烈向往，书本又翻回前页，农场和连队还是几十年前的模样，父亲母亲和家还在，我家喂过的鸡、鸭、狗、猫，还有兔子，一大家不慌不忙，悠然进出，怡然自得。

我真的还想再活 60 年

湖南省西洞庭管理区　程　龙

看到美丽家园毡帽湖，我真的还想再活 60 年……

千年浩荡毡帽湖

我记得最早最清晰的往事是上小学时的一场群众大会。当时，毡帽湖的全体职工及家属都到了，西洞庭农场场部的一位宣传干事来宣讲毡帽湖的历史。

唐宋时期，洞庭湖方圆八百里。明清时期，水势最盛，达 6400 多平方公里。毡帽湖是洞庭湖西部的一个内湖，极为偏僻，约有 3 万亩水面。这里的湖如天上繁星密布，水道如蜘蛛网四通八达，杂草树木遮天蔽日，地形之险要绝不亚于水泊梁山。相传唐朝诗仙李白曾到此一游，因迷路转了十多天也没有转出毡帽湖，后在本地渔民引领下才经泥港口、沅水到了常德。宋朝杨幺农民起义，毡帽湖是起义军的老巢，官军一到毡帽湖就晕头转向，搞不清东南西北，只有被起义军修理的份儿。后来，起义军内部出了叛徒，内外勾结，杨幺才兵败战亡。太平天国时期，石达开的一支余部以毡帽湖为据点与清兵对抗。老谋深算，善于稳扎稳打、步步为营的曾国藩只能站在毡帽湖西北岸的狮子山上，望湖兴叹，不得不悻悻退兵。后来，这支太平军及其后代一直在毡帽湖坚持斗争，官府始终束手无策。土地革命战争时期，常德发生了"敬日事变"，国民党反动军警前来毡帽湖西北岸的周家店捕杀共产党人，党支部书记、农民协会会长、纠察队队长等多名共产党人及革命群众惨遭杀害，但有多名党员和革命群众因躲进了毡帽湖逃过了一劫。常德会战是抗战时期中国军队与日本侵略者 20 场大战之一，国军余程万部一个排在与毡帽相连的涂家湖打响了常德会战第一枪，国军用手榴弹炸沉日本鬼子汽艇一艘，击毙小鬼子 10 余人。许多渔民参加了常德会战，他们在毡帽湖、涂家湖一带打桩设置渔网，有效拖住了日本鬼子进军常德。他们还利用复杂地形频频偷袭日军，日军伤亡不少，又找不到对手，不得不改变进军路线。据《常德县志》记载：抗战时期，新四军某部曾在毡帽湖东北部建有一个兵站，筹集和转运了大量抗战物资。解放初期，毡帽湖、涂家湖一带有土匪十来支，共 100 多人。1954 年，湖南省人民政府决定治理洞庭湖。解放军某部一位副师长带领一个解放军干部排和农业技术人员、农业机械人员共 49 人来到毡帽湖，与本地民兵和渔民一起剿灭肃清了土匪，并在毡帽湖的东南部建立了常德滨湖农场，改造俘虏的土匪。随后，解放军把毡帽湖及周边 11 个湖圈起来，于 1955 年创建了湖南省国营西洞庭农场，垦荒种植水稻，被湖南省政府确定为商品粮生产基地。

汗水浇灌农垦园

我上中学时正值"文化大革命"末期，学校常请贫下中农上"忆苦思甜"课。有一位贫下中农职工给我们讲述那时的故事。

1955 年，他响应湖南省政府的号召，从长沙乘船三天两夜来到毡帽湖。

那时候，毡帽湖一望无涯，水天相连，遍地芦苇杂草。天上飞的，地上爬的，水中游的，很多都有毒。人被咬了，轻者长疔疮，难受极了；重者残疾，甚至失去生命。特别是毒蛇横行，常有农垦人被毒蛇咬死。初来的农垦人没有房屋住，砍了芦苇搭建成茅棚，几十人挤在一个棚里，下雨时与野地差不多。特别是酷寒季节，贼风萧萧，大家和衣撸着睡，越撸越紧，一夜下来往往被棚顶落下的冰块砸醒好几次。

农垦人艰苦奋斗，战天斗地。在臭水淹没腰的湖里割芦苇，筑田埂，造良田。田间公路和大小渠道把毡帽湖划成棋盘格局，良田每 10～30 亩为一块，每 100 米有一条毛渠，每 400 米有一条斗渠和一条简易公路。

农垦人边开荒边生产，全场 13 万亩耕地基本种植双季水稻，平均每个职工种植 20 亩。那时科技不发达，农业机械化还处起步阶段，种植水稻全靠农垦人手工作业，劳动强度特别大，全年休息不过六天。通常春节休息三天，还必须完成两项活动，一是除夕开一场"忆苦思甜群众大会"；二是开门红正月初一植树。完成早稻插秧休息一天，完成早稻收割及晚稻插秧休息一天，完成加固防洪大堤休息一天，其余的时间，都是披星戴月地劳动。早稻收割和晚稻插秧最累最苦，正值盛夏，农垦人冒着 40 多度高温，头顶烈日，手脚泡在水田里，一天劳作 18 小时。早晨 3 点起床下田干活，在田里吃早餐。中午休息 3 小时，下午 3 点又开始干活，下午 5 点半在田里吃晚饭，接着干活，直到晚上 12 点，连队升起马灯，才能回家睡觉。不少人因为长久浸泡在水田里手脚都烂了，血和脓不停地流，但不能奢望休息，睡前用碘酒擦擦，起床后接着干活。有人中暑高烧，须农场职工医院开出证明、院长签字，连队指导员批准，方可休息半天。农垦人的辛劳换来了大地丰厚的回报，每年向国家上缴商品粮数万吨。

农垦人自力更生，就地取材，利用稻草和本地树木建房，建场两三年就实现了职工都有自家住房。但是，这种稻草盖顶的房，遇到暴风雨往往被掀走房顶，全家暴露在风雨中，苦不堪言。后来农垦人自烧砖瓦盖房，到 1979 年，农垦职工基本住上了砖瓦房，风雨不动安如山。不过，住房面积还是十分狭小。一般家庭都在 6 口以上，却只有一间房，约 40 平方米。

党的十一届三中全会后，农垦人充分发挥艰苦创业的传统，大胆创新，利用农场土地优势和多年的人才积累、经济积累，围绕市场办工业，围绕工业办农业，逐步闯出了一条农业产业化的道路，现有规模以上工业企业 60 余家，2022 年实现工业产值 110 多亿元，工业税收 1.4 亿元，是国家现代农业示范区、国家高新技术产业开发区、湖南省工业集中区。

随着一二产业的突飞猛进，第三产业应运而生，一座小城镇也应运而生，毡帽湖的核心区域已规划为西洞庭管理区金凤街道天福社区。

美丽乡村胜过梦

人生真的好短暂，一晃 60 年已过去。去年 11 月份组织上安排我退居二线，关心下一代委员会邀请我担任秘书长，到学校宣讲美丽乡村建设。

按我国行政区划，毡帽湖实际上还是农村，因此天福社区也纳入了"美丽乡村建设"，各项工作全面有条不紊地快速推进。

　　党建统领是推动美丽乡村建设的关键，还要发展农村经济，致富一方群众。天福社区农业走在了农村发展的前列，田间公路和渠道基本实现了混凝土硬化，旅游农业成为新亮点。游船在渠道里游弋，游人欣赏金灿灿的稻谷，采摘湘莲荷花，比起游桂林阳朔，另有一番惬意。随着农业科技和机械化的发展，农垦人摆脱了"锄禾日当午，汗滴禾下土"的传统劳作模式。目前，毡帽湖承包面积50亩以上的家庭农场有84家，上千亩的有3家。永康牧业有限公司西洞庭分公司有猪舍面积2万平方米，养母猪1万头，年育肥猪10万头；种植水稻4300多亩，养殖龙虾3000多亩；拥有烘干机、大型仓库和冷库，每天烘干稻谷120吨，可存储稻谷15000吨、甲鱼60万斤。公司只雇用了30名员工，像公务员一样上下班和休假。农业工厂化使单产倍增，过去是芦苇遍地，如今一望无边的塑料温室大棚随处可见。过去农业学大寨，种植双季稻，未曾跨过亩产400公斤的关口；如今是"一季稻＋再生稻"，亩产过吨，并且是口感好、生态环保的优质稻。

　　农垦老人都有退休工资和医疗保险，大多住在居民小区的高楼大厦里，成了城里人，网上购买生活用品已成习惯。

　　江山如此多娇，我怎能不万分留恋这个美好的世界。一切美好除了大自然的赐予，更是农垦人辛勤劳动和奋斗的结果。我真想再活60年，为美丽乡村建设而奋斗！

农场职工开挖渠道

先遣队开荒建点

黑龙江省红卫农场　陈国岭

完达山麓，挠力河畔，茫茫荒原，片片沼泽，何日人迹至？位于黑龙江省饶河、同江、富锦一县两市相交之地的红卫农场，开荒建场始于1968年。

1967年，东北农垦总局为开垦这片荒原，在七星农场至胜利农场间的百里荒原上修建了一条公路，并设一道班房。虽然车行人过屈指可数，但是为红卫农场的创建准备了必要条件。

1968年10月，黑龙江生产建设兵团决定由四师包建红卫团。11月17日，由于一厚、陈传军、刘瑞华三人组成的踏勘小组坐拖拉机牵引的木爬犁开进挠力河畔。经过实地踏勘，选定红卫团团部和13个连队的位置。

踏荒小组回师部汇报后，四师党委研究决定，马上召开新团成立大会，进行思想动员，组织进点，迅速建立边防新哨所。

12月19日，在密山北大营，四师副师长王社宣布"沈阳军区黑龙江生产建设兵团红卫团"正式成立。黑龙江生产建设兵团副政委程克廉到会做指示，要求新建团的广大指战员要发扬"一不怕苦，二不怕死"的革命精神，落实好毛主席的屯垦戍边方针。会上宣布开发抚远荒原第六领导小组由王电源、罗忠轩、庞宝锁3人组成，王电源任组长。

会后，举办了有51人参加的建点人员学习班。提出了"胸怀朝阳，头顶蓝天，脚踏荒原，向地球开战，在挠力河畔绘出最新最美的图画"的响亮口号。

12月22日，王电源主持召开了机关工作人员会议，会议决定先组织一支先遣队进点踏路搭帐篷，其余人员做好年前进点的思想和物资准备。

12月24日，罗忠轩带领由陈传军为连长、陈秀生为指导员，以木工班长吉华坤、瓦工班长华宝富作为技术人员组建的六师红卫团不足百人的先遣队上了两辆大客车。还有四辆"解放"牌卡车装满了帐篷、食品等物资在前面开道。

清晨，车队顶着寒风，从迎春出发，向西北方向前进。汽车的车轮上绑着防滑链，在铺满冰雪的公路上一路向北，窗边玻璃上结满冰霜，窗外白雪皑皑，山上的树木和偶尔见到的房屋都银装素裹。客车内十分拥挤，先遣队马不停蹄，天黑才赶到松花江畔的富锦县（现富锦市）城，找了个旅店过夜。

12月25日，先遣队留下部分人员，为大伙儿买些信纸和邮票等物品，剩余30多人乘坐一辆大客车和四辆卡车出发。车队向东北方向驶去，过了二龙山，车队向东行驶，穿过七星农场就进入无人区。渐渐地前方的视野越来越开阔，除了隐约可见的公路路基轮廓，两边是茫茫雪原，一片白色——已经进入黑龙江东北部的尚未开垦的三江荒原。大约是上午十点，车队到了一个名叫王玉书屯的地方，不远处看见了竖立的土牌坊，两边各书写七个大字："为有牺牲多壮志，敢教日月换新天。"红卫团筹建组领队罗忠轩兴奋地说："到了！前面就进红卫的地界了。"先遣队员们也兴奋地高喊："到了！到了！"

车队继续向东，大约过了半个小时，车队在路边停了下来，只见罗忠轩率先下车，接着又下来几个人。他们来回走了几趟，看了又看，又往前走了会儿，看见公路下有个直径一米多的桥洞，南面有个水泡子。他们中的人回头大声呼喊："到了，到家了。就在这儿安家了。"在叫喊声中，先遣队员们纷纷下了车。经打听，安家处叫"火烧孟"。据说，当年有一户姓孟的人家曾在此地开设一小客栈，方便来往的过路客商，后来被火烧了，故此地得名"火烧孟"。

先遣队员们下了车，环顾四周，茫茫大地无边无际。一条土路贯穿东西，路两侧形成的排水沟向东延伸，穿越胜利农场，直达乌苏里江畔的饶河县城，沟水流入乌苏里江，汇入大海。向南望去，树林一片连着一片，直延至完达山脚下，与完达山的原始森林连成一体；向北眺望，一片白皑皑的荒原与蔚蓝的天空连成一线，黑龙江仍在地平线以北那遥远的北方。在这方圆数百公里的荒原南端，天地间屹立着30多条汉子——红卫团第一批拓荒者。

稍作休息，先遣队员们把车上的帐篷、工具等物资卸下，放在公路南侧雪地上，行李留在车上。卸完车，才吃午饭，大伙儿一口饼干一把雪，吃得津津有味。午饭后，大部分车辆返回富锦，先遣队员们开始搭建帐篷。

10多名知青上公路北侧的林子砍伐搭建帐篷用的木料，一部分青年去挖坑，先用铁镐铲去一块近百平方米地面的积雪，露出高低不平的封冻的草甸荒地。按照帐篷四周的距离定位，先用钢锹打炮眼，装一管炸药，炸一小坑，竖起就近采伐来的杨树杆，培上炸碎的冻土，再浇上一桶刚煮化的雪水。在东北严寒的气温下，浇到冻土上的水一会儿就冻住了，杨树干也就牢牢地立住了。一个大帐篷四边和中间要竖十几根树干，上边再用细一点的树干横着连起来，做成帐篷架子。

帐篷内部搭建主要有两个部分，一是搭床铺，二是安装火炉和烟筒。床铺的制作也很考究，都是就地取材。最下面是在帐篷地面两端及中间隔几米摆上几段从树林里采伐来的三四十厘米粗的大树干垫底当"床架"，再横上几根十几厘米粗的杨树枝做"床档"，然后是竖着排上砍来的柳树条子当"铺板"，上面再铺上一层割来的野草做"床垫"，最后两边再压上两根光滑些的树干当"床沿"，把每个人的被褥一铺，十几米的大通铺就落成了。

帐篷两头是门，各是一块可掀起的毡门帘。两门之间是一条过道，过道两边是两排大通铺。大帐篷约有十几米长，不到五米宽。当时每个人的铺位只有60厘米左右，一个大帐篷里住了40多人。完成两个帐篷的搭建，里面的床铺和火炉还没整，天就黑了，只能收工，留到第二天再干了。

摸着黑，先遣队员乘卡车返回一连东侧的道班。道班的师傅待他们特别热情，如见到久别重逢的亲人，并为他们准备了热气腾腾的晚餐。

12月26日一大早，先遣队员来到预定的团部位置搭起帐篷，一个青年爬上了帐篷前公路旁的一棵大桦树上挂起了红卫团的第一面红旗。帐篷在白雪中屹立，红旗在寒风中飘扬，欢笑声在荒原上荡漾。红卫团就这样诞生在抚饶地区的千古荒原上。以后，每年的12月25日被定为红卫农场场庆日。

12月28日，由王电源、于一厚带领的机关和连队干部到达了红卫团。王电源指着两顶帐篷对大家说："一片荒原、两顶帐篷这就是我们的红卫团。屯垦戍边，建设边疆，要靠我们大家，我们共产党人这颗种子就要在这荒原上生根、发芽、开花、结果。"

开春后，他们花了4天的时间，为8个新建连队搭建16个帐篷，等待着大部队的到来。团领导也跑遍全团区域，谋划着连队分布、团部建设，以及银行、邮局、学校和商店等的规划。

如今，红卫农场拥有耕地 4.07 万公顷、草原 535 公顷、林地 8673 公顷、水面 5031 公顷。农场下辖 9 个管理区和 3 个居民委，户籍人口 11318 人。2020 年实现粮食总产 33.82 万吨，经营利润 5146 万元，人均可支配收入 2.99 万元。

这是英雄的红卫人历经三代人 50 多年接续奋斗的结果。先遣队员们每每回忆起开垦红卫团建点时的场景，总让人心潮澎湃，心里默默地呼喊："北大荒，我爱你！红卫农场的明天更美好！"

赵光农场与电影《老兵新传》

黑龙江省赵光农场　任　红

2018 年 9 月，习近平总书记在北大荒考察时感慨，这里的沧桑巨变"了不起"。他提到了一部老电影《老兵新传》，这是新中国第一部反映北大荒精神的彩色宽银幕立体声故事片，讲述战场上浴血厮杀的老兵们脱下军装拿起锄头，来到黑龙江开发北大荒的故事。这部电影极大地提升了北大荒在全国的知名度，主场景拍摄地赵光农场也因此拥有了《老兵新传》故乡的美誉。

1947 年，李富春同志在东北行政委员会财经委员会会议上传达了党中央的指示："要在北满建一个粮食工厂"，即建设一个现代化的机械化农场。根据这一指示，东北行政委员会经过充分调查研究，决定在通北县（现属北安市）建设一个机械化农场，主要任务是培养干部、生产粮食、积累经验、给农民做示范。辽北军区司令部作训科长周光亚同志奉命筹建第一个机械化农场。

1947 年 11 月，时任牡丹江省建设科科长的周光亚受东北行政委员会委派，到达通北，实地踏勘。这里为小兴安岭西南山麓，松嫩平原的丘陵地带，北起嫩江水系的乌裕尔河，南至小兴安岭西南山麓的次生林，东到轱辘滚河之滨，可以开垦的荒地达几十万亩，适宜办大型机械化农场。于是，周光亚决定在这里创建新中国第一个机械化农场，农场定名为东北行政委员会通北机械农场，这就是后来的赵光农场，也是新中国的第一个国营机械农场。

建场之初，条件极为艰苦，通北机械化农场的全部财产为：一栋旧砖房、一个小木桌、几个泥盆、泥碗和 1500 元建场资金。周光亚领导广大干部群众战胜了重重困难，迅速打开了工作局面，当年就开垦了大片荒地，生产粮食近 150 万公斤，大部分支援前线，少部分支援其他城市。之后农场又逐年扩大生产，1949 年开荒 3.4 万亩，1950 年又开荒 6 万多亩，成为名副其实的粮食生产基地。1952 年 9 月 3 日，朱德总司令视察通北农场时说："我们国家今后要多办像你们这样的国营机械化农场，生产大量粮食，支援国家建设。"随之，大批国内参观团及苏联、南斯拉夫、捷克等国参观团到农场参观。

1957 年，著名作家李准采访了周光亚和其他创业者，他们大多是战场退下来的老兵，李准以他们为原型写成了电影剧本《老兵新传》，由上海海燕电影制片厂于 1959 年摄制完成，影片根据开发北大荒的真实历史改编，以赵光农场官兵们的事迹为素材，集中表现和反映了新中国成立初期中国人民解放军广大官兵响应党的号召，到边疆去、到农村去，屯垦戍边、艰苦创业、开发北大荒的故事。以周光亚为原型的主人公"老战"就是几十万中国人民解放军的优秀代表，他具有坚强的党性，对国家和人民满怀责任感，他关心老百姓和战士们的冷暖安危，关心知识分子的成长进步；他豪情如火，激情奔放，为了新中国的革命和建设事业，有一种"敢教日月换新天"的心胸和气魄。

时任农垦部部长的王震将军，曾在《大众电影》杂志上著文对《老兵新传》给予高度评价："我非常喜欢这部宽银幕彩色故事片，《老兵新传》刻画了从胜利的武装斗争走到生产战线上来的千千万万革命战士的光辉形象。影片中的老兵——国营农场场长战长河的形象是有普遍性的，但他又是集中的典型……从北大荒可以找到，在新疆、青海、海南岛、江西及其他各地区都可以找得到……"

影片一经公映，立即引起轰动，全国人民对北大荒有了深刻的印象，许多城市青年纷纷来到北大荒。电影拍摄的主要场景在赵光农场三分场场部，因此赵光农场成为电影《老兵新传》的故乡。

历经 70 余载砥砺奋进、40 多年的改革开放和三代北大荒人的开发建设，这里逐渐由"北大荒"变成了"北大仓"。

耕地面积由建场初期的 240 垧发展到 50.8 万亩，人口由建场初期的 15 人发展到 3.2 万人，机械从建场初期的一台"万国"拖拉机发展到配套农机具 1341 台、农机总动力 4.47 万千瓦，田间综合机械化程度达到 99％以上。农场经济和社会事业全面发展，全场呈现出政治安定、社会稳定、经济发展、社会进步、团结和谐、奋发向上的喜人景象。

　　2019 年 6 月 30 日，赵光农场有限公司挂牌成立，这是《老兵新传》故乡改革发展史上具有里程碑意义的重要时刻，开启了《老兵新传》新篇章。

农建二师五团在北大荒"找家"

黑龙江省二九〇农场　郭　阳

在黑龙江省二九〇农场西北角的开发建设纪念广场上，高 19.55 米的二九〇农场开发建设者纪念碑巍峨耸立，"北大荒精神永存"七个金字在阳光的照耀下熠熠生辉，五团进军北大荒的历史浮雕跃然于眼前。游人驻足于纪念碑前不禁会问：为什么纪念碑高 19.55 米？为什么二九〇农场以数字命名？五团又是由何而来？

1952 年，中国人民解放军步兵九十七师二九〇团奉毛主席命令转入生产战线，改番号为中国人民解放军农业建设第二师五团，在山东省广饶地区担负"生产待命"任务，仍属军队序列。1954 年春，当农建二师从山东广饶准备移师海南屯垦开荒时，周总理得知这个部队都是山东人，他很担心北方人适应不了华南的热带气候，又熟知山东人有闯关东的传统，因此决定让农建二师"闯关东"。于是，农建二师根据中央关于开发北大荒建立国营农场的指示，向东北迁移，筹建国营农场。1954 年 6 月，农建二师五团抽调三营及机关部分人员组成 500 余名的先遣队进入黑龙江省密山县（现密山市），先遣队驻扎在密山县北大营。先遣队进入密山后，进行开荒建场所必需的可行性调查，通过地形勘查和全面规划掌握当地的自然情况后，再确定经营规模和发展规划以及营地的选择和各项基本建设的具体位置要求。

1955 年 4 月，勘查组一行 9 人从密山坐汽车来到宝清县，当天晚上，宝清县委领导向他们介绍了当地情况，县委一共提供了两个地方，一是七星河地区，另一个就是索伦岗地区，但县委认为七星河不如索伦岗，索伦岗向东有个地方叫大河镇，此地背靠完达山，有着丰富的森林资源，土质肥沃，但交通有些不便，只有两条日伪时期修筑的旧公路。

勘查组研究决定勘查大河镇。大河镇是野兽出没较多的地方,尤其是狼特别多。据当地人讲,当年一个日本兵小分队,在进入索伦岗时,曾被狼群包围,全被狼吃掉了。为了安全,第二天农建二师师部派专人从密山给他们送来 9 支枪,勘查组又从当地借来 9 匹没有鞍子的马,把棉被绑在马身上作鞍子,骑马拿枪踏上了勘查的道路。他们勘查的第一站就是索伦岗,从索伦岗一直勘察到大河镇。大河镇木材山货到处都是,当地人大都狩猎,也种些水稻和大豆。盖的房子都是用上等原木垛起来的。宝清地区虽然地形条件好,土质肥沃、水分充足,自然资源丰富,但是交通极为不便。这一地区周围有两个大草甸子,距宝清县城有 300 多公里,当地群众称之为"大酱缸"和"小酱缸",大的草甸子宽 1200 米左右,小的宽 300 米左右。这两个草甸子春天化冻后,人和车都不能通过。两个草甸子距宝清县城有三百多公里。大河镇南线虽然有日本侵占时期的国防公路,但 40 余座桥梁因战争被破坏,战后路基荒废,修复不仅需要资金更需要花费一两年的时间,这与当时中央提出的"投资少,收效快"的建场方针是不适应的。勘查组于 1955 年 5 月中旬勘查结束,返回密山向团里汇报了勘查情况。

　　另外,当时国家已进入第一个五年计划建设时期,各方面经济紧张,拿不出大批资金兴修水利和投资建筑工程,为此黑龙江省委决定另选垦荒区。

　　1955 年 6 月,农建二师五团党委根据省委指示,于 6 月 12 日成立以副团长娄锡钧为首的勘查工作组,去松花江以北的富锦县 12 区(现绥滨县绥东镇)进行荒原勘查。

　　1955 年 6 月 13 日早晨 3 点,勘查组一行便乘坐火车从密山到林口后又转车到佳木斯,在佳木斯乘船沿松花江来到富锦。在富锦县(现富锦市)农林局找到了一张当地地图。勘查小组在富锦休整三天后,通过地图坐船来到绥东镇,并住在 12 区政府里。当时富锦和绥东都各派了一名民政助理帮助小组进行勘查。在绥东,勘查组成员每人雇了一匹马来到河泉村。河泉村共有 40 多户居民,勘查组成员夜晚分住在当地农户家里,白天分成两个小组出去勘查,他们的午饭是从农户家里买的熟鸡蛋。那时鸡蛋很便宜,1 角钱可以买 4 个。勘查组每人每天都带一书包熟鸡蛋进行踩点勘查,这就是他们一天的食物。

　　这次勘查是在省勘查队 1954 年勘查的基础上进行的,路线清楚,资料较全。勘查工作组利用一个星期的时间，对当地地理进行了详细调查了解，认为这一地区各方面都符合开荒建场的条件。

一、地处松花江与黑龙江之间，地势平坦，集中连片，初步勘查可垦面积 375000 亩，适宜大面积机械耕作。

二、土质属长年野生植物腐烂形成，黑土层达 20～30 厘米，土质肥沃。

三、水源充足，水质较好，适于人的生活需要。

四、交通方便，荒原中心距绥东镇 20 公里左右，距富锦县城 40 多公里，夏天富锦每天有一班船通行绥东，冬天结冰后，车辆可直达富锦与福利屯火车站。这片荒原中有 4 条日伪时期修筑的公路贯穿南北，虽因年久失修，路面有所损坏，但稍加修复即可通车。

五、黑、松两江三面环绕，内有蜿蜒河，具有特有的渔业自然资源优势。

鉴于上述有利条件，勘查组回到绥东后，在 12 区政府里向娄锡钧汇报了此次踏荒勘查的情况。工作组一致认为此地的地形、面积、土质以及交通等条件比较理想，符合中央的"投资少，收效快"和"边开荒、边生产、边建设"的方针。娄锡钧听完汇报后立马写了一份汇报提纲，第二天便匆匆返回密山向师部汇报。经团党委研究，初步确定在此建场。与此同时，团党委在原有勘查小组的基础上充实团营各级领导，重新组成踏荒小组，二进荒区进行复查。在复查的过程中，勘查组对建场位置、场区范围作了初步规划。最后确定在场区中心太平山建立国营农场场部。

1955 年 6 月 23、24 日，农建二师五团先遣队 500 余人分批进驻富锦、绥东两地，大本营设在富锦。留守山东渤海湾的一、二营及团机关于 1955 年 9 月 13 日出发，9 月 21 日到达富锦。至此，经过一年的准备工作，全团 1767 人从山东广饶地区转移到黑龙江富锦地区（现绥滨县绥东镇），开始了开发北大荒，建设农业基地的历史任务。后来，纪念碑也因此定为 19.55 米高。

为了纪念农建二师五团前身中国人民解放军步兵第九十七师二九〇团，经黑龙江省农管厅 1955 年 11 月 21 日批准，正式命名农场为国营二九〇农场。

北大荒的春节记忆

黑龙江省巨浪牧场　张帝龙

　　那天中午，母亲从集上买回来一件红色呢子大衣，说是准备明年春节逛亲戚的时候穿。我想了一会儿才恍然大悟：去年由于疫情，全国各地加强防控，而母亲心心念念的回娘家之旅也无奈取消，所以她觉得去年那件衣服不吉利，这不，又买了一件新的，比去年的还红呢。看着母亲对着落地镜子，前后左右地欣赏着新买来的衣服，我竟一时恍惚起来，关于春节的许多记忆不由自主地浮现在眼前⋯⋯

　　20 世纪 80 年代，在黑龙江农垦一个叫巨浪牧场的地方，正有一位年轻的母亲，怀中抱着年幼的女儿，手中拉着七八岁大的儿子，一边催促丈夫把点亮的灯笼挂到房上，一边打着手电筒，在阵阵鞭炮声中，匆匆忙忙往后院跑⋯⋯

　　这就是我记忆中儿时的春节，我们要去的地方是董大娘家，穿过房后公路，再走 50 米就到了。那时，整个牧场有电视的人家屈指可数，每年春节这一天，左邻右舍十余户人家男女老幼都不约而同齐聚董大娘家，炕上、地上坐满了人，等我们去的时候，早就没了好位置。母亲抱着妹妹跟随其他女眷坐在炕上，而我只好挤在地上的一个犄角旮旯，在差不多 3 米远的地方透过人头缝隙，伸长了脖子去看那摆在大衣柜上面的 17 英寸黑白电视，依然看得如痴如醉。那时还发生一个有趣的误会，听到电视里预告某某节目在二套播出，我就一直犯嘀咕，这个"二套"到底在哪？莫不是半夜十二点以后的节目吧？

　　1995 年春节前夕的一天，外面下着鹅毛大雪。傍晚时分，从四队到场部的公路上缓缓驶来一辆客货两用公交车，车上载着一位年轻的女性，正坐立不安地瞅着车外,她的双手紧紧地抱着怀里的一个大家伙,一台 17 英寸黑白电视。她生怕电视冻坏了,还将自己身上唯一的一件红色御寒大衣披在了电视上,自己却冻得瑟瑟发抖。这个女人就是我的母亲,她用省吃俭用攒了一年的 200 元钱,冒着严寒,去四队买回来一台不知经过了多少手的黑白电视机。那时的电视机是显像管的,后面有个很大的"屁股",笨重极了,母亲为了把它抱回家,累得好几天缓不过来。

别看这台电视"年纪大",而且还时常有"雪花",但它却给我带来了无尽的快乐。这一年春节,我们全家第一次坐在自己家里看春晚,父亲忙着劈柴火,把炉子烧得旺旺的;我和妹妹一边嗑着瓜子一边看着电视,吃在嘴里,美在心里;在角落里一边包饺子一边看着我们傻笑的母亲,脸上满是幸福。我们全家其乐融融,幸福洋溢在每个人的脸上。

1999 年春节,刚刚经历了 1998 年的洪水,我家房屋被毁,举家西迁,住进了牧场的临时安置所,一个叫"西牛舍"的地方。那里原本是养牛、拴牲口的地方,没想到竟成了我的家。我清晰地记得第一次和母亲一起走进"新家"的情景:房屋是起脊瓦房,房顶极高,南北狭长且昏暗;一盏幽暗的灯在半空中悬挂,窗户没有一块完整的玻璃,雨后秋风吹过,瑟瑟地令人发寒,最令人难以忍受的是空气中弥漫着牲畜粪便的腥臭味……我一下子就想起了张贤亮在《灵与肉》中的描述,"他找到了栖身之地,像初生的耶稣一样睡在狭窄的马槽里,凄凉的月光洒在他孤寂的身上……抱着瘦骨嶙峋的马头失声痛哭"。

那一年的春节,是我记忆中最落魄的春节——房屋昏暗,四处漏风,晚上 9 点多还停了电,真是糟糕透顶。那一夜没有玩扑克,没有欢声笑语,更没有看春晚,所有人都在极度压抑中昏昏沉沉地度过。即便如此,半夜十二点,母亲还是煮了饺子,把我和妹妹叫起来一起吃新年第一顿饭,企盼来年有个好前景。

那一刻,我的心情是复杂的,眼看家境窘迫,我又即将念高中,家里哪有钱供我读书?母亲看出了我的担忧,慈爱地揉了揉我的脑袋说:"你只管好好学习,其他的事不用你操心。妈可不希望你像我似的当个'睁眼瞎',就算砸锅卖铁,妈也要供你们上学,绝不让你们留遗憾!"

2012 年,这是我家搬上新楼房的第一个春节。这一年,我和妹妹都顺利地读完了大学，也都有了满意的工作。在搬家的那一天，邻里乡亲都来祝贺，无不对母亲竖起大拇指：人家供一个孩子都吃力，你家供俩大学生，日子还能蒸蒸日上，真厉害！

为了庆祝住进新楼房，这一年的春节，母亲破天荒地放了一万响的鞭炮。母亲说，要把过去的晦气全部冲走，往后全是好日子了。没想到还真应了母亲那句话，从那年开始，我家一年比一年好。

2017年春节，我们全家看的是我在网上买的45英寸高清数字电视，又轻又薄，还能挂在墙上。电视是高清的、画质是立体的，母亲看着电视，乐得合不拢嘴："终于看清董卿长啥样啦！"

这一年，另一个新变化就是"老顽固"的母亲终于改用智能手机，也跟着我们一起抢红包了。三岁的小外孙在一旁不住地催她："姥姥，您能不能快点啊，红包都让大舅他们抢光啦……"打那以后，母亲每天都在练习抢红包，抢得比谁都积极呢。

2020年春节，是我第一次独自一人度过。虽然在前一天就听新闻里说武汉"封城"了，但对于我们这样的农垦边陲小镇而言似乎还很遥远，谁知一夜之间全国都紧张了起来，这场突如其来的新冠疫情，使所有人都措手不及。

除夕那一天，恰好是我值夜班。当夜幕降临、华灯初上，千家万户都聚拢在一起吃饺子、看春晚、欢声笑语时，独自守在值班室的我，竟有些黯然神伤。半夜十二点，我披上外套，独自漫步在机关楼前的广场上，蓦然回首，眼前万家灯火，霓虹闪烁。我在心中默默地祈祷：愿我的国、我的家，国泰民安，永葆祥和，一切安好……

春节越来越像一个符号，它代表着团圆，代表着喜庆，代表着淳朴人民对未来美好生活的企盼。每一段对春节的记忆都是一笔财富，无论贫穷还是富有，快乐始终伴随左右，在苦难中不气馁，在困苦中怀揣希望，告诉自己，过了春节又是新的一年，明年准会比今年更好。经历过苦难就会更加珍惜现在的幸福生活，每一点进步都会感动到自己，对生活有着无尽的感恩，对未来充满期待……

"想啥呢？快帮我看看，我穿着好看不？"母亲的一句话，把我从记忆中拉了回来。

"挺好看的，就是有点瘦。"

　　"衣服瘦?"母亲面带不悦,气得噘着嘴。

　　上了年纪的母亲越来越像小孩,就喜欢听人夸她,我赶紧嘿嘿一笑,向她竖起大拇指,"我是说您瘦啦!广场舞跳得很有效果嘛!"

　　"这还差不多。"母亲开心地笑了,笑得像花儿一样。

那格局像是整齐的军营

乘车自虎林向哈尔滨返回，车窗外，一座座村屯呈现在眼前：几条弯转的街道穿行在无序的民房间，院落参差不齐，显得很杂乱，有几栋老宅还离群索居，哩哩啦啦扯到了村外。邻座的汉子目睹此景，脱口而出："像这样的村子，要是在农场，早把它取直，排成队列，整齐划一了。"

我闻之不禁好奇，轻声问道："您是农场人吧？"

"是啊，你看出来了？"那人将头转过来，看看我，颇有些奇怪。

"哪个农场的？"

"云山农场的。"

"这么说，您是转业军人的后代喽？"

"好眼力！"

那人夸了我一句，随即谈起他父辈的一些经历来。

交谈结束，他的话语却久久萦绕在我的脑海。联想在农场所见的一切，原本模糊的意识顿时变得清晰起来。确实，哪里是农场，哪里是农村，单从队区与村屯的面貌就可以看出来。凡转业军人创建的农场，其房屋、道路、排水沟、树木等一概横平竖直，整齐划一，像个军营。就如楼芹在《浪花》中所写的那样：

"我曾不止一次地到普阳农场四队，迎面两行青松，像礼宾场的列兵，整齐肃穆，令人肃然起敬……队部的房子，外观平常，一字儿的营房式结构，进门都是瓷砖铺地，白墙蓝裙，格外宁静……"

而地方村屯，包括某些老旧城镇，则里出外进，缺少这种严整规划。

记忆最深的是兵团时期，每到春季，都要大搞爱国卫生运动，原本是清理垃圾、打扫庭院，却扩大到住区的建设上，要求道路一条线，水沟一条线，树木一条线，障子一条线，仓房一条线……达不到要求，就要出动机车、人力加以规划改造，就连青年的集体宿舍，都要被褥一条线、脸盆一条线、毛巾一条线、饭钵一条线、牙具一条线……"线"成了衡量整齐与否的重要标尺。而正因为有了"线"的概念，相关秩序才得到了保障。笔者曾几次游览兵团时期三师的师部，一座座砖瓦结构的办公室、宿舍、食堂、俱乐部和居民住宅，都如整装待发的战士，横看成行，竖看成列，那么地统一、庄严、有序。

"屯兵设营，规划先行。"这是流行于军队的一种理念。这种理念，也被直接引用到北大荒的开发建设中来。1950年春，率队到鹤岗市北部荒原的解放军军官教导团团长王世英，数遍宝泉岭地区的12座山头，说："咱们就把岭西的第三个向前突出的山头作为场址，在岭前打零号基桩，从这里往南修一条大马路，直通鹤岗。要修得笔直，一枪打不透。"

一枪打不透？众人听着有些迷茫。

"就是照直修，不要拐弯。"王世英加重语气说。

鹤岗至宝泉岭，直线距离20多公里，中间有山，有河，有沼泽。这么复杂的地形要照直修，显然难度很大。王世英找来当过炮兵的战士，请来鹤岗矿务局的专家，对着农场方向，竖起标杆，边测量边施工。可是修着修着，第四大队就走了样。

"为什么要往山岭靠拢？"王世英大光其火地问。

"前边水线洼塘多，不好修，往山边靠点儿省人工……"负责人理直气壮地回答。

"不行，照直修，说了就得办到，不能含糊！"王世英把手一挥说："今天看费点儿工，但从长远看，笔直的公路，车跑得快，既省油料又省时间，这个账你算了没有？"

于是，三个大队、一千多名施工人员乖乖按照"一枪打不透"的号令，一字儿摆开，突击修路。31天时间，削低了3座小山头，填平了两个大洼塘，架了7道桥，一条宽12米、长21.5公里的鹤宝公路提前建成了。

多少年后，笔者有幸走在了这条公路上，确如王世英当初所说，从宝泉岭场部的梧桐河畔往西南，10公里的路程，一点弯度也没有，行车那个快捷，乘车那个舒坦，就别提了。直至出了场区，才微微向西折向鹤岗，但早已超出"一枪打不透"的范畴。

公路的建设如此讲究，场部的规划也是同样。王世英说，咱们的宿舍不能像老乡那样随便地建造，缺少统一的规划设计。安家，就得像那么一个样儿。他修改了当地民工的设计方案，所有房子都是7间一栋，成趟成排，形如队列。矩形的营房区内，还有一个大操场，这显然继承了军营的传统。当地老农见了之后，啧啧赞道："看解放团农场盖的房子，有模有样、有规有矩，简直是北大荒的土造洋房！"

其实不光是修路和建房，其他如栽树、修渠、耕田、机械作业、农机管理等等，也都有着类似的理念。这有点儿像老兵的步子，沉稳中踩出条令的节奏，同一个姿势，一样的距离，直线加方块，是他们生命运动的唯一韵律。那像列队卫兵的田间林网，那直如琴弦的条条水渠，那难见一点弯度的无边地垄，那集中停放的整齐农机，无不打着军旅的印记。一位作家看了位于三江平原腹地二道河农场的万亩大地号，不禁联想到了部队，联想到了军人列队的情景，于是诗意大发，夜不能寐，写下了如下激扬的文字：

　　齐整整万亩稻菽
　　横看一条线
　　竖看一条线
　　铺成翡翠般的镜面
　　那是北大荒的兵
　　在广袤北国大地上
　　叠齐的军被
　　站立的队形
　　修筑的军营
　　蓝天碧野间
　　那株株稻谷
　　犹如凛凛武士手执矛戟
　　那块块绿田
　　仿佛赫赫大军布列森严军阵
　　……

千古荒原第一桩

黑龙江省八五二农场　黄黎　孙海燕

虎宝公路是黑龙江省虎林市至宝清县的一条公路，全长 120 公里，其中一段线路上横盘着 46 条山坳和水流，必须架设桥梁或桥涵通过。当年条件极其艰苦，在没有通畅的路面，没有吊车、挖机、弯曲机等建桥设备的情况下，老一代垦荒者是怎样在冰冷刺骨、深不可测的河里打桥桩的？又是怎样在短时间内开通虎宝公路的？

连夜赶画桥涵设计图

1956 年 4 月上旬，开荒先头部队进入黑龙江省完达山荒原。这里正是解冻期，东边的小清河，西边的挠力河，北边的"大酱缸"，中间的蛤蟆通河，还有大、小索伦河相继开化。6 条大河，数十条水流齐淌，通往宝清县城的路变成了水坑泥塘。汽车抛锚、马车搁浅，部队被困在了路上，大家只好脱掉鞋袜，挽起裤腿，光着脚丫子扑哧扑哧向前走。遇上小河蹚水，遇上大河就拦河拉绳系上木排渡过，背、扛、挑、抬，一站倒一站，总算把部队日常必需的口粮、蔬菜运进了荒地。

可是，开荒建场需要的大批机油、材料和机械工具运不进来怎么行呢？这可急坏了部队领导和同志们。

一天晚上，时任铁道兵三师代师长黄振荣从宝清县步行赶到解放桥东（现八五二农场四分场五队）临时指挥所的草棚子，召集大家开会："同志们，我们一进入荒地，困难就跟了上来，冰雪融化，江河泛滥，硬要把我们困住，可是真的能困住我们吗？不能！"他从口袋里掏出一封信说："你们看，八五〇部农场党委来信了。"黄振荣往挂马灯的地方靠近了一下,亮了许多。他先宣读了北京来的电报,又传达了虎林党委关于抢修虎宝公路的全面部署和指示。

北京的电报、虎林的来信,像一声春雷振奋人心。大家一开始是悄悄地议论,接着是热烈地争辩。尤其是四队刘队长的声音最大,他坚决要求担负山中那段最困难的工程。

会议开到深夜,黄振荣最后具体安排了各中队的任务、时间、力量分布、物资供应等问题。散会后,黄振荣拍着刘队长的肩膀说:"你们这次可是打主攻啊,要和同志们好好讲讲。"刘队长一挺腰板说:"首长放心,我们干它20昼夜,完达山呐,不通也要通!"

天刚亮,哨子声就在指挥所的附近响起来了。各中队整好行装,准备出发。这时,刘队长突然跑进指挥所对黄振荣说:"师长同志,我们班以上干部连夜开了个碰头会,大家对修路都有信心,就是对修桥没把握,连伐多大木头都不知道,这下把我也难住了。"

黄振荣把手一摆:"好,明天给你们送个桥梁设计图去。"又回过身来对甄科说:"今天你就把图画出来吧。""我?"甄科吃了一惊,刚想说句:"我也不懂啊。"一看师长那种乐观信任的态度,就把这句话咽回去了。"是!"他像有把握似的回答了一句。

刘队长一看难题解决了,就兴冲冲地带领战士们背着行李、粮袋,挑着工具、炊具向完达山出发了。

送走部队,甄科又随同黄振荣赶赴宝清县城。40公里,傍黑儿才走到。一进县城,甄科就直接跑到县人民委员会。县里同志很热情,虽然下班了,交通科的同志还是给他找了一大套图纸。甄科高高兴兴地回到办事处,打开一看,傻眼了,什么石砌拱桥、钢梁大桥、水泥涵洞的,全是正规标准设计,这怎么能用得上呢?

正犯愁时,黄振荣回来了,笑着说:"怎么样,设计师?"

甄科把一大堆图又摊开来。黄振荣看了看说:"这些图还是留着将来再用吧,现在要搞花钱少、收效快的。"他拿起铅笔想画个样子,但又停了下来:"想一想,咱们在朝鲜抢修时的情形,还琢磨不出来吗?"

这一提醒,甄科心里亮堂了,对呀,为什么不用战时的抢修办法呢。于是他就大胆地画了起来，"三脚架""枕木垛""立排架""下木笼"……这些图就一张一张地出现在桌子上。

灯下，甄科和黄振荣谈着、画着、改着，直到深夜才搞完。

最后，黄振荣站起来说："明天一早就派个人把图送到各中队去，告诉他们，这是个样子，要因地制宜。还有，你明天到铁工厂去订购一批铁件吧。""是。"甄科答应着，可一想，订购什么呢？于是他说："要什么，要多少，现在还闹不清。"

黄振荣想了想说："明天咱们到县城南门外看看那座大桥去，看人家修桥都用了些什么，咱们参照着办，怎么样？"甄科高兴地说："对，这个难题也解决了。"

第二天，黄振荣带着大家到宝石桥上观察了两个多小时。守桥老头见几个穿军装的人一边看一边数，一边记一边画，感到莫名其妙。当他知道大家要修荒地里的桥时，才恍然大悟地笑了。

当地制铁工厂很支持，把其他的活往后排了排，接受了甄科的订货。货订好了，甄科又被派到四队工地执行抢修任务去了。

打下千古荒原第一桩

开工以来，许多同志都整天在水中作业，把每座桥涵的基础清理平整。4月下旬，完达山冰雪未全融，寒风劲扫，大家站到刺骨的水里，挖着表层的淤泥，刨着泥下的冻土，腿冻僵了，手冻紫了，可还是谈笑风生，精神焕发。

4月25日，大家连夜从县城里借来桩锤、桩钎和钢丝绳。天刚亮，工地就竖起了一个高大的三脚架子，河南、河北，架上、架下地忙碌起来，因为今天要在这里试打第一根桥桩。

怕河底没化透，试桩得选个水深的地方。一切安排就绪，四根大绳各向南北伸开，每根绳旁站了20个人，一根两丈多高的木桩立在水中。

打桩就要开始了，刘队长跑到甄科跟前说："技术员同志，咱们开始吧。"自从上次搞完设计图之后，他一直误认甄科为设计员，虽然甄科一再解释，可他喊习惯了。

甄科说："你喊号子吧。"

打桩开始了。刘队长响亮的号子声传了出来，80人和着他的声音行动起来。

"同志们拉起来哟——""哎嗨哟啊！""打下第一桩——""哎嗨哟啊！""抢修虎宝线哟——""哎嗨哟啊！""切断完达山啊——""哎嗨哟啊！""迎接大部队哟——""哎嗨哟啊！""开发北大荒啊——""哎嗨哟啊！"……

随着号子声，一个大锤，四根粗绳，80双铁臂有节奏地起落着，发出"咣咣"的声音，高大的木桩终于牢固地楔入河底，最后水上仅露出一小段。

千古荒原上的第一桩打下去了！

这个消息立刻传到了山南，传到了宝清。打桩本来是件很普通的事情，但此时此刻在这里，简直成了一件轰动全工区的大喜事。

黄振荣当时正在大河镇、小清河一带勘查荒地、计划布点，听到这个消息后，立即写了封贺信派人送来，并要大家在"五一"劳动节前一定完成两座主要桥梁的打桩工作。这一指示传达后，全线工地上更紧张了。白天，几十个工地上红旗招展；晚上，几十个工地上灯火辉映。

一个星期，三队、四队共完成了3座打桩桥和20多座小桥的任务，向"五一"劳动节献了礼。

虎宝公路全线通车

"五一"劳动节过后，全面展开大战7天的筑路运动，但天公不作美，从5月2日起就开始刮风，风势越来越大，茅草房被揭了3次盖。风从山隙中钻出来，从大道上卷过来，从森林上空压下来，刮得桩架直晃，刮得人们睁不开眼睛。

在这春季大风的袭击下，大家开始了红五月的激战。七班15个人在路东，八班15个人在路西，从北向南挖。第一天，七班挖了750米，八班挖了820米。第二天，八班起大早，防备七班偷偷赶上来，可到了工地上一看，七班还是早来了，已经补上了昨天的缺口，两个班的进度向南飞快地前进着。每个人的平均工效从43立方米、54立方米一直提高到68立方米，七班、八班高工效竞赛的消息传遍了全线。

在伐木过程中，黄振荣被砸伤，身边的士兵劝他歇一歇，他淡然一笑：

"别忘了，我是个二级乙等伤残军人，这点伤又算什么！"他不顾受伤的手臂，拽过来一条绳子，与其他战士一起抢起大锤，一下、两下，砸进这已封冻千年的土地里，咚咚的声音撼动了整个大地。

黄振荣高声激励道："战友们，脱了军装，我们还是军人。现在北大荒就是战场，我们的使命就是为国家开垦荒地，解决吃饭问题，就是把命撂这儿，咱们也要打赢这场战争！"

1956年5月10日，最后一块护桥板被固定在桥上，一辆卡车从山里钻出来，战士们挥着镐锹高喊："通车啦！全线通车了！"这时，大家才发现，黄振荣手臂上的伤口已经崩裂了，鲜血浸透了军衣！

黄振荣站在汽车门外的踏板上对大家喊道："同志们，从虎林到宝清的120公里直达公路现在通车了！完达山上有史以来第一次开过来我们人民的汽车。我提议，我们向虎林党委报捷！向北京铁道兵司令部王震司令员报捷！""好啊！"人群中爆发出震撼山林的呼声。

从此，成百上千的汽车、拖拉机，及各种农业物资源源不断运到完达山北。7000多名铁道官兵挺进荒原，完达山北的黑土地被唤醒了。

现代农场和美家园

从南国到北疆

原铁道兵农垦局第四职工医院　吴　良
黑龙江省双鸭山市饶河县作家协会　刘德军

中国人民解放军第五十二预备医院始创于 1941 年，为新四军前方卫生部所属野战手术队。

1958 年 1 月，中央军委发布命令，动员 10 万官兵转业，以屯垦方式，开发北大荒，储备兵源，巩固国防，建设粮食基地。

1958 年春节过后，张一千政委在全院动员大会上传达了此次转业的命令，同时对全院集体转业工作做了布置。转业的相关工作有条不紊地进行着：在院伤病员转到兄弟医院；为适应地方医疗工作，从其他医院调入儿科医师刘德俊上尉、眼科医师刘佩贤中尉、耳鼻喉科医师谷源彤少尉、口腔医师陈泉皇少尉等专业技术干部。院里集中办理军官转业手续、配偶在地方工作的调转手续以及军转地户口粮食关系，包装公用设备及物资、个人用品等。为解决御寒问题，每人配发一件新棉大衣。派出以政治部主任宫绍文为首的工作组先行到哈尔滨打前站。许多现役军官身着戎装，到福州市照相馆拍下军旅生涯中最后一张标准照以做留念。

集体转业的第五十二预备医院，是一个团级野战医院的建制，共有 210 人，其中转业、复员、退伍军人 175 人。

1957 年底，第五十二预备医院政委张一千曾专程到北京接受集体转业的命令，命令的核心只有一条："军人以服从命令为天职。"农垦部的具体安排是：转业到牡丹江组建铁道兵农垦局医院。当时大家都很高兴，尽管由温暖的南方去往寒冷的北方，一时难以适应，但牡丹江大小也算是城市，而且还是从事医疗工作，所以从上到下思想还是比较稳定的，情绪也比较高涨。

1958年4月16日出发的前夜，驻地铁道兵8511部队某团为全院放映电影。21时，一份从4公里外的徐家村邮电所专程投递到院部的加急电报送到值班员手中，这封电报是打前站的宫绍文主任从哈尔滨发出的，主要内容是：医院转业地经铁道兵农垦局研究由牡丹江更改为饶河，让院里请示军区，未接到军区具体指示前先别行动。

值班人员看完电报后，举着油灯在地图上找，先由牡丹江周边找，没找到，扩大范围继续找，终于在祖国的东北角，距离牡丹江有四五百公里之遥的乌苏里江边中苏边境线上找到了饶河。值班员未敢耽误，立即将电报送呈张一千政委。此时，全院的物资已于8小时前先行起运。

1958年4月17日下午3时，中国人民解放军第五十二预备医院全体官兵、职工、随行家属约300人告别前来送行的福州军区后勤部首长、驻扎地甘蔗镇父老乡亲，告别了一泓春水的闽江，告别了戎马生涯和炮火硝烟，带着满身的征尘，开赴新的战场——北大荒。轮船沿闽江逆流而上，两岸峰峦叠翠，鸟语花香。

轮船在闽江航行一天一夜后，于18日中午到达福建南平码头，全员下船转至火车站。车轮徐徐转动，这些第一次离开故乡的姑娘们开始悄悄抹眼泪。

这是一趟名副其实的军列，但因不是执行作战任务，没有时间要求，再加上当时正处于"大跃进"时期，铁路部门本着"多、快、好、省"的原则，对这趟不够载的列车在各站要加挂货车车厢，既要为正常运行的列车让路，还要考虑几百人的吃饭供应问题，就这样走走停停，4000公里的路整整走了8天，于4月26日到达北方重镇——哈尔滨市。

当日，铁道兵农垦局驻哈尔滨办事处的邓处长在驻地传达了铁道兵农垦局的决定，全院安置到饶河八五九农场，医院改编为"铁道兵农垦局第四职工医院"，仍保留军队团级建制。同时强调农场的条件很艰苦，但有发展前景，也是祖国最需要，垦荒战友最需要的地方，要求大家发扬战争年代的优良传统，响应国家的号召，艰苦奋斗。

在哈尔滨的停留是为了等船。乍暖还寒的季节，穿单的冷，穿棉的热。5月下旬的一天，全院接到通知登船启航，前往目的地饶河。轮船叫"北安号"，船很大，装载全院300多人仍很宽松。船以燃煤带动汽轮机推进，时速可达10公里以上。轮船顺松花江、黑龙江而下，至乌苏里江再逆流而上。在中苏界江中行驶时，经常遇到苏联的各类船只，这是大家第一次看见苏联人，感觉很新鲜。中苏双方船只相遇都要鸣笛示意，苏方船员还经常挥手致意，高喊"乌拉"（万岁），以示友好。

闲暇时大家站在甲板上欣赏两岸的风光。那时的北国杨柳刚刚吐绿，大地初穿新衣，茫茫草原，莽莽林海，极目远眺，无际无涯。偶见村庄，不过十几户人家。

到那时，

荒原建起工厂，

沃野千里，

稻谷飘香。

让诗人去歌唱吧，

那遍地金黄的地方。

蛟龙不离波涛，

鹰鸷总落在高山上。

北安号像条巨龙，

载我们傲然去远航。

1958 年 5 月 30 日夜，轮船终于航行到目的地，饶河县第二大码头——东安镇，一声汽笛，江轮徐徐靠岸。夜幕下的东安，点点灯光，逶迤数里。因为是在夜间，院里通知暂不登岸，在轮船上过夜。

第二天早上，大家仍在睡梦中，有人在甲板上高声喊叫，惊醒了众人，大家涌上甲板，眼前的一切让所有人惊呆了。

晨雾中的东安沿江而建，十几栋泥墙草盖的土房上冒着袅袅炊烟，一辆老牛车在唯一的一条坑坑洼洼的东西走向的土路上慢慢悠悠地走着，几条木船在江边泊着，渔民在整理网具，一群早起的鸭子在水里觅食，不时扬脖冲天嘎嘎地叫几声。

这就是目的地？医院在哪里？人在哪里？这儿需要一个有 500 张床位的医院吗？一连串的问号在人们心中升起，与原来的工作条件和人们心中的想象相比，落差也太大了。安静的人群中开始出现女人的抽泣声，香烟的烟雾在男人的唇间飘荡。

早饭是在船上开的。利用吃饭的间隙，院领导开始动员，要求大家不讲条件，不畏困难，下船！登岸！

当返航的轮船拉响汽笛，缓缓驶离江岸的时候，人们终于回过神来，他们的双脚已经踏在黑土地上了。

当时的八五九农场处于初创时期，人不过万，根本不需要一个有 500 张床位的医院，同时，农垦需要大量的政工干部。为适应农场工作的实际需要，根据铁道兵农垦局的要求，全院做如下调整：政委张一千调任总场任党委副书记，院长翟雪桥调任总场政治部主任，行政副院长刘治国调任虎林县（现虎林市）法院院长。原医务副院长姚政任医院院长，刘志旺任医院党委书记。5 名中层领导调任各分场任场级领导，9 名一般干部调场部机关，10 名调直属单位……全院仅剩 139 人组建为铁道兵农垦局第四职工医院，业务隶属铁道兵农垦局卫生处，党、政、财务由八五九农场属地管理，保留团处级建制。

为了能够更好地照顾老人和孩子，总场管理科动员当地有住房的百姓接纳安置转业官兵，共有 40 余户当地群众为医院解决了临时住房问题。当时老百姓的住房也非常狭小，因此，有的是住一铺炕，有的是住对面炕，有的是打地铺，总之，只要能住人就行。

人员、设备安顿好后，全院立即投入营建。在东安下营后山的东北角的山脚下（距离下营 2 公里），一条公路通向后来的场部，以这条公路为轴，路东建职工医院，路西建职工宿舍。这个地方长着没腰深的蒿草和碗口粗的柞桦树。要在这片荒原上建设家园，任务十分艰巨。职工医院由劳改队负责建设，全院医护人员负责建职工宿舍。

盖房的首要任务就是脱坯和伐木，这在北方的体力劳动中被称为"四大累"。拿手术刀、听诊器的手抡直了铁锤、大镐和开山斧，干起了体力劳动。日出而作，日落而息，每天劳动十几个小时。

艰苦的条件和环境没有难住这些从战争年代走过来的医护工作者，这是一支钢铁团队，他们用高昂的斗志和热情点亮了希望之火，在基建工地展开了劳动竞赛，那些未婚的朝鲜族姑娘和福建籍姑娘每天都用歌声为这些劳动者，也为自己提高斗志，解除疲劳。

经过半年多的努力，11 栋职工宿舍盖起来了，大家用微笑庆祝自己的乔迁之喜。立冬时节，4 栋 2000 多平方米的门诊与容纳 100 张床位的职工医院竣工了。医院由原来的两个分院五个临床科改为内一科、内二科、外科，增设了妇产科、小儿科，辅助科室有药局、放射理疗科、手术室、化验室、供应室。

经过紧张的筹备，铁道兵农垦局第四职工医院（俗称"五二医院"）于1958年11月投入运营，开诊这天，没有张灯结彩的剪彩仪式，只有从生产一线、各分场、各乡村或步行、或赶马车、或乘拖拉机前来就诊的、源源不断的患者。医院的开诊，结束了这一地区靠土方、偏方甚至"大仙"看病与治病的历史，医护人员的精准诊治，使他们深切地感受到了现代医学的神奇和力量。

1958年底，八五九农场与饶河县合并，场部搬迁到饶河县城，医院也随场部一同迁往饶河，与饶河县医院合并。1960年更名为牡丹江农垦局第二中心医院。

后来，几经合并，1971年中国人民解放军第五十二预备医院完成了她的使命，成为一段辉煌的历史。她犹如一棵大树，开枝散叶，播下一粒粒种子，在北大荒这块土地上生根、发芽、开花、结果，代代相传。

听花儿诉说光阴的故事

江苏省云台农场　刘玉春

光阴里流淌着精彩的旋律，光阴里闪耀着向往的梦想，我站在光阴的岸边，俯身折一朵花儿放在耳边，听她诉说家的故事。

荒滩上的那片芦苇，坚守着初心，将坚韧不拔、向上仰望的姿态站成永恒。

"我们干的是前人没干过的事业，一定要吃比前人更多的苦，当我们用顽强的斗志把荒滩变成良田，建起美丽家园，后人会为我们感到骄傲和自豪！"1952 年，云台第一任老场长王荣江的动员令，沸腾了这片荒滩，父辈们如火如荼的青春，让寒风中瑟瑟摇曳的芦苇多了雄壮的意味。

那时的云台是"兔子不拉屎"的盐碱荒滩，我的父亲是第一代垦荒人，他们住茅屋、吃粗粮，披星戴月把活忙。鞋湿了，扯一把苇花垫在脚下，干了鞋暖了心，手上更有劲了。露天结冰的大土灶，芦柴棒在锅底熊熊燃烧，腾起股股热浪，那热烈的噼里啪啦声，伴着粗茶淡饭的香气驱散了疲劳，于是父辈们继续手挖肩扛，日夜奋战在贫瘠的土地上。

多年以后，父亲常给我们炫耀后脖子上隆起的肉包，说里面全是"劲儿"，藏着富贵。其实这是当年挖河挑土，扁担硬压出来的。但父亲说那时没人叫苦，大家热情高涨，因为大家都知道，建的是自己的家园。

风雨十年，云台万亩荒滩变粮仓，盐碱地里稻花香。翻开厚厚的场志，数据惊人：父辈们手工开挖水利 157 万立方米，改良耕地 3 万亩；建变电所 1 座，架设 34 千伏线路 6 公里；建设电力排灌站 2 座，排灌能力 336 千瓦，实现农田旱涝保收；建起 1.7 万平方米生产生活用房，场部有医院、学校。父辈们如荒滩上站立的芦苇，以坚韧、顽强的拼搏精神，让荒滩有了家的模样。

在我心中，芦苇已是场花，虽不华丽，但美在骨、美在神，坚守在云台大地，见证了我的家越来越美！

茂密旺盛的苜蓿花，在贫瘠的土地上顽强生长，那漫天的美丽，让人从困难艰苦的环境中振作精神，坚定地追寻着幸福。

知青为这片荒滩带来了知识的春风，云台人的思维活了，在这片土地上尽情释放如火的热情。冬闲时知青带队，组织脱盲农民，步行结合汽车和火车，历经千辛万苦到新疆、甘肃学习经济作物种植技术，路上用冷馒头当三餐，困了将就眯一会儿，父亲也是其中之一。他是第二年开春前赶回来的，晒黑了脸、瘦脱了形，脸皮翘起了"锅巴"。但父辈们舍不得花时间休整，迫不及待地在盐碱地上试种甜菜、苜蓿等，寻找适合土壤特性的作物；同时匀出劳力，成立了加工厂、果园、良种队、机耕队、运输队、畜牧队、机修厂、纸盒厂。农场上下齐努力，事业蒸蒸日上。

听母亲说，知青头脑灵活，就想让荒地里"长金子"。春寒料峭中，大家在水田里一字儿排开，光脚把田菁踩在地里沤绿肥；炎炎夏日里，割柳条编筐、沤苘麻扒皮卖钱；庄稼收完了，晚上打草帘、搓麻绳。母亲说，那时生完孩子在家可坐不住，天不亮就悄悄跟着大家出工，干活一点也不输给男人。劳累多年，她全身关节处都落下炎症，老寒腿早早变了形，行动困难。但那时生活也有乐趣，她馋我们：苘麻小黄花粘在耳垂上当耳坠，一天都不变色也不会掉；鲜薄荷搓搓手，身上能清香一整天；甜菜嫩叶掐了炒着吃，可香了；甜菜根又白又甜水分足，干活累了拔一棵擦擦就吃，比苹果甜呐，你们可吃不着啰！年迈的母亲常怀念那时年月，坐在门前望向田野喃喃：有苦不喊苦，大家齐心往田里奔，一手一脚把家搭好，那才叫日子。

无论怎么苦也挡不住美好来临。美丽夕阳下，收工后小伙的热情和姑娘的笑脸把广阔的苜蓿地"点燃"了，苜蓿的花语是"恋爱、恋爱，还是恋爱"。今年已90岁高龄的母亲，回忆起那漫天的紫色，脸上仍溢满幸福。姑娘和小伙在一望无际的紫色里边聊天边掐嫩头，准备晚餐食材。浪漫的气氛冲淡了一天的疲惫，美好的爱情如约而至，父辈们收获了属于他们那个年代的浪漫和幸福，我的父母也在漫天的浪漫中喜结良缘，幸福的种子在这无边的浪漫里生根发芽。城里孩子和当地农民都将最美的年华留在了这里，收获了如火的爱情，在这片土地上成了一家人。

　　远望三万亩棉田，白茫茫一片，近看似繁星点染，处处荡漾着丰收的喜悦，每一分收获，都承载了云台人敢闯敢拼的可贵精神。

　　党的十一届三中全会如一夜春风吹来，云台走在改革前沿，迈上农工大发展、多层次经营之路。1980 年，农场开始推行联产承包责任制，我家承包了近百亩棉田，全家老小齐上阵，硬是把棉花变成了真金白银，日子像芝麻开花节节高。承包当年，父亲用分红买了辆手扶拖拉机，改成载、耕、晒一机多能的拖拉机。没过几年，我家又置办了五〇拖拉机和农用三轮车，院子里停得满满当当。

　　我们生在云台长在云台，长大后自然地将青春安放在这片热土，和父辈一样建设自己的家园，却不再是单纯的农民。

　　那时云台场办工业相当厉害。加工厂、元件厂、塑料厂、弹力丝厂、标准件厂、砖瓦厂茁壮成长，其中皮棉和元器件在国内同行业市场占有率60%以上。我、大哥、大姐都在厂里上班，工资"见风长"，每天穿着漂亮衣裳，骑着自行车，鲜衣怒马，意气风发。

　　那年月，大家像铆足劲的发条，在各自岗位上努力着。我家原先的土坯房被翻建成砖石到顶的大瓦房，今天买台电视，明天置办冰箱，人手一辆自行车。那年农场光荣榜上，羞涩的母亲捧着一束绽放的棉花，脸上溢满自豪，原来生活真的像"花儿"一样。

　　洁白的棉花、丰富的工业产品，铺就了云台增收致富"幸福路"，还增添了作为云台人的自豪，倍加珍惜这来之不易的幸福！

　　荷塘之上，莲藕裹着泥土的芬芳一朝成熟。果实里蕴藏着现代农人砥砺奋进的蓬勃生机，汗水中凝结着云台人打造都市农业的责任担当。第二代云台人敢拼敢闯，发挥河流横贯优势，孕育一方绝美荷田，打造生态旅游业。

　　晨曦中，万亩荷田如坠落人间的一片翠玉，让人在她的曼妙中沉醉。三哥家的荷田有 300 亩，嫂子草帽下的脸庞黝黑秀美，勤劳的她把荷田打扮得如同仙境。"荷不仅美，还让人富呐！咱家的荷田被纳入国家级出口蔬菜基地和休闲观光旅游基地统一管理，既是美景，又是聚宝盆。"嫂子喜滋滋地给游人介绍。荷田环绕的村庄里有她勤劳双手建起的二层小楼，院里停满了现代化农机。阳光打在她身上，笑意盈盈的脸庞璀璨而温暖。

　　游客迎着清雅荷香，品着荷叶香茗，听云台人娓娓道来：现代农业与观光旅游有机结合，打造"生态云台"品牌，让城里人感受到淳朴优美的田园生活。每年举办的荷花节，吸引游客前来赏荷品美食，带来了诸多商机。

在荷花分外美丽的时节，我认识了他。结婚时恰逢国家级出口蔬菜基地验收，只好在上班时顺便结个婚，一直忙到基地顺利通过验收才松口气，自个家的事，忙也开心。

我们把荷养成了"摇钱树"，还赋予她更加丰富的内涵和寓意。云台70年的发展史，孕育出独特的荷文化。取"荷"寓"合"，"莲"寓"廉"之意，象征着领头人睿智创新、清廉务实；职工爱岗敬业，勤于奉献；居民诚实守信，民风和谐；全场同心同行，发展动力无限。

花开花落，岁月流逝，从一片盐碱荒滩到"城在绿水中，家在花园里"，深情回眸70年风雨建家路，我想对云台说：我们仅给了您平凡的微不足道的所有，而您却用博大的胸怀给了我们充满希望的初春和硕果累累的深秋，从呱呱坠地到鬓染霜花，只愿在您温暖的怀抱，不惧时光，继续谱写新时代光阴的故事。

回眸水利测量往事

湖南省西洞庭管理区　肖　健

　　20世纪60年代初期，西洞庭传来特大好消息，柘溪水电站送电了，廉价的电力能源为农场发展水利带来了契机，场领导决定大兴水利。为了给建设电力排灌站、渠系、桥涵和道路提供第一手资料，水利部门组成了测量队，

建场初期拓荒者建设水利工程

按工序分两个小组，刘维新负责经纬观测，我负责水准高程观测。水利测量是一项艰苦的野外作业，要扛着沉重的仪器设备和各种测量器材到处走，在荒野中奔走，从血吸虫疫区穿过，走起来提心吊胆，当心踩着藏在野草中的毒蛇，更要警惕湖荡中的血吸虫和蚂蟥（当地俗称牛邂逅）。但当我们看到盛开的荷花，嗅到芬芳的稻香，听到清脆的蛙声，心情也有放松的时候，尤其

是想到我们是在为西洞庭测绘壮丽的蓝图时，内心感到非常自信和豪迈。

1965 年 7 月 8 日测量经四渠时，来到毡帽湖的一个湖汊，路却被挡了，但这条测线必须通过该湖面，测取数据后再向南延伸。当时为了解情况，跟一个牧人打听了一下，他说附近没有船，湖水深不过一米，但淤泥很深，水里有血吸虫，还有蚂蟥。面对困难怎么办？维新同志首先提议，唯一办法，只有下决心，各自下水渡过去。听后，卢队长把手一挥："下！"话音刚落，队员们扒掉身上的衣裤，下水过湖，器材都拣重的扛。涉水时淤泥没膝，最深处水达到腋窝，腿杆都被淤泥裹着。因荷杆有刺，皮肤都划破了，腿上的污泥都变成了红色。大伙忍着疼痛，边涉水边测量湖底数据。150 米宽的湖汊，足足花了一个多小时，才到达对岸。正忙着洗净腿上的污泥，突然间，有人惊叫道："牛邋遢咬人了！"大家朝腿上一看，一条条牛邋遢"钉"在腿上，少则两三条，多则四五条，都来不及穿上衣裤，也顾不上害羞，扯的扯，拉的拉，这溜滑的家伙，如同泥鳅一般，怎么也扯不掉，这时，对岸的牧牛人，大声叫喊："拉是拉不掉的，要用手掌拍打。"于是大伙一齐用手掌拍打起来。一时间，如同燃放鞭炮，响遍了湖岸，惊跑了芦苇中的野兔，惊飞了湖面的野鸭。在远处的田野里，一群男女职工正在田间劳作，望着我们光着身子，站在湖岸上，发疯似的拍打着自己的身子，笑得前俯后仰，拿我们当把戏看，却没有看到我们的腿上流着一道道鲜血。真是：途中阻隔险湖汊，敢撞瘟神涉水跨。邋遢凶狂何所惧，热血染红洞庭花。

队员们拼搏在这片湖水茫茫、芦苇丛生的荒原上，几乎踏遍了 109 平方公里的每一寸土地，勘测定点，精瞄纵横，密布标桩。仅用两年时间，交出了一份完整的水利工程资料。经测算，全场大小湖泊水面积 5.2 万亩，需修河湖溃堤 46 公里，需开挖经渠 6 条共长 53 公里，纬渠 8 条共长 55 公里；东西南北斗渠 267 条共长 327 公里，需建涵闸 174 处，桥梁 55 座，电力排灌站 9 座共 3800 千瓦，排水量每小时 17.5 万立方米；需完成土石方 1550 万立方米，投资 800 万元。

1965 年冬季开始，经 8000 农垦职工历时 11 年的艰苦奋斗，终于胜利完成了各项建设任务。西洞庭旧貌换新颜，一副如棋盘般的壮丽景观展现在人们面前，芦苇丛生的文书湖和罗家湖，已拓垦变成锦绣田园，波涛滚滚的毡帽湖变成了美丽富饶的渔村。有诗云：荒野观明镜，宏图映地辉。经纬交直角，南北测高低。破土银锄落，挑泥铁脚飞。路渠成网格，电站耸堤威。

　　弹指一挥间，55 年过去了，我仿佛又听到了毡帽湖的涛声。今天，生活在经纬交错、渠路纵横、田园方正的农垦大地上的人们，有威力强大的电力排水机保障生命财产不再受洪水威胁，这里有我们水利人流出的血汗、付出的艰辛。那时候，我们为了水利事业，有的人积劳成疾，有的人染上了血吸虫病。测量队卢潭桂同志是一名水利专业大学生，1971 年初，正准备结婚，却查出血吸虫病已到晚期，献出了年轻的宝贵生命，英年 28 岁。我当时也染上了血吸虫病，幸运的是得到了及时的救治，今天还健在。回眸峥嵘岁月，心潮澎湃，终生难忘。

戈壁滩上的那片绿

甘肃黄羊河集团　刘耀义

　　20 年前，我从甘肃农业大学毕业后来到了甘肃农垦黄羊河农场，开始了我的职业生涯。毕业前夕，好多同学都向往大城市的生活，留恋兰州市的繁华，最差的打算也是要回原籍，千方百计在市里、县里找工作，我也未能例外。但是，一次偶然的机会，使我与农垦结缘，有幸成为一名农垦人。

　　时至今日我依然清晰地记得，当时我刚从北京市的一家园林公司实习结束，准备毕业后就去那里上班。在听到农场招聘毕业生的消息后，我也就是抱着一份去看看农场到底是啥样的好奇心，于 2005 年 4 月 28 日和同学们来到了甘肃农垦黄羊河农场。

　　一到农场地界，顿时感到一片绿意和清凉沁人心脾，沿路两旁密植着高大的白杨树，粗壮的树枝在高空形成环抱，把公路上空遮得严严实实，汽车好像行驶在绿色的隧道里。来到场部，一排排连栋小洋楼掩映在树荫当中，马路干净整洁，两旁的风景树错落有致，花红柳绿，煞是漂亮。我们都深感意外：好一个静谧的世外桃源！

　　接待我们的农场领导亲切诚恳、平易近人，感觉就像是认识很久的老朋友。他带领我们参观了工厂、基地，详细介绍了农场的经营状况、历史沿革、周边环境等。走在农场的基地公路上，林带、条田、干渠整齐有序，与田里的果树、葡萄、玉米、大麦、油葵、辣椒等作物构成的田园风景蔚为壮观，美不胜收，使我们大开眼界，心里不由暗想，这不正是我们农业院校毕业生施展才华，体现价值的沃土吗？经过一番深思熟虑后，我们决定毕业后就加入甘肃农垦这个大家庭。

　　时光如梭，岁月如歌，来农场工作生活已 20 个年头了，我也从刚毕业的初生牛犊，历练成了公司的业务骨干。20 年间，我从最基层的技术员开始干起，那时候工作也很辛苦，起早贪黑，农忙时要天天去田间地头观察制种玉米的长势，指导种植户及时浇水施肥和去雄去杂，闲暇时就蹲在田间地头与种植户闲谈聊天，听他们讲农场以前的人和事。后来，我又被调到机关科室当业务员，丢开锄把子，握上笔杆子。虽然是本科生，但是刚开始要让我写一篇报告或总结，确实也很难，通过科室主任的精心指导和调教，加上自己的用心体会和揣摩，我的写作水平逐渐提高了，也能够独当一面地开展工作了。后来，我又从事销售工作，走南闯北推销农场的绿色产品，向客户重复讲述着农垦的建设、农垦的发展和农场的产品，好多客户听后，对"艰苦奋斗、勇于开拓"的农垦精神很敬佩，对农场的快速发展感到很惊奇，也对与我们合作产生了浓厚的兴趣，尤其是对戈壁上的绿洲很是向往，每年的炎炎夏日都有好多人来黄羊河休闲避暑、交流合作。

　　20 年间，好多大学生都因为各种原因离开了黄羊河农场，而我却选择了坚持，因为我对这片绿色的喜爱深入骨髓，这片镶嵌在戈壁滩上的绿色，更像是我的梦想。而今，我已植根于农场这片热土，全身心地投入工作中。我们在这里奋斗、流汗、收获、欢笑、哭泣，我们的生活质量和收入也是逐年提高，每个人都在努力实现着自己的梦想。

　　20 年来，农场经济和面貌更是与时俱进，蒸蒸日上。特别是最近几年，黄羊河农场抢抓机遇，成功实现了从单一的农业经营向现代企业集团化转型的发展。逐步形成了甜糯玉米、玉米制种、马铃薯、蔬菜、特药、果品、畜牧养殖、商贸旅游等产业项目，培育出了"黄羊河"中国驰名商标。"黄羊河"牌甜糯玉米真空、速冻系列产品，除供应国内知名西餐连锁店外，还出口日本、韩国、意大利等国家和地区，成为甘肃农垦系统中出口创汇的主打产品；"黄羊河"牌金冠、红富士、红元帅苹果先后被农业农村部和甘肃省评为优质农产品，荣获"中国农业博览会银质奖"，产品畅销国内。

　　农场场部别墅式的小洋楼住宅区、宽阔的柏油马路、崭新的中小学教学楼、文化活动中心、社区医院、文化广场、水景公园、幼儿园等公共设施；"三纵八横"骨干防护林网体系；商铺林立、功能齐备的商业街等小城镇建设日新月异。其别具特色的田园风光，18 公里葡萄长廊，明代长城遗址和圆形烽火台，也为农场的商贸旅游产业创造了良好的条件。黄羊河旅游景区已被评为国家 AAA 级旅游景区，每年接待游客上万人次。

如今的黄羊河农场"楼宅缀绿海，芳草嵌千家，庄园绕绿水，霓裳彩夜衣"，与昔日漫漫黄沙、狂风肆虐、渺无人烟的戈壁荒滩形成鲜明的对比。集中供暖、5G 网络、智能家电、私家车等一应俱全。这里的人们养花种草、跳广场舞、养宠物狗、运动健身，追求新的生活时尚；这里的人们玩抖音、录快手、自驾游、晒美篇、直播带货，时时紧跟社会发展潮流；黄羊河人已经像城里人一样享受着美好的生活带来的无限乐趣。

中国梦是民族的梦，也是每个中国人的梦。农垦事业是中国特色社会主义事业的重要组成部分；每个农垦人的梦构成了农垦梦，也就是农垦人逐步实现职业农垦、智慧农垦、绿色农垦、美丽农垦、幸福农垦"五位一体"的中国农垦梦。

作为农垦人，我的梦想与农场的发展息息相关，我坚信随着农垦事业的发展，黄羊河的明天会更加灿烂辉煌，那一抹戈壁滩中的绿也会更加鲜艳欲滴！

一代接着一代干

陕西农垦安益鲜冷链物流有限公司　袁国斌

　　走进家乡，一片片平整肥沃的大条田，一幢幢拔地而起的职工住宅楼，一排排葱茏翠绿的农田防护林，一条条宽阔平坦的柏油马路，眼前的情景勾起我对往事的回忆。

　　我的爷爷袁齐川1963年来到这里，垦荒种地；我的父亲袁毅，生长在这里，建设农场；我扎根这里，发展农场。从荒草滩到米粮川，60多年，我们一家三代农垦人见证了沙苑农场的沧桑巨变，也用青春和奉献践行了"艰苦奋斗、勇于开拓"的农垦精神。

　　爷爷回想起当年，刚来到农场的情景至今仍历历在目。1957年，爷爷响应国家号召，作为知识青年从陕西省茂陵技校毕业分配到国营大荔农场，1963年来到沙苑农场，成了黄河滩的第一代农垦人。"刚来农场的时候，这里啥都没有，住的是茅草房，喝的是沟渠水，非常艰苦。"在那个物资和生产资料极度匮乏的年代，老农垦人完全依靠一双手来开垦荒地。"一个作业连队上万亩地，只有一台拖拉机。一到农忙，有个口号喊得特别响——'早上两点半，晚上看不见'，全靠人工抢时间。"砍荆棘、刨土地、修水利，这些活儿他都干过。如今看着农场发展得这么好，大家也住上了新楼房，和城里人一样，他感到非常欣慰。

　　"他就是农垦子弟，就要为农场做贡献。"我的父亲语气坚定，他认为自己的儿子留在农场工作是一件再自然不过的事了。1971年，我的父亲参加工作就在农场四连，在农场什么工作都干过，农具手、拖拉机驾驶员、自走式收割机长，开垦、耕种……他样样精通，曾经连续5年被农场评为先进工作者。在农场工作的几十年里，他一直都是一个爱琢磨爱动脑筋的人，为了解决传统玉米脱粒机脱粒不干净、费工费力等问题，他通过改单滚筒脱粒机为双滚筒脱粒，实现了玉米带皮脱粒、芯皮分离、籽粒自动进仓，极大地提高了工作效率。这个玉米脱粒机获得了两个发明专利和六个实用新型专利，2012 年被中央电视台科教频道"我爱发明"节目组录制成专题节目在"黄金巧帮手"中播出。提起这几十年农场的变化，他用了"效率"两字做了回答。他刚参加工作的时候，田地里还需要人工铲地，用镰刀收割，又辛苦效率又低，直到后来逐步引进了现代化农业机械，作业效率和粮食产量才有了稳步提高。"父辈的奉献精神影响了我，感染了我。看到今天农场的巨变，作为农场的建设者，我感到很自豪。"

现在的垦区更需要知识型的职工，身为 80 后的我并没有选择去大城市打工创业，2005 年大学毕业后，我毅然选择像父辈们一样留在农场这片土地上。"不回来干吗去啊？这里就是最适合我的地方。"我喜欢这里，从我出生那天起，我就一辈子属于这里。2020 年 2 月新冠疫情防控关键时期，应防控一线某医院后勤部门的需求，为解决日常蔬菜供应紧张的问题，我带领陕西农垦安益鲜公司配送服务冲锋小队，推出不同价位的蔬菜，以平价配送到家属区，解决了一线医护人员及家属的后顾之忧。同时，发挥了党员在一线的先锋模范作用，履行了农场作为国有企业的社会责任。

还记得有一年，女儿 8 岁，她和小朋友在农场老宅有模有样地种草，我问她为什么要种草，她说："我是未来的垦四代，我要把这里变得更美丽。"现在，我经常会给女儿讲关于农垦的故事。我希望自己和父辈的这份农垦情怀继续影响着下一代，我的子孙们也能挑起农业"金扁担"，成为农垦的骄傲。

这些年，随着越来越多的好政策出台，我们农场发生了翻天覆地的变化：一座座高楼拔地而起，花园式的住宅小区让人赏心悦目；一块块高标准农田郁郁葱葱，果园硕果累累，农业大棚里生机勃勃，让人目不暇接。早酥梨、黄冠梨、大荔冬枣、大樱桃、甜红薯……这些农场的特产已经走出陕西，走向全国，走进千家万户。

老屋的灯光

山东省作家协会　丁元忠

　　这是坐落在山东高密西北部的胶河农场三分场的一排家属宿舍。我站在这里，发小滕光升指着中间的木门说：这就是你家。是的，那年从南场院的两间大房子搬到这里，一铺土炕占满了房间，只留下一条过道通向后面的小灶间。如今，老屋的门前长起了一蓬蓬野草，门窗残缺不全，炕面凹凸不平，墙上放油灯的"耳洞"已被蜘蛛网封存……看着眼前的景象，我的眼睛湿润了。

　　20 世纪 70 年代，我还是个淘气的小孩子，白天在街上疯跑、打杂、抽陀螺，脏了，就被母亲赶到西边的水湾里，一猛子下去算洗澡了。晚上和小伙伴们藏猫猫，数星星。秋天要上学了，母亲把箱底的一块细帆布拿出来，借着昏黄的灯光缝了一个书包，绣上红五星，第二天我就背着它蹦蹦跳跳上学去了。都说我打小学习好，现在才知道与当年女老师的"高密西北洼普通话"有关，那时听来不啻天外之音，因此诱发了我的学习兴趣也说不定。后来父亲停发工资，家里清汤寡水，吃地瓜干，喝秫秫面稀饭。即使这样清苦，全家人照常过日子。那时候虽然搞运动，农场还是按照"抓革命，促生产"的要求，不忘粮棉生产，尤其是夏秋两季抢收抢种和畜牧养殖。为了贴补家用，同样上小学的大哥去南场院扛棉花包，一天一夜两毛钱。我放学去挖猪草，什么马齿苋、蒲公英、车前草、苦荬菜，都是猪喜欢的青饲料。记得第一篓过完秤，挣了五毛钱，母亲高兴地炖了一锅酱紫色的菠菜，锅边贴了一溜金灿灿的玉米饼子，兄弟仨吃得肚子溜圆，惹得滕光升他们趴在窗上看，哈喇子都下来了。

　　那天上午，父亲被戴着高帽押上土台，我才明白父亲"犯了错误"，明白从大房子搬到老屋里的原因，明白从前见了我春天般温暖的叔叔阿姨们为何纷纷躲开了，只剩下赶大车的人、老木匠、牧羊人，这些和父亲一起创业的叔叔阿姨能说上两句话，有时候看我一个人玩，他们摸摸索索地掏出几块糖塞给我后，又马上躲开了，弄得跟地下工作者似的。但我依然很感激他们，让我在寂寞无助的时候感受到人间温暖。

半个小时后，滕光升领着我从老屋离开，敲开了前排沿街的一户人家，迎面出来一位上了年纪的妇女。"大姐，你看谁来了！"发小指着我说。

白白的圆脸庞，似曾相识的大眼睛，我也在极力回想。

"你是丁家老大？"大姐端详一会，突然指着我说。

"错了，是老三！"发小插话道。

"小八天？哈哈哈！"她一口喊出我小时候的绰号，自个先笑了。

进了院子，一眼看去，屋子虽然旧了点，小了点，但石头铺基，青砖到顶，依然很结实。搁在 20 世纪 60 年代，这样的房屋建筑在农村是很难见到的风景。

"这是我那口子，你得叫叔叔。"大姐指着屋里出来的一个同样上年纪的老人，递给我一杯热水说。

这辈分论的，我有点蒙，发小解释道，咱们农场人来自五湖四海，当年大姐从夏庄过来，隔得近叫姐姐，叔叔是济南来的知青，跟我们父母一个辈分。

"你母亲是'老母胡'吧，我们俩还是她介绍的呢。"刚消化了这层关系，大姐又甩出一个王炸，我不由得定了定身子。

想起来了，母亲是农场的妇女主任，人称"老母胡"，性格泼辣，热心肠，为场里的好几对大龄青年牵成了姻缘。当时母亲把大叔大姐拽进老屋里，当面扯线，大姐还嫌对方个头矮，起身要走，被母亲踹了一脚，说叔叔身体好，老家没人了，哪像你家穷得只剩讨饭棍了。说得大姐脸腾地红了。母亲看着有戏，就打发我们兄弟出去了。不久，就有了一场简朴而热闹的婚礼，红喜字，胭脂，白嫩的圆脸庞，蓄水池般的眼睛。

如今母亲已作古，她促成的姻缘却早已生根发芽，枝繁叶茂。

谢绝了大姐留饭的美意，一路向滕光升家里走去。经过大街东侧的一片瓦砾，心里五味杂陈。这些当年的老房子，承载了两代人的生活记忆，怎么说拆就拆了，留个念想也好。发小好像看穿了我的心思，说街西的老房子留着，供农场的后人了解农场的发展史，农场人的奋斗史，像你们家老屋那一片；街东这一片拟建新楼房，我们过上好日子喽。

说着说着，又到了老屋前，发小指着毗邻的一间，问："还记得'老右派'吗？"

记得，怎么不记得，我俩跟他还有过节呢。

"老右派"当年也就三十多岁，戴眼镜，胡子拉碴的。那年放寒假，半夜起来撒尿，看见他的灯还亮着，窗帘蒙上，一连几天都这样，联想大人说的阶级敌人贼心不死，晚上和腾光升嘀咕了会儿，我放风，他找了块砖头把人家玻璃砸了。只见"老右派"披着棉大衣出来，没找着人，又回屋了。第二天，老木匠来把玻璃换上，晚上又亮起了灯。俩小家伙一不做二不休，同时掷出了手里的砖头，门窗玻璃应声而碎，我俩闪躲不及，被逮了现行，挨了父亲两扫帚把子。当晚再撒尿时，不由得看了看"老右派"家，只见他坐在炕前，正在昏黄的灯光下看书，一会儿呵气搓手，一会儿站起来走两步，眼泪兮兮的。

打了两扫帚把子，父亲不过意，专门和我谈了一次，什么和"右派"的斗争是大人的事，小孩子不可乱来，要有长幼尊卑，懂礼貌，要学习人家的刻苦精神把书读好云云。

远亲不如近邻。再见到"老右派"，我会马上叫一声"叔叔好"，意图抵消前嫌，但他总是点点头，厚厚的镜片遮住了他的眼神，让人若即若离。而他家的油灯，依旧亮到很晚。

有一天，滕光升悄悄告诉我，"老右派"念过大学，前些年说"小高炉"炼钢冒进，不科学，被打成"右派"下放农场。为此我问过父亲，他也说"老右派"是戴帽下来的，有很多这样的人被下放到农场，对他们既要监督改造，又要发挥特长。母亲说他孩子没了，老婆跑了，怪可怜的。

翌年秋末，学校停课，所有学生都回家参加劳动。那天下午，我和哥哥提着棉花包去地里摘棉花，恰好"老右派"也在，我刚摘了两垄，手掌就被棉花柴划破了，流血不止，"老右派"见状从地里薅了几棵小蓟草，搓出汁液涂在伤口上，然后用棉布包扎，嘱咐我别动。

我只好坐在草坡上休息。太阳快落山时，一块地的棉花摘完了，哥哥回家有事，"老右派"看四周没人，就挨着我坐下，掏出一根烟点上，抽了两口，香烟袅袅地升到半空去了。

那天我俩坐了很久，我知道了这片生活的土地在胶东半岛边上，胶东半岛在中国的东边，中国在地球的东边，还知道了加加林的宇宙飞船，美国的阿波罗登月。"人类正在探索神秘的太空，未来还要飞往火星、土星，飞出太阳系，开辟适合人类居住的理想家园……"说到这里，他抽了口烟。借着烟火，我看见他的眼里闪着晶莹的光。

后来，当我问起他的个人情况时，他沉默了。

"你知道爱因斯坦吗？"

仿佛过了一个世纪，他问我。

我摇了摇头。

"爱因斯坦是一位大科学家，提出了与人类生存有关的几个预言。譬如时空隧道，一旦实现了，我们可以在不同的时间和空间里穿梭，任意地去到未来或者回到过去。"

"还有呢？"我接着问。

"另一个是蜜蜂灭绝之后人类也会灭绝。你想啊，蜜蜂消失了，很多依赖蜜蜂授粉活下来的生物链会被破坏，没有了食物怎么生存？而随着农业活动的增加，杀虫剂的使用，这是完全可能的。这也是人类探索太空的最大动力之一。所以毛主席说，'一万年太久，只争朝夕'啊！"

虽然他说的这些东西今天看来并不算太稀奇，但是对于当时的我来说，无疑是打开了一扇窗，我发现我越发爱学习了，不管多晚，我也会点灯熬油，完成女老师每天安排的作业，且考试成绩优异。

1970 年，山东生产建设兵团进驻胶河农场，父亲重新进了领导班子，我们家也搬到总场去了，而我的心里却永远闪耀着老屋的灯光。

一粒青稞

青海省门源种马场　云桂花

　　我爱这深情的土地，我爱种马场的父老乡亲，我更爱这大地孕育的一切希望。

　　对于家乡的这片土地，我是怀有无比的深情和眷恋的。我热爱她的宽广无垠，热爱她的殷实富有，热爱她的朴实无华。这片广袤的土地，养育了我们祖孙三代人原本孱弱的梦想，直到我们展开丰满华丽的羽翼，在她头顶高远清透的天空下展翅翱翔。

　　祖父是个实实在在的农民，20多岁的时候只身来到了这里。那是1960年初，全国正处在三年困难时期，当他拖着瘦弱的身体，离开故乡，徒步几百里，只剩下奄奄一口气时，遇到了在路边赶着二牛抬杠开生荒的同乡，他的命运就此迎来转机。祖父说那天太阳的光芒照耀着整个大地，天空干净得连一丝云彩都寻不见，他迎来了生命中一轮新的太阳。

　　祖父是个不善言辞的人，对于这段经历他给我们讲述得不是太多，但他说得最多的就是青稞。当他被好心的同乡带到那个堆放着小山一样的大仓房睡觉时，他的眼睛被青稞金灿灿的光芒再次刺痛。那是怎样一种场面啊！他曾经因为找不到一粒粮食果腹，而艰难地咽下过苦涩的树皮，一家老小曾喝过把麦秸磨碎后熬煮的汤水，重度饥饿夺走了他年仅四岁的大儿子的生命。他带着为全家寻活路的重任，逃出了那个贫瘠的故乡。他是幸运的，那夜他睡在了青稞堆里，梦里是一粒粒饱满的青稞和亲人们灿烂的笑容。

　　到现在家乡还依然保留着祖父掘出的第一口窑洞。青草覆盖的土崖下，一孔外窄内宽的土窑，窑壁光滑整齐，角落里是一方土炕，旁边是一个小土灶。祖父生前曾无数次地带着我或独自一人去过那孔老窑洞，拔一拔长在窑洞口的蒿草，用铁锨铲平鼠类刨出的土堆。我也是无数次地站在那个土灶前，想象窑里热气腾腾，人来人往，大姑娘小媳妇们端着一盆一盆的青稞来这里炒熟的生动场面。窑洞里到处弥漫着青稞的香气，年幼的父亲红光满面，一把一把地抓起她们为了致谢而留下来的黄灿灿白生生的熟青稞往嘴里送。祖母从老家带回来的瓦罐越盛越满，直到那些青稞溢出了瓦罐，洒落到了地上。祖父弯腰将青稞一粒一粒地拾起，轻轻吹一吹，再郑重其事地放回父亲掬成碗状、殷殷等待着的双掌当中。

记得小时候母亲带我去青稞地里除草，她就地而坐，用一张巴掌大的铲子，很仔细地将杂草连根铲断。我看着被她身体的重量蹂躏过的东倒西歪的青稞苗，乐得前仰后翻。我笑着笑着青稞抽出了稚嫩的麦穗，当几十万支麦芒直挺挺地竖立在大地上时，瓦蓝色的天空让人心颤。这些紧紧抓住地表的卑微的生命力，也是高傲地指向天空的高贵的生命力；这低垂着心房高昂着头颅，怒发冲冠的顽强的身骨，像千锤百炼的钢锥一般，咄咄指向浩渺的天宇。

青稞面黯然无光且毫无筋道可言，食之粗粝且黏牙，远没有像现在这样，因跻身粗粮之行列而光耀门楣。青稞面在很长的一段时期里，完全就是穷困和卑微的代表。它一生低眉顺眼地生长在高原上，吃着青稞面长大的人也似它般怯生生地生活着。在马场厚重而久远的历史当中，青稞就像一枚烙印，永不被磨灭地植入了每个马场人的骨髓之中。他们之于生活的热切和企盼，动荡和苦难，从一而终和生生不息，就像高原上顽强生长的青稞。青稞的意义所在，远不是抵御饥饿或困苦这么简单，它赋予人们更多的应该是顽强和自立。门源的土地上种不出更好的麦子或其他更加娇贵的粮食，唯有耐寒的青稞，才不至心生鄙夷，才会不厌其烦地一次次发芽和生长，又一次次成熟和收获。生命的轮回仿佛就只有一次，在过去的几十年里，青稞就只用这一种姿态生活。

从莽荒岁月走到今天，一百多年过去了，在马场生活的人们就像地里的庄稼一般，一茬接着一茬地换。这里的土地不认人，只要有人播下种子，自会生根发芽；庄稼也不认得人，一片连着一片，要绿时一齐绿得脆亮，要黄时一同黄得耀眼。只有人会刻意地去认下它们，这是谁种下的那片青稞？这又是谁种下的这片油菜？有的人没能等到收获就匆匆走了，有的人都到了挂拐杖的年纪，腰身弯得很低很低了，还天天守在地头，眼神炯炯地望着那块庄稼地，眉眼间涌出的沧桑和期盼，就是这块庄稼赖以生存的养分。从日出到日暮，从春华到秋实，日复一日地盼，年复一年地等，等到霜白落满了华发，等到褶皱布满了双颊。一双青筋暴露的手，捧起黄澄澄的青稞，眉眼变成了一道弯弯的月牙。

我可不想胡乱地去种下一粒青稞。我要等到哪一天冰雪完全消融了，春风肆意得无边无际，土壤松软得就像踩在棉花堆里一样；要等到拖拉机手们都给播种机上好了油，拧紧了每一颗螺丝，他们自己也都穿上了整洁的工作服，把鲜红的国旗插在了拖拉机的最顶端；我还要等姐姐们选出最饱满、最结实的青稞种子，端在簸箕里，装进袋子里，她们也一律扎着花花绿绿的头巾，有说有笑地在田间地头一字排开；还想邀请一位最年长的老人，请他挂着拐杖，带上他的小孙子，穿上他那千层底的方口黑布鞋，用他那铜锣般的好嗓音，向我们发出"开动呦，种地咯"的号子，那时我将郑重其事地种下属于我的那一粒青稞。

我眼里的青稞，只消将这里的土地轻轻划开一道豁口，幼嫩的胚芽就会破土而出。在料峭的春风里，在清明以后似雪非雪的滋润下，立足于浩水河畔，一直从东向西，在马场的土地上行走，也在我的血液中流淌。它们的灵魂承载的是一个人走出故里，惶惶然而不知前路，回头却又会被深深牵动的载体；是父辈们耕种，我们这一代赶着去收获的传承。高原是它们的骨骼，流水是它们的躯体，而我就是它们的宿命。我扎根大地温暖的掌心，依附在一粒青稞的胚芽上，努力生长。

将军林下的冰凌花

黑龙江省八五二农场　孙海燕

雪后，天刚蒙蒙亮，微信群里传来信息："15 分钟后路口集合去将军林，拍冰凌花！"我对冰凌花感兴趣源于一些摄影作品，亲自拍摄则是我心中小小的夙愿。

将军林是一大片落叶松林带，它位于黑龙江省八五二农场场部东南，是 61 年前王震将军率众将士们亲手栽种的，10 万余株，现已成为旅游观光景区。

车进一个岔路口停了下来，我们下车走进林子。这些松树棵棵高大笔直，直插云霄，粗的一人张开手臂环抱不过来，细的直径也有 40 多厘米。春已来临，冬似乎还不愿离去，它用全身力气凝结成厚实的雪壳子。大家无暇游览高大伟岸的松树，一双双眼睛不停地"扫描"，捕捉冰凌花的身影。

"快来，这有冰凌花！"一位摄影爱好者喊了起来，我们一起向他跑了过去。真佩服这位发现者，这么一大片茫茫白雪中刚冒头的冰凌花，仅指甲盖大小，竟没逃过他的"火眼金睛"。只见他小心翼翼拨开浮雪，露出几簇花苞，头上顶着晶莹剔透的冰凌，羞答答的、薄薄的卵形红褐色"羽翼"紧紧包裹着，似乎还未适应这突如其来的变化。

冰雪尚未全融，冻土层依然坚硬，如此娇嫩的花苞经受怎样一番"洗礼"，才得一展芳容呢，它那发丝般的根系又如何插入厚厚的冻土层呢。"赛过寒梅，胜过松柏。"顷刻间，我头脑中涌现出许多赞美之词，对这小精灵的一种崇敬和钦佩之情也油然而生。

冰凌花遇到阳光就开放，日落西山就收场，大家赶紧掏出"长枪短炮"，支架子，掏相机，蹲着、跪着、卧着，全然不顾形象，寻找最佳拍摄角度，设置光圈、感光度参数，摆弄半天，开拍!

突然，一幅温馨的画面映入眼帘：阳光下，一位耄耋老人在年轻人的搀扶下，在那棵横腰系满象征吉祥与祝福红布条的树下留影。我也曾与那棵树合照过，据说这棵树是王震将军亲手栽种的。顷刻间，王震将军与这片将军林的故事，在我的大脑中闪现……

1964年清明节过后的一天早上，霞光初绽、晨曦微露，正在洗漱的场部地区机关干部、职工群众，突然听到高音喇叭的广播：早饭后，大家带上铁锹、镐、水桶等工具在机关办公室门口集合。

大家刚集合完毕，王震将军和黄振荣（八五二农场场长）从附近的树林里钻了出来。两位将军穿着一身褪色的旧军装，两脚和裤腿上沾满了泥浆，他们一边招手致意，一边亲切地向大家问好。

雷鸣般的掌声过后，王震将军说："同志们，刚才我和黄场长到树林里走了一圈，看到树木伐倒不少。你们盖房屋、取暖是生活必需，但是不能光砍不栽呀! 这样下去，要不了几年，树木就会被砍光，林子就会变成和尚头。那时候，我们怎么有脸面对后代、面对子孙啊!"看着人们面面相觑，王震回过身来指了指路旁堆放的两大堆落叶松苗，提高了嗓门说道："今天把大家请来，就是要栽树，一是为了美化公路两边的环境，二是为子孙后代造福!"

"保证完成任务!"600多人起早贪黑地连续奋战了四天，终于在虎宝公路中段两侧栽下了长约3000米、宽50米的绿色林带，共计10万余株落叶松。因为这片松树林与王震将军密切相关，所以被当地职工群众亲切地称为"将军林"。

历经半个多世纪风霜雪雨的洗礼，当年那些不足半米高的松苗已经长成遮天蔽日、郁郁葱葱的森林。从高处俯瞰，宛如一叶扁舟，漂浮在完达山北麓苍茫的林海中，它们迎送日月，伴随晨昏，在静默中守望着黑土地的沧桑巨变，用岁月的年轮镌刻着与王震将军的不解情缘，用执着而虔诚的胸怀记录着黑土地的日新月异，承载着北大荒儿女与拓荒先辈们血脉相连的浓浓亲情……

好奇心促使我朝他们走近，与这位老人攀谈起来。原来她的老伴姓周，是十万转业官兵中的一员，已长眠于这片将军林下。每年清明前夕老人家就来到这里——老伴曾工作过的地方，踩着老伴曾走过的路，摸着老伴曾扶过的树，怀念他，感受着他的气息……

回忆起当年，老人眼里流露出两个字——幸福。"记得当年刚来这儿时，这里是一片茂密的丛林，条件非常艰苦。经人介绍认识了你周爷爷，他对我是百分百的满意，可我却犹豫，不想留在这里，我就对他说，老家已经定亲了。谁知你周爷爷急眼了，一股脑把自己的立功证书和奖状奖牌全端出来了，摆了一桌子，满脸羞红地说：'留下来吧，这里会越建越好！一定不会让你后悔的。'"

"那您后悔吗？"我忍不住问。

"不后悔！"老人家下巴微抬，神情坚定地说："我这一辈子都献给北大荒了。等我死后，也和你周爷爷一样，埋在这里，守护着这片土地。"

我突然鼻子一酸，想起了已故的姥爷，还有临终留下遗言要埋在北大荒的父亲，他们也和千千万万个垦荒人一样，发扬艰苦奋斗精神，踏上这条艰难凶险的开拓之路，为后人留下可凭吊的印迹，把自己的青春、汗水与生命都留在了北大荒。正如《北大荒之歌》中所唱："几十年风风雨雨，我们同甘共苦在一起……我把一切都献给了你……即使明朝啊我逝去，也要长眠在你的怀抱里。"

送走了那位老人，我来到相机前，惊喜地发现，镜头下的冰凌花悄然无声地绽开了：红褐色的苞衣已脱下，嫩黄色的花瓣一层层地完全展开了，错落有致。花瓣上顶着的冰凌也融化了，变成一颗颗透明的水珠，颤悠悠、亮晶晶，在阳光折射下宛若一颗颗光彩四射的钻石，空气中似乎多了一种淡淡的清香。

环顾四周，我发现了这一丛、那一簇，将军林里到处都是绽开的冰凌花，它们像千千万万个农垦人一样，百折不挠，不惧风雪，不畏严寒，撕开冰雪的封锁，扬起金黄的笑脸，历尽苦寒只为奉献。

情满清水泊

山东省作家协会　柴翠香

　　蓝天白云、鸡鸣狗吠、果甜米香……草生根，根能记忆，树长叶，叶会留痕，它们都记得清水泊曾经的模样，清楚这里翻天覆地的变迁。

　　当年的清水泊地大草盛，深深浅浅的绿一望无际，连说话的声音和气息仿佛也都是绿色的。这样肥沃的草地极适合养羊，于是成立了由一营四连专门负责的养羊队……一个久远的故事伴随一位老人的讲述清晰起来。

　　优良种羊都是从德国、新西兰、澳大利亚进口的名贵羊，由上海、青岛用飞机托运而来，金贵得很。这些"洋"羊比我们本地羊难伺候，那时条件差，它们的饮食水平甚至比人还要好。种公羊几乎每年更换，所以更加娇贵，一只种公羊，每天早上两个鸡蛋一把海米是必需的，以保证它们的身体能更好地繁育下一代，马虎不得。尤其"林肯"更娇贵得很，由于气候的不同，它们初来乍到不适应，夏天需要吹风扇，吃西瓜。不光这样，还要给它们定期洗澡呢，而且是药浴，预防这些宝贝身上生虫，是不是很娇惯它们呀？说到这里，老人的脸上露出宠溺孩子才有的温柔与慈爱，我也不由得被感动。每年产下的母羊羔全部留下，公羊选择优良的留下作种羊，其他的长成成年处理掉。

　　那时放羊也是很艰苦的，老人继续说。当时四连214人以放牧为主，一人一群羊，一般五十来只。早上六点就出牧，一出去就是一天，带着简单的午饭：火烧或馒头，带上水。茫茫草原看不到一个人，对于十几二十几岁的大小伙子来说，真是一件很不容易的事情。实在闷得慌，有时就扯着喉咙唱，不管在不在调上，能出点动静总是好的，我知道陕北为什么出高音歌唱家了，放羊放的。话一说完，老人忍不住笑了，我也笑了。

你知道放羊最担心什么吗？老人突然问我，我答不出，咱这里没有狼，一个壮小伙还能怕什么呢？看我疑惑的表情，老人喝了一口水，轻咳了一声，慢慢说下去。当然是怕丢羊啊！那可是集体的羊啊，一只都不能丢。羊在哪儿，人就在哪儿，爱护羊就像爱护自己的眼睛一样。一会儿就数一次，甚至几分钟就数一次。还别说，数羊充实了枯燥和孤独寂寞的时光，倒没那么难熬了。他的幽默和乐观让我心里涌动出一份敬慕之情。只是一闪，我便把思绪拉回来。特别每年的秋天以后，小羊羔们纷纷出生，经常有小羊羔产在放牧的路上、场地、坡里。你得随时随地当好接生员和保育员。所以每到秋天放牧的时候，放牧员会带着大包或鱼鳞袋子，以备母羊产羔后及时把它们背回来。那时就一个念头，保护羊群是第一位的。听到这里，一种敬仰之情不由泛上心头：为了国家和集体，那一代的人是把个人利益置之度外的，甚至不惜牺牲生命。

老人沉浸在对往事的回忆里。尽管已是耄耋之年，但对 40 多年前的事情依旧记忆犹新。

入冬前，就要储存冬天喂羊的饲料。到周围村庄收集地瓜蔓、玉米、玉米秸，粉碎后拌上麦麸，保障羊群安全过冬。羊是不能光吃青草的，即使在青草充足的春夏秋季节里，也要每天补充一定量的饲料，何况是冬天。一只羊每天需要四两到半斤的饲料，才能保证羊的体质不会下降。你可不要以为这样那些小年轻就清闲了，他们每天照样带着羊群出去运动，每天八点准时集合，带着羊群出去散步，到水库饮水，两个钟头再回到羊圈。看我露出轻松的神情，老人连忙补充几句。

随着种植面积的不断增加，加上修路、建盐滩，可放牧的地片逐渐减少，那些杂草丛生的荒地被农作物、果园占领，曾经浩浩荡荡如白云般在绿毯中滚动、飘荡的羊群队伍越来越小。老人显出些许的不舍和遗憾，我也觉得好可惜。一瞬间，老人微笑着说："尽管对那些羊崽儿像我们的孩子一样不舍，但这是农场发展的需要。舍上一群羊，得到万亩田、铁路线，很值得。"

我还在遥想当年碧草青青遍地羊的盛景，镜头已聚焦在特写的金色稻谷上，沉甸甸的稻穗如害羞的女子般颔首微垂，一阵阵特有的稻香扑面而来。

这里原本是一片贫瘠的土地，连一棵树都不长，一任荒草疯狂蔓延，但是，春去秋来几寒暑，被断定长不出庄稼的荒凉之地，却让一帮扎根农场的年轻人用热血和汗水浇灌出一片勃勃生机。

20世纪70年代，"兵团战士"，一个让人血脉偾张的称号，让那些十六七岁的孩子穿上军装义无反顾地背起行囊奔赴一个叫"清水泊"的地方，他们有的甚至是偷偷离开家离开父母，随着"知识青年到农村插队落户"的大军，一头扎进了这个被寿光人称作"北大洼"的盐碱地。

这里地处洼地，随处可见水塘湖泊。刚来时大家连住的地方都没有，有的就借住在附近村庄的农户家里；有的自己动手，选择地势稍高的地方，人工抬土，高粱秸、野芦苇绑成墩子，用泥糊起来做墙，里面用报纸装饰，这就是大家的宿舍、厂房。

那时农业机械极其匮乏，大多数的劳动都是靠人力来完成。五个人一张犁，两个人在前头拉，两旁各有一人随时把勾住犁腿的草根清理下来，地下全是芦根，扯都扯不断，拉犁的累，扶犁的更累。老人说这话时不由得眉头一蹙，仿佛肩头又被绳索勒紧。

为了解决盐碱太重，长不出庄稼的问题，播种之前要先挖条田沟排碱。这些高强度的劳动，把一双双娇嫩的手磨起无数的水泡、血泡，起了破，破了又起，泡里再生泡，一碰就钻心地疼。老人不由自主地伸出手，摩挲着，似乎那些水泡此刻又冒出来。

后来随着链轨拖拉机的引进——我们叫它铁牛，形象吧？老人停了一下，嘬一口茶水。就这样，一边开垦整地，一边播种粮食作物，那时种得最多的是高粱（产量高）和小麦，以维持战士们的日常生活。清水泊土地太薄，为了维护土地的良性循环，一年只种一季。收割完小麦便种上田青，等长到七八成熟，就撂倒，然后把它们翻耕到地下，腐烂变成有机肥，来滋养贫瘠的土地。

收完高粱就翻地歇地。随着农场开垦的机械化，原来的"北大洼"逐渐变成了米粮仓。不仅能自供自给，交完国家公粮后，还可以接济周围的村民一部分。这儿有新开垦的大豆地，豆荚随风摇铃；那儿有一片整齐的谷田，泛着迷人的金黄；再远处是新起的苹果园，扬起红彤彤的笑脸……那些远离家乡的娃娃们，在清水泊这个大熔炉中，不断淬炼成钢，成为清水泊真正的主人，在这里安家落户、娶妻生子。说起这些，老人脸上一派幸福、骄傲与自豪的神情。

　　最喜人的是只有在水乡才有的稻田，竟然在靠天取水的北大洼碱场地里滋滋生长出最优质的清香稻米，这里的大米不能说它独一无二，也算得上独具其香。

　　风轻悄悄的，草软绵绵的，天蓝盈盈的，坐在稻田边，感受着鸟儿展翅飞翔的那种美妙。抬头仰望，一朵朵白云像棉花糖一样从天边飘过，掉落在高粱的怀抱里，迅即被染成了一团团红。

　　原先在人们眼里一无是处的荒草野坡，如今变成了最富诗情的一道风景，最富画意的一幅绣卷，而农垦人正是这浓墨重彩画卷的执笔人。

幸福红卫宜居城镇

北大荒集团红卫农场　陈国岭

民生连着民心、民心凝聚民力，做好保障和改善民生工作，就是增进民生福祉，增强职工群众的获得感和幸福感。

红卫农场创新机制、加大投入，着力抓好就业、医疗、卫生、养老、教育等各项社会事业；扎实做好残疾人、困难职工、低保户等困难群体保障工作，努力让广大群众都能享受到改革发展成果。

红卫农场坚持"尽力而为、量力而行"的方针。"十三五"时期，农场累计投资 1.2 亿元，新建供热站 4399.25 平方米、供水供热及排水管网 4.84 公里，新增水冲式公厕 3 座、路灯 119 盏、广场硬化 2.15 万平方米，新增绿化面积 2.55 万平方米，城镇绿化覆盖率达到 28.1%。同时，农场还拿出资金用于住宅小区的房屋、道路、上下水及供暖管道等公共设施检修。

一项项有温度的民生工程举措，牵涉到职工群众生活的方方面面，无数可喜的变化发生在职工群众的身边。群众眼里的发展成果不再仅仅是生硬的"统计数字"，而是溢在心里的获得感，写在脸上的满意度。

回首过去，这样幸福满溢的民生故事，随处可闻可见。幸福，是源自心底的，而为职工群众敲开这"幸福之门"的，正是红卫实施的为民办实事项目，它如一股挟裹着暖流的春风，细致入微地穿掠过群众油盐柴米的生活，又与民生福祉如影相随。

"一件事情接着一件事情办，一年接着一年干。"农场学校及幼儿园步入省级先进行列，公共医疗卫生机构覆盖率达 100%。点点民生烛光在农场多个角落点亮，束束民生火焰在农场四面八方升腾，传递了温暖。

路宽、街净、院落齐，花红、柳绿、稻花香。

　　近年来，红卫农场创新方式方法打造宜居环境，通过逐年增加投入，不断完善公用设施和便民服务设施，让农场环境更优美，让居民生活更舒适。

　　农场以建设"清洁、美丽、宜居城镇"为目标，场区保洁范围由主要道路向街巷延伸，老城新城一体发展。大力引入先进的环卫机具设备，提高了保洁质量。

　　农场社区实行"管理定额化、定额考核化、考核日常化"，建立了"分类管理、分类考核、以类定费、按质核拨"考核评价机制，形成了高标准引导、精细化作业、科学化评价管理的清洁卫生管理体系，场区清洁度持续提升。

　　近年来，农场完善"户集、委收、区运、场处理"的垃圾清运体系，环卫一体化实现全覆盖，初步构建起填埋、焚烧、综合处理"三位一体"的处理体系。

　　农场以"宜居"和"服务"为重点，投资264万元，用于场区绿化及亮化工程。积极探索摊点治理新模式，实行物业管理和经营户自治，实现了标识、场所、防疫、工商、保洁"五统一"。设置便民服务摊点群，解决了流动摊点生计问题。探索马路市场治理新模式，实行市场化运作。

　　农场还进一步加大了环境整治力度，推进平房区环境整治，提高环卫工作机械化水平。为加大对城镇规范管理的力度，建设了一支勇于担当、敢打

红卫农场场区新景（摄影　厉远）

硬仗的城管队伍。农场积极探索社区管理规范化、社区服务社会化的有效途径，不断提高服务水平，使社区服务在改善居民生活、增加就业机会、大力发展服务业等方面发挥更大的作用，真正为职工群众排忧解难。

在马路市场治理工作中，农场坚持"问计于民"，通过举办座谈会、上门走访等多种形式，征求经营户意见，推动经营户自愿达成文明经营协议，还路于民。

社会和谐稳定，生活才能幸福安康。红卫农场抓住职工群众最关心的社会治安问题、最关注的权益保障问题、最关切的公平正义问题，积极探索治本之策，构建共建共治共享的社会治理格局，扎实推进平安红卫、法治红卫建设。

开荒"利器"

今天，每当我看到现代化大型农业机械耕耘在车排子垦区广袤田野上时，就会触景生情，想起当年开荒的一些往事。

1958 年，我们一二八团开发建设初期，为了不辱"是英雄是好汉，开荒当中比比看。学习莫索湾，赶上苏兴滩，一年建场百日完"的军令状，老军垦们集思广益，研发出来一批成本低、很实用的"土机械"，为唤醒沉睡千古的戈壁、建成塞外绿洲立下了汗马功劳。

1958 年 4 月，新疆兵团农七师勘测设计大队二十余人组成的勘测规划先遣组，奉师党委之命，从奎屯出发，一路北上，骑马百里，来到"东戈壁"。"东戈壁"位于垦区东面荒无人烟的戈壁滩。农七师要在这里开发建设一个新的农场——车排子垦区第四农场，简称车四场（即现在的一二八团）。

这里，亘古荒原，地势较平，梭梭柴茂密，枇杷柴丛生，具备生物生长的基本条件。

7 月 1 日，在二十团召开车四场开发建设动员大会。师党委要求当年开荒造田 8 万亩，播种小麦 3 万亩。粗略计算，加上修渠建路、植树造林、盖房搭圈，得要 14 万个劳动力，最早也只能在第二年夏天完成。可这支开赴东戈壁的队伍只有 800 人，不足 10 台拖拉机。在困难多、任务重、时间紧的情况下，他们以军人的气魄，勇敢地立下了军令状！

在车四场新任副场长梁恩厚的带领下，队伍从二十团出发，徒步东行，挺进戈壁，支起帐篷，安营扎寨，在东戈壁拉开了建设车四场的序幕。当时我还在襁褓里，父母就带着我跟着队伍来到了东戈壁。

豪言壮语是可以喊出来的，但要成为现实是要靠苦干的。万古戈壁滩，土质很硬，遍地杂树乱草，很难打倒挖根。

尽管组织了大突击、劳动竞赛，从把太阳挖出来，到把月亮挖出来，但最多一天开荒面积也只有 40 亩。新疆的北部，一过国庆节，就开始飘雪，大好时机也只有 8—9 月 50～60 天的时间。任务十分艰巨！时间不等人，就怕人误时。

困难吓不倒英雄汉！这支队伍是从井冈山走过来的，有着"万水千山只等闲"的革命乐观精神，也是从南泥湾走过来的，有着"自力更生，艰苦奋斗"的军垦精神。他们这些文化水平不高、经历过枪林弹雨的老军垦人，凭着先前开发二十团的经验，集思广益，研发出了一批开荒利器。其中最有代表性的就是"打荒器"。

起先，机车前进推倒梭梭柴时，由于负荷小，开荒效率较低，浪费机力。能不能换个思维，将单一的前推改为"前后开弓"，在机车上加一个"打荒器"？他们白天打荒，晚上召开"诸葛亮会"，反复研究和实验，用一根 8 米长圆木栓在机车后面，机车前面铲斗推掉低矮的枇杷柴，后面的 8 米圆木拉倒高大的梭梭。可是，在实践中遇到了新问题，细小一些的梭梭柴可以拉倒，高大的就无能为力。因为圆木太轻，遇到大梭梭，就拉不倒，从梭梭柴上一滑而过，甚至还会把圆木别断。他们开动脑筋，把两根圆木并在一起，用钢板夹着，再用穿心螺丝固定起来，既加大了重量，又提高了承受力，效果有了明显改善。就这样，在实践中学习，在学习中实践。他们还根据机车马力的大小，采用更长的圆木，最长的达到 16 米。这种"打荒器"用斯大林-80型机车牵引，每小时可以打荒 70 亩左右，一天就是上千亩。杨四平机车组最高一天 1400 亩，后来又将圆木更换成钢管，效果更好。

1958 年，新成立的车四场机械打荒 36827 亩，每亩费用 0.60 元。而一般开荒每亩费用需 6 元。

那时候一穷二白，没有纸，他们就以地为纸、以棍为笔，在地上画图，不理想，就用手把"地图"一抹，再画。一遍又一遍，一次又一次，自己设计，自己绘图，自己制作。终于，一件件"先进"的开荒"利器"被研发出来了。

接着，他们又研制出了"护灯器"——在机车前方靠近照明灯的位置，把两根钢筋固定在机车大梁上，钢筋上方横拉一根钢筋，牢牢保护着照明灯，保证了机车夜间开荒作业;"运荒器"——用钢筋制作一个腰长为四米的等腰三角形,顶点直接与机车连接,尾部安装一个可以开关的活动钢筋,当机车拉红柳时,就将活动钢筋关闭,几个人往"运荒器"上装红柳,最高可以堆放至两米多高,然后由机车拉往指定的规划区,打开活动钢筋,红柳便顺着从"运荒器"上脱落下来;"清元器"——将连接器的中间梁装在轮胎机车的油压升降器上,再把弹簧齿以 25 厘米的距离固定在中间梁上,近似于一个大型的"耙子",由于连接处安装了个升降器,当红柳比较多的时候,升降器就会自动上升,一趟可以拉很多的细碎红柳,不但节省了劳力,也加快了劳动进度。

这 4 种"利器"在当时不仅节约了大量劳动力,保证了超额完成开荒造田任务,还为冬播打下了坚实的基础,当年开荒造田 10 万亩,种冬小麦 3 万多亩。1959 年,小麦收获 425 万公斤,盈利 15 万元。

这些革新成果在兵团、在全新疆推广,吸引了甘肃、宁夏等垦区前来参观取经。车四场被兵团授予"开荒造田的旗帜,多快好省的榜样"称号。车四场副政委安登奎还受邀到北京,接受由周恩来总理题词的"社会主义建设先进集体"奖匾。《人民日报》也刊登了我们车四场"自力更生、艰苦奋斗、多快好省"建场的事迹。"八一"电影制片厂为了拍摄大型纪录片《绿色的原野》,还专门赶到我们车四场拍摄了建场开荒造田利器——"打荒器"等"四器"。

一曲场歌情意长

北大荒集团牡丹江分公司　朱　磊

　　曾经谱写《雷锋，我们的战友》《毛主席的话儿记心上》《地道战》《小小竹排江中游》《映山红》《航天之歌》《中国梦》《歌唱新时代》等一系列经典歌曲的傅庚辰将军，也为地处祖国东北边陲的黑龙江省八五七农场倾情谱写过场歌，且两次来到八五七农场参加场庆活动，结下了与北大荒的深情厚谊。

鸿雁传情谱场歌

　　1990 年秋，八五七农场即将迎来建场 40 周年，农场领导认为应该创作一首反映两代八五七人坚守北大荒矢志奋斗、将亘古荒原变成米粮川的场歌，用来鼓舞士气、提振精神，激励八五七人民再创辉煌。于是，农场党委发出场歌征集启事，老转业官兵李乃文同志创作的歌词《垦荒者心爱的家乡》被选中。

　　音乐是歌曲的翅膀。歌词选定后，农场党委希望李乃文联络合适人选进行谱曲。正当李乃文一筹莫展时，适逢解放军艺术学院副院长乔佩娟少将（曾在歌剧《小二黑结婚》中饰演女主角小芹）率领的文艺小分队来北大荒慰问演出和考察学习，李乃文以当年 10 万官兵开发北大荒的亲身经历给文艺小分队的师生们讲了精彩的一课。课后在与乔佩娟少将交流时，李乃文灵机一动萌发出请同在解放军艺术学院任副院长的傅庚辰将军作曲的想法，并委托乔副院长牵线搭桥代转歌词。乔副院长爽快地答应做"红娘"，玉成此事。

　　经过忐忑不安的等待，李乃文收到傅庚辰将军的亲笔来信，信中表达了对北大荒人和北大荒精神的敬佩之情，并说明为使歌词更加符合音乐创作，特请歌剧《小二黑结婚》的作者之一、作家田川同志对歌词进行了修改，李乃文结合修改意见，又在田川修改稿的基础上充实进八五七农场十六字场训——"艰苦创业、顾全大局、求实创新、奋发进取"的内容，再次寄给傅庚辰。如是三番，才得以定稿。1990年12月，傅庚辰将军从北京寄来了乐谱。谱好的场歌采用进行曲的风格，听起来既优美抒情，又铿锵明朗，有种催人奋进的磅礴力量，体现出转业官兵一往无前克服艰难困苦的革命精神和豪迈情怀。

在寄回曲谱之后，傅庚辰将军又专门致信李乃文，他在信中热情洋溢地写道："今夏，佩娟同志向全院介绍了农垦战士的英雄业绩，我们都受到了爱国主义和革命英雄主义的深刻教育。也正是在这个思想感情的基础上我为你的歌词作了曲。"在信的末尾，他又饱含深情地写道："谨以《垦荒者心爱的家乡》作为一朵精神文明共建之花献给英雄的北大荒人，献给为了祖国和人民'献了青春献终身，献了终身献子孙'的光荣的北大荒英雄儿女！"

"兴凯湖畔，穆棱河旁，如花的田地处处飘香……"和预想的一样，这首场歌很快在八五七农场广大干部职工和中小学生中传唱开来。将军在出版《啊！红星——傅庚辰歌曲集》中，也将《垦荒者心爱的家乡》甄选其中。1998年，八五七农场场歌荣获中央人民广播电台"瀛丹杯"全国场（店）歌曲创作三等奖。

如今，当年傅庚辰将军与李乃文在交流场歌创作过程中的数封通信，还有傅庚辰将军亲笔誉写的场歌曲谱手稿，都陈列在场史馆的展柜中，成为见证八五七农场重要历程的宝贵文史资料。

千里践约赴庆典

八五七农场诞生于1951年3月15日。1991年3月初，在建场40周年庆典临近时，八五七农场郑重地向傅庚辰将军发出邀请函。他欣然接受邀请，愿意到满怀向往的北大荒走一走、看一看，并请解放军艺术学院声乐系的学生和小乐队录制一盒场歌合唱录音，作为礼物赠送给八五七农场。

1991年3月12日，早春北大荒，乍暖还寒。早晨6时许，杨兴国和李乃文一起来到牡丹江车站迎接傅庚辰将军，二人在凛冽寒风中举着"傅庚辰"

名牌，接到身穿便装的傅庚辰将军。初次见面的傅将军，紧紧握着李乃文的手亲切地说："我们早就认识了。"

八五七农场地处黑龙江东南角的密山市，那时白天从牡丹江到密山市的火车只有一列慢车，300 多公里要跑 8 个小时。平时列车上会挂一节软席车厢，不巧的是那天软席车厢检修没挂上，为了不让傅庚辰将军坐硬座，李乃文与杨兴国商议后决定托人购买牡丹江到东方红的卧铺车票。当傅将军得知这趟车半夜到达密山，还需再辗转 60 多公里到八五七农场，要给许多同志增添麻烦时，他果断地说："就坐白天这趟慢车吧，我身体好，没关系，就这么办。"

将军的宽容与理解，顿时让二人如释重负。在嘈杂喧闹的硬座车厢里，他们拿出烧鸡和北大荒 60 度小烧酒，一边畅饮一边畅聊，度过了终生难忘的一次旅行。

在农场 40 周年庆典上，傅庚辰将军表达了对开垦北大荒的建设者们的由衷敬意，对北大荒经过两代人开发建设取得的辉煌成就给予高度赞扬。在随后的两天里，将军不辞辛苦深入到农场生产连队、工厂、学校和职工家中，与一线干部职工、复转官兵深入交谈，了解他们的工作生活状况，从中汲取创作营养元素。

1991 年夏季，强降雨持续袭击大地，造成特大洪涝灾害，为保证穆棱河下游的虎林地区安全，八五七农场被选为炸坝泄洪区，将洪水引到建设 40 年的家园，庄稼绝收，数千人无家可归，直接经济损失高达数千万元，却保住下游 17 万人民的生命财产安全和 300 万亩农田。听闻八五七农场大义之举，将军默默地擎起右手，敬了一个庄严的军礼。

时光荏苒，将军和八五七农场的深情厚谊越加深厚绵长，他谱写的场歌《垦荒者心爱的家乡》已然成为八五七人心中永恒的旋律，时时回荡在八五七农场的广袤大地上。

我的姥爷于振亚

黑龙江省肇源农场　胡佳虹

　　顺着大兴安岭伊勒呼里山的中段一路向南，过了河神口，就到了我魂牵梦绕的家乡，嫩江左岸的明珠——肇源农场。70年前，这里是亘古荒原，荒无人烟。就是在那样的艰苦条件下，由复转军人和知识青年组成的垦荒大军，凭着一往无前的气概，征服了这片荒土地，成为献身北大荒的开拓者，我的姥爷于振亚就是这垦荒大军中的一员。

　　1931年，姥爷出生在内蒙古扎赉特旗一户地主家庭，由于淘气，他早早地被送进私塾，几年的私塾学习，使他写得一手好毛笔字。依稀记得我小的时候，家里的墙上挂满了姥爷的字画，他时常抓住我，教我写字，让我给他背《千字文》《百家姓》，而那时的我却只喜欢到外面去捉蜻蜓、摔泥巴，对于笔墨纸砚委实提不起兴趣，为此没少惹姥爷生气。

　　姥爷是长房长子，他的父亲在一次进山收皮货的时候再也没有回来，家人苦寻了两年都杳无音讯，是遇到了胡子（土匪）杀人越货，还是遇到了野兽拦路，这一切都不得而知。只是自从那时起，没了顶梁柱，姥爷作为家里的独子，为他的母亲支撑起了整个世界。分家时，其他几房欺负他们孤儿寡母，趁16岁的姥爷不在家时，将母亲赶出了大院，未分其丝毫财产，刚烈的姥爷带着母亲走进大兴安岭，在那里伐了一年的树。

　　1948年的春天，乍暖还寒时，凛冽的春风刚刚赶走了大地的喧闹，姥爷响应国家号召从大兴安岭来到肇源农场，支援北大荒开发建设。创业之初，百废待兴，一帮20岁左右志同道合的年轻人，浑身有使不完的力气，他们住的是干打垒，喝的是嫩江水。

　　自带一身书生气的姥爷，不但字写得好，尤其擅长修理机车、改装机械，凭着一身过硬的手艺，他被调到技术要求较高、工作任务最繁重的机务队工作，负责全场农业机械的维修和养护，由于初期农机使用频繁，损耗较大，姥爷每天负责检修农机设备。有一天晚上农场机车回机务队大院时，姥爷从轰鸣的马达声中听出了一丝异常，马上让司机驾驶车辆在他面前再跑一圈，通过车辆在行驶中发出的声音，他判断出车辆有一个关键部位的零件出现了问题，及时进行了维护，避免了更大的损失。遇到新事物他总是不断钻研并大胆实践，经他手焊接的零部件，既省钱又耐用，节约了大量资金和人力物力。

嫩江流域时常洪水泛滥，为了保护群众的生命财产安全，1972 年，大庆引嫩工程开始施工，由于周边乡镇推土机数量少，这时肇源农场的几台推土机派上了大用场。那时农场没有市里那样的精准测量仪器，工人筑完的堤坝很难达到图纸要求的倾斜角度，推土机上去不是达不到倾斜角度就是角度太大容易翻车，市里来的工程师急红了眼睛，作为推土机手之一，姥爷默不作声地仔细查看，往返堤坝无数次，在地上用树枝作笔不停地写写画画，天黑了姥姥还不见早就该回来吃饭的姥爷，却等来姥爷托人带话说，这段时间就不回来了，就住在坝上了。第三天，大家就看到一个人娴熟地驾驶着推土机在上坡下坡推土筑坝，轰鸣的马达声过后，留下了一条齐刷刷的堤坝。半个月后，胡子拉碴的姥爷回来了，什么也没说，姥姥也不知道姥爷这堤坝筑得怎么样，只是后来听人说市里来的工程师都竖起了大拇指，凭着这股子钻劲姥爷多次被评为场级、管理局级、省级劳动模范。

姥爷一生带出了 20 多个徒弟，将自己毕生所学都毫无保留地教给了徒弟们，每一位徒弟走上工作岗位后都是埋头苦干，钻研业务。听姥姥说有一年城里来招技工，待遇优厚，报名的人排起了一条长龙，招工的负责人问，这里有没有于振亚的徒弟，这时姥爷的几个徒弟站了出来，负责人对工作人员说这几个人不用考察了，直接录取，于振亚的徒弟准错不了。

8 岁那年的秋天，我和玩伴秀秀正玩得起劲儿，突然被妈妈拎起来，给我洗了像小花猫一般的脸，换了身干净衣服，我知道一定是出了大事情，挥手依依不舍地告别了秀秀，妈妈拽着我一路小跑，来到一间教室，我就知道，我到了上学的年龄。母亲和姥爷说，让姥爷用机务队随处可见的废料二分铁给我焊一个车座，这样每天母亲就可以骑自行车送我去上学。母亲说这话时，也是心里拿不准的，因为这大公无私的老头从不占公家一点便宜。第一天，母亲回来看姥爷没有动静，第二天，看见姥爷在院子里背着手四处转，第三天，母亲回来时就看到自行车上新焊接的车座，心想着，这老头到底还是心疼外孙女。晚上做饭时，她却怎么也找不到搂柴火的四齿耙子了，问姥爷看到了吗，姥爷也不吱声，母亲看看崭新的自行车车座后架，好像明白过来什么，她叹了一口气，姥爷就是这样的人，他的一生，可以用光明磊落、大公无私、先人后己来总结，对待工作他一生无愧，把青春和热血都交给了北大荒这片神奇的土地。

姥爷亲手修筑的支渠，历经几次重新加固后，犹如一条巨龙依旧高大、伟岸，日夜守护着肇源农场这片沃土。斗转星移，寒来暑往，姥爷已经离开我们17载，我想长眠于地下的姥爷此刻应该是欣慰的，他的子孙在自己的岗位上延续了父辈的精神。一代代肇源农垦人在这片神奇的黑土地上挥汗如雨，创造了一个又一个北大荒神话，从北大荒变成中华大粮仓，浓缩了三代北大荒人不畏艰险、顽强拼搏的精神力量，这是一笔永恒的财富，将继续照亮肇源农场人的前行之路。

治水筑丰碑

黑龙江省江川农场　邱宏伟

　　江川农场位于松花江下游的冲积平原上。蜿蜒 20 多公里的松花江犹如一条白色的蛟龙,时而温驯有加,风平浪静;时而暴跳如雷,波涛滚滚。许多老人还清楚地记得 1964 年夏季,风平浪静的松花江上突然狂风大作,几个昼夜的暴风雨过后,江水以锐不可当之势越堤而出。瞬时间,几万亩大豆、玉米、小麦被汹涌的江水浸泡在一片汪洋之中。半个月后,江水才带着狂野得意的笑容缓缓地退去。然而,人们赖以生存的粮食却所剩无几,小麦的平均亩产只有 14 公斤。

　　望着被洪魔冲毁的家园,江川农场 2000 多名职工打着红旗走上了江堤,开始了为期三个月的筑堤会战。北大荒的严冬,零下 30 多度,能把人们揣在怀里的窝头冻成铁疙瘩。许多人手和脚都起了冻疮,然而他们硬是凭着北大荒人战天斗地的豪情,用铁锹、镐头、土筐、推车等简陋工具,累计挖冻土 58.6 万立方米,修堤坝 21.8 公里,拉开了农场治理水患的序幕。此后,农场又先后组织四次水利建设大会战,修筑完成了姜华至黑贝 20 公里长的沿江大堤。

　　就在全场上下都在为解决水患而辛勤工作的时候,又一场始料不及的毁灭性灾害悄然降临。1969 年,旱魔张开了血盆大口,无情地吸干了大地的“血液”,人们再次看到了不想看到的绝产局面。

　　面对洪、旱两魔的猖狂,勇敢的江川农场人民并没有退缩,反而坚定了他们治水用水的决心。1971 年 5 月 26 日,江川农场第一座水利工程灌溉站在一阵噼里啪啦的爆竹声中动工了。人们不分昼夜,歇人不停工,困了就睡在工棚里,饿了就啃凉干粮,渴了就喝松花江水,他们的目标只有一个,就是尽快使灌溉站投入使用，解决旱的问题。许多同志由于长期住在潮湿的帐篷里，患上了风湿、痛风等关节病，有的因吃饭不及时，得了严重的胃病，最让人难熬的是两种病同时落到一个人的身上，发作时痛得人下不了床，直不起腰。至今，有老职工回忆起那段往事时还动情地说："那时，心里没有一丝的杂念，把农场交给的任务看得比生命重要，今天看到灌溉站在农业生产建设中发挥出了大的作用，我们心里有说不出的安慰。"1977年10月1日，江川农场人民永远忘不了的日子，历时6年紧张施工的灌溉站终于竣工并通过试车通水，昔日野性难驯的江水乖乖地顺着灌渠涌向了干渴的田野。那一年全场麦豆总产量超历史最高水平，职工们沸腾了。

然而，事情的发展并不像人们想象的那么一帆风顺，旱的问题解决了，涝时排水的问题又接踵而来。江川农场北部生产队由于邻江只有1公里且地势低洼，松花江稍有动作都会积水成灾，西部生产队虽然情况不十分严重，但要遇上洪涝，内外水齐袭，也显得势单力薄。1973—1985年，江川农场曾多次遭受内外水不同程度的侵入，最为严重的是1973年春，造成了溃堤22处，粮食减产80％以上。面对这种不利局面，江川农场审时度势，提出了两项根治措施，一是加大种植业调整力度，扩大水稻种植面积，以稻治涝；二是建一座流量为10.64立方米/秒的强排站。1986年12月，经过全场干部职工的不懈努力，强排站建成了，不仅为旱田作物减轻了内涝损失，也为农场今后的水田开发打下了坚实基础。

1987年，江川农场水田面积达到2万多亩，引水灌溉成为农业生产中的重要环节，其中引水渠道不畅是个大问题。1990年3月的一天，农场决定架一座引水渡槽，彻底解决西部生产队的供水问题。从1991年至1998年，农场先后投资4200余万元完成了排灌站排水方涵的接长工程和松花江东部、西部5170米堤防消险加固工程，标准达到50年一遇。

就在人们对未来生活充满美好憧憬的时候，老天似乎有意要考验江川农场人民的毅力。1998年8月22日，一场百年不遇的洪水汹涌而至，大有不把江川大堤撕开一道口子不罢休的势头。黑夜里，风急、雨狂、浪凶，所有的恐怖都在一夜间同时出现，50米长的防浪草笼被狂风和大浪撕得粉碎，压护堤布上的沙袋被卷入江底。农场的党员干部10人一组都分到了一段最危险的堤坝，他们要随时处理管涌和铺设护坡彩条布。整夜拉网式地、地毯式地排查，成群的蚊子向人们扑来，肌肤被叮起一串串包，让人难以忍受，他们就随手抓起一把烂泥糊在脸上、脖子和手臂上，坚持巡堤。9月15日，洪魔终于无法抗拒江川人民的顽强和神勇，俯首东去。

必须解决内涝问题，再难也要建一座排灌站的设想初步形成。缺少资金，农场四处化缘寻求支持；没有技术，他们请来了省水利设计专家；人力短缺，兄弟农场伸出了援助之手，一场众人拾柴火焰高的大会战开始了。整整一年过后，1999年9月，一座以排内涝为主的强排站在农场东部沿江大堤下落成投入使用，人们敲锣打鼓，雀跃欢呼。

光阴似箭，时间进入2018年，江川农场已经是拥有水田面积30万亩的水稻专业场，建有灌桥涵482座、闸门196座、灌溉站2个、排水站2个、机电井5681眼、排水总渠117条约278公里、排水支渠280条约500公里，形成了涝能排，旱能灌，旱涝保收的现代农业水利灌溉格局，为当好国家粮食安全"压舱石"提供了保障。

易贡记忆

西藏易贡茶场　陈　凯

易贡茶场始建于 1960 年，原是中国人民解放军十八军进藏的军部所在地，是西藏第一座茶场，为西藏首批军垦农场，红色茶文化底蕴深厚。

建立易贡农场

1960 年，根据西藏军区生产部指示，西藏军区原十八军和后续部队一批干部战士复员到易贡建设军垦农场。1961 年，十八军在波密县境内以易贡河谷为中心建立了野贡农场，又称易贡农场。易贡地处川藏线的中段，虽有通麦天险，但离拉萨和印度边境地区都不远，有着重要的战略意义。且易贡地区人口少，部队在波密已展开政治工作多年，政治环境相对稳定。易贡海拔较低，进藏部队可免受高原反应之苦，水土条件优越，无疑是理想的屯垦驻兵地点。

开出西藏史上首块茶田

西藏试种茶树开始于 1956 年。当时驻在察隅的人民解放军部队从云南带进茶种，在察隅乡日马村日卡地方首次试种，成活 2000 多株。经过几年生长，以中叶种适应较好，长势较强，枝叶茂盛，发育正常。其中 100 多丛云南大叶种适应性差一些，长势较弱，冬季有落叶现象。察隅试种茶树获得成功，在西藏茶叶发展史上揭开了新的一页。

1964 年 3 月，部队从四川带入群体茶种，采用茶籽育苗，成活率高达

85%，平均苗高 30 厘米。1964 年，原中共西藏工委在林芝会议上作出了大力发展茶叶生产的决定。由于察隅农场海拔只有 1500 米，降水丰厚，种植水稻产量有保证。西藏工委认为察隅农场应优先保证粮食生产，高原茶叶种植集中在易贡进行，易贡茶时代开始。易贡茶叶的诞生标志着高原进入了自产茶叶时代。

兵团战士出疆援藏

为巩固西藏地区的发展与稳定，在周恩来总理与贺龙元帅的支持下，新疆生产建设兵团先后动员了 2000 多人参与援藏工作，进入易贡地区发展屯垦事业。

1966 年，中央决定在西藏成立生产建设兵团，以加速西藏的社会主义建设，进一步增强民族团结，加强战备，巩固国防。2 月 22 日，周恩来总理亲自召集在北京参加农垦工作会议的直属垦区的负责人座谈，研究在西藏组建生产建设兵团的问题。周总理听完新疆生产建设兵团副政委张仲瀚的详细汇报后，果断指示："到西藏去。"总理在会上要求新疆生产建设兵团组织一个精干的建制团到西藏长期从事农垦建设事业，主要是起榜样的作用。结合西藏特色，运用兵团的经验，以便在西藏发展农垦事业中少走弯路。

为贯彻周恩来总理"组团到西藏去"的指示，新疆生产建设兵团党委召开了党委会，决定从农二师、农六师、农七师、农八师抽调干部战士，组成援藏团奔赴西藏。新疆兵团援藏团由 3 个建制营、1 个勘测设计队、1 个汽车运输维修队、1 个卫生队、1 个基建队、1 个面粉加工厂组成。

1966 年 3 月，新疆生产建设兵团的农二师、农六师、农七师、农八师等师及其他机构精心挑选的第一批援藏团官兵全部确定到位，一个拥有 2035 名干部战士组成的援藏团分 3 批奔赴西藏，第一批援藏人员由易贡农垦团团长胡晋生带队。其中，干部 90 人、战士 470 人。他们在奎屯集合，从乌鲁木齐乘火车到西宁，然后沿青藏线进入西藏，4 月 30 日到达西藏拉萨。同年 9 月，原农七师副师长王隆率领第二批队伍到达西藏。一周后，来自农三师的第三批援藏战士也进入西藏。

从乌鲁木齐到西宁的 2000 多公里路程，援藏官兵们乘坐的是火车。而在崇山峻岭间 2100 多公里长的青藏公路，官兵们在卡车的摇晃中闯过了昆仑山口、五道梁、唐古拉山。恶劣的天气、险要的山路、剧烈的高原反应考验着援藏团战士们的信念和斗志。

首批援藏团的官兵们终于在 4 月 8 日下午到了西宁。

从青海西宁出发的时间是 4 月 13 日，当日的天气格外晴朗。东方刚泛鱼肚白，40 多辆卡车载着援藏战士就出发了，第一个目的地是格尔木。

白天赶路，晚上住兵站。坐了几天卡车，每人身上都落满了一层黄土，个个灰尘满面，好在沿途看到了许多藏羚羊、牦牛、野骆驼、野猪、狼等野生动物，让大家感到新奇至极，暂时忘却了途中的疲劳和烦躁。

援藏队伍 4 月 21 日到达昆仑山口，4 月 26 日开始翻越海拔更高的五道梁，这里海拔已达 5000 米左右。而唐古拉山山顶终年积雪，天气变化莫测，经常雨雪交加、反复无常。已翻过昆仑山、五道梁两处"鬼门关"的援藏官兵在唐古拉山面前同样没有却步、退缩。只要一翻过唐古拉山，就进入西藏境内的羌塘高原。

新疆生产建设兵团时期的易贡农场建制完整，面积达到史上最大，易贡全团 4 个营，合计 11 个连，另有加工厂、机运连、汽车连、伐木队、卫生队及两个牧场，辖区面积 2000 多平方公里。

单位整体定名为新疆军区生产建设兵团西藏易贡五团。新疆生产建设兵团南下建设易贡，把标准的军垦管理制度带到了易贡。

1970 年 1 月开始，新疆生产建设兵团绝大部分援藏将士及其家属返回新疆。易贡农场交由西藏军区管辖，为生产建设师 404 部队易贡五团，继续采用部队编制。

1971 年，易贡五团的总播种面积为 8890 亩，粮食单产为 198 斤，总产量为 188 万斤；油菜播种面积为 190 亩，单产为 21 斤，总产量为 4000 斤；春麦500 亩，冬麦 3729 亩，青稞混播 4651 亩；茶叶种植为 100 亩，产量为 500斤；水果种植为 400 亩。

桑田湿地总相宜

湖北省朱湖国家湿地公园　万清平

春夏之交的朱湖湿地，广袤的原野经无垠的绿色反复渲染，放眼望去，恰似波涛起伏的绿海，与湛蓝的天空、轻缀的彩云、畅意飞翔的百鸟，构成一幅多维画卷。

绿色，无疑是这个季节湿地的底色。漫天起舞的翩翩白鹭、灼灼诱人的片片紫薇、含羞情怯的潋潋睡莲、热情奔放的田田荷叶为湿地增添了各种色彩，还有蛙噪蝉鸣，以及野斑鸠、小秧鸡、青头潜鸭的咏叹调。

正是这五光十色的调和，天籁之音的交响，才令朱湖湿地这样色彩斑斓、生机勃勃，又清新自然、浪漫抒情。

走近朱湖，用心体会，你才能真正感受到湿地秀色的天然与精致，前世与今生。

曾经的朱湖，尽管沟汊纵横，但色面却是那么地单调、沉寂。翻开《朱湖农场志》，一首清代古诗令人唏嘘："枫边鸟度千云障，柳外渔归月一船。萧瑟孤湖霞叠浪，苇荡深处景色无。"这处源于古云梦泽的故沼野泽，纵有鸟度渔归，依然湖孤色无，任流水呜咽，百年千载，总是落寞如初。

住在四汊河边的80多岁郑姓老人介绍，新中国成立前，这里人迹罕至，环境恶劣，春夏洪患肆虐，秋冬满目凄凉，无论如何也不能与今天这种秀美景致相提并论。

待从头，收拾旧山河。朱湖，一个洗尽污泥浊水、披彩叠翠的时代终于来临了！

20世纪50年代末、60年代初，一批批移民响应党和政府的号召，背井离乡来到朱湖，天作被盖地当床，蒿草野菜当口粮，在高坡小岛安家落户，肩挑背扛，挖柴山、平荒湖、兴阡陌、筑堤修渠，完成了一个时代战天斗地的壮举，硬是把旷古荒湖改造成 34 平方公里的鱼米之乡。

"我们向国家交售粮食，国家把我们定为重要的商品粮油生产供应基地。"原菱角湖生产队党支部书记池桃清自豪地说。

"生态优先，绿色发展。改革开放 40 年，朱湖又翻开了崭新一页。"农场领导告诉我们，"朱湖从供给侧结构性改革中走出了一条人与自然和谐发展的新路，也悄然改变了农业农村单调的底色。"

从 2012 年开始，朱湖调整规划，在菱角湖区域退田还湖、退耕还湿，2018 年 12 月，成功创建孝感市第一家国家湿地公园。

"过去，我们用多打粮食为国家做贡献，现在我们顺应自然，用优美的环境、优良的生态、优秀的转型发展模式为国家做贡献。"这位领导信心十足地说，"栽下梧桐树，引来凤凰栖。生态环境优美了，来这里投资兴业的大企业、大财团也多了起来，未来的朱湖就是打生态牌、吃景色饭，因地制宜奔向现代化。"

"荷风不语意深邃，卷舒开合任天真。花艳非是炫颜色，敞开心扉馈知君。"在朱湖湿地，一片大面积的荷塘引得游客络绎不绝。绿塘摇滟，清风徐徐，浓郁的荷香老远就缠住了游人的脚步，引人循香而至。荷叶如盘，黛绿似玉；荷花如画，分外妖娆，有的白得似雪，有的红得如火，更有那体态丰腴的莲蓬，微微垂首。

"荷塘与湿地是一种标配。湿地因荷花盛开而丰富了色调，荷花因湿地水沼而倍添了韵味，由小家碧玉变成大家闺秀。"负责荷塘管理的夏工风趣地告诉我，"为了让湿地既好看又中用，我们在湿地公园恢复栽培了 60 多种本土野生经济植物、药用植物、观赏植物、编织用材植物，在恢复生态的同时，大力发展湿地经济。"

这，或许就是湿地公园建设的初衷。既要人夸好颜色，又要致富好门路，这几年，朱湖在生态保护与合理利用方面探索出强场富民的科学路径。

湿地公园菱角湖大湖面积 2000 亩，是朱湖退田还湖、恢复生态的杰作，仅 8 年工夫，动植物生活环境就恢复得十分完美。

水是鱼世界，岛是鸟家园。丰富的野莲、芡实、红烛、荸荠等 130 多种水生植物孕育了壮观的生态传奇，池杉与茂林中每天都演绎着鸟儿们的爱情故事。

　　我们乘船在湖中巡游，成群结队的鸟儿在周边翔集，白色的鹭鸟、黑色的鸬鹚、红色的锦鸡、黄色的伯劳、灰色的苍鹭……与满湖的植被、碧水、荷花和映入湖中的蓝天白云，构成一个童话般的世界，令人流连忘返，醉在其间。

　　亲近湿地，走进朱湖，我似乎领略到了这种色调之美的真谛。它来源于对自然的敬畏、对环境的改造、对美好的渴望、对梦想的追求，因而，这种色调蕴涵着一种生态之美、文化之美、奋斗之美，一种人与自然之间的和谐之美。正因有如此美丽组合，朱湖湿地才那么相看久不厌，浓淡总相宜。

扎根在农垦的土地上

湖南省农垦管理服务站　彭　原

都说岁月如歌，歌中有你有我。也有人说历史总是充满了惊喜和巧合。似乎是老天眷顾，31 年后，我加入了母亲参加工作时的农垦战线。

1979 年，我的母亲在云南省景洪市国营东风农场参加工作，在那里度过了她的青葱岁月。小时候听过很多母亲讲的在农场的故事。她告诉我，那会儿她在农场住的是茅草屋，一排大概是九间，三人住一间。母亲说，有一次打雷把橡胶林点燃了，风一吹，火苗蹿到了屋顶上，烧毁了五间屋。不远处是分场的食堂，经常吃的是南瓜煮面、蔬菜煮面。母亲在林山脚下开垦了一块荒地，种上了水果和蔬菜，改善伙食。

那会儿由于母亲年纪尚小，连队只让她负责 38 亩林地。每天早上 5 点，她扛着锄头、砍刀等工具，套着蚂蟥袜，跟大家一起到林地里种植和管理橡胶树。这可不是个轻松活，景洪气候好，橡胶树长得快，野草野树也长得快，常常有个把人高，砍一天野草野树，手上要磨出好多血泡。放工后，连队有时会组织大家在草屋前的沙坪里看黑白电影，有时会带领大家进行打靶、队列等民兵训练。分场里有拖拉机队，平时主要是运生产生活物资，周末还承担着接送孩子们上下学的任务。分场里只有小学，大些的孩子要到 20 多公里外的总场去上中学，由于隔得远，都是在学校寄宿。拖拉机队周六下午把孩子们接回分场，周日又送回学校。就像毛主席说的"自己动手，丰衣足食"，农场的生活虽然苦，但大家的干劲都很足。母亲口中的农场清贫而美好，生活单纯而欢乐，同事们朝气蓬勃而努力奋进。

时光荏苒，2010 年，我竟然也来到了农垦这块土地，来到了母亲奋斗过的农垦战线，继续母亲的农垦事业。我看到的农场虽与母亲说的景色、面貌有诸多不同，但不变的是农垦人不服输、敢拼搏的劲头和一张张向日葵般的笑脸。

印象最深的人是曾经的贫困户蒋海舟，他通过参加柑橘技术培训和自学，掌握了一套科学种植和管理柑橘的技术，2018年，他家柑橘亩均产量达到6000斤。他科学合理地选用生物防治方法、利用太阳能防虫，减少低毒农药的使用，使柑橘的品质更好，更绿色安全。在解决了柑橘产量和质量的问题后，他又向销售渠道单一、售价不高的难题进军。在一次培训中，他了解到国家提出的"互联网＋"经济发展战略，思路豁然开朗。他多次到外地学先进经验，参加各类电商培训，坚持晚上自学，从销售自家柑橘开始，开启网上销售柑橘模式。他拓宽销售渠道，通过与淘宝、京东、社区、社群、团购新模式合作，仅2018年就卖出28万斤柑橘，销售额160万元，销售价格较传统销售价格翻了3倍。他还带领邻里街坊共同致富。他家所在的田美村有23户人家，现在有19户开启了电商销售模式，田美村成为名副其实的电商村，户户搞电商，人人奔小康。

让人印象深刻的还有共和农场职工休闲广场的一副对联——"没有共产党，想都不敢想；建村七百年，变化就半年"。事情要从2014年8月份说起，那年共和农场开始了农垦危房改造，拆除了347栋12262平方米的废旧杂房，采用"统一规划、统一风格、统一施工、统一分房"方式，集中连片建房67栋。农场还进行了"美化、绿化、亮化、净化、序化"工程，硬化了1300余米道路，种植了2万余株桂花树、樟树等树木，绿化面积2万余平方米，安装40余盏太阳能路灯，新建了休闲广场、景观山塘、村民文体活动中心等。阿姨们最爱在休闲广场跳广场舞，孩子们最爱在景观山塘周边捉迷藏，老人们早晚都要围着农场散散步。陈场长说："农场改造才完成的时候，我爱人把在景观河旁拍的照片发给在外地工作的儿子，儿子以为她又去旅游了，原来就在我们家门口！"他一边说一边忍不住哈哈大笑起来。如今的共和农场，一草一木皆是景，真是人在场中走，如在画中游呀！

最令人兴奋的是我见证和参与了农垦改革发展历程，这些年农场的喜事也是一件接着一件。湖南农垦纳入了《湖南省"十二五"交通发展规划》，农场的交通状况得到了长足的发展；中央财政加大了对贫困农场的扶持力度，贫困农场经济社会全面进步，农场产业兴旺；国家危房改造政策惠及垦区，一栋栋小洋房、一个个居民区在农场拔地而起，职工都搬进了宽敞明亮的新房；农场办社会职能改革后，农场包袱轻了，孩子们在家门口就能上幼儿园、小学、初中。农场更美了，产业更强了，职工更富了，生活更好了。

我要当一棵树，深深扎根在我热爱的农垦土地上，尽我绵薄之力，让它更富更美！

血肉筑就的一条希望之路

青海日报社 陈 鹏

号角起，大风扬，建功立业卧沙场；驼铃响，征程忙，前赴后继援西藏。20世纪50年代，当西藏运输总队的第一声驼铃在这茫茫雪域高原上激荡响起，莫河骆驼场第一代驼工书写的历史篇章就此展开……

清明时节，我怀着对革命英雄先辈的敬仰之情走进莫河骆驼场历史陈列馆。该馆是用莫河驼场20世纪60年代的老会议室改造而成，整个展馆面积160平方米，白墙红瓦，和周边的驼场旧居、驼工礼堂遥相呼应，见证和传承着莫河驼场里流淌着的"红色基因"。

"莫河驼场的历史可以追溯到20世纪50年代，其前身是西北军政委员会组建的'西藏运输总队'。历经70年的发展，莫河骆驼场走过了一段漫长而又艰难的风雨历程。70年来，一批批艰苦创业的老驼工、解放军战士、知识青年、部队现役干部以及他们的子孙后代爬冰卧雪、风餐露宿，用他们坚毅、顽强、不怕牺牲的奉献精神，为西藏的和平解放、青藏公路的建成及柴达木社会经济的繁荣与稳定作出了巨大贡献……"馆长张存虎声情并茂地向我们介绍着莫河驼场的过往经历。

生锈的锹镐，破旧的水桶，一件件展品真实地向我们讲述着莫河前进的历史足迹。

独立支队挺进西藏

1951年，中共西北西藏工作委员会（简称西北西藏工委）在甘肃民勤、武威、宁夏等地招募驼工，购买骆驼，成立西北西藏工委驼运总队。

1951 年 5 月 23 日，《中央人民政府和西藏地方政府关于和平解放西藏办法的协议》在京签订，标志着西藏和平解放。5 月 25 日，毛泽东主席发布进军西藏《训令》，确定由西北军区解放军、西北西藏工委组成"独立支队"，范明任司令员、慕生忠任政委，携带粮秣军需物资进藏，西北西藏工委驼运总队负责此次进藏部队物资运输和后勤保障。

8 月上旬，由独立支队三四千名战士及驼工和 2 万余头（只）牲畜组成的后勤保障队，携带 200 万公斤粮食，从香日德（都兰县）出发前往西藏，其间投身沼泽地、横渡通天河、翻越唐古拉山，平均每行进 500 米就有 1 头牲畜倒下，最终历时近 4 个月，行程近 2000 公里，于 12 月 20 日与张国华将军率领的第十八军胜利会师拉萨。

资料显示，这次进藏之旅异常艰险，独立支队从青海香日德向南，走到巴颜喀拉山下的黄河源。黄河源沼泽遍布，到处是烂泥潭，驼队的辎重一陷进去便很难走出。据慕生忠后来的回忆，他们第一天就损失了 20 多人，骡马损失了几百匹，加上有些骡马啃吃了有毒的草，中毒死亡近千匹。

经过 9 天的艰苦行军，穿过烂泥潭和沼泽地，独立支队抵达通天河。此时，正值洪水频发季节，独立支队仅靠从兰州带来的几只羊皮筏子横渡河水滔滔的河道，历时半个月，往返 11 次，成功渡河。渡河后，独立支队赶牲口爬上白雪皑皑的唐古拉山，由于空气稀薄，地势高寒，加之长途跋涉，又一批人员和牲畜长眠于此。面对重重艰难险阻，独立支队咬牙翻越唐古拉山，穿过藏北高原，最终顺利抵达拉萨。

独立支队进藏后，随军进藏的西北西藏工委干部们迅速完善了党组织，巩固了党对西藏的领导地位。同时，也顺利完成了中央委托的探路任务，为后期修建青藏公路和护送十世班禅返藏提供了珍贵的一手资料。

护送十世班禅进藏

1951 年 12 月 15 日，时任中共中央西北局书记、西北军政委员会副主席的习仲勋同志代表毛泽东主席和中央人民政府，专程赶到西宁欢送十世班禅启程返藏。西宁至拉萨有 1900 多公里的路程，除了凛冽的风雪、崎岖的道路，沿途还要提防国民党残部的偷袭，这次负责护送的重担落在了西北西藏工委驼运总队身上。

1952年1月中旬，西北西藏工委驼运总队从甘肃民勤等地租用3万余峰骆驼，护送十世班禅及随行人员前往西藏。

进藏的队伍从香日德出发后，翻越乌兰山，从伊克高里向南进入巍巍昆仑山。当时正是寒冬腊月，天气特别冷，护送队伍沿途遭遇几次特大风雪，驼队艰难地行走在雪地上。夜里，骆驼卧在冰雪之中，翌日早晨出发时腹部已被牢牢冻结在地上。护送队伍为了不影响赶路，硬是用人力把骆驼从雪地里拽起来，即便是这样，护送队伍仍然以每天几十里的速度行进，克服重重困难，安全护送十世班禅及随行队伍前行。

历时4个月，行程1502公里，护送队伍历经千辛万苦，终于在4月28日将十世班禅护送到了拉萨。十世班禅返回西藏后，主持西藏地方行政事务，为中央政府实现西藏和平解放作出贡献。

据一名当时承担护送任务的战士回忆说："护送班禅大师进藏的艰难历程令人感慨万千，我们虽未能投入枪林弹雨的壮烈战斗之中，却亲身经历了西藏和平解放的喜悦。我们为祖国的统一、民族的团结，为百万农奴翻身当家做主，为自己投身西藏的解放工作，并作出贡献而感到自豪。"

在翻越唐古拉山时，由于长途跋涉，再加上长时间吃不到东西，一天时间就损失了一千多峰骆驼……

在渡过通天河时，河面上漂浮着许多大小不等的冰块，骆驼体瘦如柴，驼工们脱去棉衣拉着骆驼过河，在冰寒刺骨的河水中行走。当时，许多同志还没走到河中央就被冰块击倒，牺牲在通天河中，上百峰骆驼也死在河中……

完成了护送任务后，在返程的40多天里，队伍粮食吃紧，为了充饥，同志们每天只能吃死骆驼肉来维持生命……

护送队伍在完成护送任务返回青海的途中遇到的困难一个接着一个，但任何困难都阻挡不了驼队回家的路。

紧急运粮援藏

西藏和平解放后，帝国主义挑唆西藏残余反动分子，胁迫藏族人民拒售粮食给驻藏部队，驻藏部队陷入困境。1953 年，驻藏部队粮食供应告急，部队存粮不足 1 个月，中共中央发出了千里驰援的命令。

1953 年 3 月，刚刚完成护送班禅返藏任务的西北军政委员会临危受命，正式在香日德组建西藏运输总队，由王宝珊任总队长、慕生忠任政委、张子林任副总队长、任启明任副政委，从甘肃、宁夏等地紧急收购骆驼 2.8 万余峰，招募驼工数千人，负责向西藏运输粮食物资。

1953 年 8 月 5 日，西藏运输总队在兰州成立，8 月 20 日，总队机关搬迁至青海的香日德。

1953 年 11 月 13 日，运输总队将骆驼与驼工们编成队，每头骆驼驮上 150 公斤左右的面粉，分头向西藏进发。

政委慕生忠带领一批驼工和骆驼，从香日德出发去昆仑山下的格尔木。这条驼道是早些年闯昆仑山的骆驼客留下来的，但由于风吹雪埋，道路时断时续，运粮队沿着此"路"前行，常常走着走着，驼道就莫名其妙地消失了。

"进藏不用愁，骆驼骨头当路标。"没有现成的路，慕生忠就告诉手下的驼工沿路找一些风干的骆驼粪作为路标，摸索着大致方向继续向前行进。茫茫的戈壁中很难辨别方向，运输队经常在原地徘徊打转，最终在骆驼粪、骆驼蹄印和尸骨的一路引领下抵达了格尔木。

此时，格尔木还是一片荒凉之地，运输队的粮草已经告急，但运输任务绝不能停，慕生忠一行便又踏上往西藏进发的道路。这段路要比之前的更加艰苦，运粮队眼前的路面被冰雪结结实实地覆盖着。

寒冷的冰面上，很难寻觅到粮草。草料的奇缺，导致驼队的骆驼一峰峰倒了下去。

在前行的路上条件越发艰苦，粮草的短缺和恶劣的环境造成人员牺牲。于是，队里抽出 10 峰骆驼专门驮运死去的同志的尸体。驮尸队队长唐刚年每天有两件事必须做：一是午夜时分他要起来看看同志的尸体；二是清晨往骆驼上搬运尸体时他要亲自点数。他在回忆录中写道："同志死了，我们要保证他们不掉队，这就要靠我们这些活着的人费心地照管好他们。"驮尸队返回格尔木时，献出宝贵生命的 30 多位同志的遗体无一腐烂，格尔木站的工作人员把他们掩埋在格尔木以北的荒郊，28 年后迁葬于格尔木昆仑烈士陵园。

现退休在莫河的为数不多的老驼工们，至今还能描述出当年残酷而壮烈的情景：从香日德到藏北草原的黑河，在海拔 3000 米到 5000 米的上千公里运输线上，每天天不亮就启程，下午高原上刮起大风，就必须找个避风的地方。夏天常常冒着风雨前进；冬天经常与暴风雪搏斗。唐古拉山区一场暴风雪，平地积雪 1 尺多厚，方圆几百里一片银白世界。大雪覆盖了草场，骆驼吃不上草，狂风把积雪吹卷到路上，饥寒交迫，进退两难，一峰又一峰骆驼被活活地冻死饿死……

老人们回忆有个从民勤来的驼工刘海宽，年轻力壮，就是在运粮的路上被风呛死的，肺都呛炸了，满嘴血沫子，脸憋得像张铁皮，黑得吓人。据记载，西藏运输总队运粮援藏期间，平均每运进西藏 5 袋面粉就有 1 峰骆驼死亡，驼工每向前走 500 米，身后就要躺下几峰骆驼。

历时 54 天时间，运粮的驼队徒步 1438 公里，用牺牲数十名驼工和 2.6 万余峰骆驼的惨重代价，最终将第一批近 50 万公斤粮食突击运抵西藏，随后在 1954 年初，再次组织 7000 余峰骆驼二度运粮进藏。

戈壁驼场焕发新生机

一场春雨让刚刚暖起来的海西蒙古族藏族自治州乌兰县气温又骤降了几度。但这丝毫没有影响到乌兰县"开展党史教育·追寻红色足迹·传承红色精神"的热情。

70 多年过去了，建基立业的老驼工们没有走，而是接来亲属，垒屋砌灶，生儿育女。今天的莫河生活着第三代、甚至是第四代的驼场人。一代代驼场人靠着强大的凝聚力生生不息。

苍凉的戈壁大漠，广袤的雪山草地，浑厚的驼铃声……岁月变迁，曾经的寸草不生之地如今已换了新颜。

2020 年末，莫河驼场各类牲畜存栏共计 7434 头（只），畜牧业实现销售收入 867 万元。"茶卡羊"品牌荣获国家地理标识认证，驼场年可出售茶卡羊肉 500 吨。

"莫河驼场是西藏运输总队的传人、青藏公路的开路先锋，也是共和国第一个国营驼场。"莫河驼场副总经理王作江说，今天，在柴达木精神的鼓舞下，驼场审时度势，致力实现转型升级，依托距茶卡盐湖直线距离只有10公里的地缘优势，聚力提升旅游产业，带动传统一二产业发展，进一步提高莫河驼场茶卡羊等肉食及副产品的附加值，力争实现莫河驼场的二次辉煌。

周总理来到西联农场

海南省西联农场　梁步宁

1960年2月7日，海南省西联农场白南队（今红卫队）割胶辅导员郑红芬接到场部通知，说是今天上午有中央首长来，让他做好准备，到时给首长表演割胶。郑红芬在马来西亚就是割胶好手，有高超的割胶技术，人们都称他为"割胶大师"。正因为这样，只要有重要人物来农场视察看割胶表演，一般都由他上阵。

乍暖还寒，天气变得晴朗，温和舒爽。老郑像往常一样，戴上草兜帽，将磨得锋利的胶刀插在胶篓里，先上橡胶林段去等待。

上午9点多钟，进林段的林间小路仍有些潮湿，路边草尖上的露珠在阳光下闪烁着，像一串串晶莹剔透的珍珠。只见由远而近，一群人簇拥着几个穿中山装的人，停停走走，走走停停，一路欢声笑语。还看不清人群面容，但爽朗的笑声却已飘进了胶林。"这肯定是中央首长来了！"老郑虽说已为中央首长表演割胶多次，但心里仍怦怦作响。"这会是谁呢？"他边看边猜想着。

此时，我国很多地方还是一片银装素裹，祖国"南海明珠"的橡胶林已是春色满园。正从林间小路上走来的首长们，面对这美丽的南国胶园春色，时而驻步观望，时而交流些什么。走在头里的那位穿深灰色中山装的首长，转身摸摸这棵胶树，又拍拍那棵胶树，兴奋地连声说："这是我们中国自己的橡胶树啊！"在他转身的瞬间，郑红芬拍拍自己的头，他几乎不能相信自己的眼睛，又惊又喜，是周总理！

"向前同志，怎么样，讲讲你们农场发展橡胶的情况好吗？"这"向前同志"就是当时的农场党委书记郝向前。他担负着接待首长视察的重任，是他一再叮嘱郑红芬做好割胶准备的。

"是。总理。"——嗬,果然是敬爱的周恩来总理! 郑红芬心里一热。

"总理,你一来就到胶园,也不坐一下,连口水都不喝,我正在等着向您汇报呢。"郝向前同志说着,就随总理边走边汇报。有些事情总理听了很高兴,哈哈大笑,随行的首长们也随声而笑;有些事情总理听后双眉紧皱,沉默思索;为了弄清情况,他还不时提出一些问题。首长们一路走,一路商讨。

周总理一行边说边走近,郑红芬有些不知所措,郝向前见他发愣,就赶紧走前一步:"郑红芬同志,周总理看你来了。"

"总理!"郑红芬这才回过神来。这意外的机会,使他高兴得不知怎么表示才好,他做梦也没想到敬爱的国家总理要看他表演割胶,而且实实在在就站在眼前。他只是用两只手紧紧握住总理的左手:"总理,您辛苦了!"

总理满面笑容,慈祥亲切地问道:"红芬同志,你好啊! 你是哪里人?"

"我是从马来西亚回国的。"

"好啊! 是爱国归侨。欢迎你参加祖国橡胶的开发事业。怎么样,生活过得好吗?"

郑红芬向总理汇报了生活情况。当听到他在农场上夜校学文化会写信后,总理高兴地说:"我们新中国的工人,应该是有文化的劳动者。"

这时郑红芬已经自然轻松地拿起胶刀,靠近一棵胶树做好割胶的姿势。他先向总理详细介绍了割胶的工艺操作过程和操作要求,接着就下刀、行刀,只听见"唰、唰、唰"有节奏的削皮声,树皮又薄又均匀地飘落在地上。郑红芬自然利索地割完一棵,又如法炮制割了第二棵。

总理站在一旁看得那么认真。尤其是当胶乳从乳管里像珠子一样,不断地一颗接一颗地涌到割线上,又汇成一串往下流,然后从"鸭舌"上一滴一滴落在洁白的胶杯里时,总理看得特别入神。随行的领导以为总理又在默数胶滴哩,有人问:"总理,你已经数到多少滴了?"因为总理在南林农场看到割胶时数过胶滴,被大家传为美谈。今天总理听大家一问,就哈哈大笑起来。笑声中总理说:"这一滴滴的胶水,将化为飞机的轮胎,战士们的胶鞋,将为我们国防建设经济建设做出很大的贡献呀!"总理继续和大家一起往胶园深处漫步走去。他看到前面有工人在劳动,就向人群走去。忽然,总理见到有一位女工似乎见过面,思索了一会儿,很快就想起来了,那是3年前在北京全国先进妇女大会上接见过的女胶工,他高兴而亲切地叫道:"叶娣同志!"

　　其实叶娣早就认出总理了，只是不敢随便上前问候。现在总理来到面前，想不到倒先叫起她来了。她心里无比激动，快步上前握住总理的手问候："总理您好！您辛苦了！"这是发自叶娣内心深处的问候，边说边流出热泪："3 年了，总理那么忙，接见过那么多人，还能记得一个普通的胶工……"

　　在场的首长们一开始被弄糊涂了，怎么总理身居北京，还认得农场的女胶工？现在清楚了，无不感动。总理又和工人们打招呼，询问作业情况。当总理了解到工人们正进行胶林管理作业时，鼓励大家："你们种橡胶不容易啊，要好好爱护好好管理，多产胶。我们国家建设太需要橡胶了。"总理希望橡胶发展加快速度，以满足国家的需要。

　　"请总理放心，我们一定把橡胶树保护好、管理好，让它为国家建设多做贡献。"郝向前同志代表职工向总理保证。

　　走出橡胶园，总理一行来到农场橡胶加工厂。

　　总理问工厂党支部书记陈颖兴："你们厂有多少人？""108 人。"陈颖兴回答总理。"一天能生产多少干胶？""一吨多。"

　　周总理和大家边走边聊，详细地询问了橡胶加工生产过程的每个环节，从鲜乳进厂到产品制成都问了个遍。在高化车间，周总理亲手试着摇了摇笨重的压胶机，沉思了片刻，问陈颖兴："为什么不用机器代替人工操作？"

　　"我们正研究改进。"陈颖兴回答。

　　周总理一听高兴地笑了："好的！那你们就尽快地搞起来，我还要回来看的。"接着又问陈颖兴："能让我们看看你们加工的胶片吗？"

　　"好！好！"陈颖兴一边答应着，一边快步奔向产品仓房。

　　周总理从陈颖兴手中接过一块褐黄色的烟胶片，翻来覆去地摸着、翻来覆去地看着，摸得很仔细，看得好认真。摸着摸着，看着看着，周总理笑了，笑得很舒心，炯炯有神的眼睛里闪动着按捺不住的喜悦，只见总理扬起头，用手举起胶片，提高了语调对大家说："同志们，新中国终于有了自己的橡胶啦！"是啊，为了祖国的橡胶，总理已经倾注了多少的心血啊！郝向前同志又向总理汇报了浓缩胶乳加工厂的情况。总理为橡胶加工技术的发展感到高兴，满面笑容，连声说："好，好。"

　　前头有一片开阔地，走到那里，周总理先招呼大家停了下来，然后又吩咐郝向前同志："把厂里的职工和家属都找来。"人们一时都不明白总理的用意。总理见状，又小声催促道："向前同志，快去把大家召集来，我们一起照张相。"郝向前一听周总理要和大家照相，太高兴了。能和总理一起照相，该是多么难得，多么光荣啊！他立即转身向车间和宿舍区走去。一路走一路喊："大家快来哟！周总理要和我们一起照相啦！"那声音充满了激动，充满了自豪。

职工们想见周总理的心愿终于要实现了！刹那时，欢乐的职工们像决了堤的潮水般一齐涌来。个个脸上挂着幸福的笑容，团团围在总理的身旁。

摄影师即将按下快门的时候，总理忽然站了起来，走到坐在边上的陈颖兴身边，把他拉到了中间的位置坐下。

陈颖兴急忙推辞："总理，这可不行，还是您坐！"

总理轻轻按住陈颖兴肩头，笑着说："你是主人嘛！应该你来坐。"说完回到了陈颖兴刚才的位置上坐了下来。

旧社会当牛做马的陈颖兴听到"主人"二字，两眼顿时泪如泉涌。他擦了擦脸上的热泪，端端正正地坐到了中间的位置。摄影师按下快门，记录了这一珍贵的历史镜头。

照完相，大家仍愣在原地，沉浸在激动和喜悦之中。郝向前也和大家一样，激动和喜悦使他半晌才回过神来。他望着周总理和蔼慈祥的笑脸，又望了望依依不舍的人群，一个大胆的念头在心中萌生。他鼓起了勇气，代表西联职工向总理请求："总理，请您为我们西联写个题词好吗？"

"好的，好的。"周总理满口答应，"我一定写，一定写！"

总理回到县委招待所，饭后，他就坐到办公台前，拿起毛笔，按照对联的格式，将写给西联农场的题词一挥而就：西联宝岛，南国珍珠。字体苍劲有力，词句对仗工整，寓意深刻，既是题词，又是书法艺术瑰宝。

"西联宝岛，南国珍珠"佳句，脍炙人口。西联对南国，宝岛对珍珠，非常自然贴切，"南国珍珠"既有诗词意境的美妙，读来又朗朗上口，给人以艺术美的享受。深刻的含意更不同寻常题词，倾注和流露出总理对海南和祖国橡胶事业的深情和期望。

为了让更多的人世世代代铭记周总理的题词，西联农场在周总理视察过的林段里，用钢筋水泥铸制了一座纪念碑，正面刻着"西联宝岛，南国珍珠"八个大字，背面刻着总理视察的经过纪实。

　　矗立在西联农场胶园里的这座纪念碑，是中国战胜帝国主义封锁禁运取得胜利的标志，是中国人突破植胶禁区的成功标志，永远激励着海南农垦职工为发展橡胶事业而奋斗！

我的眼里只有你

北京市南口农场　李　菁

　　我的家在北京南口农场。或许是我依恋她如母亲怀抱般的温暖，25年来，从住平房、简易楼到设施齐全的商品房，无论是读书还是工作，兜兜转转，我竟一步也没有离开过她。

　　燕山脚下，南口农场被大山环抱怀中，水土滋润中越发清秀可人。这里生产的"燕山"牌奶粉全国闻名，浓郁的奶香浸润着我童年所有的记忆。

　　上小学时，家里一位长辈长住养老院。每年寒暑假，我都会跟随父亲去看望她。临出发前，父亲会去商店里买很多营养品带给老人。我发现，父亲每次买的水果和补品都不重样儿，唯有"燕山"牌奶粉是雷打不动的"必备品"。我心生好奇：只有我们孩子恋着奶香，哪有老人还不"断奶"的？父亲笑着告诉我，老人以前就住在农场附近，对"燕山"牌的奶粉再熟悉不过。到养老院生活后，购买奶粉不方便了，所以特意叮嘱每次去探望她时，一定要带几袋"燕山"牌奶粉。每每父亲过去看望，老人总是欢喜地让父亲给她冲一杯浓浓的"燕山"奶，慢慢饮下，眯着眼睛品味那香甜浓郁的"老"味道。久而久之，每次必买"燕山"牌奶粉，成了我和父亲看望老人时的默契。

　　在我读三四年级时，南口农场还盛产香甜软糯的各类果脯。因地理环境优越，果脯原材料品质佳、口感好，所以"京南春"果脯牌子够响够亮，在全国都有名气，成为走亲访友、待客酬宾的必备佳品。每逢周末去小伙伴家玩耍，家长就会拿出"京南春"果脯来招待我们。现在回想起来，仍忍不住想笑，当时玩的游戏早已记不清了，但是，盼着叔叔阿姨拿出果脯时的渴望和吞咽果脯时那种美妙的感觉，仿佛就在昨天。手拿果脯慢慢咬上一口，久久不舍咽下，闭上眼睛让甜香在舌尖上徘徊，让丝丝甜蜜沁满心脾。

　　时代的脚步匆匆，随着南口农场产业结构的调整，"京南春"果脯已经停止生产。但是，没关系啊，我们还有农场种植园内香香甜甜的大苹果。家人欢聚一堂时，这位"座上客"必不可少，轻轻咬一口，那份甜蜜与幸福便成为这片土地上的人们一生的牵绊。

　　2015年，我有幸成为新时代南口建设大军中的一员。在农场果品经营中心负责搞宣传，这真是一份甜蜜的工作。

　　记得第一次走进果品经营中心的温室大棚，我不由"哇"地大叫一声：枇杷、柚子、莲雾、柠檬、金橘……郁郁葱葱，硕果累累，红的悦目，黄的耀眼。我如同刘姥姥进了大观园，吃惊得嘴巴大张，好久没合拢。

　　当然，工作中不只有美好享受，还有奋斗和汗水。满目苍翠和沉甸甸的果实，来自南口人的辛勤、智慧和创造。四季轮转中，农工们摸索出果树的生长规律；辛勤耕作中，探索出先进的技术和精准的管理，不断改良水果品质与口感。你看，百果园内，南口人那粗糙黝黑的大手，每一条纹路里都满是苹果的清脆、葡萄的甘甜和草莓的馨香。

　　来到农场宣传部门工作后，南口在我的眼里变得更加立体和完整。采访老干部，与他们一道回味农场创业初期的艰辛，震撼了我的心灵，令我热泪盈眶；翻阅场史，南口农场60多年的沧桑变迁，使我心潮澎湃，思绪难平；品味征文书画，农场崭新面貌让我连声赞叹，更加为它感到自豪和骄傲。

　　纸短情长，诉不完我和南口农场这片土地的过往。我知道，在未来，我的眼睛里、我的故事里，永远都是你。

职工的生命安全最重要

海南农垦报社　倪德馨

一张背影的照片，成为海南农垦东昌农场综治办副主任梁统安人生中最后的一张影像。

2014 年 7 月 20 日，被超强台风"威马逊"肆虐后的白石溪畔，一株株凤凰树狼狈地倒地不起。这天一早，梁统安早早就来到办公室，承领任务后，迅速带领科室人员到达劳动地点，扶正被风吹倒的树木，清理残枝落叶。

照片中，一身迷彩服的梁统安扎着马步，双手环抱着整株树木，使出全身力气与他人合力将树木扶起。

可谁也没有想到，这次扶树结束不到 10 个小时，却传来了梁统安回家后突发心肌梗死，经抢救无效，于 19 时 30 分去世的消息。梁统安永远离开了并肩作战的同事，离开了他深深眷恋的土地。

一张照片，定格了梁统安在生命最后的日子里坚守在岗位的敬业精神；一个背影，传递了梁统安默默无闻、无私奉献的道德品质。

生命的最后 3 天，他奋战在一线

"他才 45 岁，这么好的人走得这样早，真是让人心痛。"发出这声叹息的，是与梁统安共事 5 年的综治办干事李海辉。这个汉子红着眼圈，哽咽地讲述了在梁统安生命最后 3 天里，他们一同抗风救灾的故事。

18 日上午 8 时，梁统安和李海辉开始下队走家进户，转移居住在危房的困难群众。每到一户村民家中，梁统安都要仔细地查遍每一面墙壁、每一道横梁，确保没有一丝裂缝和漏水的隐患，他才放心前往下一个住户家。

　　一旦发现危房，他便会用坚定的语气对队长说："职工群众的生命安全是最重要的。一定要将住危房的职工转移到安全地方。"就这样，一户户地走，一家家地看，只有 70 多户人家的 20 队，他们花费了 3 个多小时才走完。临近中午，梁统安却顾不上吃午饭，马不停蹄地赶到下一个生产队。

　　这一整天，梁统安都"泡"在基层。即使在台风不断加强的时候，他还在陆续转移人员。当天他负责的两个队共有 59 人及时安全转移，无人员伤亡。他始终和职工群众在一起，奋战在抗风抢险的第一线。直至第二天凌晨，看到职工群众的生命财产都得到了保障，他才拖着疲惫的身体回到家。可是几个小时后，同事们又看到他深入基层了解灾情的身影。

　　同事们都说，梁统安是个退伍兵，个子虽不高，但身强体壮，总感觉他有使不完的力气。扶树那天，梁统安依旧是个积极分子，见谁有需要都去搭把手。综治办副主任苏海燕依旧清楚记得："他穿的迷彩服全身都湿透了，豆大的汗水还顺着袖口一颗颗地往下滴。他工作起来总是那么拼命。"

靠着坚强的意志，他忍受着病痛

　　可是谁知道，这样拼命的汉子其实是拖着一副病体在坚持工作的。

　　7 月上旬，梁统安已感觉身体不适前去海口看病住院了。可就在 7 月 15 日，才住院检查治疗约一周的梁统安又返回了东昌。第二天上午就马上投入防风工作。

　　面对关心他病情的同事们，梁统安只是笑笑，淡淡地说："没大问题，医生说我心血管狭窄，做个支架就好。"

　　领导和同事们却看到他这次回来身形越发消瘦，纷纷劝他回家歇息。"干完再说吧。"余音未落，梁统安的脚步早已迈向下一个工作地点。

　　事实上，梁统安不仅对同事们隐瞒了真实病情，就连妻子也蒙在鼓里，直到梁统安去世才知道他的病情究竟有多严重。

　　"急！马上住院！冠心病。"一个多星期前的病历揭示了梁统安的病情。当时梁统安在医院只做了 CT 检查，得知台风将在海南登陆，立即丢下还没有做完的身体检查，回到农场投身防御超强台风的工作中。

　　"他明明知道自己的病尚未痊愈，他真的该好好休息。"东昌农场场长助理肖双有些哽咽，"他是条硬汉！"

可是意志再坚强，也扛不过身体的劳累。梁统安在家人、同事面前保持若无其事的背后，是他对自己病情的了如指掌。

去世当天早上，他曾随意对同事说过，19 日晚上胸口疼了两次，差点就要拨打 120 了。

劳动完后，他还去拜访了农场一位曾做过心血管支架的老干部，咨询关于做这项手术的事宜。

19 时左右，他拨打了东昌医院院长的电话，告知了自己的病情，却倒在出门准备前往医院的路上。

死亡无法预知，活法却可以选择。已经没有人知道，梁统安在生命最后的日子里忍受了多少病痛带来的折磨；但所有人都知道，他在抓紧每一分每一秒为职工群众做事。

生前兢兢业业，不负先进工作者的称号

2014 年 7 月 21 日下午 2 时，铅云低垂，白石溪呜咽。梁统安的追悼会在东昌农场医院举行。省农垦总局、琼山区和农场机关的干部、附近村民近 200 人前来送别梁统安。有人泪如雨下，有人哭红了双眼，他们都在叹息，好人怎么走得这样早。

认识梁统安的人都说，梁统安人缘好，随和又友善，不仅对相识的人，就连对隔三岔五来上访的上访户也是如此。

梁统安生前所在的岗位是负责信访维稳、人民调解、禁毒、治安、综治五位一体的综治办公室副主任。杂事多，前来要求解决问题的人也多，可每次梁统安都极为耐心地就相关问题做解释，并现场研究提出解决问题的方案，现场解决不了的过几天也一定会有反馈。

"上访解决不了、法院判决不了、政策落实不了，这么大的历史遗留问题，还是依靠综治办的人民调解解决了！"场长李明跃说，在梁统安面前，无论多大的困难都能迎刃而解，任职当年，梁统安就被琼山区人民政府评为社会治安综合治理工作先进工作者。

没人能说得清，像这样的事梁统安做了多少件。也许在有些人看来，这

些事太普通太平凡了，然而，就像流经东昌农场那条美丽的白石溪也是由一颗颗小水滴凝聚而成一样，正是这些点点滴滴的小事，铸就了一个共产党员的崇高和伟大。

喜看吐列毛杜新变化

内蒙古吐列毛杜农场　韩艳秋　巴　图

青山、绿树、沃土、人家……

如诗如画的风景、鳞次栉比的新房、干净整洁的场容、集约化的经营模式、现代化的种植技术，这是兴安农垦吐列毛杜农场的真实写照。你很难想象，这里曾经只有一排排低矮的平房、坑坑洼洼的砂石路、老旧落后的农机装备、分散种植的小块土地……

让农业"大"起来

有规模，才能有效益。

为加快企业发展，吐列毛杜农场打破了过去"大锅饭""铁饭碗"体制，以农业规模经营为基础，不断运用现代科学技术、现代管理方式和现代装备来改造传统农业，打造区域化种植、专业化生产、企业化管理、社会化服务的农业产业化链式经营模式，力争实现农业效益最大化。

春播之际，联合整地机的智能作业让耕地畦垄分明，免耕精量播种机高精度地播下一粒粒种子；灿烂夏日，一望无垠的绿色铺向天边，植保无人机穿行在低空往来施肥，大马力拖拉机迅捷耕作在田间，一台台平移式喷灌机播洒着雨露；收获时节，一望无边的大豆在田间直接脱粒装车，运进场院，装进风干仓……这一幕幕现代农业的壮观景象每年都在吐列毛杜农场的黑土地上演。

几年来，吐列毛杜农场不断发展壮大规模经营，先后成立了 3 个规模化经营管理区，集中规模经营的土地达到 6 万多亩，农机服务辐射面积达 10 万亩以上。随着经营规模的扩大，农场先后投资 6000 多万元购置了现代农业机械装备，目前共有 180 马力以上大型农机 43 台、配套农机具 196 台套，总动力 5297 千瓦。

现代化、集约化、规模化的经营模式为吐列毛杜农场增收奠定了坚实基础。与分散经营的土地相比，集约化规模经营的土地每亩年收益稳定高出 150 元以上，且产品品质、价格均优于分散经营的产出品，年增收 700 万元左右。同时，吐列毛杜农场有力地引领和带动了本场及周边乃至全系统农户的机械更新、土地整合等现代农业发展要素的提升，已成为兴安盟现代农业规模化集约经营的示范和窗口单位。

高效益"调"出来

2010 年，吐列毛杜农场开始大面积种植油葵，全场种植面积达 12 万多亩，加上职工在周边乡镇承包土地，年度种植总面积超过了 35 万亩，一度成为东北地区最大的油葵生产基地。随着市场行情变化，加上多年连作出现的病害和严重的旱灾，2015 年起，油葵生产连年亏损。

面对这种情况，农场主动作为，在多轮调研考察后果断决策，进行种植结构调整，以规模化经营管理区为先导，摸索了一整套适合本地区大豆、玉米、小麦的模式化轮作栽培技术流程，稳步向"增大豆、减油葵"的目标迈进，为职工群众调结构、促增收开辟了新路径。

与此同时，农场实施稳羊增牛计划，"抓牛产业、做草文章"，走农牧结合之路。为打牢农牧结合发展的基础，农场种植优质饲料大麦 2000 亩，试种高耐寒、耐旱饲草 400 亩；同时大力推广秸秆回收，有效提高秸秆利用率，在保护生态环境的同时增加职工群众收入。农场已引进肉羊 2000 只、肉牛 500 头，建设羊舍 4 栋、牛舍 3 栋、草料棚 2 座、青贮窖 5 个。农场以集体养殖经营与职工群众散养相结合，带动全场"小群体、大规模"的肉牛养殖产业发展，全场牲畜存栏量已高达 10 万头（匹、只）。

农旅融合做加法

初秋时分，瓜果飘香。

走进农场现代农业科技示范园区，五颜六色、晶莹剔透的西红柿，红红艳艳、酸甜可口的沙果，个大皮薄、又糯又甜的无花果……让游客既饱了眼福，也饱了口福。

2010 年，吐列毛杜农场在场部南面建设了占地 400 亩的现代农业科技示范园区。园区承担了多项试验、推广工作，先后试验、示范种植各类作物品种 1500 多个，筛选出适合本地区种植的优良品种近 100 个。每年度安排玉米、大豆、高粱等作物品种对比，植物生长调节剂效果，叶面肥应用效果等试验 300 项。同时，农场以园区为依托，规划建设农旅融合体验区和现代农业示范区，以农带旅、以旅兴农，打造集休闲娱乐、田园风光、农耕体验、新品种试验示范于一体的现代化农业科技示范园区，提高农业融合发展实效。

在农场这块富饶而美丽的土地上，田园游开发初见成效。醒目的"网红门"、400 多斤重的巨型南瓜、各类蔬菜组成的八卦阵……已成为游客必去的打卡点。通过微信公众号、抖音、快手等平台的宣传推广，现在除了本地的游客，还吸引了大量外地的自驾游客。

幸福生活一起来

走在吐列毛杜农场的街道上，赏心悦目的感觉油然而生，硬化的道路整洁干净，幸福的职工群众精神抖擞，农场面貌焕然一新……"现在生活环境和城里人一样。农场垃圾没了，环境美了，幸福感也提升了。"职工群众感慨不已。

近年来，农场以改善职工群众居住条件为抓手，加大小城镇化建设力度。自筹及争取资金 4000 多万元，对 5 个生产连队的街道、院墙、人行道等基础设施进行了改造、美化、绿化。累计完成危旧房改造 994 户，街道硬化 6 万多平方米，修建职工文化休闲广场 1 万多平方米，修葺院墙 2 万多延长米，安装路灯 150 盏，植树 2 万多棵，投放各类垃圾箱 600 多个，公共区域的卫生管理保持常态化。

每到傍晚时分，职工文化休闲广场上热闹非凡，职工群众在这里跳舞、打球、健身，好不热闹！农场通过丰富的文化体育活动，让职工群众陶冶情操、提升境界，不断增加对企业、对社会的认同感、归属感，增强农场软实力。

一生付与一片茶叶

贵州省湄潭茶场　熊庆农（口述）李孝萍（采写）

讲述人：熊庆农，熊世香之子。1981 年从遵义师专毕业后，分配到湄潭茶场子校任教，后调湄潭县保密局工作，直到退休。

来　时　路

我的父亲熊世香，1929 年 7 月出生在思南县塘头镇，2012 年在湄潭逝世。

我家祖籍江西，是什么时候来到思南的，我们都不大清楚。反正在我爷爷那个时候，家庭已经破产了，很穷，分家时只分到了 3 升米、一床棉絮。但我爷爷很聪明，通过自学中医，开始了他的从医之路。他在塘头镇上开了一家诊所，由于穷乡僻壤本就缺医少药，而他医术也不错，找他看病的人很多，挣了不少钱。你知道，那时候的人，一有钱就置地盖房，所以当年爷爷在塘头镇有不少土地和房产，家境殷实，能够供我父亲三兄弟读书。

我的父亲母亲

1950 年，父亲从思南中学毕业，7 月，到省农业干部培训班学习一年后留校工作，1952 年 2 月分配到湄潭桐茶试验场（湄潭茶场前身）。

我的母亲李明瑶，从四川大学农学系毕业后，来到湄潭茶试站（后来的茶科所）工作。当年茶科所成立"密植免耕"项目研究小组时，她也是成员之一。

母亲 1927 年出生在成都一个大地主家庭，与世交的富家子弟蒋公子有过婚约。蒋公子名叫蒋春方，毕业后毅然参加了中国人民解放军，不幸在朝鲜战争的战场被俘，从此没有了消息。

母亲一直默默地等着他。即便是骑着马，翻山越岭来湄潭工作的路途上，在简单的行李箱中，依然随身带着这些年他写给她的信。那些灼热滚烫的文字，是支撑着她走过纷乱岁月的精神食粮。

直到多年后，一封台湾来信赫然出现在她的面前，末尾署有日思夜想的"蒋春方"这个名字。他在信中告诉他，从美军的战俘营获释后，他因为姐姐的缘故去了台湾。由于无法再回大陆，他已在那边成了家。他要她好好活着，不要再因为牵挂他而耽误了自己的青春。

也许，在无人的深夜，母亲大哭过一场。只知道她烧了那些信，连带着心中的一个执念，在那个年代，以 30 岁"大龄剩女"的身份，接受了别人给她介绍的男朋友。其实，她对父亲也是有好感的。在那个时代，他们都属于凤毛麟角的知识分子，又有相同的爱好，都喜欢体育运动（母亲是排球队队员，而父亲喜欢打篮球），他们是在球场上相识的。

茶叶人生

在茶场，父亲得到了很多提升自己的机会。1952 年，他被派到西南茶叶干部学习班（农业部委托浙江省农业厅和浙江农学院联办）学习一年；1957年赴安徽农学院茶叶系进修一年。

1962 年，父亲被任命为湄潭茶场屯子岩分场的副场长。在屯子岩，一个偶然的机会，他带领工人搞出了后来名震全国茶叶界的"密植免耕"原创地，吸引了全国 13 个省的同行来场参观学习。

其实，这个事情开始还真的不是刻意为之。听父亲说，他们栽茶的时候，到结束发现还剩下不少肥料和茶苗，觉得扔了可惜，于是就地深挖泥土，多多施下底肥，再把茶苗密密地栽下。成林后意外地发现，那里的茶树长势比其他任何地方都要好！但因为太密，茶行与茶行完全连成了一片，人无法走进去采茶，就让工人们剪掉一些茶树枝。剪下的茶枝随手扔在茶行之间，到除草时，又发现被枯枝覆盖的地方没有长草，竟然可以不用除草！于是他们有心做试验，分别开辟了"党支部"试验地和"团支部"试验地。之后茶科所成立了专门的项目研究小组，通过科研人员的进一步研究、总结，得出了"密植免耕"这一科学种茶方法，在全国推广普及。

1978年，父亲因为"密植免耕茶园速成高产及持续高稳产综合技术研究"这一成果，获得贵州省科学大会颁发的"我省科学技术工作中作出重大贡献者"奖状。1979年被国家农垦总局评为"全国农垦系统一九七八年先进工作者"。1980年11月，经贵州省农业厅技术职称评定委员会审查，父亲被评为农艺师（1988年晋升为高级农艺师）。1982年8月，中共贵州省农业委员会党组任命父亲为湄潭茶场场长。

茶场的老工人们至今都还记得父亲早年身背斗笠，卷着裤腿，脚穿草鞋走在一辆马车旁的形象。但我珍藏的一张老照片，却是完全不同的画风：白衬衣、灰裤子，一条白底红条纹的领带，戴着一副黑边眼镜，精神抖擞地站在一座南亚风情的佛寺圆塔前。那是1984年7月，父亲带队到斯里兰卡，历时16天，考察红茶加工技术时拍下的。据说那一身颇为讲究的行头，包括西装，还是省里给统一定做的呢。

深情付与这一片土地

父亲性格刚直、倔强，但也知道自我保护，谨言慎行。他是那个年代家庭出身不好，还能幸运地躲过批斗的少数人之一。据父亲说，在工作中难免得罪人，有的人很想找到一个批斗他的事由，但却一直没有找到。

有一次比较"惊险"，有人在他的办公室发现了一把手枪。这还了得！直接被报案到县公安局。公安局派人来搜查罪证，打开那个手枪盒子，一看，原来是他挖茶园时用来测量等高线的测量仪！不知道设计那个盒子的人，为何要把它做成手枪盒一样的外形。而母亲就没有父亲那样的幸运了。据说她当年从四川老家不知何故带过来一根拐杖，隔壁一个工友腿受伤了，她就想起了那根拐杖，翻箱倒柜找出来借给工友用。结果人家在使用的过程中，不小心把拐杖摔到地上，啪！断开成两节，从里面掉出来一把匕首！"文化大革命"中，这件事被"大字报"揭发出来，这位"资本家的小姐"，自然没能逃过批判。

印象中，父亲不是在茶山就是在茶工厂，连休息时间也是坐在家里的书桌旁，要么读书查阅资料，要么埋头写他的工作总结、考察报告之类。我曾经在家里见过他写的手稿——《茶树密植免耕持续高产栽培的创建和发展》，从"含义与依据""由来与发展""措施与结果"写到"实践与认识""问题与讨论"，洋洋洒洒上万言，刻印出来也是厚厚的一沓。

从 1962 年到 1973 年，他在湄潭茶场最艰苦的电子岩分场工作了整整 11 年。每个周一早上天不见亮就上山，要周六晚上才回来，因此和我们这些子女碰面的时间少之又少。也许是工作耗尽了他全部的精力，他也不大和我们沟通、交流。所以，关于他的故事，我们其实知道得很少，倒是茶场的叔叔阿姨们，每每说起父亲，都说："他是一个好人，对员工不错，对工作尤其认真负责。"

的确，即便是在接受审查，发配五马槽挖茶园的时候，他也是毫无怨言认真劳动，绝不因为对家庭的挂念耽误工作。对此，母亲是有怨言的。听母亲说过，她生病卧床时，我还年幼，父亲居然还能狠心扔下我们娘俩去挖他的茶园，母亲只能强忍病痛，在床上躺着用茶缸给我煮饭吃。

1982 年，省农业厅要把父亲调到农场管理局工作，连办公室、办公桌都给准备好了，这种别人都巴不得的天上掉馅饼一样的好事，他却不愿意！最后是换了牟应书牟叔叔去。

甚至退休以后，他也闲不下来，还到印江县的武陵山茶场，给他们提供技术指导。

以前我们兄妹三个都不理解，甚至抱怨父亲：为何像一根楔子，一扎进这片土地就难以自拔？但当我发现：不管搬到哪里，我家客厅的墙壁上，始终悬挂着他的那些奖状，而父亲不管是走进走出，还是静静地坐在椅子里，总会时不时地朝那里张望，脸上现出欣慰的表情。那一瞬间，我似乎懂他了。

我的父亲，他这一生，就是为茶叶而来。

和茶叶结缘一辈子

贵州省湄潭茶场　吴贤才（口述）田茂瑜（采写）

口述人：吴贤才（1933 年—　　），湖南洞口人，1949 年进入湄潭桐茶实验场工作，原湄潭制茶工厂副厂长、场长。贵州茶叶研制专家、技改革新专家、审评专家。中共党员。

我是 1949 年 12 月中旬到湄潭的，初中刚毕业，进入高中一年级时生病了，家庭比较贫穷，就通过军管会进入湄潭桐茶实验场就业了。进场时，有许学琴、王正容、刘其志、牟应书、邹兆丰、常科文（打鼓坡的工头）、申仁华、祝敬奇等同志，朱源林是场长，起初我的工作量不是很大，跟着朱源林到处走走看看。朱源林开展的是千年桐的研究，实验基地就在这一片（现在的茶缘小区），牟应书跟着他研究油桐，工人就是张师傅。

我进中央实验茶场那年，茶场买稻田分谷子，佃户有 28 家，那种特殊的历史背景没有资金来源，国家也没有经费划拨，只能这样了。我刚刚进场时每个月分得 2 斗米，市场行情一块银元一斗米，所以已经算不错了。直到后来靳李书到茶场任职，实行工作制才有了新的变化。

中央实验茶场的科研的确起了很大的作用，但生产上基本上是空白的，没有形成生产力。春茶在庙堂坝收购，有 6～7 个人参与其中，收购来的春茶主要是制作手工绿茶，炒制几十斤龙井茶，

在万寿宫大殿厢房，有 50 个背笼、5 口炒茶锅、2 口手锅、1 个揉茶台、烘茶、吹火，大家都干得不亦乐乎。夏秋茶基本上没有加工。

茶园拓荒

1951年春节刚过,省农委接管茶场,派军代表靳林选到茶场任职,茶场实行了军事管制,总共不到20人,分成了3个组:畜牧组、制茶组、开荒组。当年的春茶生产,我分配在制茶组,臧宝贵分配在畜牧组,开荒组有机构没人。

6月份开始,全场就集中开发打鼓坡,当时的打鼓坡全是坟包,实验茶场在打鼓坡只有六七亩地,位于枫香湾那里,且都是荒芜的,桐子坡有三十余亩茶,6月份,全场职工除老弱同志外,全体上打鼓坡挖坟包,开荒之前必须要平场,坟包太多了,一直挖到当年冬天才全部平完。打鼓坡有400余亩茶园(不包括五马槽),电视塔那里是风化石头,没有开垦,总共300多亩。平场完毕,全部请人开荒,1951年开始挖茶园,都是请外援来开荒。我属于制茶组就安排在庙堂、随阳山等地收茶籽,我们6～7个人就在茶坡上摘茶籽,当年收购的茶籽用来育苗,现在的办公室大楼以前是老农田,就在那里进行育苗。

湄潭园开垦主要分3个发展阶段:1951年的工作主要是开荒,从打鼓坡到麻子坡、五马槽,一直到1954年底才基本完成。1954年参加屯子岩拓荒的多是农村劳动力,辛苦得很。我是工会副主席,动员家属去慰问,因冬天凝冻太大,人要上山很困难,就把草绳捆在鞋上(草脚马),拉着棕绳一步一步地往上爬,上面100多人,生活用的粮食都是从下面拉上去。1955年开挖永兴,1957年完成了约6000亩,最后又发展了近1万亩。

红茶推广

20世纪50年代初,我们贵州的优势只有茶业,于是省里提出要开展红茶生产,并推广开来。1951年4月初,茶场派我到重庆去学习红茶精制,主要是工夫红茶的加工,一直到年底才回到湄潭,所以打鼓坡的开荒平地我都没能参加。从重庆归来后,茶场办了一个红茶初制培训班,我继续加入学习的队伍。

场里成立了红茶推广小组，吴辉尘任组长，我任副组长，一共 4 个同志。祝敬奇原是湄潭茶场的职工，解放后调到遵义农业局工作，由他带队，分湄潭和石阡两个点。湄潭主要是随阳山和大庙场，茶场派出职工马明先进驻随阳山，何春秀进驻大庙场开展红茶生产。

我则是 1952 年刚过就到石阡推广红茶，临走的时候带了一个篾工，负责编手工背笼。到了石阡县，县长武大学亲自接待，很受欢迎。那时还处于剿匪阶段，工作很辛苦。我们去的 10 个同志，后来分成了 6 个制茶组。我们主要负责技术培训，成立加工点，由茶农选派负责人和村委出劳力，我们统一指挥，一喊就来。

每个人收来的茶青都一一做好登记，按茶青的斤两来折算支付农民的工资，所以农民积极性很高。县里发布了一则告示：茶青一律进入茶石站加工，不准私人加工。这样一来，我们的压力更大，怕做不赢，茶青坏掉的话，如何向群众交代？于是我们加班加点不分白天夜晚都在赶着生产。春茶生产了大约 4 万斤，全年约 7 万~9 万斤。春茶结束以后，牟应书被安排到石阡接替我的工作，我则回到湄潭茶场搞精制加工。

主动应对市场经济浪潮

我在茶场待了一辈子，省厅曾经要调我离开湄潭，茶场都不放人。我的编制是在茶科所，但工作岗位一直是在茶工厂，工作了一辈子，就是搞加工。从 1978 年开始，茶叶由出口为主开始转向内销为主了。

1982 年，计划经济转为市场经济后，场领导班子进行了大调整，李永汉担任党委书记，省农业厅陈厅长力荐我当场长，被我婉言谢绝了，后由熊世香担任此职。转入市场经济后，我们就开始研究市场需求，花茶在北方市场销量很大，我们就主要生产烘青胚，窨花适当弄一点。我们生产茶胚有优势条件：一是工夫红茶生产工艺我们了如指掌，二是全国的花茶胚供应商我们了如指掌，哪里的客户需要什么样的茶胚我们摸得很清楚。所以生产茶胚供不应求，每年 100 多万斤销得干干净净的。

如果按茶场的茶叶采摘生产时间，赶早期花季就晚了，于是我们就在农村收青毛茶（晒青），湄潭周边县的烘青茶基本都被我们收购了，每年大约 70

万斤。收购来后进行加工，再交付给客户，这样提前窨花能降低客户成本，又增加了茶农收入，还为茶场带来了收益。湄潭进入市场经济后，搞得很活。我在贵阳、遵义开设了门市部，李永汉书记接受不了，我说：搞市场经济，你不抓市场抓什么？开拓市场难道有错吗？经过一段时间，李书记也接受了，事实证明，走市场的路子是对的。

　　除了省内指导，省外也遍布了茶场干部们的足迹：四川的新城茶场、永川的兴盛茶场、湖南的岷江茶场、广东的英德茶场和东坡茶场等都离不开湄潭茶场培养出来的技术干部的帮助。所以，无论走到哪里我们都颇受欢迎，到四川新城茶场等地时，当地更是杀猪宰羊热情招待。

一生为了一杯茶

贵州省湄潭茶场　汪桓武（口述）田茂瑜（采写）

口述人：汪桓武（1933 年—　），湖南长沙人，1963 年进入湄潭茶试站工作，原茶科所副所长。高级农艺师、茶叶加工专家、享受省政府特殊津贴。中共党员。

我是湖南长沙人，曾就读于长沙市雅礼中学（现在是全国重点中学），当时国家提倡以工业为主导，以农业为基础，加之三年严重困难时期挨饿的影响，我在填志愿时就立志不学工只学农，我想不管怎么失业，喝茶总是需要的，再加上自己喜欢喝茶，于是毫不犹豫地选择了茶叶专业，一生都是为了一杯茶，不后悔。

初入贵州

"文化大革命"之前，全国只有 3 所大学有茶叶专业：浙江农业大学、安徽农学院、湖南农学院。1959 年，我被湖南农学院（现在的湖南农业大学）茶学系茶叶专业录取，由于遇到严重困难时期耽误了学业，本来应该 1963 年夏季毕业的，1963 年底才毕业，我和同班同学赵翠英服从全国统一安排，双双被分配到贵州湄潭茶试站。我们来贵阳等分配时，住在黔灵路的人事局干部招待所，一等就是一个月，接连下了一个月的雨，新买的胶鞋都穿烂了，真正体会了贵州"天无三日晴"的气候特点。拿到分配文件赶往湄潭报到，坐了八九个小时的车，车子用的是烧木炭的蒸汽发动机，木炭快烧完了动力不够时还要靠乘车人往前推着走，车行驶到乌江，因为没有桥，只能轮渡车子。乌江坎上路窄弯道多，我从来没有走过这么惊险的路。

茶和人的"试验地"

我的第一份工作内容是协助邓乃朋先生，在永兴茶场一队邵蓬坡约 2 亩大的茶园开展茶树高额稳产茶叶试验，并推广试验中的农业技术。我们居住在永兴分场的场部，中间实验的地点以永兴茶场五段三号为中心点（现在的茶海观海楼位置），辐射周边 62 亩茶园，由我和赵翠英负责中间实验。1965 年，我和赵翠英在永兴茶场场部结婚，很简单，几张画一贴，几串鞭炮一放，备上几盘葵花籽花生就算宴请宾客了。

一年的中间实验，取得了一定的成效，62 亩试验地收获干茶 200 余斤，永兴茶场 6 个生产队平均亩产 100 斤干茶，当时贵州省茶园面积 70 余万亩，单产每亩只有 30～40 斤，少得可怜。每亩按 1 担干茶来算也只有 70 万担。贵州算得上最小的产茶省，名次还排不上号。从今天来看，全省茶叶面积发展到 700 万亩。就湄潭来说，茶叶面积 60 万亩，2022 年茶叶产量 6.9 万吨，产值约 64.74 亿元，茶叶综合收入 160.02 亿元，这个数据的变化是惊人的，在过去是想都想不到的，发生了翻天覆地的变化。湄潭连续 3 年蝉联"全国茶业百强县"第一名，这个荣誉很不简单。

做茶要科学，不能蛮干

茶树的祖先生长在原始森林里，太阳透过叶层的漫射光是其系统发育的生态条件之一。这种环境下生长的茶，氨基酸含量相当高，茶多酚含量低一点，适合做绿茶。在外面裸露的茶，受阳光的直射，温度比较高，茶多酚含量高一些，氨基酸含量相对而言就低一些。所以我们讲高海拔、低纬度、寡日照、多云雾，这些形容词都是针对绿茶，其氨基酸含量高，味道鲜爽，但是并不适用于红茶，红茶需要多酚物质含量高，才容易发酵变红。因此，不适合做红茶的品种不要硬拿来做红茶，比如绿茶良种福鼎大白茶，用来做红茶就是一个误区。一个品种如果什么茶都可以制的话，那就没有必要存在良种繁育的学科了。这就是要进行良种选育的原因。茶科所生产红茶的兴旺时期，刘其志老师培育的品种，基本上以生产红茶为主，像 419、502、701、

601 等。如果拿制红茶的品种来制作绿茶，它的条形就粗大，苦涩味长。所以，我们做茶要讲科学，不能蛮干，违反规律不符合科学的东西，注定失败。做茶人要懂得科学，科学制茶，看茶制茶，不是盲目的。

湄潭茶业发展的建议

对于湄潭茶业的发展，我有以下思考：

第一，湄潭除了把湄潭翠芽、遵义红这些品牌做强做大以外，还应该重视老百姓"口粮茶"的生产，做大做强做出口。

工夫红茶是条形茶，是国家独家经营的商品茶，在计划经济时代生产是长盛不衰的，红碎茶是颗粒状的，是从国外传过来的。从多年出口来看，做红碎茶基本上是亏本的，品质赶不上气候炎热、茶树品种优良的印度、斯里兰卡和肯尼亚这 3 个国家，处于中等偏下的位置。为什么亏本还要坚持做红碎茶呢？因为以前我们国家缺少外汇，想要通过茶叶来换取外汇作为他用。

从计划经济转变到市场经济以后，各个单位自负盈亏，湄潭茶场开始"红改绿"，红碎茶全部停产，成条状的工夫红茶也受到影响逐渐停产，近十年来，工夫红茶才逐渐恢复生产。工夫红茶是中国独家经营商品，在国内有三大王牌：祁门工夫、正合工夫、坦洋工夫。部分企业不了解这一历史，对红碎茶在国际市场上的竞争力未做正确评估，就想盲目出口，这是一定要注意的问题。

第二，如果我们做出口茶，条形一定要尽量做直条型，不要像做名茶一样搓成卷曲形。因为出口就要精制，精制时筛分要过平原筛、过头筛等，反复地筛，筛不下去的头子茶要经过切茶机来切断，再接着筛，直到筛干净。切一次会产生很多碎末茶，中途的损耗增加，经济效益自然就会降低。我曾担任贵州省茶叶品质评审委员会专家组成员，每到一个地方，我都会重点提醒：做红茶尽量不要做卷曲型。

第三，茶叶名称不要跟风。比如说白茶，有两个不同的概念，一个是指茶树品种的名称，如安吉白茶、正安白茶。另一个是指制茶工艺只经过萎凋、干燥两道工序，做成的茶叫白茶，属六大茶类之一。福建是白茶原产地，有 100 多年的历史，因为茶树品种的区别，它可以称为"老白茶"，而我们做白茶只有 10 多年的历史，也学着别人称"老白茶"，这是不科学的，不符合实际的。

欣慰当年的成果还在用

贵州省湄潭茶场　孙继海（口述）田茂瑜（采写）

口述人：孙继海（1938年—　），贵州赤水人，1958年进入湄潭茶试站工作，茶叶专家，茶树栽培及土壤化肥专家，国务院特殊津贴获得者。

我是1958年3月5日到的湄潭，是遵义农校第一届茶叶专业的毕业生。作为我个人来说，选择学习茶叶专业主要是受好奇心驱使。

与茶的懵懂之交

我老家在赤水，交通很不便，家庭经济比较困难，初中毕业以后，我就选择了中等专业学校。因为当时国家很照顾中等专业学校的学生，全额发放助学金，可以减轻家里的负担。因家在农村，主要选择在贵州招生的学校，可供选择的有气象学校、商业学校、工业学校、煤矿学校等，还有就是农业学校，听名字感觉好奇，农业学校要教什么呢？所以中考的时候4个志愿一口气全部填了农校，结果被贵阳农校录取了。临近开学从家里走到遵义走了一个礼拜，到了遵义发现也有间农校，写着大大的"欢迎新同学"几个字在迎接新生的到来。我和同伴就跑到遵义地区教育局，讲明事情的原委，并提出申请：到贵阳还要走好几天，我们可不可以就在遵义读农校？得到肯定的答复后，我们就留在了遵义，到学校报到正式成为遵义农校的一名学生。遵义农校也很欢迎我们，因为当时贵州缺乏人才，遵义农校一共创办了8个班，大多数都来自广东和广西，广西人有200多人，广东人有100多人，贵州的一共才11人，学茶专业的有6人。在选专业的时候，我发现有一个茶叶专业，当时家里的田边地角栽种了几棵茶树，对茶叶既熟悉又好奇，当时没有多想，懵懵懂懂地就选择了茶叶专业，没想到一干就是一辈子。

学在湄潭

遵义农校 1956 年开设茶叶专业，我们是这个专业的首批学员，学制 3 年，本来是 1959 年毕业，因为 1958 年，贵州省政府要求遵义农校学生提前一年到农村，我们当年就离开了学校。当时遵义地区的茶场都比较小，只有湄潭茶叶试验站属于省管，于是就给我们联系了湄潭。

到了湄潭以后，我们边上课边实习边劳动，学到了学校试验基地里学不到的真本事，包括茶叶的管理、施肥、采摘、加工等，专业课由茶叶试验站的技术人员给我们上，语文课由湄潭中学的老师讲授，同学们积极性非常高，而且很认真。

5 月份，湄潭成立了一间茶叶学校，在农业厅备案了的，它的招生对象是小学毕业生，以及同等学力的其他青年，其中很大一部分是复员退伍军人，一下子就招收了 300 多人。

工作在湄潭

1958 年，遵义农校又招收了一批初中毕业后考来的茶叶专业学生。1959 年，我正式转正，开始协助技术老师搞实验。1960 年下半年，湄潭茶场试验站改为贵州省湄潭茶叶科学研究所。当年 9 月 24 日，为了充实基层，我被派往屯子岩分场锻炼，3 个月后，我被安排到二分队担任副分队长，和工人们一起参加劳动。1961 年元月，我调离了二分队，开始担任屯子岩分场的技术员，1962 年 3 月份，我又回到所里开展工作。

所里成立了研究室（其前身是研究组）。研究室设有研究组、植保组、栽培组、制茶组、土肥组。1962 年，除了我，土肥组还分来了一名贵州农学院土肥专业毕业的大学生戴彩云，年底又分来了同是土肥专业的吴子铭，1963 年又分来了贵州农学院土肥专业的魏国雄。1962 年至 1963 年，我在王老师身边工作了两年，跟着老师室内室外开展试验，搞化验分析。室内诸如养分的测定，室外有田间调查、田间试验等。

戴着红花进北京

贵州省湄潭茶场　沈才容（口述）田茂瑜（采写）

口述人：沈才容（1935 年—　　），1958 年进入湄潭茶场工作。

我老家是湄水沟的，从小就会采茶。我爱人吴志祥参加过抗美援朝，回国后进入湄潭茶场工作。我俩结婚之后，湄潭县内、县外招工的信息很多，像党家沟水利站、杨家坪水利站都缺人，我当时参加了开阳县的招工，去了几天，人生地不熟，条件艰苦，后来亲戚就把我送回湄潭了。1958 年，湄潭茶场有了招工指标，12 月 28 日，我进入茶场工作，直接分到永兴茶场五队四排，排长是王光木，队友有胡大礼、胡大杏、姚召梅等人。我爱人吴志祥在永兴三队任副队长，主要分管后勤保障。当时每个队都有"三房一所"，即猪房、牛房、伙房和托儿所。他既要负责"三房一所"的日常维护和维修，还要对外援宿舍房进行管理。每到春茶开采季节，需要大量的采茶工，茶场派车到沿河等地去招采茶工，外招的采茶工集中居住的房子称为"外援房"，他就负责给外援房上班锁门，下班开门，日常维护安全。

1959 年，我被调到湄潭茶场总场研究组，李芝明是研究组组长，一起工作的夏怀恩、张其生等人都是大学生，他们负责研究种茶、制茶，我主要参与桐子坡茶园的管理和茶树采摘。在此工作期间，我积极向党组织靠近，经邓绍华、李芝明介绍加入了中国共产党。

桐子坡是中央实验茶场在湄潭建立后开垦的品种茶园，是进行茶树育种栽培研究的根据地。在采茶忙碌季节，组里会请附近的农民参与"打急抓"，其中在土坝就请了一个叫谭守珍的外援参与桐子坡的采茶，大家都亲切地叫她"谭老婆婆"。有时候我也服从组织调遣，到其他地方突击采茶。

茶场十大姊妹

那时采茶的任务很重，在多次的劳动中涌现了很多采茶女能手，最有名的当属我们茶场"十大姊妹"。大家按身材的高矮给我们排了一个序，我个头比较小，排行第九。我们十个人住在茶场办公室的转角，茶场职工熊青云专门负责给茶场办公室烧开水，每天早上，我们端着盆去打水洗脸，熊青云每人发一瓢水，有时只得半瓢水，条件很艰苦。每月工资十几块钱，但用得很潇洒，一到晚上，我们几个相约到南街去吃血旺煮白菜汤，几片白菜加上几块血旺，2毛钱一碗，大家有说有笑，吃得津津有味，吃完了各自付账回屋睡觉。

我们是采茶突击队，哪里采茶采不赢，我们就到哪里去帮忙采摘。屯子岩、打鼓坡、石家坡、永兴都留下了我们的采茶身影。春茶采摘的季节都是连续作战，就算是下雨天也要劳动，裤子在茶陇里湿透了也没有时间更换，在身上就捂干了，后来茶场给我们采茶的人配发了夹胶衣、夹胶鞋，状况才稍微好一点。直到现在，我都不敢久坐，风湿病很严重，这些骨节敲得蹦蹦响，都是在那时落下的病根。我们突击到哪里，就与当地的工人一起吃住。在屯子岩是最艰苦的，山高坡陡，住的是硬邦邦的木板床，厕所门口还时常会有豺狼在那里趴着睡，只有几个人一起约着，手里拿着木棒结伴去上厕所。本地人见怪不怪，他们已经熟悉了豺狼的味道，我们却吓得瑟瑟发抖。吃的是罐罐饭，有时还自己拾柴在食堂煮。

在永兴民兵试验地，专门留了一块长势很好的茶林，让当地的茶农群众和我们采茶突击队队员进行比赛，茶篓满了有专人负责接并回递空竹篓，比赛公平又激烈。那时我们湄潭采茶要采几百斤，现在的人和那时比，不知要清闲多少倍。

1959年，全省采茶大赛在湄潭举行，比赛内容主要是茶青下树率、采茶速度和茶青质量等。不少穿着少数民族服饰的选手来参赛，湄潭十名选手中，我采的茶数量多、质量好，获得了第一名。作为采茶劳模，我还代表湄潭到石阡县、沿河县、凯里市、贵阳市等地参加采茶表演和比赛。

到天安门观礼

1959 年建国十周年，茶场分配到一个名额，可以推荐一名基层党员劳动者到北京参加庆典观礼，那时茶场还没有成立党委，组织经过层层筛选，我有幸得到了这个机会，除了采茶采得快采得好，最关键的原因是在"十大姊妹"中，只有我一人是中共党员。出发前，湄潭县政府专门给我开了一张介绍信，负责开介绍信的人叫聂美香，是我们总场领导向长林的爱人，她在一张小小的纸条上写了我的姓名、采茶能手等信息。怀揣组织的介绍信，我到遵义与其他县的代表汇合，仁怀县委书记蔡忠洲也是参加观礼的代表之一，他被推举为我们北京之行遵义组组长。到贵阳后，我们坐火车出发，火车驶过长江大桥正好是白天，驶过黄河是晚上。坐了 3 天的慢车，终于到了首都北京，下了火车就有车子来接我们。建国十周年庆典活动在天安门举行，我们第一次看见那么大的场面，华沙牌的车驶来驶去，到处都是人山人海，群众集中在天安门广场，毛主席在天安门城楼上一直向广场的人群挥手致意。随后，在人民大会堂毛主席亲临现场做了讲话，赢得与会人员的阵阵掌声。

"十大姊妹"解散以后，我又重新回到了永兴工作。先是在坡上采茶，后到制茶工厂制茶，在萎凋车间工作的时候，那一天我正在下茶，张祖贵去打皮带，结果机器转起来把我的手咔嚓一声打断了，虽及时送到县医院治疗，但留下了残疾，不能干重体力活。在县医院治疗恢复了一段时间，我心里一直想着上班的事。那一年，湄潭茶场成立党委，我成为党委委员之一。回到永兴茶场后，我成为永兴分场总支委员，在车间又是委员。"三委"套在头上，工作更是像上了发条的机器，越转越快。那时茶场负责烘干的工人，需要用簸箕把茶叶盛好，再一撮撮地装进推车运到统一的地方，因为我的伤没有恢复得彻底就上岗，多次撮茶端茶后就越来越肿。后来，我先后被调到仓库、学校工宣队、场部工会等处工作，1987 年，在场部妇女委员岗位上退休。

提到茶叶话就多

贵州省湄潭茶场　谭贵生（口述）田茂瑜（采写）

口述人：谭贵生，1983 年进入湄潭茶场，历任技术员、车间主任，制茶厂副厂长、代理厂长。

我的爷爷谭德高是中央茶场落户湄潭后，参与茶场垦殖的工人之一，我的父亲谭开国原本是名小学教师，在爷爷的影响下，1963 年也进入湄潭茶场，成为数千名农垦大军中的一员，将自己一生中最美好的时光都奉献给了湄潭的农垦茶叶事业。跟随父亲的背影，打小我就在茶山上跑来跑去，穿梭在茶山上放牛、砍柴，从来没有离开过茶山。高中毕业后，我于 1980 年冬天进入茶场工作，当时能到湄潭茶场工作是比较光荣的。茶场麻雀虽小，五脏俱全，从托儿所到小学、从初中到高中都有，医院、灯光球场、食堂配备齐全，宣传队节目多多，工会活动连连。茶场就连蔬菜组、奶牛组、养猪的、种水稻的都有。茶场设有茶叶生产连队，连长下面有排长、班长、小组长之分。我参加工作时，就被分到麻子坡生产连队，任一个小组长。

茶园下户管理

1983 年，我刚好 20 岁，茶园下户政策实施，当时进行分配的方式是抓阄，我一伸手就抓到一块丰产地。丰产地又称示范田、样板地，是"大跃进"年代开发的卫星茶园，土壤肥力基础好，茶叶产量上得去。一个连队一般有 4亩，我们麻子坡队就刚好被我抓到了这唯一的 4 亩，你说我运气好不好？但还没来得及高兴，连长就把我喊去单独谈话：贵生呀，你是团支部书记，又是小组长，有力气有想法，有知识有文化，组织上准备交给你一个艰巨的任务，就是管理好那一片 80 多亩的茶园。当时年轻，觉得组织对我如此信任，哪有推辞的道理，于是硬着头皮答应下来。等回到家给父母说起此事，他们管了几十年的茶山，都感觉到这是件棘手的事，父亲持反对态度："任谁都不敢管的茶园，你敢去接手呀？"冷静下来我也感觉到了自己的一时冲动，但是既然答应了也不能出尔反尔，我就给父母分析，这 80 多亩茶园属于分不下去的低产茶园，虽然目前产量低，但好好管的话肯定能出成绩。于是我一边管理茶园，一边拿起书本学习，在茶园里都经常背着一个书包。后来，我考取了大学，熊场长不放心那一片茶园，就对我说："你考第一名也不能走，你要走了那 80 亩茶园哪个来管，除非你找到接手的人。"我一心想去读书，哪管得了那么多，父亲看我郁闷，就主动向组织提出接手我管的 80 亩茶园。

　　我父亲原来在石家坡生产连队，母亲原来在二台坪生产连队，为了管那 80 亩茶园，一家人搬到了麻子坡居住，便于管理经营家庭农场。由于勤劳肯干，以场为家，经验足，父亲把茶园管理得井井有条，三年产量翻三番，且在机器采茶和防虫技术上成为全省典范，父亲获得了"贵州省劳动模范"称号，也成为当时少有的"万元户"。贵州省内第一个机剪茶园就是我父亲搞的，茶园开始丰产后，劳动力不够用，在省农业厅举办的一个推广会上，父亲花 4500 元买了一台日本进口的采茶机，和每月 28 元的工资相比，这可是一个天文数字，当时这些钱在湄潭能买一套像样的住房。后来这台采茶机掉了一颗螺丝，在国内都找不到匹配，还是通过省农业厅从日本发过来的，要 75 元一颗。

湄潭茶场考取的茶叶专业大学生

　　1983 年，我以超出录取分数线 28 分的优异成绩被广西农垦职工大学录取，成为当年贵州唯一被广西农垦职工大学录取的学生。这所大学的前身是广西农学院热作分院，农学院的茶学系就设在那里，我学的是茶叶专业，包含茶叶制造、茶叶栽培、防虫育种等系统知识。3 年学成后，原本是留在农业厅当机动员，后来考虑到湄潭茶场是专业茶场，我一家老小都在这里，加之湄潭茶场组织有召唤，经济效益也还不错，于是手续都还在农业厅的时候，我自己就跑回湄潭茶场开始了工作。回到湄潭茶场，我被分配到制茶厂担任技术人员，当时有制茶车间、机修车间、汽车队，汽车达到 30 多辆。半年后也就是 1987 年，我被提任制茶车间副主任，这一干就是 11 年。1995 年起，历任湄潭茶场制茶厂副厂长、代理厂长，主要负责茶叶生产和销售等业务工作。2002 年，我转到茶场技术科，任茶场总农艺师，负责茶叶加工生产的技术指导。2013 年茶场改制，交由湄潭县人民政府管理，我从茶场申请下岗，成立了贵云茶叶公司，开始了自主创业之路。其间，还受邀成为湄潭县政府茶叶技术顾问和受聘为湄潭县中等职业高级中学指导老师。

我这一代是属于承上启下的过渡一代，从纯手工、半手工、机器联装到全机械化生产，从烧柴、烧煤到烧电，我都是参与者、见证者、亲历者。

永远扛在肩上的旗帜

安徽省水家湖农场　黄双成

"我们和共和国一起前行，江淮大地留下我们的足迹，用青春披绿了山岗湖洼，热血浇灌出万顷良田……"这是《安徽农垦之歌》，唱响在安徽农垦这片热土上的青春之歌。

走进安徽农垦历史博物馆，我才发觉"安徽农垦"四个字，承载着一个又一个感人的故事。20世纪60年代，先辈们在满目荒芜的土地上，不畏严寒，不畏酷暑，用激情、青春、汗水改写了历史，让昔日的荒草湖泊变成了"大粮仓、大菜园、大厨房"，使荒草湖泊永远告别了"萧瑟兮草木摇落而变衰"的荒凉，用自己的理想信念和血肉身躯为垦荒事业谱写了一曲英雄赞歌。一代代农垦人锐意改革，跨越发展，开创了安徽农垦的辉煌事业，实现了"居住在现代化的城镇里，耕作在广袤的田野上"的夙愿。

常听同事们说起"垦一代""垦二代""垦三代"，言语中透着一种自豪的幸福感。我虽不是农垦后代，没有赶上那激情燃烧的岁月，但我却赶上了农垦事业大跨步发展的新时代，肩上同样扛着几代农垦人传承的"艰苦奋斗、勇于开拓"的精神大旗。

16年前，我初到水家湖农场，三尺讲台上，一身书生气。第一次听前辈说起农垦精神时，我满脸疑惑。后来，我的工作岗位几经变换，从学校到连队，再到公司和机关，从坐在办公室里撰写材料，到全程参与工程建设，再到决战夏种秋收，又经历了众志成城的抗洪抢险和抗击新冠疫情，我和农场的职工群众干在一起，住在一起，终于对农垦精神有了更直观的理解。初来乍到时内心的疑惑荡然无存，我决定要用心去承载农垦精神，深耕农垦这片热土。16年来，我将青春挥洒在这里，将岁月耕耘在这里，深深地融入了农垦，心甘情愿为这份事业奋斗。我在农垦这片热土上成家、立业、入党，一步步从无知的毛头小子成长为农场公司的部门负责人，这面精神大旗我早已坚定地扛在肩上。

走进水家湖农场，映入眼帘的是田成方、路相通、渠相连的 2 万亩种粮生产基地，全国农垦现代农业示范区、国家级蛋鸡标准化示范场——安禽公司，现代农业的"芯片"——皖垦种业定远分公司，1200 亩皖垦长丰草莓园，3 万吨标准化国家粮食储备库，还有美丽的职工住房小区——金秋花园。亮丽的风景一道接一道，农场面貌日新月异，我热爱这片土地。

这里活跃着许许多多不辞劳苦、甘于奉献的人，他们虽平凡普通，但又因为践行着农垦精神而光华灼灼。这些默默无闻、忘我奉献的农垦人，唱响了"功成不必在我"的精神境界和"功成必定有我"的历史担当，奏响了"致力绿色有机，服务美好生活"的使命担当，朝着建设现代农业企业航母"皖垦号"的目标踏浪启航！

抚今追昔，我久久不能平静。展望未来，在这充满活力和激情的新时代，我们更应与时俱进，撸起袖子加油干，勇做时代的弄潮儿。

农场住宅旧貌（摄影　张忠建）

农场新建小区（摄影　张忠建）

我的农场　我的记忆

农垦记忆的容器
——农垦（场）史馆巡礼

胡从九

文化振兴作为乡村振兴的核心组成部分，近年来得到了各垦区的高度重视。为丰富文化展示形式，各垦区不断加强农垦文化建设，并成功建立了一批独具特色的农垦（场）史馆。这些史馆不仅成为当地的文化地标，还广泛被认定为党史教育基地、爱国主义教育基地、科普实习基地及旅游目的地等，更有部分史馆荣获地市级、省级乃至国家级的荣誉称号。农垦（场）史馆以其图文并茂、声物并茂的展示方式，直观且立体地反映了农垦（场）的历史变迁和形象风貌。它们不仅是历史的见证者，更是传承农垦文化、弘扬农垦精神、增强农垦凝聚力的重要载体。为了更好地推动农垦精神文化建设，促进农垦（场）史馆的持续健康发展，2022 年 2 月，受农业农村部农垦局委托，中国农垦经济研究会全面启动了农垦（场）史馆建设现状的专项调查工作。

一、总体情况

此次调查，共收到了来自全国 27 个垦区的 189 家农垦（场）史馆（包括展览馆、陈列室、博物馆、纪念馆等多种类型）的详尽资料。在这些垦区中，部分垦区的场史馆数量较为突出，具体为：黑龙江垦区拥有 46 家，新疆兵团 42 家，江西垦区 25 家。其中，有 9 家垦区级农垦史馆，它们分别位于黑龙江垦区、新疆兵团、海南垦区、广西垦区、江苏垦区、安徽垦区、上海垦区、宁夏垦区以及甘肃垦区。值得一提的是，新疆兵团军垦博物馆凭借其丰富的馆藏和独特的展览内容，已被评定为国家二级博物馆，充分展示了其在新中国屯垦戍边历史上的重要地位和卓越贡献。同时，黑龙江北大荒博物馆和海南农垦博物馆也荣获国家三级博物馆的殊荣，它们在传承农垦精神、弘扬农垦文化方面同样作出了显著贡献。

农垦（场）史馆数量及分布

序号	垦区	数量	序号	垦区	数量
1	黑龙江	46	15	福建	3
2	新疆兵团	42	16	浙江	2
3	江西	25	17	青海	2
4	广东	9	18	湖南	2
5	江苏	9	19	甘肃	2
6	内蒙古	6	20	陕西	2
7	广西	6	21	山东	1
8	新疆（农业）	5	22	辽宁	1
9	新疆（畜牧）	4	23	海南	1
10	湖北	4	24	安徽	1
11	云南	4	25	吉林	1
12	河北	3	26	上海	1
13	贵州	3	27	宁夏	1
14	河南	3		合计	189

二、建设规模

统计数据显示，场史馆的展厅面积普遍较大，绝大多数场史馆的展厅面积超过了 100 平方米，平均展厅面积更是达到了 1041 平方米。其中，有 128 家场史馆的展厅面积超过了 300 平方米，85 家场史馆的展厅面积超过了 500 平方米，更有 26 家场史馆的展厅面积在 1500 平方米以上，最大的是贵州茶文化生态博物馆-茶工业博物馆，面积为 2.53 万平方米。此外，较大的还有江西农垦知青文化园 1.32 万平方米，河北汉沽农场博物馆 7900 平方米，陕西南泥湾大生产纪念馆 7100 平方米，新疆（兵团）三五九旅屯垦纪念馆 7000 平方米。

三、展品数量

实物展品作为场史馆不可或缺的重要展示元素，其数量与质量在一定程度上能够反映出场史馆的专业水平、文化底蕴及展示档次。绝大多数场史馆都精心收集并展示了数量不等的实物展品，其平均馆藏实物展品数量达到了468 件，有 23 家场史馆的馆藏实物展品数量超过了 1000 件，馆藏实物展品最为丰富的是黑龙江红兴隆博物馆，为 8360 件。此外，湖南洞庭湖洲垸文化博物馆馆藏实物展品 6000 件、湖南洞庭湖农垦博物馆 3782 件、黑龙江北大荒博物馆 3067 件以及江西信丰知青博物馆的 2281 件。

一些馆藏实物已达到国家级文物的标准。其中，青海莫河驼场青藏驼队纪念馆藏有国家一级文物 3 件（套）、国家二级文物 6 件（套）以及国家三级文物 11 件（套）；海南农垦博物馆则拥有国家一级文物 2 件（套）和二级文物 46 件（套）；黑龙江北大荒博物馆收藏了国家二级文物 6 件及三级文物多达 340 件；而黑龙江中国青年志愿垦荒纪念馆则藏有国家二级文物 2 件及三级文物 52 件。此外，新疆（兵团）农六师五家渠市将军纪念馆有 4 个项目已被列入国家非物质文化遗产保护名录，13 个项目被列入兵团保护名录。该纪念馆在全国非物质文化遗产博览会上荣获了各类奖项 10 余项，且有 12 处不可移动文物被列为兵团重点文物保护单位，22 处被列为六师重点文物保护单位。

四、年接待量

农垦（场）史馆的年平均接待量达到 16865 人次。其中，年接待量超过 5 万人次的场史馆有 12 家。云南东风韵小镇（弥勒东风农场）博物馆的年接待量最为突出，年均达到了 50 万人次，新疆（兵团）三五九旅屯垦纪念馆年接待量达到 30.5 万人次，新疆（兵团）农六师五家渠市将军纪念馆年接待量为 22 万人次，新疆（兵团）农十师一八五团西域屯垦戍边历史文化馆和北大荒开发建设纪念馆的年接待量均达到了 20 万人次。

五、授牌情况

农垦（场）史馆凭借其独特性、广泛性与综合性，集多种功能于一身，发挥了多样化的作用。因"一馆多能"与"一馆多用"备受相关部门重视，而被授予了多种类型的"基地"称号，许多史馆更是"一馆多牌"，成为多功能的文化教育场所。绝大多数农垦（场）史馆被认定为当地的党史教育基地、爱国主义教育基地、青少年教育基地、科普实习基地以及旅游目的地等，部分史馆更是被授予地市级、省级乃至国家级的荣誉。其中，被授予党史国史教育基地的有 9 家，垦区精神教育基地的有 17 家，廉政教育基地的有 12 家，各类青少年教育基地的有 26 家；被授予爱国主义教育示范基地的有 33 家，被授予其他重要基地的有 10 家；其中，被授予 3A 级（含 3A 级）以上国家级旅游景区的有 7 家，其中，新疆（兵团）军垦博物馆、新疆（兵团）农六师五家渠市将军纪念馆、云南东风韵小镇博物馆为 4A 级，江苏农建四师暨淮海农场历史陈列馆、新疆（兵团）农十师一八一团屯垦戍边史馆、新疆（兵团）农十四师中国人民解放军进军和田纪念（碑）、河南国营黄湖农场胡耀邦旧居馆为 3A 级。2021 年 11 月 10 日，央视新闻联播特别报道了青海莫河驼场青藏驼队纪念馆。

六、建设特点

农垦农场的地域分布极为广泛，始创时间各不相同，产业发展方向也呈现出多样性，经济实力因此有所差异。这些差异在各地的场史馆中得到了充分的体现，每个场史馆都独具特色，各有千秋。然而，尽管存在这些差异，它们之间仍然存在着许多共同点。

1. 场史馆建设与深化农垦历史文化认识紧密结合。从现状看，大垦区如黑龙江、新疆兵团，所属农场规模大、实力强，场史馆建得数量较多，规模较大，但是一些中小垦区、属地化垦区，场史馆建设力度也不小，不少规模不大的农场甚至"袖珍"农场都建有场史馆，如江西垦区，这和他们对农垦历史文化的敬畏之心、珍惜之情以及深刻的认识水平有关。农垦文化作为历史的见证，其独特性和不可复制性要求我们必须予以保护和传承。保护历史既是尊重过去，更是展望与启迪未来。

2. 场史馆建设与挖掘抢救农垦历史文化紧密结合。各农场积极采取多途径收集整理挖掘农垦历史遗迹，包括文字资料、音像资料、图片、口述史记录以及老旧物件等，还致力于对老旧建筑物进行修缮保存。以场史馆建设为抓手，农场力求全面、真实再现农垦历史。

3. 场史馆建设与弘扬新时代精神紧密结合。大多数场史馆都把自己定位为：展示农垦历史的平台，传承农垦文化的窗口，凝聚农垦人心并促进对外开放的桥梁，以及弘扬新时代精神的基地。从场史馆授牌情况就能说明这一点，场史馆不仅是农垦精神教育基地，还是爱国主义教育基地、党史教育基地、革命传统教育基地、社会实践基地、关心下一代教育基地以及民族团结教育基地等。所有场史馆几乎常年对内对外免费开放，通过专业讲解与义务指导相结合的方式，吸引周边乃至全国各地的参访者，真正实现了"一馆多能""一馆多用"的初衷。

4. 场史馆建设与农垦文化建设紧密结合。一方面，注重室内展示与室外实景展示相结合，丰富展示内容，扩大展示效果，多维度、全方位、深层次展示农场发展史。另一方面，很多农场以场史馆为核心，巧妙地将与农场图书馆、职工活动中心、群众文化广场、老建筑、老居住点、休闲农业体验点等文化元素相衔接，点面结合，初步形成农场文化展示带。

5. 场史馆建设与农场志编纂紧密结合。如果说场史馆是展示农垦历史的"硬件"，那么农场志则是展示农垦历史的"软件"，"一软一硬"相互印证。很多农场注重二者的结合，采取"先志后馆"，相互推动，使农场历史有记载，展示有平台，传承有基地。

6. 场史馆建设与老旧建筑保护紧密结合。秉持一切从简原则，多数农场因地制宜，因陋就简，在旧办公地址、旧礼堂、旧厂房、旧宿舍等原有建筑的基础上进行改建，打造场史馆。这种做法既大大节约了建筑成本，又修缮保护再利用了老旧建筑，留住了乡愁记忆，增加了场史馆的历史感、厚重感，达到一举多得的效果。

7. 场史馆建设与实现农场产业振兴紧密结合。农场将文化建设视为推动农垦可持续发展的核心动力，众多农场积极将场史馆建设与产业发展相融合，探索出了文旅结合、文教结合、文产结合、文人结合的创新模式，这些举措紧密契合了社会主要矛盾变化的需求，为农场的高质量发展注入了强劲动力。一些场史馆凭借其独特的魅力与价值，被授予了更高的荣誉，如被授予红色旅游景点、精品旅游线路节点乃至国家级旅游景区的称号等。

汉沽农垦博物馆（河北）

汉沽农垦博物馆始建于 2017 年，并于 2019 年 10 月 1 日正式对外开放，占地面积达 32 亩，展厅总面积约 7900 平方米，内藏展品实物 2000 余件，年均访客量约 1 万人次。

博物馆分为上下两层，内设序厅、历史厅、抗震救灾厅、改革开放厅、电子沙盘厅、党史革命史厅、未来规划厅以及民俗厅等，全方位、多角度地展示了农垦的丰富历史与文化内涵。

汉沽农垦博物馆

　　自博物馆向公众开放以来，已接待上级调研指导、区内外单位学习和各地游客参观2万余人次。博物馆还积极举办各类文化活动，如"农博大讲堂"讲座15期，承办书画展5次，承办区级培训会议10余次，有效促进了文化交流与知识传播。在开展"不忘初心、牢记使命"主题教育及党史学习教育中，汉沽农垦博物馆更是发挥了重要作用，累计接待机关单位、企业、学校、社区等120多个组织的党员干部、群众和中小学生，通过参观学习农垦历史、回顾奋斗历程、重温入党誓词、了解发展规划、欣赏民俗文化，使广大访客对农垦人的初心和使命有了更深刻理解，同时也激发了大家热爱家乡、建设家乡的强烈情感和使命感。

中捷斯友谊博物馆（河北）

　　中捷斯友谊博物馆占地面积 4000 平方米，建筑面积 3500 平方米，其中展厅面积 3000 平方米，陈展实物 620 件。博物馆以"刻录时代履痕，承载历史记忆"为主题，精心规划了五大展区：捷克农业机械藏品展区、捷克专家生活用品藏品展区、传统农耕工具藏品展区、民俗生活用具藏品展区以及民间传统玩具藏品展区。生动展示了建场时捷克共和国赠送给中国的农机设备、历史悠久的农耕工具及数百件生活用品，以及近千张中、捷、斯友谊的老照片，充分体现了中、捷、斯三国友谊及前辈们智慧与汗水，彰显了当年垦荒建场工作者吃苦耐劳与爱国奉献的精神。

中捷斯友谊博物馆

博物馆的建立，不仅是对中捷农场的创业文化、友谊文化以及民俗文化的传承与展现，更是对 1956 年这一重要历史时刻的深刻铭记。那一年，中国政府批准在黄骅县建设"国营黄骅农场第一分场"，同年国家副主席朱德出访捷克斯洛伐克，获赠一套可耕种 10 万亩土地的先进农业机械，这套设备随后被拨给黄骅农场，标志着中捷友谊农场的诞生，彻底改变了盐碱滩的面貌，掀开了大规模开垦建设的新篇章。同年，捷克政府还派出 8 名农机专家来华，他们不仅对我国人员进行长达半年的培训和指导，更是在回国后持续关注农场发展，通过书信交流不断贡献智慧。博物馆的建立，正是为了纪念这份跨越国界的深厚友谊与专家们的无私奉献，同时也是对昔日耕耘者的崇高致敬。

博物馆内陈列系统有序，实物资料丰富多样，为开展不同形式的爱国主义教育提供了极佳的平台。近年来，博物馆已成功与当地共青团组织合作，举办了"小小导讲员"活动，通过专业培训，让青少年参与到讲解与礼仪实践中来。此外，博物馆还设有手工制作及实践区域，能够一次性容纳 200 名学生参观学习，寓教于乐。

博物馆自建成以来，凭借其独特的文化价值与教育意义，赢得了广泛的社会关注和认可。不仅在省、市级媒体上频繁亮相，还作为当地重点景区承接多项大型接待观摩活动，成为 2017 年沧州市第一届旅游发展大会的重点观摩展馆。同时，博物馆还获得了多项荣誉，如 2014 年至 2020 年沧州市"青年文明号"称号及市级"爱国主义教育示范基地"称号，年均接待游客量达到 1200 人次，成为传承历史、弘扬精神的重要场所。

哈拉盖图农牧场兵团文化展廊（内蒙古）

哈拉盖图农牧场兵团文化展廊坐落于风景如画的哈场巴音陶海村色尔吉路，它紧紧依偎在天边草原——乌拉盖的怀抱之中，依托上级财政补助33万元和哈场自筹资金，总投资达70万元，于2015年6月顺利竣工。展廊占地面积1000平方米，其中，展厅面积约为400平方米。展廊共展出209件实物、107幅珍贵照片以及75余件各类文献材料，通过实物展示、图片记录与史料文字相结合的方式，生动再现了兵团发展的全过程，是兵团精神与文化精髓的集中展现与缩影。

哈拉盖图农牧场兵团文化展廊

　　哈场兵团文化展廊陈列内容精心划分为四个篇章：生产建设篇、知识学习篇、文化体育篇和精神风貌篇。自开放以来，展廊获得了广泛的社会认可。2016 年，它被锡林郭勒盟批准为"全盟第四批爱国主义教育基地"；2020 年更是被设立为锡林郭勒盟干部教育现场教学点及乌拉盖管理区党员干部教育培训基地。目前，展廊已成为乌拉盖地区不可或缺的红色旅游亮点和红色旅游经典景区之一，年均接待游客约 3.6 万人次。

中国青年志愿垦荒纪念馆
（黑龙江）

中国青年志愿垦荒纪念馆坐落于黑龙江省共青农场，旨在纪念中国青年志愿垦荒的光荣历史，于 2011 年兴建完成。该馆占地面积约 8811 平方米，内含展馆 3811 平方米及培训中心 5000 平方米，总投资 4000 余万元。

纪念馆的核心宗旨在于弘扬垦荒精神、传承垦荒文化，为黑龙江省乃至全国的青少年提供爱国主义教育的平台和优秀青年企业家的培训基地。馆名深刻寓意着中国青年半个多世纪以来，积极响应党的号召，坚持"党有号召、团有行动"，牢记"忍受、学习、团结、斗争"的箴言，数代垦荒人矢志不渝，为中国垦荒事业作出了卓越贡献。

中国青年志愿垦荒纪念馆

纪念馆拥有藏品 3600 件，包括 2000 件原件与 1600 件复制品。其中国家二级文物 2 件，国家三级文物 52 件。藏品种类繁多，涵盖金属生产工具、金属生活用具、各类徽章、证件、纪念旗等 10 余种。特别聚焦于黑龙江共青农场、江西共青城、浙江大陈岛三支青年志愿垦荒队的文物文献及黑龙江青运史等重要内容。纪念馆精心设计了九大展厅：序厅、领军人物、火红年代、拓荒丰碑、垦荒成果、共青新城、油画展、未来展望、结束语，通过沙盘、文物、雕塑、图片、油画、文字及场景再现等手段，结合光、声、电等高科技手法，以及现代化多媒体展示，全方位地再现了以杨华为代表的北京、天津、山东、河北、哈尔滨有志青年响应团中央号召，共同创建共青农场的壮丽篇章，深刻诠释了"信念坚定、艰苦奋斗、团结友爱、无私奉献"的青年志愿垦荒精神。

如今，中国青年志愿垦荒纪念馆已成为广受欢迎的爱国主义教育场所，年均接待游客 2 万人次。自 2011 年起，该馆先后被黑龙江省委、省政府授予"全省爱国主义教育基地"称号，黑龙江省农垦总局将其命名为"北大荒精神教育基地""垦区青年创业实践基地"和"垦区青年干部培训基地"。2013 年，更获得共青团中央的高度认可，被授予"全国青少年教育基地""全国青年创业基地"及"全国团干部培训基地"等荣誉称号。

中国青年志愿垦荒纪念馆

北大荒博物馆（黑龙江）

北大荒博物馆是一座以传承弘扬北大荒精神为核心，全面展示其开发建设历程和发展成就的综合性博物馆。馆内珍藏的重要文物、文献及史料，深刻见证了"北大荒"向"中华大粮仓"的华丽转身，彰显了北大荒人在中国共产党的正确领导下，历经艰难险阻，以不屈不挠的精神，铸就共和国垦殖史上的奇迹。同时，也展示了北大荒在农业现代化征途中的壮阔图景，深刻诠释了北大荒精神的丰富内涵。

北大荒博物馆

　　博物馆于 2002 年获农业部和黑龙江省文化厅批准立项，并在国家发改委、财政部大力支持下，由黑龙江省农垦总局斥资 3000 万元精心打造，于 2005 年 9 月 2 日正式对外开放，其间于 2011 年和 2021 年进行两次大型改陈。博物馆藏品丰富，达 5000 余件，其中包括国家二级文物 6 件、三级文物 340 件。展厅建筑面积达 3774 平方米，精心布局共设六个主题展厅。

　　第一展厅："垦前史略"。展厅通过近年来出土文物与历朝历代垦殖史的回顾，勾勒出北大荒悠久历史。同时，借助视频技术重现北大荒开发前极端恶劣的自然环境，反映当年拓荒者们如何承受着难以想象的艰难困苦，发扬战天斗地的精神，用青春和智慧征服这片桀骜不驯的黑土地，最终实现从北大荒到北大仓的历史性巨变。

　　第二展厅："精神之源　铸剑为犁"。展厅以时间为主体脉络，全面展现了北大荒从创建开发初期、大规模开发时期、曲折发展时期、改革开放时期、现代化建设时期、深化改革时期等六个时期的发展历程和取得的伟大成就，以及党和国家领导人对北大荒的亲切关怀。其中，党和国家领导人视察北大荒的部分文献资料及手迹、文物尚属首次展出。此外，特别设置了王震专题展区，纪念其领导十万复转军人开发北大荒的丰功伟绩。

北大荒博物馆

第三展厅："时代楷模 精神永恒"。展厅内通过立体微缩场景、浮雕及文物图片，生动再现百万垦荒大军的奋斗场景和生活场面，让人深切感悟北大荒精神的强大力量。展厅内设有"北大荒故人墙"，镌刻了 12429 个长眠在黑土地上拓荒者的名字，他们把青春和生命都献给了北大荒。正是这一代代北大荒人"献了青春献终身，献了终身献子孙"，铸就了北大荒农垦事业的不朽丰碑。

第四展厅："精神之路 航母启航"。展厅主要聚焦习近平总书记两次视察黑龙江对北大荒发表的重要讲话和重要指示精神，以及北大荒集团落实习近平总书记重要指示精神的生动实践。习近平总书记十分牵挂黑龙江振兴发展和北大荒建设，两度亲临黑龙江视察，为黑龙江指明了质量更高、效益更好、结构更优，优势得以充分释放的振兴发展之路，擘画了北大荒建设现代农业大基地、大企业、大产业，努力形成农业领域航母的宏伟蓝图。北大荒人牢记习近平总书记殷切嘱托，奋力开启"三大一航母"建设新征程，谱写中华民族伟大复兴中国梦的北大荒壮美篇章。

第五展厅："精神之光 文化沃土"。70 多年的辛勤耕耘，北大荒在创造巨大物质财富的同时，也创造了北大荒精神和北大荒文化。此展厅利用实物、声像、作品、代表人物和文化名人专项陈列等手段，充分展示了 70 多年来北大荒在电影、群众文化、版画、书法、广播电视、新闻出版、摄影、文学等各项艺术事业上取得的丰硕成果。深刻阐释了北大荒文化的独特魅力和区域特色，全面融合了军旅文化、知青文化、本土文化和民族文化，是北大荒精神的最佳载体，在黑龙江文学艺术史上留下了浓墨重彩的一笔。

第六展厅："精神之力 改革前行"。展厅通过大量的图片、图表数据和文件资料，展现北大荒集团以习近平总书记重要指示精神为指引，进一步践行北大荒精神新的时代内涵，全面深化农垦改革、打造"三大一航母"宏伟目标的具体实践，以及北大荒"十四五"和 2035 年的奋斗目标。北大荒努力向"建成现代化大企业全国标杆，真正成为标准的制定者、行业的引领者、三产融合的示范者，向着打造成世界级农业领军企业，进入世界 500 强行列的目标"奋力前行。

作为国家首批三级博物馆，北大荒博物馆还获得多项荣誉，成为全国青少年及社会各界了解北大荒历史、学习北大荒精神的重要平台。自开馆以来，已接待大量国内外参观者，其影响力与日俱增。

红兴隆博物馆（黑龙江）

红兴隆博物馆坐落于原黑龙江生产建设兵团第三师司令部旧址，占地面积 3200 平方米，建筑面积达 2100 平方米，其中用于展览陈列的面积为 1500 平方米，共展出实物 8360 件。博物馆内容精心规划为四个部分：全局概览、历史文化、继往开来、现代农业。

序厅内矗立着一座主题雕塑，生动再现了开发建设北大荒时期五位代表性人物的形象——复转官兵、知识青年、支边青年、科技人员以及现代青年，他们共同构成了北大荒开发建设的历史画卷。雕塑上方镌刻着红兴隆博物馆

红兴隆博物馆

的主题词，引领着参观者进入博物馆的深厚历史与文化氛围之中。

第一部分：全局概览。此部分详尽展示了红兴隆的地理坐标、资源禀赋，包括其独特的地形地貌、丰富的矿藏资源、肥沃的土壤资源、充沛的水资源以及多样的动植物资源。同时，还展示了先民遗存的各类古迹遗址，让参观者能够全面了解红兴隆的自然与人文环境。

第二部分：历史文化。该部分聚焦于红兴隆的文化特色，揭示了其作为军旅文化、移民文化、知青文化与本土文化交融而成的新文化的独特魅力。通过丰富的展品和生动的解说，参观者可以深刻感受到红兴隆文化的深厚底蕴和多元融合的特点。

第三部分：继往开来。此部分展现了北大荒的第二代、第三代人在继承前辈光荣传统的基础上，以新的思维、新的行为准则，在探索现代农业建设道路上的不懈努力和取得的显著成就。他们的奋斗历程和成功经验，为后人树立了光辉的榜样。

第四部分：现代农业。该部分从发展思路、确立目标到现代农业实践三个方面，全面展示了红兴隆历经几代人的辛勤耕耘所取得的骄人成绩。通过现代化的农业技术和装备展示，以及生动的案例介绍，向国内外参观者展现了中国现代农业的壮丽图景和广阔前景。

作为北大荒精神教育基地和省级爱国主义教育基地，红兴隆博物馆每年接待来访者超过 2 万人次，成为传承红色基因、弘扬家国情怀的重要场所。

八五九农场场史馆（黑龙江）

八五九农场场史馆坐落于农场文体活动中心的三楼，始建于 2009 年 3 月，总投资额达 70 万元，展厅面积广阔，达 400 平方米。馆内精心划分为图片展示区、历史文物区及景观沙盘区三大区域，并通过"创业篇、知青篇、发展篇、腾飞篇"等 15 个自成体系的篇章，共展出图片 608 张，实物展品超过 120 件。这些展品生动再现了农场从创立之初的艰辛到逐步壮大，几代拓荒者不懈奋斗与无私奉献的壮丽篇章，全面而深刻地展示了农场自建场以来在社会、经济、政治、文化等多个领域的发展历程。

八五九农场场史馆

八五九农场，这一片曾经的"北大荒"，是由中国人民解放军铁道兵 8509 部队于 1957 年 1 月创建的。历经半个多世纪的沧桑巨变，如今的八五九农场已蜕变成为一座阡陌相连、良田万顷的"绿色米都"。为铭记这段辉煌的历史，农场于 2008 年底面向全社会启动了老照片与代表性物品征集活动，最终从浩如烟海的十万余张图片中精心挑选出一千余张，进行细致的归类与排版。展板总数达到 145 张，均采用国内顶尖的中密度热表板工艺制作，确保了照片的高清晰度与色彩还原度，既便于长期保存，又便于参观者细细品味。

　　场史馆的落成，不仅是对知青文化、军旅文化及北大荒文化深厚内涵的集中展现，更成为了青少年接受北大荒精神教育的重要阵地，每年吸引着约 1300 人次的访客前来参观学习。在这里，尽管一帧帧图片或许已略显模糊，但那份深藏于心的记忆却愈发清晰；尽管一幕幕场景已随岁月流转而变迁，但往昔的奋斗与辉煌依旧历历在目。黑白影像中或许失去了原有的线条分明，却唤醒了人们心中那段遥远的记忆；彩色照片虽不再如当时那般鲜艳夺目，却满载着沉甸甸的情感与故事。

七星农场场史馆（黑龙江）

　　七星农场场史馆建于 2018 年 12 月，展厅面积达 360 平方米，陈列并展出实物 446 件，精心划分为四个展厅，年均接待访客量 1919 人次。该馆旨在全面展现七星农场艰苦奋斗的发展历程、战天斗地的英雄壮举以及无私奉献的光荣传统。

七星农场场史馆

　　场史馆的首厅以雕塑艺术为媒介，生动展现了七星农场的发展历程，这些雕塑不仅凝聚了七星农场领导集体的智慧与决心，更是广大职工群众团结协作、共同奋斗精神的缩影。

七星农场场史馆精心划分为四个展区，依次为"璀璨七星""风雨历程""光辉岁月"以及"腾飞梦想"，每个部分都承载着农场不同历史阶段的重要记忆与辉煌成就。

第一部分：璀璨七星

金属浮雕板块：《荒原三部曲》以震撼人心的金属浮雕形式，细腻刻画了"发现荒原""挺进荒原""开垦荒原"三大篇章，真实而深刻地再现了老一辈垦荒者面对茫茫荒原时所展现出的无畏勇气与英雄气概，令人肃然起敬。

农场沿革板块：此板块详尽梳理了七星农场的历史脉络，从 1956 年 1 月农场初创的艰辛起步，到 1958 年 4 月期间农场建设的初步成型，再到 2018 年 1 月进入改革后的北大荒集团时期，每一个时间节点都标志着农场发展的重要里程碑，展现了农场从无到有、从小到大的壮丽历程。

征战大荒板块：该板块聚焦于七星农场开发建设的历史性时刻——1956 年 1 月，由首任场长李万宝率领的 400 余名勇敢职工，手持农具，毅然决然地迈出了七星开发建设的第一步，他们挥动第一犁，不仅翻开了农场发展的新篇章，更唤醒了沉睡已久的荒原，使之焕发出勃勃生机。这一幕，成为了七星农场历史上不可磨灭的辉煌记忆。

第二部分：风雨历程

知青岁月板块：回溯 1966 年至 1976 年，那是一个激情燃烧的岁月。在这十年里，来自北京、上海、天津、哈尔滨等城市，怀揣着理想与信念的 8000 余名知识青年，积极响应党和毛主席的号召，毅然决然地踏上了上山下乡、屯垦戍边的征途，他们汇聚到七星农场这片广袤的土地上，用青春和汗水书写了属于那个时代的壮丽篇章。这段历史，不仅见证了知青们的成长与磨砺，也深刻烙印在了七星农场的发展历程之中。

第三部分：光辉岁月

自改革开放以来，国家出台了一系列惠民政策和粮食保护价格政策，这些政策的实施极大地激发了农场职工的生产积极性，为农场的发展注入了强劲动力。

水稻强场板块：1983 年，七星农场在四队率先开启了水稻种植的探索之旅，并迅速取得了成功。经过数十年的不懈努力与反复实践，水稻种植面积逐年扩大，产量与效益大幅提高。至 2018 年，水稻种植面积已扩大至 105 万亩，占总播种面积的 86%，年总产量突破 13 亿斤，成功实现了"以稻治涝、以稻富民、以稻兴场"的目标。

钢盔铁甲板块：在农业现代化进程中，七星农场紧跟时代步伐，大力提升农机装备水平。目前，农场农机具保有量已达到 3.8 万台件，并建立了 6 处标准化农机中心，为农业生产提供了强有力的机械化支撑。

绿满七星板块：七星农场在追求经济效益的同时，也高度重视生态环境保护与绿化建设。目前，农场林地面积已达 14.2 万亩，城镇绿化率高达 40%，为职工群众营造了一个宜居宜业的生活环境。

教育事业板块：七星农场学校自 1956 年创办以来，始终秉持教育为先的理念，为农场及周边地区培养了大量优秀人才。作为建三江地区最早建立的学校之一，七星农场学校不仅见证了农场教育事业的蓬勃发展，更为农场的长远发展奠定了坚实的人才基础。

情景再现《兴修水利》：水稻的丰收离不开完善的水利设施作为保障。而七星农场早期的水利建设更是凝聚了无数农场人的心血与汗水。那时，没有先进的机械设备，全靠人力一锄一铲、肩挑手推地完成了水利工程的兴建。这段历史不仅见证了农场人艰苦创业的奋斗历程，更彰显了他们不屈不挠、勇于开拓的精神风貌。

第四部分：腾飞梦想

2018 年 9 月 25 日，习近平总书记莅临农场，对七星农场的现代化大农业建设给予了高度评价。

九三博物馆（黑龙江）

九三博物馆坐落于北大荒九三管理局内，不仅是九三对内教育、对外展示的关键窗口，也是弘扬北大荒精神的重要教育基地，同时被黑龙江省授予关心下一代精神教育基地称号，并作为嫩江市青少年研学基地。

该博物馆始建于 2007 年 9 月，展厅总面积达 1200 平方米，目前展出的实物多达 190 件。博物馆已发展成为集"九三历史展区、九三名人展区及九三大豆品牌展区"三大核心陈列于一体的综合性文化场所，年接待参观者超过 1 万人次。九三博物馆承载着收藏、教育、展示与研究四大核心功能。

九三历史展区位于博物馆二楼，通过丰富的实物、珍贵的照片及详尽的文字资料，生动展现了九三垦区从创立之初的艰辛到逐步壮大的非凡历程。这不仅是一部记录三代北大荒人筚路蓝缕、艰苦创业的壮丽史诗，更是对北大荒在中国乃至世界垦殖史上创造奇迹的开发建设经验的深刻总结。

博物馆二楼的显著位置矗立着农垦事业奠基人——王震将军的铜雕塑像，以纪念他分别于 1954 年和 1957 年对九三的两次重要视察。此外，二楼还陈列着大型雕塑《大荒脊梁》，该作品以震撼人心的艺术手法，展现了数代北大荒人开发建设九三的壮丽图景，是垦区博物馆内最大的雕塑之一。

九三名人展区位于三楼，采用板块介绍的形式，精心选取了 77 位在九三工作、生活过的杰出人物，包括九三垦区的开拓者、各行各业的劳动模范以及知识青年文化名人等，展现了他们为九三发展所作出的卓越贡献。

九三大豆品牌馆位于博物馆四楼，占地面积达 600 平方米。该展区以"专品种、优品质、好品牌"为核心，通过丰富的展示内容，系统讲述了九三大豆品牌的成长历程、发展成就以及未来愿景，充分展示了九三大豆作为优质农产品的独特魅力和市场影响力。

九三博物馆

八五〇军垦开发建设
纪念馆（黑龙江）

八五〇军垦开发建设纪念馆

　　八五〇军垦开发建设纪念馆于 2021 年 6 月，为纪念中国共产党建党 100 周年而落成并正式对外开放。该纪念馆巧妙利用了一座具有 60 年历史的老房子作为馆址，展厅总面积达 1135 平方米，精心布局了一个序厅及九个按照时间顺序划分的展览单元。馆内陈列了包括书信、衣物、纪念章等在内的各类珍贵文物共计 413 件，并设有定期开放日，面向社会公众开放。

　　八五〇军垦开发建设纪念馆充分利用其独特的"红色资源"，旨在通过鉴古知今、资政育人的方式，大力弘扬和培育爱国精神、北大荒精神以及军垦精神。它已成为社会各界群众，特别是青少年进行革命传统教育、爱国主义教育和理想信念教育的鲜活教材与生动课堂。

自开馆以来，纪念馆吸引了众多单位和团体前来参观学习，至今已接待超过 2000 人次，其教育功能得到了显著发挥。目前，纪念馆已被授予北大荒精神教育基地的称号，并成为第一批北大荒党史学习教育的现场教学基地，进一步彰显了其在传承红色基因、弘扬革命精神方面的重要作用。

北大荒开发建设纪念馆（黑龙江）

　　北大荒开发建设纪念馆坐落于黑龙江省密山市当壁镇兴凯湖畔，始建于2001年9月，并于2002年7月竣工后正式对外开放。纪念馆占地面积达1174平方米，是一个集收藏、研究、展示与传播黑龙江垦区开发建设历史及其环境物证于一体的综合性文化场所。

北大荒开发建设纪念馆

　　纪念馆由序厅及五个主题展厅构成，共展出文物与图片近千件，其中包括国家二级文物3件、国家三级文物43件，以及一般文物129件。通过场景复原、微缩景观等现代展示技术，生动再现了以王震将军为代表的北大荒英雄群体，在开发建设过程中的艰辛历程与辉煌成就。

多年来，纪念馆秉承"依托馆藏、教育为本、注重特色"的宗旨，深入挖掘红色资源，发挥其鉴古知今、资政育人的独特作用。通过多种形式的活动，大力弘扬和培育爱国主义精神与北大荒精神，成为社会各界，特别是青少年接受革命传统教育、爱国主义教育和理想信念教育的重要平台。省内众多单位和团体纷纷前来参观学习，特别是研学实践活动的广泛开展，每年都有省内的 2000 余名中小学校师生前来参与，教育功能得到了显著体现。

北大荒开发建设纪念馆

目前，纪念馆已荣获多项殊荣，包括全国爱国主义教育示范基地、全国中小学生研学实践教育基地、全国关心下一代党史国史教育基地等，并被列入全国红色旅游经典景区名录及建党百年红色旅游百条精品线路之中。作为北大荒对外展示的窗口，纪念馆每年接待中外游客超过 20 万人次，其影响力与教育意义日益深远。

北大荒齐齐哈尔博物馆（黑龙江）

北大荒齐齐哈尔博物馆始建于 2008 年 3 月，展厅面积达 400 平方米，陈列着丰富的实物展品共计 843 件，年均接待访客量达 450 人次。该博物馆深刻展现了齐齐哈尔垦区从蛮荒时代到北大荒开发建设的艰辛历程，直至今日所取得的辉煌成就。

第一部分：难忘的艰苦创业岁月。此部分聚焦于嫩江流域深厚的文化底蕴，特别是现代北大荒人书写的壮丽篇章。70 多年前，以转业官兵为主体的农垦先驱们，毅然踏上荒原，面对极端艰苦的环境，他们不屈不挠，创造了我国机械化程度最高的国营农场，为新中国的成立立下了汗马功劳。

第二部分：光荣的拓荒英雄群体。北大荒的开发史是一部英雄史，涌现出无数献青春、献终身乃至献子孙的拓荒者。他们的坚韧不拔，铸就了北大荒精神的豪迈誓言。本部分专门记述了在齐齐哈尔垦区开发建设中涌现出的杰出英雄。

第三部分：丰硕的社会建设成果。北大荒不仅成功开垦了广袤的荒地，为国家提供了大量粮食，还全面推动了农垦社会的建设，在荒原上崛起了一座座新兴的农垦城市。同时，这里也孕育了与物质文明并进的精神文明成果，形成了独特的北大荒精神。

第四部分：辉煌的农业建设成就。在北纬 48 度的高寒地带，北大荒人创造了 40 万亩水稻单产超过 600 公斤的奇迹，以及北方旱作农业的高产高效纪录。他们建设了集农田林网化、农田水利化、耕作机械化、生态良性化、服务社会化、管理现代化于一体的新型垦区，为我国农业现代化树立了典范。

第五部分：奋进中的北大荒马铃薯产业。本部分通过照片、大型沙盘、浮雕、实物等多种展示手段，生动呈现了齐齐哈尔管理局的经济与社会发展历程。展品包括照片、文物及实物共计 800 多件，其中尤为引人注目的是斯大林赠予特级劳动模范郭玉兰的一套唱片机，已被鉴定为国家二级文物，另有 22 件三级文物。展馆内还设有中国第一女子拖拉机队的大型浮雕，描绘开发建设北大荒壮丽图景的浮雕，以及查哈阳灌区、马铃薯产业、生态环境等 3 个大型沙盘。

北大荒齐齐哈尔博物馆不仅是管理局历史的展示窗口，更是传承北大荒精神、进行爱国主义教育的重要基地，被农垦总局授予北大荒精神教育传承基地的荣誉称号。

北大荒齐齐哈尔博物馆

江苏农垦展示厅

　　江苏农垦，源自军垦的辉煌起点，承载着鲜明的红色基因、丰富的历史记忆与深厚的文化底蕴。为全面展现其波澜壮阔的发展历程与卓越成就，传承并弘扬农垦精神，树立企业形象的新标杆，集团公司党委高瞻远瞩，决定筹建江苏农垦展示厅。历经一年多的精心策划与筹备，涵盖文案撰写、史料搜集、展品征集、展陈设计、展项制作及现场施工等各个环节，该展示厅于2020年1月2日盛大揭幕，正式对外开放。

江苏农垦展示厅

　　江苏农垦展示厅坐落于江苏省农垦集团有限公司总部大楼的 19 层，展厅面积约 360 平方米，现有实物展品 10 余件，年均接待访客达 450 人次。展示厅以时间为脉络，紧扣重大历史事件，巧妙融合文字叙述、图片展示、视频播放、投影技术、实物陈列及雕塑艺术等多种表现手法，辅以声光电等现代科技手段，实现了历史与现实的交织、外延与内涵的并存、传统与现代的完美融合，生动、简约而全面地勾勒出江苏农垦从创业到改革，再到发展的壮丽篇章。

陈展内容精心划分为"序篇""创业篇""改革开放篇""展望篇"4个部分。

序篇。主要集中展示了毛泽东主席签发的历史性命令，以及习近平总书记对农垦改革发展的重要指示精神，同时回顾了党和国家领导人、省委省政府领导对江苏农垦事业发展的深切关怀与支持，通过图片与视频资料，展现其深厚的政治背景与社会影响。

创业篇。主要围绕创建初期的艰辛岁月，从兵团时代、知青岁月、社会事业等多个维度，生动再现了江苏农垦人艰苦奋斗、锐意进取的创业历程，彰显其不屈不挠的精神风貌。

改革开放篇。主要聚焦改革开放以来的重大变革，从改革改制、开放合作、经济建设、民生改善到党群工作，全方位展示了江苏农垦在新时代的崭新面貌与蓬勃生机，体现了其勇于创新、敢于担当的时代精神。

展望篇。展望未来，集团公司党委秉持初心使命，积极响应习近平总书记的号召，坚决承担"国家队、示范区、排头兵"的重任，描绘出打造中国现代农业"江苏号"航母的宏伟蓝图，展现了对未来发展充满信心与期待的美好愿景。

农建四师暨淮海农场历史陈列馆（江苏）

农建四师暨淮海农场历史陈列馆总占地面积达 1.33 万平方米，建筑面积为 3400 平方米，其中陈展面积 2200 平方米。馆内藏有展品 2219 件，年均接待参观者超过 9000 人次。

享有"江苏农垦摇篮"美誉的淮海农场，是江苏农垦事业的发源地，承载着深厚的军垦传统文化和历史底蕴。1952 年 2 月 2 日，毛泽东主席以中央军委的名义发出命令，要求中国人民解放军中的 15 个师投身于农业建设。同年 4 月 20 日，中国人民解放军步兵第一〇二师改编为中国人民解放军农业建设第四师，从苏北海门、启东江海防前线开赴五岸六垛、黄海之滨，开始了屯垦戍边、生产待命、建设农场的历程，从而拉开了江苏大规模开发国土资源、发展农垦事业的序幕。

一〇二师是一支拥有光荣传统的英雄部队，曾在抗日战争和解放战争中屡建奇功，并参与了著名的淮海战役。为生动再现江苏军垦历史，推动企业文化建设，2009 年 10 月，江苏省农垦集团公司党委批准在原农建四师办公旧址上配套建设农建四师暨淮海农场历史陈列馆。该馆于 2010 年 7 月完成一期工程并对外开放；2018 年 10 月，二期工程竣工并对外开放；2022 年 1 月，三期工程竣工也正式对外开放。自开馆以来，陈列馆已获批成为盐城爱国主义教育基地、国家 3A 级旅游景区等。

场馆按时间脉络划分为四个主题展馆："历经沧桑，屯垦戍边"（1952—1955）、"上下求索，曲折前行"（1956—1977）、"开拓奋进，走向繁荣"（1978—2018）以及"廉政馆"。此外，还设有情景再现、游客互动体验区和纪念广场三大功能区。陈列馆内收藏了大量珍贵的图文史料，通过征集军垦

农建四师暨淮海农场历史陈列馆

老前辈们的旧物、书画、照片、证件、日记、奖状等文物，深入挖掘其背后的深刻内涵、纪念价值和意义，全面展示了农建四师陈列馆的建立意义、历史地位、文化价值和社会作用。馆内主要通过图片、文字、史料、实物、雕像、录像资料等形式，结合声光电和多媒体技术，生动再现了建场初期艰苦创业的壮丽场景。陈展中的两大亮点格外引人注目：

1. 纪念碑。1992年4月20日，值建场40周年之际，省政府在原农建四师师部办公旧址前矗立起"农建四师纪念碑"。碑名由江苏省军区第一政委江渭清亲笔题写——"中国人民解放军农业建设第四师纪念碑"。这座汉白玉雕像纪念碑上，一名全副武装的解放军战士昂首挺立，身背钢枪，一手高举洋镐，一手指向脚下的土地，背后是茅草、芦苇，生动地再现了战士们大无畏的革命精神和开发大草滩的豪迈气概，表现了"屯垦戍边、开荒建场"的壮丽场景。雕像人物高达3.5米，底座高1.5米。

2. 大门与门楼。为真实再现农建四师办公旧址的原貌，陈列馆依据历史照片中的农场师部大门，按一比一的比例进行了复原。五星门楼巍然耸立，成为了陈列馆的重要标志。

安徽农垦博物馆

安徽农垦博物馆坐落于农垦集团公司办公楼五层，展厅总面积达 1800 平方米，精心陈列了 237 件实物展品。陈展共分为 9 个部分，分别为序厅、第一展厅（艰苦创业）、第二展厅（峥嵘岁月）、第三展厅（当代风采）、第四展厅（展望未来），以及领导关怀、荣誉展厅、综合展厅及尾厅。

博物馆巧妙运用图文、影像资料、实物展品及模型等展示方式，通过点面结合、虚实交融、动静相宜的布展手法，全面生动地再现了安徽农垦 70 多年来的创业艰辛、改革发展取得的辉煌成就，并描绘了未来的美好愿景。展

安徽农垦博物馆

览内容丰富多彩，既有开荒拓土的壮阔场景与英雄人物的感人事迹，也有普通农垦职工的辛勤身影；既有各级领导对农垦事业的深切关怀与重视，也有农垦系统荣获的各类荣誉奖项；既涵盖了重点产业的详细介绍，也展现了现代化生产的最新成果；同时，还通过微缩模型再现了民生工程的实施情况，以及抗洪抢险等紧急时刻的英勇场景。

整个展览以"艰苦奋斗、勇于开拓"的农垦精神为主线贯穿始终，生动展现了安徽农垦人不懈奋斗、勇于探索的感人事迹与壮丽篇章。

自开馆以来，安徽农垦博物馆受到了社会各界人士的广泛关注与高度评价，年均接待参观者超过 1000 人次。安徽农垦博物馆不仅成为了安徽农垦爱国主义教育和农垦历史、农垦精神传承的重要基地，还成为了社会各界深入了解安徽农垦过去、现在与未来的重要窗口，更是推动安徽农垦精神文明建设的宝贵平台与重要载体。

桑海集团场史馆（江西）

　　1957年，一支由江西省直属机关、九江地区干部、转业军官及众多志愿者组成的垦荒队伍，积极响应党的号召，踏入新祺周这片红壤丘陵地带，共同创立了江西桑海集团的前身——国营江西蚕桑综合垦殖场。垦荒者们高举"艰苦奋斗、开拓创业"的旗帜，奇迹般地实现了"五个当年"——当年建场、当年栽桑、当年养蚕、当年缫丝、当年织绸，构建起从栽桑到织绸、印染的完整产业链，成为全国首屈一指的农工商一体化联合丝绸企业，并荣获国务院嘉奖，使"桑海"之名享誉国内外。

　　建场以来，桑海的建设与发展始终得到老一辈革命家、党和国家领导人及各级领导的深切关怀与大力支持。其中，中共中央副主席、全国人大常委会委员长朱德更是3次亲临视察。60余载春秋，集团有幸迎来包括4名正国级、7名副国级在内的众多高层领导莅临指导，同时，也吸引了来自越南、德国、新西兰等近20个国家的友好访问团前来考察交流。

　　岁月流转，桑海垦荒者以青春、终身乃至子孙为代价，代代相传，无私奉献，用汗水与智慧书写了桑海辉煌的历史篇章。时至今日，第二代、第三代垦荒者继续秉承先辈遗志，砥砺前行，在资源保护、利用与开发上不断探索，推动生态经济与循环经济的发展，形成了以医药为主导的多元化经营格局，并积极推进"中医药科创城"建设，为赣江新区的发展、生态文明建设的推进作出了积极贡献，开启了企业改革开放的新篇章。

　　为铭记历史，镌刻辉煌，弘扬精神并启迪后人，在集团成立60周年之际，集团党委决定筹建桑海集团场史馆。全面展现桑海集团60周年的发展历程，并将其打造成为展示集团沧桑巨变与辉煌成就的重要窗口。场史馆占地面积 1100 平方米，陈列实物展品 40 余件，年均接待访客量 560 人次。馆内共分为 4 个部分。

第一部分：艰苦创业（1957—1989 年）。回顾在省委、省政府号召下，全省干部群众投身垦荒事业的初期历程，以及国营江西蚕桑综合垦殖场的创立与发展。

第二部分：初创时期（1957—1966 年）。展现建场者们在极端艰苦条件下，自力更生、艰苦奋斗，迅速实现垦荒、栽桑、养蚕、缫丝、织绸"五个当年"目标的壮举。

第三部分：发展时期（1978—1989 年）。介绍党的十一届三中全会后，桑海集团抓住历史机遇、实现全面发展的历程，特别是场办工业的蓬勃兴起与经济体制改革的重大突破。

第四部分：开拓创新（1990—2021 年）。总结 20 世纪 90 年代以来，桑海集团在组建企业集团、设立经济技术开发区、实现行政级别提升及企业改制等方面的重大举措，展现其在新时代的快速发展与持续创新。

桑海集团场史馆

大茅山农垦馆（江西）

　　大茅山农垦馆以"看得见山水，留得住乡愁"为核心布展理念，展厅总面积达 700 平方米，陈列实物展品 2130 件，年均接待访客量达 5 万人次。

　　农垦馆内藏有三大镇馆之宝：其一，是以瓷板画形式精心呈现的 1962 年 3 月朱德委员长视察大茅山的珍贵历史瞬间；其二，是 1958 年 12 月大茅山垦殖场荣获的由国务院总理周恩来亲笔签署的奖状原件；其三，则是书画家启功为大茅山题写的墨宝。农垦馆划分为三大展厅。

　　第一展厅。全面概览了大茅山波澜壮阔的发展历程与深刻变革。这里不仅展示了文人雅士为大茅山创作的诗词佳作，还陈列了大茅山荣获的各类重要奖状与证书。特别设置的"红色记忆走廊"，精选了 8 位与大茅山紧密相连的著名革命先辈，如革命烈士方志敏、粟裕、邵伯平、刘永祝等，他们在这

大茅山农垦馆

片土地上留下的英勇战斗足迹，令人肃然起敬。

第二展厅，即主展厅。分为 4 个主题板块：艰苦创业、奋勇向前、辉煌发展、绿色崛起。这一展厅通过详尽的史料与实物，展现了当年上山干部与转业军官名录，正是这些"大茅山人"发扬不畏艰难、勇于开拓的精神，书写了大茅山历史的新篇章。

第三展厅。聚焦于友好交流，生动记录了建场 70 年来，大茅山与国际友人、科研单位及文艺团体之间的深厚情谊与密切合作，通过一系列珍贵照片，展现了双方交流互动的温馨瞬间与丰硕成果。

黄泛区农场场史馆（河南）

黄泛区农场场史馆坐落于黄泛区农场建场路 289 号，其布局南北长 166 米，东西宽 68 米，占地面积达 11288 平方米，其中展厅面积约为 1065 平方米。馆内实物展品多达 4000 件，年均接待访客量达 2 万人次。1958—1996 年，这里曾是黄泛区农场场部办公的重要区域。院内古木参天，法桐与银杏等历经 60 余载春秋，枝叶繁茂，为访客提供了一片凉爽的绿荫。经过精心修缮，秉持"修旧如旧"的原则，场史馆于 2015 年 5 月正式对外开放，成为一处热门的文化参观地，众多单位选择在此举行入党、入团、入队宣誓仪式及主题教育活动。

场史馆大门朝北，门楣之上镌刻着熠熠生辉的金色大字——"河南省黄泛区农场场史馆"，彰显其庄重与辉煌。大门两侧，分别镌刻着"艰苦奋斗、勇于开拓"与"爱岗敬业、争创一流"的标语，深刻诠释了黄泛区农场的精神内核。

进入场史馆，首先映入眼帘的是"奋进园"，中央矗立着周恩来总理与垦荒者的巨型雕塑，其基座正面简述了黄泛区的历史背景与变迁，背面则镌刻着"沧桑巨变"四个大字，引人深思。雕塑西侧，是"周总理决策建农场"的群体雕塑，生动再现了 1950 年 12 月周总理决策建立农场的历史瞬间；雕塑东侧，则是一条文化长廊，绿树环绕，长廊上挂满了农场建场 70 余年来的珍贵照片，记录着农场的发展历程。

从沿"福满路"向南，沿途设有 5 个以苹果为造型的巨型门饰，每个门上均绘有粮食作物的图案，既象征着农场的丰收与繁荣，又寓意着平安与吉祥。路旁，二十四节气石牌错落有致，不仅展示了中国传统农耕文化的精髓，

黄泛区农场场史馆

也凸显了农场深厚的农业底蕴。

　　场史馆内设 9 个展厅，依次为序厅、艰难创业厅、日新月异厅、硕果累

黄泛区农场场史馆

累厅、农场情怀厅、和谐农场厅、农场产业厅、示范引领厅及未来展望厅。展厅内展品丰富多样，从垦荒队员的老照片、笔记本、奖状到各个时期的劳动工具、生活用品，再到珍贵的音像资料，每一件展品都承载着农场的历史记忆与辉煌成就，生动展现了农场从艰苦创业到繁荣发展的壮丽篇章。

此外，场史馆西南区域设有鉴畅园，内置粮仓、粮囤、马车等微缩景观；而东南区域则展示了不同时期的农业机械与交通工具，如拖拉机、吉普车、小轿车等，让人仿佛穿越时空，感受农场发展的脉搏。展室周围，黄泛区大事牌林立，时刻提醒着人们铭记历史、勇往直前。

目前，黄泛区农场场史馆已被授予周口市社科普及基地、市中小学档案教育社会实践基地及省爱国主义教育示范基地等荣誉称号，并于2020年6月被周口市人民政府列入历史保护建筑名单，成为传承历史、弘扬精神的重要场所。

半壁山农场纪念馆（湖北）

　　1970 年前后，邮电部与电信总局调派了 1700 名人员前往阳新县的半壁山农场，共同创办了"五七"干校。他们在这片土地上开垦了超过 5000 亩的农田，并新建了 36 栋红砖瓦房，总面积达 7600 平方米。此外，还建造了 2 座仓库以及电力排灌站、自来水厂、养猪场各 1 座，并增设了医院和学校等设施。然而，到了 1971 年 12 月，大部分"五七"战士迁往河南，仅

半壁山农场纪念馆

有少数人员继续留在当地，并创立了536厂。在这些"五七"战士中，不乏杰出人物，如当年的邮电部部长王子纲，著名邮票设计专家、《全国山河一片红》作者万维生和后来设计了《猴》票的邵柏林，还有中国邮电出版事业的奠基人秦寄萍，以及众多干校人的子弟。他们投身于半壁山的生产劳动，参与围湖造田、建设电力排灌站、自来水厂、学校和医院等项目，用青春和汗水为半壁山的发展注入了生机与活力，这些贡献至今仍惠及当地的生产生活。

"五七"战士们的到来，不仅带来了物质上的帮助，更带来了前所未有的文明之风，悄然间影响了当地人的思想观念和价值取向。然而，随着社会经济的不断发展，许多"五七"干校的房屋已被拆除或改建，目前仅遗留下邮电医院、学校、自来水厂、电力排灌站、仓库以及部分"五七"式红砖瓦房。

为了铭记这段历史，2015年，由邮电部原"五七"战士、现任清华大学建筑学院院长秦佑国设计，半壁山农场在"五七"干校旧址上修建了一座两层红砖瓦房——邮电部"五七"干校纪念馆。该纪念馆展厅面积达400平方米，展示了570件实物，年均接待访客达2万人次。

洞庭湖农垦博物馆（湖南）

　　洞庭湖农垦博物馆始建于2014年12月，并于2015年9月正式对外开放。最初命名为西洞庭管理区农垦博物馆，后于2021年经省农委批准更名为洞庭湖农垦博物馆。博物馆坐落于常德市西洞庭管理区龙泉街道办电力路，占地面积约1080平方米，其中展示面积达400平方米，共收藏展品3782件套，年均接待观众约3.5万人次。博物馆巧妙融入区文体广新局综合大楼之中，一层为入口区，二层则是展示厅，整体建筑风格洋溢着浓郁的农垦文化气息。

洞庭湖农垦博物馆

西洞庭因坐落于洞庭湖西畔而得名，其前身可追溯至 1955 年创建的湖南省国营西洞庭农场。农场职工来自全国 23 个省、205 个县，涵盖 11 个民族，共同铸就了深厚的农垦底蕴，逐步形成了贸工农一体化的产业体系。农场于 1978 年荣获全国农垦系统先进单位称号，2000 年 9 月改制为常德市西洞庭管理区。此后，该区相继获得多项荣誉与认定，包括市级食品工业园、国家现代农业示范区等，全区总面积 110 平方公里，人口约 6.8 万。

自 1955 年农场成立以来，西洞庭人民以勤劳、勇敢和智慧，将昔日的荒滩湖泊开垦成为一片生机勃勃的田园。他们不仅创造了土地平整、道路纵横、树木成行、水渠相连的现代农业示范区，还通过外引内联，以农业为基础，工业为主导，积极发展第三产业，实现了经济实力的显著增强和城乡面貌的日新月异。

洞庭湖农垦博物馆的陈列分为 4 个部分，共设 2 个展室，按照农垦历史发展的时间脉络，生动展现了湖湘农垦文化的独特风貌。从围垦初创的艰辛奋斗，到青春绽放的激情岁月；从改革开放的春风拂面，到改制转型的崭新篇章，每一部分都承载着西洞庭人民不懈追求与奋斗的足迹。

一、围垦初创（1954—1965）

建场初期，农场遵循既定规划，同步推进开荒、生产、建设与改造，逐步构建了农业生产旱涝保收的坚实基础。同时，场办工业也开始起步。文化、教育、卫生、商贸及社会事业等各项服务设施从无到有，逐步完善，初步确立了农场既经营企业又承担社会职能的农垦企业管理体制。

二、青春绽放（1966—1976）

1966 年，中国农业科学研究院在西洞庭农场设立了中南分院，标志着农业科技力量的增强。进入 1970 年后，农场经济步入稳步发展轨道，通过强化内部管理，场办工业得到巩固与壮大。此外，农业生产条件也进一步优化，土地田园化、渠系棋盘化格局初步形成。农业科技、交通运输、文化教育等领域均取得显著进步。同时，来自长沙、湘潭、常德、湘西等地的知青纷纷插队落户，为农场经济发展注入了新的活力。

三、改革开放（1977—2000）

党的十一届三中全会以来，农场在多个领域进行了广泛而深刻的改革，包括领导体制、财务体制、计划体制、农业体制、工业体制以及教育、退休、住房、殡葬等社会制度。这一系列改革推动了农场经济结构的深刻调整，初步构建了以贸易为引领，工业为主导，农业为基础的贸工农一体化经济格局。农场经济实力迅速提升，社会事业蓬勃发展，面貌焕然一新。

四、改制转型（2001—2014）

2000年9月，农场顺利完成改制，成为湖南省常德市西洞庭管理区。至2014年，管理区相继获得市级食品工业园、国家现代化农业示范区、省级工业集中区、省农业科技示范园等荣誉。管理区不断深化管理体制、工业体制及干部人事制度改革，坚持农业与工业并重，大力发展第三产业，全面推动新农村建设、小城镇建设及食品工业园建设。经济实力显著增强，城乡面貌发生巨大变化，社会事业全面发展，人民生活水平稳步提高，西洞庭迎来了历史上最为辉煌的时期。

洞庭湖农垦博物馆先后荣获常德市社科普及教育基地、区级爱国主义教育基地、区级未成年人思想品德教育基地以及常德市中小学生研学实践教育基地等多项殊荣。

洞庭湖农垦博物馆已俨然成为西洞庭地区的一张亮丽名片，不仅是一部活生生的历史教科书，更是一幅栩栩如生的农垦文化长卷，它不仅是展示西洞庭丰富文化底蕴的主要平台，也是外界了解西洞庭、宣传西洞庭的重要窗口。洞庭湖农垦博物馆在提升西洞庭的文化内涵，推动当地文化旅游业和区域经济的蓬勃发展，以及助力构建和谐社会等方面，均发挥着不可估量的积极作用。

洞庭湖洲垸文化博物馆（湖南）

沅江市洞庭湖洲垸文化博物馆于 2018 年 12 月正式成立，并于次年 1 月获得湖南省文物局的正式批准。洞庭湖洲垸文化博物馆依托拥有近 60 年历史的原茶盘洲糖厂厂房改建而成，目前设有 2 处展区，总面积达 2600 平方米。博物馆内收藏了与洞庭湖区人民生产生活相关的各类物品近万件，年均接待访客超过 3000 人次。博物馆现已成为洞庭湖洲垸民俗文化的重要展示窗口，并荣获湖南省文物保护利用创新发展百佳案例及湖南省粮食安全宣传教育基地等称号。

博物馆的藏品丰富多彩，涵盖了湖区人民早期的生产生活用具、老式农业机械、广播电影电视器材、湖区堤垸建设的珍贵影像资料；还有缝纫、理发、照相、纺织、木工、打铁等传统手工艺制品；近代男女服饰；抗日战争时期的物品及红色收藏；老油灯、老电话机，以及农场建场和知青下放时期的老照片等。这些藏品从不同角度展现了洞庭湖区人民农耕渔猎等生产生活场景，以及该地区文明发展的历史进程。

茶盘洲农场糖厂自 1971 年建设以来，历经半个世纪的沧桑变化，见证了农垦人和知识青年的辛勤付出，为当时社会经济的发展、人民物资供应的保障及就业渠道的拓宽作出了巨大贡献。然而，1998 年因经营不善，糖厂最终宣告破产。

尽管岁月流转，糖厂建筑作为历史的见证，依然被完整地保存下来，其独特的历史风貌吸引着众多怀旧者前来探访，回忆往昔的辉煌岁月，唤起他们的乡愁情感。特别是洞庭湖洲垸文化博物馆自成立以来，结合工业遗址与丰富的工农业文物展览，更是吸引了络绎不绝的参观者。这些工业遗址和历史文物不仅展现了湖区洲垸的特色文化，也深刻反映了社会主义建设早期湖区洲垸社会生产力的发展状况。

　　茶盘洲农场糖厂的老厂房、老宿舍、老食堂等建筑，以其独特的六七十年代建筑风格，展现了那个时代特有的生产方式和建设要求。高耸的大烟囱、宽大的桁架等工业元素，无不诉说着那个时代的故事。这些工业遗址不仅是物质财富的传承，更是精神的象征，它们承载着老一辈茶盘洲人及下乡知青的农垦情结和人文情怀，是两代人美好记忆的浓缩。它们如同一部生动的农垦奋斗史，激励着后人不断前行，勇攀高峰。

洞庭湖洲垸文化博物馆

红星农场博物馆（广东）

　　广东农垦红星农场有限公司始建于 1952 年，隶属于广东省湛江农垦集团有限公司，下辖 8 个管理区及 19 个生产队，人口总数约 4300 人，其中在职职工 536 人，离退休人员达 1614 人。农场拥有土地总面积 7.2 万亩，实际经营面积 5.2 万亩，主营业务聚焦于甘蔗与菠萝的种植。

红星农场博物馆

　　红星农场不仅承载着丰富的农垦文化与知青文化，还致力于这些文化的保护与传承。为铭记前辈们的艰苦创业精神，激励后代在新时代继续奋斗，同时促进红色文化与特色小城镇建设的融合，推动农文旅结合，助力乡村振兴，农场已累计投入超过 4000 万元，成功打造了星湖公园、星湖长廊、民宿及交易中心等一系列民生项目。此外，农场还通过场友集资 20 多万元，建立了"党建文化展厅",深度挖掘并展现农垦情怀、红色教育及军垦、知青文化的独特魅力,特别是大力宣传"共和国勋章"获得者李延年的先进事迹,让红色文化深入人心。

2020年,农场精心策划并建成了以"党的光辉照红星"为主题的党建文化展厅,该展厅由"广州军区生产建设兵团七师十四团纪念馆"与"广东省红星农场博物馆"两部分组成,总面积达360平方米。展厅采用单循环封闭式布局,巧妙运用多媒体技术、图片等多种形式,生动展示了中国共产党从"一大"到"十九大"的光辉历程、"五强五化"示范党组织的建设成果,以及"共和国勋章"获得者李延年的先进事迹,旨在让参观者在共鸣中传承精神,在体验中升华情感。

广东省红星农场博物馆分为五大篇章:开垦篇(挥洒热血,铸就丰碑)、华侨篇(赤子之心,情深意重)、知青篇(青葱岁月,记忆永存)、建设篇(万象更新,砥砺前行)、未来篇(携手并进,共绘蓝图)。博物馆共展出280件展品,其中230件为原件,包括农场职工及场友捐赠的生产工具、生活用品、历史图片等珍贵物品。这些展品生动再现了老一辈农垦人在党的领导下,艰苦奋斗、将荒原变为良田的壮丽史诗,以及他们传承的红色基因和创造的

红星农场博物馆

不朽业绩。2021年1月5日，农场"两馆"被湛江市授予"湛江市中共党史教育基地"称号。

党史学习教育开展以来，农场公司积极组织各支部党员及职工群众参观学习，截至2021年底，已举办13场次活动，参与人数约400人次。作为湛江市重要的党史教育基地，红星农场博物馆吸引了超过300个单位、10000多人次前来实地参观学习。

2021年12月，广东省农垦总局从红星农场博物馆精选了20多件具有代表性的展品，包括重要物品原件、李延年同志的照片及各类证件原件和复印件等，用于举办农垦特色展厅，让农垦文化、知青文化及归侨文化的魅力跨越农场界限，向更广泛的观众群体展示红星农场的故事。

广西农垦展示馆

　　广西农垦展示馆作为庆祝中国共产党百年华诞及广西农垦建垦 70 周年的标志性项目，于 2021 年 10 月 27 日正式落成并对外开放。展示馆占地面积约1390 平方米，精心陈列了 450 件实物展品，以"传承红色基因、牢记初心使命"为核心主题，巧妙划分为序厅、忆往昔、看今朝、启宏图四大展区。通过综合运用文字、图片、视频、投影、实物展示、雕塑艺术以及声光电等现代科技手段，展示馆不仅实现了历史与现实的交织，传统与现代的融合，更以全面、系统、客观、准确、生动且简约的方式，生动再现了广西农垦自成

广西农垦展示馆

立以来的创业艰辛、改革历程与发展成就，对弘扬农垦精神、激励后人具有深远意义，成为广西农垦的一张璀璨文化名片，年均接待访客上万人次。

　　展馆入口处的"开垦第一犁"群雕作为展馆的标志性雕塑，生动再现了建垦初期以解放军官兵、南下干部、大学师生为代表的农垦先驱们，积极响应国家号召，投身南疆、化剑为犁、屯垦戍边的壮丽场景，象征着广西农垦自诞生之日起便肩负着国家使命，始终坚守红色基因，为国家战略物资保障贡献力量。

　　序厅，通过精炼的文字叙述与时间轴展示，系统梳理了广西农垦的基本概况及其建垦以来管理体制的深刻变迁。同时，利用照片画轴这一独特形式，生动再现了历代党和国家领导人对农垦事业的深切关怀，以及国家部委与地方各级领导频繁视察、调研、指导广西农垦的珍贵瞬间，展现了农垦事业在国家发展大局中的重要地位。

　　"忆往昔/峥嵘岁月"展厅，以广西农垦波澜壮阔的发展历程为主线，深情回顾了从1951年创建至2015年的光辉岁月。这一时期，广西农垦在种植橡胶、安置归侨及库区移民、推动社会事业发展、深化体制改革及促进产业发展等方面取得了举世瞩目的成就。特别是面对新中国成立初期的严峻挑战，广西农垦积极响应党中央号召，在华南地区建立天然橡胶生产基地，为国家经济安全作出了重要贡献。展厅中的"农垦大家庭"篇章，深情讲述了军垦战士、知青、归侨、移民等群体在农垦屯垦戍边、种植橡胶、发展生产中的感人故事，展现了他们不畏艰难、勇于开拓的精神风貌。同时，"产业奠基""体制创新"及"社会担当"等部分，也全面展示了广西农垦在工业化初创、管理体制创新及履行社会责任等方面的辉煌历程。

　　"看今朝/革命重塑"展厅，则聚焦于广西农垦在"十三五"时期的辉煌成就。这一时期，广西农垦在党建引领、垦区集团化、农场企业化改革等方面取得了显著进展，成功打赢了思想攻坚、改革攻坚、发展攻坚、脱贫攻坚和形象重塑"五场硬仗"，实现了集团的重塑与升级。展厅通过丰富的图文资料和实物展示，生动再现了广西农垦在推进现代农业示范区建设、产业转型升级、延伸产业链等方面的积极探索与实践，以及其在打造现代一流食品企业过程中的不懈努力与坚定决心。

　　"启宏图/锦绣前程"展厅，则是对广西农垦集团"十四五"发展规划的全面展望。展厅从发展定位、发展目标和发展路径三大板块入手，系统阐述了广西农垦集团在未来发展中的战略构想与宏伟蓝图。为积极响应自治区政府的决策部署，广西农垦集团将坚持以"绿色、健康、养生"中高端食品为发展方向，努力构建"从田间到餐桌"的全产业链体系和食品供应体系。同时，集团还将积极面向全国、东盟乃至更广阔区域开拓市场，致力于成为广西食品产业链供应链的领军企业、食品产业安全发展的排头兵以及城乡居民食品供应和服务保障的主力军。在发展目标方面，广西农垦集团明确提出到2025年力争实现营业收入1000亿元的目标，并计划在2030年全面建成"五个一流"的现代一流食品企业航母，为全区乡村振兴事业贡献更大力量。

广西农垦展示馆

广西军区生产师师部旧址展示馆

广西军区生产师师部旧址展示馆坐落于风景秀丽的广西农垦东方农场之中，展示馆在原广西军区生产师师部旧址既有建筑的基础上进行修缮与扩建，展厅总面积1350平方米，馆内陈列实物展品35件，年均接待1300人次。

展示馆重点介绍了广西军区生产师成立的深远背景及其波澜壮阔的历史变迁。它详细记录了1970年10月这一重要时刻，广西军区生产师应运而生，由一群满怀理想的南下干部、知识青年、英勇的解放军战士以及归侨侨眷共同组成。在极端艰苦的环境下，他们凭借坚韧不拔的意志，将荒芜之地转化为郁郁葱葱的橡胶园，更是在北纬17度线以北的地区成功种植橡胶，创造了令世界瞩目的奇迹。

展示馆沿着时间脉络，逐一呈现了广西军区生产师在各个历史阶段所经历的关键事件。初创之时，生产师下辖6个团及6个直属营，肩负着党中央"建立华南橡胶生产基地"的重大战略使命。军垦战士们不畏艰难，披荆斩棘，从开垦荒地、搭建房屋、建立营地，到大规模种植橡胶，每一步都凝聚着他们的汗水与智慧。

此外，展示馆还展示了生产师在推动社会全面发展方面的卓越贡献。他们不仅建立了小学、初中、高中共230余所，为当地教育事业奠定了坚实基础，还兴办了罐头加工厂、大修厂、医院等一系列工作、生活、学习设施，使得农场逐渐发展成为了一个功能完备、自给自足的小型社区，展现了军垦战士们不仅在军事上英勇无畏，在社会建设上也同样功勋卓著。

东方农场工人割胶归来

广西军区生产师师部旧址展示馆

海南农垦博物馆

海南农垦博物馆

　　海南农垦博物馆于2011年2月正式建成并对外开放，主体为海南农垦博物馆，辅以海垦知青博物馆和天然橡胶博物馆，共同构成了一个集三大主题于一体的国有行业博物馆。博物馆坐落于海南省海口市滨海大道103号财富广场，展厅总面积达4800平方米，馆内设有序厅、丰碑颂、军垦志、赤子心、知青情、海垦魂、改革潮、关怀篇等八大主题展厅，并特别设立了一个互动教育区，全年免费向公众开放，年开放时间超过300天。

　　博物馆内现有藏品共计16008件（套），其中一级文物2件（套），二级文物46件（套）。这些珍贵的文物见证了以中国人民解放军官兵、复转军人、归国华侨、知识青年、社会民工及科技人员为代表的英雄群体，在海南农垦这片热土上艰苦奋斗、勇于开拓的光辉历程。博物馆艺术性地再现了海垦人如何在北纬18度线以北地区成功大面积种植天然橡胶，最终建成中国最大的天然橡胶生产基地的壮举。70余年的发展历程中，海南农垦为国防工业、国家经济建设及海南的开发建设作出了不可磨灭的贡献。

博物馆通过丰富的文物文献、图片展示，结合场景再现、沙盘模型、电子互动屏以及幻影成像影片等现代科技手段，为参观者提供了一场集历史回顾、知识获取与精神文化熏陶于一体的全方位体验，年均接待游客达6万人次。

海南农垦博物馆已荣获并挂牌13项重要基地称号，包括但不限于全国科普教育基地、中国华侨国际文化交流基地、海南省爱国主义教育示范基地等，充分彰显了其在科普教育、文化交流、党性教育及历史传承等多方面的价值。2016年博物馆被中国科协授予"优秀全国科普教育基地"称号，成为海南省内唯一获此殊荣的单位；2020年，经中国博物馆协会评定，确认为国家三级博物馆；2021年，更是入选了由文化和旅游部联合多部门推出的"建党百年红色旅游百条精品线路"，并作为海南省红色旅游的重要景点之一，受到广泛关注和赞誉。

海南农垦博物馆

贵州茶文化生态博物馆（贵州）

贵州茶文化生态博物馆依据贵州省湄潭茶场的历史脉络分为 3 个分馆，各馆均在原有建筑基础上进行布展，保留了历史的痕迹与韵味。

中央实验茶场纪念馆。位于义泉万寿宫，这一历史悠久的建筑内，始建于 2013 年，原名"民国中央实验茶场纪念馆"。作为贵州茶文化生态博物馆的重要组成部分，它专注于纪念中央实验茶场落户湄潭的历史。纪念馆不仅涵盖了原茶场的办公、科研、加工区域，还扩展至水府祠，总占地面积达 1260 平方米。通过图片、文字、实物及场景复原等多种手段，生动展现了中央实验茶场在湄潭的设立背景、日常运作及生活场景。展览内容细分为"前言""抗战时期的中国经济""中国茶叶第一提案"等八大板块，共含 18 个单元，展出实物逾百件，图片超过 150 张，为访客提供了丰富的历史信息与视觉体验。

茶工业博物馆。位于湄潭茶场制茶工厂的旧址，同样始建于 2013 年，后于 2018 年更名为"中国茶工业博物馆"。该馆占地面积广阔，约 25300 平方米，是展示贵州茶工业发展历程、机具演变及湄潭茶场制茶工厂旧貌的专馆。馆内设有综合陈列室、机具馆、多个制茶车间展厅及品茗室等，通过实物展示、场景复原结合图文介绍，全面呈现了茶工业的发展历程。特别是红茶精制车间内保存完好的全套木制红茶生产线，以及绿茶初制、机修、精制车间的全套生产线，均为全球罕见，极具历史价值。展陈实物超过 300 件套，图片超过 200 张。

茶史陈列馆。位于湄潭茶场打鼓坡分场场部旧址，始建于 2017 年，原名"象山茶史陈列馆"。该馆专注于展示象山茶叶的悠久历史，占地面积约 1000

平方米。展览内容分为图文展厅、室内实物场景复原及室外展板 3 大部分，通过"前言""底蕴象山"等 5 个章节，结合图片、文字、文献影印件及实物复原，深入剖析了象山茶文化的深厚底蕴。此外，室外展板还突出了"中华茶文化名山"与"贵州茶叶第一县"的荣誉，进一步彰显了象山茶的历史地位。馆内展陈实物与复制品共计 60 余件，图片超过 240 张。

此外，贵州茶文化生态博物馆中心馆内还设有专门展厅，如"民国中央实验茶场""农垦茶叶""茶叶科研"等，总面积超过 1000 平方米，集中展示了湄潭茶场在各个历史时期的重大事件与卓越贡献，为访客提供了全面了解贵州茶文化的窗口。

贵州茶文化生态博物馆

国营东风农场博物馆（云南）

东风农场博物馆位于云南省西双版纳傣族自治州景洪市西南部的东风农场场部，这里紧邻中缅边境。农场始建于1958年1月，初名东风农场，后于1960年与前哨、大勐龙农场合并成立东风总场，1970年转制为云南生产建设兵团一师二团，直至1974年10月恢复农场建制。特别值得一提的是，自1968年2月首批55名北京知青抵达后，至1972年，共有超过14000名来自北京、上海、重庆及云南本地的知识青年在这片热土上安家落户，他们深入热带雨林，投身于橡胶种植与收割的艰苦工作中，为边疆的经济文化建设奉献了宝贵的青春。

为铭记历史、缅怀先辈、传承精神、激励后人，东风农场于2007年决定筹建一座专门展示知青在农场奋斗历程的博物馆。筹备过程中，农场积极向京、沪、渝、滇等地的知青征集史料与物品，得到了广大知青的热烈响应与支持，他们慷慨捐赠珍藏物品，并撰写了大量珍贵史料。

博物馆于2007年6月开始筹备，并于2008年12月，即农场建场50周年之际正式对外开放。博物馆由展馆、东风文化广场及东风纪念雕塑3部分构成，其中展馆为一层建筑，呈"一"字形布局，建筑面积达2200平方米。其乳白色外墙寓意着洁白的胶乳，而屋面中央的绿色球体则象征着西双版纳——这颗位于地球北纬21度线上的璀璨绿宝石。整体建筑造型独特，宛如腾飞的飞碟，寓意着云南农垦的二次创业与未来腾飞。

博物馆内收藏了各类文献资料和实物展品1600余件，以及数千张历史照片，年均接待访客达5000人次。展览内容分为"序章""艰苦创业时期（1958—1978）""改革发展时期（1979—2008）"及"展望未来"4个部分，全面而真实地记录了东风农场半个世纪以来的发展历程。除了丰富的史料、实物与图片外，博物馆还通过实景模型、雕塑、大理石浮雕、壁画及声像资料等多种形式，生动再现了当年拓荒者们的劳动与生活场景，展现了包括知青在内的东风人坚韧不拔的精神风貌与辉煌成就。

云南东风农场博物馆具备收藏、展示、研究与教育的功能，已成为展示云南农垦企业文化、天然橡胶文化及知青文化的重要窗口，为西双版纳勐龙地区增添了一道新的人文景观。

莫河骆驼场青藏驼队
纪念馆（青海）

　　莫河驼场"青藏驼队纪念馆"（原莫河骆驼场历史陈列馆）于 2018 年 6 月 1 日正式对大众免费开放，至今已累计接待超过 6 万人次。特别是在 2021 年，纪念馆积极接待了参与党史学习教育、党建活动、组织生活等各级党组织，以及研学、社会实践和游客等各类群体共计 528 批次，11776 人次。

　　青藏驼队纪念馆由四部分构成：一馆由 20 世纪 70 年代老会议室改建，面积 200 平方米；二馆利用老场部学校教室改造，面积 400 平方米；三馆则

莫河骆驼场青藏驼队纪念馆

源自老驼工礼堂，面积达 800 平方米；此外，驼工礼堂广场作为室外展厅，扩展了 1500 平方米的展示空间。这些展厅巧妙布局于场部周边，形成了一条连贯的参观路线。一馆展示的革命文物（文献资料）均为原件，而二馆则展出仿制品，两者布展风格统一，但二馆仅在接待较大规模参观团体时开放。

目前，纪念馆馆藏各类珍贵历史文献资料共计 584 件（套），其中包括国家一级文物 3 件（套）、二级文物 6 件（套）、三级文物 11 件（套）及一般文物 6 件（套）。此外，还有约 200 件（套）藏品符合革命文物认定标准，正待进一步鉴定；档案室内更有 3000 卷档案资料待发掘整理。

坐落于柴达木盆地的青藏驼队纪念馆，自开馆以来，凭借其承载的民族团结精神及历史贡献，积极推动民族团结进步教育基地建设，已成为青藏高原上的一面鲜明旗帜，为青海省民族团结进步先进区建设贡献力量。

纪念馆不仅荣获青海省爱国主义教育基地、中共党史教育基地、中共青海省委组织部"党支部组织生活共享阵地"、海西州关心下一代教育基地等多项称号，还成功入选国家文物局编纂的《中国革命纪念馆概览》。尤为值得一提的是，2021 年 11 月 10 日，青藏驼队纪念馆更是荣登央视新闻联播，进一步提升了其社会影响力和知名度。

农六师五家渠市将军纪念馆（新疆兵团）

　　新疆兵团六师五家渠市将军纪念馆（亦称六师五家渠市博物馆），位于五家渠市长征东街，占地面积超过15000平方米，建筑面积达5650平方米，其中展厅面积4580平方米。纪念馆为双层建筑，精心规划为六大展区："新疆屯垦史""将星璀璨，名垂青史""红色之旅，将军摇篮，金戈铁马，挥师新疆""屯垦戍边，奠基伟业""不忘初心，砥砺前行"及"牢记使命，实现梦想"。馆内共展出图片1490张，珍贵文物2045件，年均访客量高达22万人次。

农六师五家渠市将军纪念馆

　　珍贵的历史文物，结合雕塑、浮雕、场景复原、幻影成像等现代展陈手法，以及声光电等高科技展示技术，生动呈现了六师及其前身部队在中华民族解放、新中国成立过程中的卓越贡献，以及师市在屯垦戍边伟业中的重要作用。展览以六师历史为主线，围绕 124 位将帅及重要人物、群体和重大历史事件，深入阐释了"热爱祖国、无私奉献、艰苦奋斗、开拓进取"的兵团精神。同时，也全面展示了六师五家渠市在"三大攻坚战"、兵团改革、民族团结、社会稳定、文化建设、社会事业等方面的辉煌成就，成为新疆及兵团对外宣传与爱国主义教育的重要基地。

在免费开放的基础上，师市博物馆还积极围绕师市党委的中心工作，举办各类书画展、图片展、摄影展等临时展览，并深入开展"文化艺术和亮剑文化六进"活动，进行将军文化与亮剑文化的研究。已出版《回忆老师长程悦长将军》《六师及其前身部队走出的将帅》等多部书籍，有效促进了文化遗产的保护与传承。目前，已有 4 个项目被列入国家非物质文化遗产保护名录，13 个项目进入兵团保护名录，师市内建立了 6 个非遗传习所，并在全国非物质文化遗产博览会上荣获多项奖项。此外，还有多处不可移动文物被列为兵团及六师重点文物保护单位。

为推动文化产业发展，博物馆还推出了具有军垦特色的文化创意产品，并在全国大型文化产业博览会、非遗博览会上展出。纪念馆已荣获全国爱国

农六师五家渠市将军纪念馆

主义教育基地、全国民族团结进步教育基地等多项殊荣，并致力于通过兵团文明城市创建，进一步提升公共文化服务水平，弘扬兵团精神与老兵精神，努力打造成为国家级爱国主义教育基地和全国 4A 级红色旅游景区，为新疆的社会稳定和长治久安贡献力量。

三五九旅屯垦纪念馆（新疆兵团）

　　三五九旅屯垦纪念馆于 2009 年 9 月 26 日正式落成，由法国夏邦杰城市规划事务所设计。该馆占地面积达 3.5 万平方米，建筑面积为 1.1 万平方米，其中陈列面积超过 7000 平方米，展出了 698 件珍贵实物，年均吸引访客量高达 30.5 万人次。作为西北地区规模最大的革命类纪念馆，它不仅是我国西部边陲重要的爱国主义教育基地，也是备受瞩目的红色旅游胜地。

　　纪念馆整体分为 8 个主题展区及 2 个特色展馆，全面而深入地展现了三五九旅的光辉历程与卓越贡献。

　　一、西域屯垦，源远流长：位于主入口的 56 米长甬道上，铺设了 165 块宽 1 米的铜板雕刻，记录了自西汉以来西域屯垦的重要历史事件。两侧墙面则镶嵌着 24 幅石刻壁画及 120 首相关诗词，深刻体现了新疆作为祖国不可分割一部分的历史渊源与文化底蕴。

　　二、英雄部队，功勋卓著：通过"将帅墙"电子图展示 125 位将帅的生平，结合三次长征路线图和 700 余平方米的展厅，生动再现了三五九旅从井冈山到南泥湾，再到解放新疆的英勇历程，彰显了其不畏艰难、勇往直前的革命精神。

　　三、兵团军垦，住房变迁：通过展示兵团人四代住房的演变（地窝子、土坯房、黄砖房、楼房），反映了兵团成立以来人民生活的巨大变迁，见证了从艰苦奋斗到美好生活的历史进程。

　　四、建设大军，铸就辉煌：聚焦兵团在农业现代化、水利、畜牧、林果业、工业及生态治理等方面的成就，展现了在沙漠戈壁中开垦绿洲的艰辛与辉煌。

五、艰苦创业，屯垦荒原：利用立体沙盘和生产工具、生活用品等实物，再现了"文革"前兵团人的创业史，展现了他们不畏艰难、开拓进取的精神风貌。

六、建设城市，绘画家园：重点展示了兵团在沙漠腹地建设现代化城市的标志性景象和建筑，体现了从无到有、从原始到现代的巨大变迁。

七、五湖四海，投身兵团：通过典型人物、知青、军垦战士等先进事迹的展示，彰显了兵团人的风采与民族团结的力量。

八、中流砥柱，铜墙铁壁：聚焦于建党建政和政法队伍建设，凸显了兵团在屯垦戍边中的特殊作用与重要意义。

二楼的2个特色展馆同样引人入胜。

一、西域屯垦，亘古绵长：新展厅深入探讨了新疆历史与宗教史，进一步强调了新疆屯垦的历史作用与重要地位，展现了新疆文化的博大精深。

二、无线电台展厅——永不消逝的电波：纪念馆从全国范围内征集了200多部电台，打造了一个关于中国革命无线电台发展的专题展厅，不仅丰富了展陈内容，也增强了民众的历史认知与爱国情怀。

三五九旅屯垦纪念馆

　　三五九旅屯垦纪念馆凭借其丰富的展陈内容、独特的设计理念和深远的教育意义，先后荣获多项殊荣，包括自治区、兵团授予的多个教育基地称号，以及国家级红色旅游基地、全国爱国主义教育基地等荣誉。它已成为新疆南疆地区重要的红色历史与文化展示窗口，吸引着来自四面八方的访客前来参观学习。

新疆兵团军垦博物馆

　　新疆兵团军垦博物馆的前身可追溯至1988年设立的石河子军垦博物馆筹备处。2004年，基于石河子军垦博物馆的坚实基础，将石河子市市级文物保护单位——"军垦第一楼"进行了改扩建，从而诞生了"新疆兵团军垦博物馆"。此后，该博物馆于2010年和2021年分别进行了进一步的改造与升级。

　　目前，博物馆拥有6000平方米的展厅面积，展线长达900米，其展览设计巧妙融合了历史编年体与专题陈列体系，精心划分为序厅、"安边固疆、继

新疆兵团军垦博物馆

往开来""艰苦奋斗、开创基业""改革开放、开拓进取""走进新时代、踏上新征程"以及尾厅"弘扬兵团精神、书写时代华章"等六大板块。

通过展示超过 1500 幅珍贵图片、1400 多件（套）文物实物、23 块多媒体显示屏、6 块触摸互动屏、17 个复原场景以及 10 余处油画作品，博物馆全方位、全过程、全景式地呈现了历代兵团人在新疆开发建设、促进民族团结、推动社会进步、巩固西北边防等方面所作出的卓越贡献。

自 2004 年开放以来，新疆兵团军垦博物馆已累计接待了来自海内外的游客 600 万人次，其中 2021 年接待游客量达到 15.6 万人次。如今，它已成为兵团对外展示红色文化的重要窗口和亮丽名片，并先后被授予兵团爱国主义教育基地、革命传统教育基地、党性教育基地及研学教育基地等多重荣誉。

新疆兵团军垦博物馆

农八师一三六团团史馆（新疆兵团）

在第八师石河子一三六团，矗立着一座历史悠久的苏式建筑——军垦礼堂，其宏伟的体量足以容纳1000余人。尽管外观古朴，不及现代礼堂的华丽，但它作为兵团最早的军垦礼堂，意义非凡，曾是原兵团第七师的师部所在地。历经70余载风雨洗礼，礼堂依旧保持着原有的历史风貌，默默诉说着兵团第一代军垦战士屯垦戍边、守护新疆稳定的辉煌篇章。

这座承载着厚重历史的军垦礼堂，始建于1950年，其设计出自苏联专家之手。据一三六团史志记载，当年，中国人民解放军二十二兵团九军二十五师七十四团的3000余名官兵，积极响应毛主席的号召，从内地长途跋涉，徒步进驻小拐垦区，开始了艰苦卓绝的屯垦戍边生涯。面对茫茫戈壁，他们立下宏愿，誓将小拐建设成"小上海"。尽管条件艰苦，战士们居住在简陋的地窝子中，食不果腹、衣不蔽体，但他们凭借着顽强的意志和不懈的努力，起早贪黑，平均每人每日开荒3～4亩，提前完成了开荒造田的任务。为表彰这些英雄的军垦战士，师领导决定建设一座大礼堂，并特邀苏联专家进行设计。

谈及大礼堂的建设过程，一三六团的第一代老军垦战士李金甲感慨万千。当时，建设条件极为艰苦，缺乏砖厂、木料和建筑工人，唯一的依靠便是苏联专家留下的设计图纸。然而，这些困难并未阻挡住军垦老战士们的步伐。师部迅速成立了修建指挥部，以特务连为主力，并从各连队抽调人员组成施工队。在师领导的坚定决心和全体官兵的共同努力下，他们克服重重困难，最终完成了兵团第一座大礼堂的建设任务，确保了第一次全师英模表彰大会的顺利召开。

自那以后，这座大礼堂便成为了原第七师师部及各部门办公的重要场所。

随着兵团体制的改革和原第七师师部搬迁至奎屯，大礼堂逐渐转变为一三六团党委办公和召开各类会议的场所。2014 年，为庆祝兵团成立 60 周年并铭记兵团及一三六团的发展历程，团场党委决定保留军垦礼堂的历史原貌，并依托其建筑建设小拐红色军垦文化教育基地。经过精心规划与设计，军垦礼堂被改建为历史博物馆，全面展示了兵团第一代军垦战士的奋斗历程、团场党委的历史变迁、民族团结的感人故事以及团场在农业生产、城镇化建设等方面取得的辉煌成就。

博物馆展厅面积达 1250 平方米，陈列实物 352 件，年均接待游客超过 1 万人次。军垦礼堂不仅成为了兵团发展、军垦历史和军垦文化的标志性建筑，更承载着重要的历史教育意义。它见证了兵团第一代军垦战士的辛勤付出与卓越贡献，记录了一三六团及小拐地区从过去到现在的沧桑巨变，展现了历届党委和军垦战士为团场发展所付出的不懈努力。如今，这座具有重大历史价值的建筑已被列为兵团级重点文物保护单位，并成为了兵团军垦历史文化、团场红色文化主题教育的活动基地以及全国文明城镇对外学习交流的重要平台。

农八师一三六团团史馆

农七师一二八团团史陈列馆（新疆兵团）

　　一二八团团史陈列馆坐落于第七师胡杨河市一二八团，占地面积达3536平方米，其中展厅面积为1139.29平方米。展馆精心规划为图片展示区、实物展示区及成就展示区3大板块，并特别设置了"军垦之家""公共洞房"及"老连部"3个现场教学点，共展出军垦文物611件、雕塑1尊、图片623张。这些展品与展示内容，生动再现了一二八团建团初期那段激情澎湃、艰苦创业的光辉岁月。

　　图片展示区：以镜头为笔，书写历史篇章。

　　此区域沿浮雕两侧波浪式展开，分为"永远铭记""亲切关怀"及"群英荟萃"等多个专栏。这里不仅展示了农垦事业的先驱者、老一辈革命家的卓越贡献，还记录了兵团农垦事业的开创者、践行者与奠基者们的丰功伟绩。一幅幅珍贵的图片，让观者深切感受到老一辈革命者在兵团土地上不懈奋斗、挥洒汗水，将荒漠变为绿洲的艰辛历程。

　　实物展示区：触摸历史，感悟前行力量。

　　环绕图片展示区，摆放着600余件珍贵的实物展品，包括辘轳井、地窝子、煤油灯、坎土曼、土簸箕、自制的胡杨木桶、胶筒、草帽及老衣物等。这些物件虽已斑驳，却真实再现了老一辈军垦人那段激情燃烧的岁月，让人仿佛穿越时空，亲身体验那份艰苦与坚持。

　　成就展示区：辉煌的足迹，未来的启航。

　　步入时光隧道，仿佛穿梭于历史与现实之间。穿过6米长的隧道，前厅与后厅的转换如同穿越古今，城镇化建设的声光沙盘映入眼帘，直观展示了一二八团今日的繁荣景象与巨大变化。现代农业、城镇化建设、新型工业等领域的图片与资料，共同绘制出一幅幅辉煌的发展蓝图。

　　一二八团团史陈列馆因其深远的历史意义与教育价值，被授予多项荣誉，包括兵团精神教育基地、青少年爱国主义教育基地、党风廉政教育基地、师党员干部教育基地、军垦文化教育基地及红色旅游基地。每年，这里吸引着约 1 万人次的访客前来参观学习，共同缅怀历史，汲取前进的力量。

农七师一二八团团史陈列馆

农三师五十团团史馆（新疆兵团）

新疆兵团五十团团史馆坐落于五十团幸福西路，该馆于 2013 年在原团部机关旧址的基础上精心修缮并改造完成。机关旧址始建于 1973 年，作为五十团建团初期的核心办公区域，它采用东、南、北三面环绕的三合院布局，内含土木结构的房屋共计 20 间，屋顶呈"人"字形，整体建筑东西向延展 36.7 米，南北宽达 37.5 米，高度为 3.5 米，墙体厚实，厚度达 53 厘米。

团史馆不仅是新疆生产建设兵团内保存最为完好的现代建筑之一，还荣

农三师五十团团史馆

获了第二批文物保护单位的称号，是现代史上重要的历史遗迹与代表性建筑。

　　团史馆总占地面积约 1700 平方米，建筑面积达到 1300 平方米，其中用于陈列展览的面积就有 800 平方米。馆内陈列着 246 件珍贵实物，年均接待访客量高达 15000 人次。整体而言，团史馆在保留初建时期构造规模的基础上，进行了科学合理的布局与展示。展览通过丰富多彩的图片资料、珍贵的历史文物，辅以浮雕艺术、场景复原以及生动的场景画等多种展陈手法，生动再现了五十团从建团至今的历史发展脉络。它不仅展示了团场在农业经济发展、团场与党的建设、社会事业进步、民族团结促进、社会稳定维护以及团场综合配套改革等方面所取得的辉煌成就，还成为了团场对外宣传的重要窗口和爱国主义教育的坚实基地。

农十二师二二二团北亭
文史馆（新疆兵团）

　　二二二团北亭文史馆展厅面积达 1400 平方米，由二二二团原机关办公大楼精心改建而成，其建筑风格独树一帜，拥有拱形屋顶，是典型的窑洞式建筑风貌。馆内珍藏了各类奖章、奖状、军帽等文物超过 400 件，以及 120 余幅珍贵照片。这些展品均源自团场居民的慷慨捐赠，它们不仅真实记录了兵团人艰苦创业的历程，也浓缩再现了新中国屯垦戍边的辉煌历史。自 2008 年 7 月 1 日获得兵团批准并正式对外开放以来，北亭文史馆已相继被授予兵团爱国主义教育基地、十二师爱国主义教育基地、十二师廉政教育基地及二二二团青少年教育基地等荣誉，年均接待访客达 6000 人次。

　　作为集爱国主义教育、廉政教育及青少年教育于一体的重要场所，北亭文史馆自开放以来，吸引了周边地区众多机关、企事业单位、社会组织及学校的党员、干部职工和学生前来参观学习，接受红色文化和老兵精神的洗礼。据统计，开馆至今已累计接待参观者超过 4.3 万人次。馆内特别展出了老红军、老八路的珍贵遗物，包括老红军潘福连在秋收起义中缴获的日本军刀等，以及团场参与抗美援朝、中印边界自卫反击战老兵们的军功章、立功奖状和生活用品。除了这些英雄人物的遗物，文史馆还通过文物和照片记录了团场历史上的重要时刻，如 1968 年二二二团选派 30 名工人远赴巴基斯坦支援修建公路的壮举，以及 20 世纪 80 至 90 年代与日本三宝乐株式会社合作生产啤酒花的历程。如今，三宝乐合资公司已成为兵团内生产啤酒花的领军企业，其发展历程亦是团场经济转型升级的一个缩影。

　　此外，文史馆还展示了团场出土的多件珍贵历史文物，从新石器时代的石器、春秋战国时期的贝壳化石到唐代的陶片，跨越数千年的历史长河，诉说着这片土地的古老故事。

二二二团自 1959 年建立以来，在团场党委的坚强领导下，经济、社会、农业科技及城镇化建设均取得了显著成就，特别是在细毛羊试验、西甜瓜杂交、节水技术推广等方面屡获殊荣，彰显了兵团"先进文化示范区"的引领作用。"光辉岁月"展区集中展示了二二二团近几十年来的各项荣誉，满墙的奖状不仅是对团场过去辉煌的肯定，更是激励新一代团场人继续砥砺前行、开创未来的精神动力。部分照片还生动呈现了团场在一二三产业领域的辉煌成就，见证了北亭新镇旧貌换新颜的华丽蜕变。

农十二师二二二团北亭文史馆

农十三师红星军垦
博物馆（新疆兵团）

　　红星军垦博物馆坐落于第十三师新星市的红星二场，其建筑基于原红星二场机耕队修造厂区的历史遗址，于 2016 年 6 月 28 日启动建设，并于 2017 年 4 月 8 日正式对外开放。博物馆展厅面积达 1200 平方米，精心展示了 420 件实物展品及 460 张珍贵图片。

　　博物馆的核心主题雕塑中，璀璨的红星象征着红星二场的前身——中国人民解放军第一野战军第一兵团第六军第十六师第四十七团，这支部队曾荣

农十三师红星军垦博物馆

获毛主席亲授的"红星部"光荣称号，红星精神至今仍激励着后人。雕塑下方的水流设计寓意着源自天山五道沟渠的源头活水，滋养着这片土地；而麦穗造型则生动地展现了兵团人屯垦戍边、以农为本的坚韧与勤劳。

　　自 2017 年开馆以来，红星军垦博物馆已接待来自全国各地的游客累计达 32.2 万人次，成功举办了 2023 场次的兵团及地区党史学习教育活动，惠及 9.78 万人次。它不仅成为了哈密市党史学习教育的重要阵地，更是一张闪耀的名片，充分展示了红色军垦文化的独特魅力与深厚底蕴。

农十师一八六团戍边文化馆（新疆兵团）

　　一八六团戍边文化馆坐落于一八六团六连连部，紧邻诺亚堡民兵哨所，距离一八六团团部约5公里。文化馆采用框架结构，局部为3层设计，总高度达9米，建筑面积约为400平方米。自2011年启动建设以来，于2014年5月6日完成了装修布展工程的全面竣工。文化馆展厅面积达280平方米，展出了50件实物展品，年均接待约2000人次参观。文化馆2017年被授予"兵团廉政教育基地"称号，2018年则进一步被授予"十师民族团结进步教育基地"称号。

农十师一八六团戍边文化馆

　　戍边文化馆以一八六团的建团史和戍边史为核心内容，通过前言深情讲述了一八六团这一英雄群体在边疆屯垦戍边、建设团场、保家卫国的辉煌历程。文化馆精心布局，分为 5 个章节：进驻边防，履行使命；屯垦建场，戍边守土；国门卫士，永葆本色；屯垦先锋，戍边楷模；军警兵民，周身一体。

　　文化馆内部设计巧妙，分为上下两层，共运用了 137 张照片、4 个微缩景观、1 个沙盘模型、46 件珍贵的早期军垦实物展品，以及 9 组生动的人物雕塑、详尽的文字说明和现代灯光设施，全方位、多角度地展现了兵团十师一八六团波澜壮阔的发展历程。这里不仅彰显了十师三代军垦儿女始终秉持并发扬的"热爱祖国、无私奉献、艰苦创业、开拓进取"的兵团精神，还体现了他们作为"生产队、工作队、战斗队"的卓越风采。他们不仅为国家经济建设作出了巨大贡献，更在保卫祖国西大门、反对分裂、维护社会安定团结方面建立了不可磨灭的功勋。

农十四师中国人民解放军进军和田纪念（碑）馆（新疆兵团）

　　四十七团的前身部队源自任弼时、萧克、王震等杰出领导人麾下的中国工农红军第六军团主力，他们英勇地参与了秋收起义、黄麻起义、五次反"围剿"及著名的二万五千里长征。抗日战争期间，该部队整编为八路军一二〇师三五九旅七一九团，深入华北开辟抗日根据地，积极投身于百团大战、陕甘宁边区保卫战及南泥湾大生产运动，并成功完成了"南下北返""中原突围"等艰巨任务。解放战争时期，部队改编为第一野战军第一兵团第二军五师十五团，随王震将军西进新疆，在西北战场上屡建奇功。

　　1949年12月5日，为平息国民党残余势力与民族分裂分子在和田策划的暴乱，十五团的1803名勇士，在极端艰苦的条件下，从阿克苏出发，历经18天，徒步穿越"死亡之海"——塔克拉玛干大沙漠，行程长达1580里，于12月22日胜利进驻和田，这一壮举震撼人心，赢得了司令员彭德怀、政治委员习仲勋的高度赞扬。

　　解放和田后，因一项庄严的"命令"，这些英勇的战士们永远扎根在了这片土地，他们忠诚于党、国家和人民，在塔克拉玛干沙漠南缘艰苦创业，屯垦戍边。秉持着不与民争利的原则，他们开垦出的4.5万亩肥沃土地全部无偿捐献给地方，随后又主动选择更为艰苦的环境继续他们的屯垦使命，最终在这片沙漠边缘建成了今日的四十七团。他们的一生，是奉献的一生，是扎根大漠、建设边疆的一生，这种精神被习近平总书记赞誉为"扎根新疆、热爱新疆、屯垦戍边"的老兵精神。

　　为铭记沙海老兵的卓越贡献，传承和弘扬这一宝贵精神，激励后来者继续扎根新疆、热爱新疆、建设新疆，为兵团事业贡献力量，团场于1999年建立了中国人民解放军进军和田纪念碑，并修建了"解放和田纪念馆"。随后，纪念馆于 2013 年进行了改扩建，更名为中国人民解放军进军和田纪念馆；2021 年 3 月，纪念馆再次进行了布展升级，并更名为老兵精神展示馆。

现今的老兵精神展示馆展厅面积达 2544.45 平方米，馆藏文物超过 1000 件，已晋升为国家 3A 级旅游景区，并荣获自治区、兵团爱国主义教育基地、党性教育基地及四十七团红色教育基地等称号。每年，这里都吸引着约 8.5 万名游客前来参观学习，为兵团各师市、团场、周边乡镇乃至整个和田地区提供了一个重要的党史学习教育平台。

纪念馆以四十七团的光辉历史为核心，围绕中国人民解放军进军和田的历史主线，精心划分为四大展区：挺进新疆，解放和田；剑犁交响，屯垦戍边；扎根大漠，永不换防；深化改革，砥砺前行。每个展区都通过丰富的展品和生动的展示，全面而深刻地展现了四十七团及其前身部队的辉煌历程和卓越贡献。

农十四师中国人民解放军进军和田纪念（碑）馆

农五师红星耀双河陈列馆
（新疆兵团）

    农五师红星耀双河陈列馆坐落于第五师双河市，于2021年10月落成。该陈列馆展厅总面积达3100平方米，包括一个引人入胜的序厅以及3个主展厅——"西来异境、世外灵壤""凯歌进疆、屯垦戍边""时代召唤、再创辉煌"，另设有3个临时展厅，分别展示"天国之享——南朝画像砖艺术展""岁月失语、惟石能言——石文化"以及"汉画像石拓片"等独特文化内容。此外，陈列馆还设置了包括干打垒营房、石文化（岩画）在内的5个现场教学点（参观点），共展出军垦文物1000余件、精美雕塑3座、珍贵图片760多张。

    为了提升参观体验与教育效果，陈列馆配备了先进的互动电子屏、投影仪等教学设备共计18套。自开放以来，已累计接待团体参观103场次，惠及

农五师红星耀双河陈列馆

参观者达 4800 余人次。凭借其独特的教育意义与丰富的展示内容，陈列馆于 2021 年被授予师市新时代职工教育基地、师市党员学习教育现场教学点、师市青少年校外实践教育营地等称号。

红星耀双河陈列馆以军垦文化为核心，融展示与体验、红色教育与拓展为一体，成为一座活灵活现的军垦历史课堂。通过组织学生红色研学活动、对干部职工进行党史教育、为企业员工提供专业培训等多种方式，采用"主题参观＋互动体验"的创新模式，引导广大党员干部将传统的"观光式"学习转变为深度的沉浸式学习，旨在传承和弘扬兵团精神，赓续红色基因，激励后人不断前行。

阿勒泰地区国营一农场场史馆（新疆农业）

　　一农场场史馆始建于2015年8月，占地面积360平方米，馆内精心陈列着266件实物展品，年均吸引约1210人次前来参观。步入场史馆，首先映入眼帘的是一幅生动展现开荒造田壮举的浮雕，其上镌刻着"艰苦奋斗、勇于开拓"8个大字，这不仅是农垦精神的精髓所在，也深刻反映了农垦人在开发建设这片广袤土地过程中展现出的高度政治觉悟、崇高思想境界、奋发向上的精神风貌及无私奉献的核心价值观。

阿勒泰地区国营一农场场史馆

　　第一篇：进驻荒原，农场初建。

　　回溯至1956年，一农场的前身——哈巴河农场应运而生，作为新疆维吾尔自治区北疆地区创建的第二个国营农场，它吸引了来自五湖四海、天山南北的知识分子、复转军人和各族青年，他们怀揣着理想与热情，共同屯垦于祖国西北边陲的亘古荒原之上。在这片土地上，农一队、机耕队、副业队等相继组建，开启了农场建设的序幕。

第二篇：转战福海，彰显本色。

1960年，为积极响应党中央"大办农业"的号召，哈巴河农场奉命搬迁至福海县城东，开启了一段新的征程。尽管心中满是不舍，但拓荒者们以服从命令为天职，迅速整理行装，用爬犁装载着生产工具与生活用品，踏上了前往新家园的道路。他们以"天当被，地当床，不怕冻，不怕狼"的坚韧精神，在荒凉的土地上重新安家。

第三篇：征尘未洗，二次创业。

抵达哈什蕴后，面对荒无人烟的恶劣环境，拓荒者们手持原始工具，肩拉人扛，风餐露宿，以无畏的勇气与坚定的信念，克服了重重困难，在这片戈壁荒原上建起了遮风避雪的营地。经过数十年的辛勤耕耘，哈什蕴大地逐渐焕发生机，林网密布、条田纵横、鱼塘如镜、麦浪滚滚，一个集农林牧副渔、科教文卫于一体的农场雏形已然形成。

第四篇：矢志不渝，改革发展。

"文化大革命"期间，农场虽历经波折，但发展脚步并未停歇。党的十一届三中全会召开后，农场迎来了改革的春风。广大党员干部群众积极拥护改革开放政策，转变经营观念，实行家庭联产承包责任制，极大地激发了生产活力。进入21世纪以来，场党委更是引领职工不断调整种植业结构，在有限的土地上实现了增收致富的梦想。

第五篇：走进新时代，创造新辉煌。

随着改革的不断深入和国家对农牧场职工社会统筹保障、危旧房改造、财政转移支付、社会职能剥离、国有土地确权、棚户区改造等政策的逐步落实，农场迎来了前所未有的发展机遇。农场负担大幅减轻，发展动力更加充沛，正向着更加辉煌的未来迈进。

第六篇：浩然正气，廉政建设。

新时代以来，一农场历届党委高度重视反腐倡廉工作，坚持常抓不懈。严明政治纪律，切实改进工作作风，密切联系群众，扎实推进党员干部廉政建设和反腐败斗争工作，为农场的持续健康发展提供了坚强的政治保障。

第七篇：农垦文体，绽放奇葩。

农场文体活动丰富多彩，与时俱进。"七一""十一"歌咏比赛、文化"三下乡"、阿肯弹唱会及各种体育运动蓬勃发展，吸引了大量职工群众积极参与。这些活动不仅丰富了职工群众的精神文化生活，还有力推动了农垦文体事业的创新与发展繁荣。

宁夏农垦博物馆

宁夏农垦博物馆

　　岁月如梭，光阴似箭。回溯至1950年，战火的余烬尚未全然熄灭，一群征尘仆仆的荣誉军人，怀揣着满腔热血与坚定信念，毅然投身于塞北荒原的开发建设之中，奋力拉开了垦荒拓土的第一犁。历经70余年风雨兼程，沧桑巨变，众多复转军人、支边青年、大专院校毕业生、科技精英、知识青年以及库区与生态移民，相继在这片热土上扎根，他们以汗水浇灌希望，以坚韧不拔的意志战天斗地，秉持着"先生产、后生活，先治坡、后治窝"的朴素理念，用艰苦奋斗的精神书写了感人至深的人生华章。在屯垦戍边、促进就业、维护社会稳定及推动民族地区经济发展等方面，他们贡献卓著，功不可没。

宁夏农垦的辉煌历程，是一段从无到有、从小到大的壮丽史诗，它不仅是土壤改良、科技进步与艰苦奋斗的见证，更是在中国共产党坚强领导下，人民群众用智慧和汗水创造出的不朽奇迹，深刻诠释了"艰苦奋斗、勇于开拓"的农垦精神。

作为宁夏农垦历史文化的集中展现，宁夏农垦博物馆于 2008 年落成并对外开放，坐落于风景秀丽的沙湖景区。博物馆以农垦历史、领导关怀、辉煌成就及未来展望四大板块为核心展示内容，全方位、多角度地呈现了宁夏农垦的生活风貌、生产变迁及社会经济发展的壮丽画卷。该馆已荣获"自治区爱国主义教育基地""宁夏廉政教育基地""爱国拥军模范单位""宁夏科普教育基地"及"宁夏社会科学普及教育基地"等多项殊荣，并于 2021 年被选定为宁夏回族自治区党委党史学习教育的重要参观学习点，承载着传承历史、启迪未来的重要使命。

上海农垦博物馆

上海农垦博物馆坐落于上海市五四农场内，紧邻上海农工商集团五四总公司总部大院的西侧，占地面积达 19200 平方米，建筑面积为 4385 平方米，其中绿地面积占据了 9420 平方米，于 2004 年 10 月 29 日正式落成并对外开放。

博物馆的建筑形态独特，宛如一把象征农垦人创业精神的镰刀，以土木红砖为主色调，巧妙融合了乡土风情与现代设计理念，与周边的"情景雕塑"

上海农垦博物馆

"动感水池"及绿化景观相得益彰，共同展现了上海农垦人深植于泥土的坚韧精神、对土地的热爱以及浓厚的农垦情怀，成为上海农垦发展史上一道亮丽的风景线。

上海农垦博物馆的建立，不仅是对上海农垦人"艰苦创业，开拓创新"精神的颂扬，更是对他们用汗水和智慧创造的丰硕精神财富与物质成果的见证。博物馆以生动的史诗笔触和详实的史料，向世人展示了在这片热土上不懈奋斗的创业者们的风采，令人感慨万千。

博物馆内部分设"围垦岁月""青春年华"及"今日农工商"三大展区，全面记录了上海农垦的发展历程，颂扬了农垦人勇于开拓、不懈奋斗的精神，并展示了农垦事业取得的辉煌成就，成为透视农垦发展历程的重要窗口。

"围垦岁月"展区通过"序曲""围垦壮举""艰苦岁月"及"辉煌里程史诗"4个板块，运用丰富的文字、图片、实物等资料，生动再现了上海农垦艰苦卓绝的创业历程。从盐碱滩涂到丰饶良田，老围垦者、复转军人与知青大军用信念与汗水书写了可歌可泣的英雄故事，展现了农垦人"艰苦奋斗、追求卓越"的崇高精神。

展区入口处的巨幅照片，由《解放日报》记者于1960年在崇明围垦现场拍摄，瞬间将观众带入那段激情燃烧的岁月。从1954年江苏奉贤农场的建立，到1960—1962年大围垦的壮举，再到62次围垦行动，上海农垦人硬是在潮起潮落间筑起大堤，围得土地82.3万亩，建立了18个国营农场，昔日的滩涂已蜕变为今日的新型城镇。

"青春年华"展区则聚焦于20世纪60至80年代，展现了上海农垦18个国营农场的分布及41.8万名城市知青在农场的青春岁月。他们远离城市，在艰苦的环境中磨砺成长，用汗水浇灌希望，用青春书写人生，留下了难以磨灭的农垦情结。展厅内的触摸屏更是存储了知青名录，让每一位到访的知青都能找到属于自己的记忆。

"今日农工商"展区则聚焦于改革开放以来上海农垦的转型与发展。在"走出农场、走进市场"的战略指引下，上海农垦实现了从传统农业向现代农业、连锁商贸业、房地产业、都市服务业及都市工业等多元化产业的转型，形成了新的经济增长点，发展成为具有综合经营能力和显著经济实力的大型国有全资企业集团。

甘肃农垦博物馆

甘肃农垦博物馆坐落于甘肃省兰州市城关区雁兴路 21 号甘肃农垦大厦第 24 层，展厅面积达 580 平方米，专为纪念甘肃农垦创建 60 周年而精心打造。馆内陈列了 220 件实物展品，并辅以丰富的图片展示，内容涵盖甘肃农垦变革时期的珍贵历史文件、支边青年的深情书信、日常办公生活用品等；同时，也展现了广大复转官兵、知识分子及城市青年从四面八方汇聚陇原，共同投身屯垦戍边事业的火热场景，以及甘肃农垦在现代农业、生物医药、畜牧养殖、新兴材料等产业的蓬勃发展，还有新农场建设、职工文化生活等多方面的成就，生动勾勒出甘肃农垦的辉煌改革历程。展览内容细分为三大板块。

甘肃农垦博物馆

一、艰苦创业时期。此板块聚焦于农垦事业的初创与奋斗历程。通过展示历史文件、书信、生活用品、生产工具及农垦领导人图表，深刻揭示了新中国农垦事业在毛泽东等老一辈无产阶级革命家的亲自决策和领导下，特别是在王震同志的直接指挥下，从无到有、从小到大的发展历程。甘肃农垦自 1953 年成立以来，无数复转官兵、知识分子及城市青年汇聚陇原，以不屈不挠的精神和无私奉献的情怀，完成了从农垦、军垦到地方，再到新时期农垦的多次历史跨越，推动了农垦事业取得历史性成就。展区内的 3D 模型更是生动再现了当年肩扛手提、开荒造田的壮观场景，让人仿佛穿越回那段激情燃烧的岁月。

二、现代农业发展。此板块集中展示了甘肃农垦在现代农业领域的卓越成就。通过特色产业、特色产品的图片及实物展示，全面呈现了农垦以现代农业为核心，生物医药、畜牧养殖、农业服务、建筑物业、新兴材料等多产业协同发展的产业集群格局。以大条田、大基地、大产业和水肥一体化"三大一化"为战略导向，加快推进现代农业建设，促进发展方式转变。莫高股份、亚盛好食邦、条山农场等企业的知名品牌产品如葡萄酒、辣椒酱、葵瓜子、骏枣、蜂蜜、甜糯玉米、牛奶及滴灌设备等纷纷亮相，彰显了农垦品牌的强大实力。同时，以"甘肃农垦"为主品牌，统一企业产品标识，获得了多个中国驰名商标和省级著名商标，进一步提升了农垦品牌的知名度和影响力。沙盘模型则直观展示了甘肃农垦集团各农牧企业在全省范围内的广泛布局，彰显了农垦作为大型农业企业集团的雄厚实力。

三、企业文化建设。此展区以新农场建设、职工文化生活、助力脱贫攻坚及农垦精神为主题，全面展现了甘肃农垦在企业文化建设方面的丰硕成果。通过图片和浮雕等形式，生动展示了农垦企业充分利用政策机遇，大力推进新农场建设和环境整治活动所取得的显著成效；同时，结合企业特色和职工需求，不断完善文化设施建设，丰富职工精神文化生活。在脱贫攻坚战中，农垦企业更是勇担社会责任，积极与深度贫困县对接开展帮扶工作，彰显了国企的担当与奉献。此外，展区还深刻诠释了农垦人在半个多世纪的开发建设中形成的"艰苦奋斗、勇于开拓"的农垦精神，激励着一代又一代农垦人不断前行。

自开馆以来，甘肃农垦博物馆吸引了众多省、市及企业团体和个人前来参观学习。馆内丰富的馆藏物品、珍贵的历史照片、代表农垦特色的产品实物以及深刻的农垦精神内涵让参观者深受教育和洗礼，取得了良好的社会反响。据统计，博物馆年接待参观人数已超过 1000 人次，成为展示甘肃农垦历史文化和精神风貌的重要窗口。

南泥湾大生产纪念馆（陕西）

南泥湾大生产纪念馆

　　南泥湾作为中国农垦事业的摇篮与南泥湾精神的发源地，自 1965 年恢复建场以来，始终致力于农垦历史及南泥湾大生产相关文物、图片资料的搜集与整理工作。1972—1978 年，农场特别设立了南泥湾大生产展览室，并配备两名专职讲解员，由兵团团部宣传部直接管理，向公众宣讲这段光辉历史。1978 年，经陕西省政府批准，延安革命纪念馆接管并扩建了南泥湾大生产展览室，正式对外开放，将其纳入革命纪念体系之中。

　　展览室内，珍贵的历史文献、生动的照片、当时的劳动工具及部分劳动成果琳琅满目，它们共同勾勒出了 1941—1945 年三五九旅在南泥湾开展大生产运动的壮阔画面，真实再现了那段艰苦卓绝而又意义非凡的岁月。

2004 年，南泥湾大生产展览室进行了首次重建，并更名为"南泥湾大生产展览馆"，展馆面积扩展至约 200 平方米。为了进一步提升展示效果与教育意义，2018 年 11 月至 2021 年 7 月，南泥湾大生产纪念馆再次全面重建与扩建。

南泥湾大生产纪念馆

新建的南泥湾大生产纪念馆坐落于南泥湾镇，为现代二层框架结构，建筑规模宏大，长 116 米，宽 65 米，高 14.3 米，总建筑面积约 1.13 万平方米，其中展陈面积高达 7100 平方米。馆内布局精巧，一层设有序厅及一至四单元，二层则包含五至六单元及尾厅，各功能区划分明确，既独立又相互关联。

2021 年 7 月，南泥湾大生产纪念馆正式对外开放试运行。新馆以"自己动手，丰衣足食"为核心主题，围绕"发展经济，保障供给"的主线，通过丰富多样的展览形式，全面展现了军民大生产时期的生动场景与风貌，特别是三五九旅边开垦边练兵的独特景象，深刻揭示了陕甘宁边区"以农为主，全面发展"的农业生产和经济建设运动的伟大实践。

新展馆着重展现了自力更生、艰苦奋斗的南泥湾精神，通过讲述留守陕甘宁边区的部队、机关学校及工农群众在大生产运动中的杰出贡献，激励后人铭记历史、珍惜当下、展望未来。